La Structure de l'âme et l'Expérience Mystique

Volume 1
L'âme, sujet récepteur de la vie divine et la grâce sanctifiante

La Structure de l'âme et l'Expérience Mystique

PAR
Le Père Ambroise GARDEIL
DOMINICAIN
MAITRE EN THÉOLOGIE

Scire autem opinamur unumquodque simpliciter ... cum CASUSAM *arbitramur cognoscere propter quam res est, et quoniam illius causa est, et non est contingere hoc aliter se habere.*
S. Thomas, *In Posta. anal.*, l. I, lect. 4ᵃ

Volume 1
L'âme, sujet récepteur de la vie divine et la grâce sanctifiante

PARIS
LIBRAIRIE VICTOR LECOFFRE
J. GABALDA, Éditeur
RUE BONAPARTE, 90
1927

Nous avons lu l'ouvrage du T. R. P. A. Gardeil, O. P., intitulé : *La Structure de l'âme et l'expérience mystique*. Nous l'avons trouvé parfaitement conforme à la doctrine de l'Église et à la théologie de saint Thomas, et nous estimons sa publication particulièrement utile.

Le 25 juillet 1926.

Fr. A. Lemonnyer, O.P.

Fr. R. Monpeurt, 0. P.

Mag. in S. Th. Lect. in S. Th.

NIHIL OBSTAT

28 julii 1926.

Fr. R. M. Louis, O.P.

Pr. Prov.

IMPRIMATUR

Parisiis, die 22 februarii 1927.

V. Dupin,

v. g.

Pour cette réédition :
© Sr Pascale-Dominique Nau, O.P.
Monastère de la Croix et de la Compassion (Rome),
décembre 2019.

ISBN : 9781652139447

N.B. - Les numéros de page de l'édition de 1927 sont indiqués entre [] et le premier chiffre dans chaque note en bas de page correspond à la numérotation, recommencée à chaque page, de cette même édition.

D. O. M
IN LAUDEM GLORIAE GRATIAE SUAE
ET
IN HONOREM
DIVI THOMAE AQUINATIS
OMNIUMQUE MAGISTRORUM ET SCHOLARIUM
QUI IPSAM PRAEDICAVERUNT
IN CONVENTU SANCTI JACOBI PARISIENS
MCCXVII-MCMXXVII
FR. AMBROSIUS GARDEIL
SAN-JACOBAEUS
D. D. D

[VII]

PRÉFACE

Cet ouvrage complète et achève la série d'Études que j'ai consacrées à la Méthode des sciences théologiques.

La connaissance que nous pouvons avoir de Dieu est connaissance de raison, connaissance de foi, vision intuitive[1].

Les deux premières formes de la connaissance de Dieu, formes humaines, donnent lieu à des sciences qui, non seulement en étudient l'objet, mais en explicitent le donné par des procédés rationnels.

La théologie naturelle étudie Dieu rationnellement en partant de ses effets. Je n'ai pas eu à m'occuper d'elle, cette tâche s'étant trouvée remplie, d'une manière qui répond à toutes les exigences de cette science, par le P. Garrigou-Lagrange dans son ouvrage. : *Dieu, son* [VIII] *existence et sa nature*. Cet ouvrage, bien que son intention principale soit dogmatique et son organisation constructive, renferme, si l'on y prend garde, toute la méthode de la connaissance philosophique de Dieu. Je regarde donc, comme renouvelée et définitivement précisée, au point de vue de sa méthode, cette partie de la Science de Dieu.

La connaissance de la foi donne lieu à trois sciences essentiellement théologiques, l'Apologétique, la Théologie, la Théologie mystique.

On serait tenté de les ordonner ainsi *avant la foi,* l'Apologétique ; *sous la lumière de la foi,* la Théologie ; *après la foi,* au-delà de la simple foi, la Théologie mystique. Cette classification peut se justifier, d'une part, en considérant l'Apologétique en celui qui, par elle, s'oriente vers la foi, et, d'autre part, en ne considérant comme théologie vraiment mystique que celle qui est sous la pré-

---

[1] Je ne mentionne pas ici les formes extraordinaires de la connaissance de Dieu, comme la prophétie ou le ravissement proprement dit, qui demandent des monographies spéciales.

dominance des dons du Saint-Esprit, dont l'intervention est logiquement postérieure à celle de la foi. Mais une telle ordonnance paraît bien accidentelle, car elle ne tient pas compte de l'essence *scientifique* de ces trois disciplines.

En réalité, c'est la foi, lumière immédiatement issue de la Science de Dieu, Vérité première, qui fonde la valeur scientifique de ces trois sciences, j'entends leur valeur scientifique [IX] propre, celle qui s'harmonise avec leur objet qui est le Dieu connu, non par la raison naturelle, mais par la révélation, le Dieu essentiellement surnaturel.

La théologie est l'œuvre de la foi, cherchant l'intelligence aussi plénière que possible de ce qu'elle croit, et se subordonnant données philosophiques, sciences auxiliaires, procédés rationnels, pour en exprimer l'implicite et les virtualités.

L'Apologétique est une fonction de la théologie. En effet, par sa relation directe avec la Sagesse de Dieu, qu'assure la foi, la Théologie se trouve être la science humaine absolument suprême. Or, on sait que, si les sciences ordinaires peuvent compter sur la Science suprême, la Métaphysique, pour établir, justifier et défendre leurs principes premiers, la Science suprême ne saurait s'en rapporter qu'à soi-même pour justifier et défendre ses propres principes. C'est ce que réalise déjà, dans son ordre, la science naturelle suprême, la Métaphysique, lorsqu'elle institue l'*Épistémologie* pour établir la possibilité générale de la vérité de la connaissance des principes premiers, et suscite la *Critériologie,* théorie logique des signes auxquels se reconnaît cette vérité. Et c'est ce qu'opère à son tour, dans le sien, la Théologie, en députant l'Apologétique à la défense rationnelle et à la justification générale de ses principes, qui sont les vérités [X] de la foi. L'Apologétique, fonction de la Théologie, elle-même fondée sur la foi, est donc bien, malgré sa contexture rationnelle, l'œuvre de la foi.

La Théologie mystique, si l'on entend par ce mot, non la théologie de la Mystique[2], mais l'ensemble organiquement lié des actes de la contemplation

---

[2] 1. Par exemple la *Mystica theologia* de Valgornera, ou la *Theologia mystico-scolastica* de Joseph du Saint-Esprit, qui sont des œuvres purement théologiques.

mystique[3], ne saurait avoir la valeur d'une science vraiment nôtre, si la foi, encore qu'éclairée par les inspirations du Saint-Esprit, *fides illustrata donis*[4], ne demeurait son principe et sa lumière fondamentale.

De ces trois sciences, essentiellement dépendantes de la foi, je me suis proposé, en trois études, de déterminer l'objet et la méthode, de manière à marquer la place de chacune d'elles dans la synthèse organique des sciences de Dieu, et à justifier leur valeur scientifique propre[5].

[X] Dans La *Crédibilité et l'Apologétique* j'ai déterminé l'objet formel de l'Apologétique, *la Crédibilité* rationnelle commune à tous les dogmes ; j'ai étudié les problèmes que soulevait cette attribution et montré comment les sciences diverses, que l'Apologétique met à contribution, viennent s'unifier sous sa raison formelle : j'ai déduit des propriétés de cet objet les différentes formes possibles de l'Apologétique et tenté d'orienter leurs méthodes.

Dans *Le Donné révélé et la Théologie*, j'ai déterminé l'objet formel de la Théologie, le *Révélable*, contenu implicitement ou virtuellement dans le Donné révélé, et susceptible d'être explicité ou déduit par le raisonnement dans les conclusions théologiques ; j'ai étudié les problèmes que soulevait cette détermination, et montré comment la *Théologie positive*, la *Science théologique* et les *Systèmes théologiques* venaient s'unifier et prendre leurs places respectives

---

[3] 2. Par exemple les Œuvres de saint Jean de la Croix, dont la forme est descriptive mais les dessous théologiques.

[4] 3. JOSEPHUS A SPIRITU SANCTO, *Cursus Theologiae mystico-scolasticae*, disp. XIII, Q. I, § III, 2. Sur cette communauté d'objet entre la foi, la théologie et la théologie mystique, voir A. LEMONNYER, *La vie humaine, ses formes, ses états*. Appendice II, A, I, p. 534-537, qui conclut ainsi son exposé : « La théologie et la vie contemplative ne constituent, au vrai, qu'un exercice de la vertu théologale de foi. » p. 837, éd. Desclée, Paris-Tournai, 1926.

[5] 4. Cette tâche est assurément très humble, si on la compare à celle des théologiens qui poursuivent formellement l'exposition de ces doctrines. Elle a cependant son importance, si j'en crois mon prédécesseur et maître, Melchior Cano, qui ouvre le Prologue de ses *Lieux théologiques* par cette réflexion, que je fais mienne : « J'ai souvent réfléchi en moi-même, excellent lecteur, sur cette question : Quel est le plus grand bienfaiteur de l'humanité, celui qui a introduit dans les sciences des matériaux abondants, ou celui qui a défini la règle et la méthode, grâce auxquelles les doctrines peuvent se développer plus facilement et plus commodément selon leur ordre organique. »

dans la théologie ainsi définie. J'ai dit enfin ce que nous devions à la Théologie de saint Thomas d'Aquin.

Dans le présent ouvrage, *La Structure de l'âme et l'expérience mystique*, je détermine [XII] l'objet précis tant de la contemplation mystique que de l'expérience mystique immédiate de Dieu, à savoir le Dieu de la foi, perçu d'une manière quasi expérimentale et savoureuse sous l'influence de la charité et des illuminations qui correspondent aux dons intellectuels du Saint-Esprit. Spécialement, je tente de démontrer que les oraisons mystiques ordonnées à l'expérience immédiate de Dieu, et cette expérience immédiate elle-même (dont l'objet précis est Dieu substantiellement présent au fond de l'âme), trouvent leur justification dans la structure de l'âme en état de grâce. Plus spécialement encore, je montre que l'existence d'une expérience immédiate et substantielle de notre Dieu intérieur est parfaitement normale, puisqu'elle trouve son fondement et sa cause explicative dans cette structure interne de l'âme juste, elle-même modelée ourla structure constitutive de toute âme humaine.

L'intention de fond, qui unifie cette trilogie d'essais de méthode, est, je le répète, de manifester la valeur proprement scientifique des trois genres de connaissances de Dieu issues de la foi. Il n'y a de science, a dit saint Thomas commentant Aristote, que lorsque Von tonnait la *cause par laquelle est* une chose, au point que l'on voit, dans cette cause, que cette chose ne saurait être autrement.

[XIII] La négligence de cet axiome premier de toute méthode, a engendré de tout temps, dans l'exposition des trois doctrines en question, des confusions inextricables. Ces confusions seront évitées si l'on se rend compte que :

1° La *Crédibilité rationnelle* de l'objet de foi est la cause objective unique et déterminante de toutes les démonstrations apologétiques ;

2° Le *Révélable,* inclus confusément ou virtuellement dans le donné révélé, est la cause objective propre, de toutes les formes de la théologie, spécialement de la théologie spéculative ;

3° La structure de l'âme juste, par la relation immédiate entre la Divinité et l'âme juste qu'elle dénonce, est la cause propre et explicative des oraisons mystiques, elles-mêmes ordonnées à l'expérience immédiate de Dieu.

Ces études constituent ainsi un essai de prolégomènes à toute doctrine, issue de la foi, qui se présentera comme Science. De tels prolégomènes sont d'essence métaphysique. C'est à la métaphysique, en effet, qu'il appartient en tant que philosophie première de distribuer à chacune des sciences philosophiques sa part d'objet dans l'ensemble du savoir ; de déterminer formellement cet objet, de le justifier *a priori* et de défendre son existence et ses propriétés contre ses négateurs ; de tracer enfin, en relation avec les exigences de son objet, la méthode [XIV] que chaque science devra suivre dans l'exploitation de son domaine. Or c'est là Ge que je me suis proposé de faire en ce qui regarde les sciences théologiques. Il est clair, cependant, qu'étant donné le caractère surnaturel de l'objet de foi, cette étude ne relève pas de la métaphysique ordinaire, mais d'une métaphysique surnaturelle, que l'on pourrait appeler la Théologie première.

Avec cet ouvrage se termine vraisemblablement ma carrière scientifique d'écrivain. Je laisse à d'autres, plus jeunes et plus aptes à former de vastes projets, le soin de dresser la *méthode,* si l'on ose parler ainsi, de la cinquième science de Dieu, la vision béatifique, sujet sur lequel d'ailleurs saint Thomas none a laissé peu de choses, sinon à méditer, du moins à découvrir. S'il plaît à la Miséricorde divine, sur laquelle seule je compte, je vérifierai dans une Meilleure lumière l'exactitude de leurs travaux. Puissé-je leur rendre le même témoignage que, dans une vision, rendait à saint Thomas d'Aquin son ancien disciple, frère Romain, mort avant lui. *Sicut audivimus, sic vidimus, in civitate Domini virtutum, in civitate Dei nostri*[6].

Paris, en la fête de saint Jacques, 24 Juillet 1926.

---

[6] 1. *Ps.* LXVII, 9. – Cf. D. PRÜMMER, O.P., *Fontes Vitae S. Thomae Aquinatis*, FasC. II, *Vita, auctore* GUILLELMO DE TOCCO, C. XLV, p. 118. Librairie Saint-Thomas-d'Aquin, Saint-Maximin, Var.

[XV]

INTRODUCTION

I
L'intention de cet ouvrage.

La structure de l'âme et la connaissance mystique : titre étrange ! Je voudrais, d'abord, en retracer la genèse et dire comment il s'est imposé à ma réflexion.

Depuis longtemps, j'étais frappé de l'insistance avec laquelle les mystiques les plus autorisés affirment qu'ils ont, de la Divinité présente au fond de leur âme, une expérience directe.

Étant donnée la spiritualité majeure de son objet, identique à l'objet de la vision béatifique, cette expérience ne pouvait être que de l'ordre intellectuel. Et je me demandais : Comment une telle expérience serait-elle possible ?

Selon la *Noëtique* de saint Thomas, que je professe, tous nos objets intellectuels sont abstraits de nos images, elles-mêmes issues de nos sensations. Or l'acte intellectuel, étant un mouvement immanent, requiert un terme qui l'achève intérieurement. Ce terme ne peut être l'image qui n'est pas de l'ordre intellectuel : c'est l'idée que nous abstrayons de l'image. C'est donc un verbe mental qui, par là même qu'il représente de l'intérieur la réalité, tient [XVI] celle-ci à distance. Il n'y a donc pas d'intuition intellectuelle immédiate.

Et l'on ne gagne absolument rien à supposer confuse cette intuition, car une intuition intellectuelle confuse ne laisse pas de représenter, et donc, d'avoir un verbe intellectuel confus. Rejoindre immédiatement le réel par des intuitions confuses n'aurait de chance de réussir que sur le terrain de la sensation. Aussi bien, le Bergsonnisme qui prétend le faire, n'est-il en cela, comme l'a si lucidement démasqué M. Couturat, que « le *vieux sensualisme de Condillac*[7] », habillé de neuf.

---

[7] 1. L. COUTURAT, *Contre le Nominalisme de M. Le Roy*, Revue de Métaphysique et de Morale, janvier 1900, p. 93.

Nous ne connaissons d'expérience immédiate que celle de la sensation, qui, étant l'acte commun du senti et du sentant, comme dit saint Thomas, n'a pas de verbe représentatif[8].

En fait, c'est aux expressions qui désignent la sensation que recourent les mystiques pour décrire l'expérience immédiate qu'ils assurent avoir de leur Dieu intérieur. Ils préfèrent même, pour mieux se faire entendre, les sensations inférieures du toucher, du sentir, du goûter, aux sensations plus spiritualisées, de l'ouïe ou de la vue. C'est que celles-là donnent davantage l'impression de l'immédiat, leur *medium* physique, qui existe pourtant, étant plus adhérent au sens[9].

Il me semblait donc impossible de transposer dans l'ordre intellectuel une telle expérience immédiate. A plus forte toison, cette expérience me paraissait [XVII] elle de tout point incapable de s'adresser à la substance même de Dieu, qui ne saurait être expérimentée que dans la vision béatifique.

Pour ces raisons, j'inclinais à ne pas prendre à la *lettre* les déclarations des mystiques, et, dans le mot de saint Thomas : « connaissance quasi expérimentale » j'insistais sur le *quasi*. Après tout, les mystiques, qui ne font pas d'ordinaire la théorie de ce qu'ils éprouvent, n'auraient-ils pas pris pour des contacts une approximation d'expérience analogue à celle que nous éprouvons lorsque par des concepts représentatifs vrais, et qui nous livrent avec certitude la présence objective de nixe qu'ils visent, nous goûtons par le cœur soit cette présentation certaine elle-même, *gaudium de veritate,* soit le bien réel avec lequel elle nous met sûrement en relation, ou même simplement la saveur qui s'exhale de cette certitude de notre bien et qui en est la preuve pratiquement convaincante, nous faisant dire avec saint Bernard. Au mouvement de mon cœur, j'ai reconnu la présence de mon bien-aimé[10] ?

Les certitudes de la foi, me disais-je, sont si grandes, étant sous l'emprise directe de la Vérité première qui, par elle-même, les *imprime* dans l'intelligence, encore qu'elles s'expriment par des concepts ! L'affinité que la grâce

---

[8] 2. JEAN DE SAINT-THOMAS, *Cursus philosophicus, De anima (in genere)*, Q. VI, a. éd. 4, Vivès, t. III, pp. 351-350.
[9] 3. SAINT THOMAS, *Comment, in L. de Anima*, L. II, lect. 14ª, § *Et non recte Empedocles*.
[10] 1. *In Cantica, Sermo* LXXIV, 6.

établit directement entre l'âme juste et son Bien souverain, est si rapprochante, encore que les concepts représentatifs de la foi soient la condition préalable et le moyen de son exercice ! Si prégnante surtout est la connaturalité qui règne entre notre objet divin et la charité parfaite, s'épanouissant dans les passivités des dons du Saint-Esprit, [XVIII] qui livrent l'entrée de notre âme aux inspirations et illuminations en lesquelles cette divine Personne épanche l'évidence de la contemplation scrutatrice qu'elle a naturellement des profondeurs de la Divinité. Toutes ces causes de pénétration de l'âme sainte à l'intérieur du Divin ne sont-elles pas suffisantes pour que l'on puisse lui accorder une contemplation de la Divinité, qui, tout en étant émise par la foi, et, partant, tenue effectivement à distance de la réalité, produise l'impression d'une connaissance immédiate, et apparaisse comme une *quasi-expérience* de la Divinité substantiellement présente au fond de l'âme juste ?

J'ai, depuis si longtemps que je le pratique, une préférence intellectuelle toute cordiale pour ce franc thomiste qui s'appelle Jean de Saint-Thomas. C'est chez lui que je trouve, parfois dans la suprême réponse à l'ultime objection de ses *Disputationes,* ce dernier mot qui dit le tout d'une Question, que l'on emporte avec soi en oubliant le reste, certain que l'on pourra à l'aide de lui seul régénérer ensuite sa solution dans toute sa complexité. On m'a jadis traité de Cajetaniste : c'est inexact. J'ai toujours lu, sans doute, et avec attention *et* profit, le commentaire de Cajetan sur chacun des articles de la Somme théologique que je devais expliquer, – et je les ai expliqués un par un presque tous, et plusieurs fois ; mais, l'avouerai-je ? Cajetan me fait l'effet de traiter son lecteur du haut en bas. Lee analyses logiques où il désarticule en membres menus ce qui est déjà un article, ses prononcés absolus, comme hautaine, et parfois si laconiques qu'ils en sont à première vue obscurs, manquent de condescendance pour nos [XIX] faibles esprits. Lors même qu'il veut bien éclairer un argument à fond par un de ces merveilleux. *Nota, novitie, quod tota vis argumenti consistit in hoc,* il semble se désintéresser de son auditeur : c'est à celui-ci de comprendre. C'est à lui surtout de refaire la synthèse totale de l'article, de la question, du traité. Cajetan pense, sans doute, que cette synthèse est claire en saint Thomas, dont il ne veut être, en l'humilité de son génie, que le très humble serviteur[11]. – Tout autre est Jean de Saint-Thomas il n'a pas tout commenté, mais ce qu'il a abordé il l'a longuement trituré, et comme mâché, sans craindre les redites, parfois chez lui si éclairantes. Sans doute, venu l'un des derniers parmi les cornillon-tuteurs, il a bénéficié des labeurs de tous et n'a pas moine profité des doutes que la curiosité éveillée des théologiens de la Société, Vasques surtout et Suarez, ont accumulés, avec plus de subtilité peut-être que de bonheur à les résoudre, dans tous les recoins des thèses de saint Thomas et de ses grands commentateurs thomistes. Mais, après tout, cela expliquerait aussi bien les *Salmanticenses*… Ce qui met à part Jean de Saint-Thomas c'est la profondeur dans la synthèse. Lorsqu'après avoir retourné une question sous tous ses aspects, énuméré toutes les solutions données, il *détermine* enfin, et donne la raison de sa détermination. *Fundamentum est,* il est bleui que l'esprit qui le lit, en pleine possession, grâce à lui, de tous les éléments du sujet, ne lui accorde pas son suffrage. Et quelle *vie,* quelle spontanéité, quelle cordialité hospitalière à tous ! Et, *dans* son genre, quelle langue, tour à tour, et parfois en même [XX] temps, élevée et chaude, mais surtout désireuse de faire à tout prix comprendre *le fond des choses* ! Et voilà pourquoi, si je révère Cajetan, Jean de Saint-Thomas je l'aime, étant entendu d'ailleurs qu'ils ne sont tous deux pour moi que des moyens hors pair pour essayer de pénétrer dans l'intelligence du Maître.

Or, dans Jean de Saint-Thomas, qui, en divers endroits de ses ouvrages, a traité copieusement la question de la connaissance mystique, je remarquai l'insistance avec laquelle, toutes les fois qu'il parlait de l'expérience mystique proprement dite, il lui donnait comme « modèle » tout à fait approprié la relation immédiate que l'âme a avec elle-même dans la connaissance expérimentale de l'âme par elle-même. « Nul exemple, a-t-il dit, ne peut jeter plus de lumière sur la manifestation à l'âme sanctifiée des divines personnes demeurant en nous par la grâce, que le spectacle de l'âme qui informe notre corps, en tant qu'elle nous est objectivement connue. » Et ce mot est le résumé et la clé d'innombrables passages.

---

[11] 1. *« Debitum D. Thomae famulatum persolvere cupiens »*. *Summa theol.*, III P., *in Prologum.*

J'avais lu souvent tous ces passages et les avais goûtés, en raison de la lumière intense qu'ils projetaient sur les relations les plus Intimes et les plus hautes de l'âme juste avec son Dieu, mais, j'avais toujours considéré comme un simple exemple ce que l'auteur donnait comme tel. Or, il me vint un jour à la pensée que la réitération incessante de cet exemple et la clarté qui en résultait pour germe de l'expérience mystique pourraient peut-être avoir une cause plus profonde que la seule analogie ; je soupçonnai une similitude de structure interne, et comme je savais par saint Thomas, que *tout* [XXI] *reçu est selon le mode de* ce *qui le reçoit,* et que l'âme est le sujet récepteur fondamental propre de toute notre vie mystique, j'en vins à penser que la connaissance mystique pourrait bien n'être que la reproduction, dans le plan évolué de nos relations surnaturelles avec Dieu, de la loi d'immédiation entre sujet et objet, inscrite, selon Jean de Saint-Thomas, dans la structure foncière de l'âme, sujet récepteur de toute la vie surnaturelle.

Qui sait, me disais-je, si en mettant en évidence les conditions profondes de la connaissance psychologique, on ne pourrait pas découvrir les substructions de la connaissance mystique, voire même une explication *a radice* de cette immédiation qui se rencontre parfois en elle, au dire des spirituels, la causa enfin, qui permettrait de justifier le bien-fondé du caractère d'immédiation, attribué par eux à cette expérience de Dieu, et de constituer ainsi la science de l'expérience mystique ?

Lorsque l'on est tombé sur une idée juste qui est en même tempe centrale, c'est l'ordinaire qu'on la voit rayonner en tous sens, et qu'une foule de données qui gémissaient à l'état sporadique se concentrent en elle et l'étoffent en s'unifiant. Je m'étais mis à relire toutes les questions de saint Thomas d'Aquin où je pouvais espérer trouver des matériaux pour la synthèse que j'entrevoyais. Et voilà que de toutes parts surgirent, non seulement des documents appropriés, mais des formules expresses où transparaissait ridée directrice que je cherchais à réaliser. Ce fut au point que, si je ne m'illusionne, ce n'est plus de Jean de Saint-Thomas que je tiens désormais l'identité de structure entre la connaissance [XXII] mystique et la structure de l'âme, mais de saint Thomas lui-même, et qu'il me semble pouvoir reprendre à mon compte le mot de Cano sur ses

Lieux théologiques : Divus Thomas mihi et auctor et magister fuit hujus operis componendi[12]. Je serais heureux si mon lecteur pouvait faire, en cet ouvrage, la vérification de ce que j'avance ainsi, et y rencontrer ce que Montaigne estimait voir dans l'œuvre de Raymond Sebond[13], « quelque quintessence de saint Thomas d'Aquin ».

C'est de saint Thomas, en effet, que je tiens que l'expérience psychologique est précédée par une connaissance *« habituelle »*, en puissance donc, mais immédiate, de l'âme intelligible par soi-même, en tant qu'âme intelligente, et cela dans l'essence même de l'âme dont ce dédoublement forme la structure : structure toute de l'ordre intelligible comme il convient à une substance ontologiquement simple, et qui n'a que la structure qui convient à un ESPRIT.

Et c'est de saint Thomas que je tiens que l'état intérieur de l'âme juste est caractérisé par l'habitation objective, habituelle, immédiate, de la substance même de Dieu présent en l'âme par son immensité, et que la grâce nous rend capables d'y saisir.

De même donc, que l'expérience immédiate que nous avons de notre âme et qui seule peut nous faire dire : « C'est bien MOI qui pense », apparaît comme l'épanchement de la connaissance habituelle [XXIII] de même serions-nous autorisés par saint Thomas à tenir que l'expérience mystique immédiate de Dieu, décrite par les mystiques, trouve sa raison d'être, dans l'habitation objective de la substance même de Dieu dans l'intérieur de l'âme juste.

On saisit ainsi tout le sens du titre de cet ouvrage : *La structure de l'âme et l'expérience mystique*. J'y ai rassemblé les deux extrêmes d'une progression continue et montante. Ma pensée est que l'immédiation de l'expérience mystique de Dieu rencontre dans la structure essentielle de l'âme, non pas seulement un modèle, mais la cause qui la rend possible, et qui, autant que peut le faire un sujet récepteur, – simple cause matérielle, – l'explique et la fonde.

---

[12] 1. M. CANO, *De Locis theologicis*, L. XII, C. III, § *Hoc autem tempore*.
[13] 2. Sur la foi, dit-il, de Tournus : mais j'ai vérifié par moi-même que Montaigne avait été bien renseigné. Seulement l'œuvre de Sebond ne ressemble guère au portrait qu'en a brossé son apologiste improvis.

II
Comment s'organise cet ouvrage en vue de réaliser l'intention de son titre ?

Ce n'est pas, disais-je, sur la structure naturelle de l'âme, que, directement, se fonde la structure de l'expérience mystique, mais sur la structure de l'âme en état de grâce.

Dans l'âme juste il y a deux réalités. Il y a le Dieu substantiellement présent en l'intime de toutes choses, et donc dans l'essence de l'âme, par sa présence d'immensité, laquelle résulte à son tour de la création et de la conservation continue de [XXIV] tout être par l'Être premier. Mais il y a, de plus, ce qui ne se rencontre que dans l'âme juste, œ pouvoir radical de saisie intellectuelle de Dieu tel qu'il-est-en-soi, que nous nommons la grâce sanctifiante. Dans « le fond », dans l'essence de l'âme juste, Dieu s'offre donc déjà obscurément comme un objet prédestiné de connaissance et d'amour à cette âme divinisée par la grâce. Cotte présence immédiate, mais purement habituelle (donc se tenant dans les lignes de la puissance), de l'objet divin à l'âme juste, s'actualise dans la contemplation mystique, toutes les fois que celle-ci se porte sur le Dieu immanent à l'âme ; elle trouve son maximum de réalisation, et d'immédiation, c'est du moins ma thèse, dans l'expérience mystique proprement dite. Celle-ci est donc comme l'éclosion, aussi parfaite qu'elle peut l'être sur terre, de l'état intérieur de l'âne juste. J'ai réservé à la mise en évidence de cotte actualisation de l'Intérieur de l'âme juste la *quatrième partie* de cet ouvrage.

Dans les trois premières parties, je me suis appliqué uniquement à reconnaître la structure intérieure de l'âme juste, en qui, nous venons de le dire, est préformée, comme la plante dans sa semence fécondée, toute notre vie mystique de fond, jusqu'à l'expérience immédiate et substantielle de Dieu.

Pour édifier cette structure de l'âme juste, il s'imposait d'abord de considérer l'âme naturelle en elle-même, de reconnaître sa structure essentielle, « modèle » de la structure de l'âme juste et, par son intermédiaire, de l'expérience mystique elle-même, – ainsi que les capacités qui font de cette âme le sujet récepteur immédiat de toute notre vie divine. [XXV] C'est l'objet de la première partie. *L'Âme, sujet récepteur de la vie divine.*

Il fallait ensuite faire intervenir la grâce sanctifiante, étudier son être ontologique de participation de la nature divine, et son être dynamique d'énergie capable de saisir Dieu tel-qu'il-est-en-soi. C'est l'objet de la seconde partie : *La grâce sanctifiante*.

Il fallait enfin faire l'assemblage et, en face du Dieu présent substantiellement dans l'une par son immensité, camper la puissance de saisie de Dieu que constitue la grâce : recueillir enfin, de cette mise en présence du sujet et de l'Objet, le spectacle total de l'intérieur de l'âme juste, caractérisé par cette présence *habituelle, substantielle, objective, immédiate* de Dieu en elle et à elle, que la Théologie nomme : l'Habitation de Dieu dans les justes[14]. C'est l'objet de la troisième partie. *L'intérieur d'une âme en état de grâce*.

On le voit, la marche du présent ouvrage passe par deux phases bien différentes. Dans l'une, qui comprend les trois premières parties, on monte vers ce centre d'irradiation surnaturelle qu'est l'état intérieur de l'âme juste ; dans l'autre, on a cessé de monter : on se trouve de plain-pied avec ce qu'il ne s'agit plus que d'expliciter : on n'a plus qu'à manifester simplement les virtualités intérieures que recèle la structure de l'âme juste, jusques, et y compris, l'expérience mystique.

Les prologues, dont on a muni chacune des parties et des divisions de l'ouvrage, expliqueront à mesure qu'il en est besoin, leur distribution intérieure, qu'il est inutile d'anticiper. Je dirai seulement [XXVI] un mot des termes dont je me suis servi pour intituler ces divisions. J'adopte l'antique nomenclature de la Somme théologique de saint Thomas et je partage cet ouvrage en *Parties, Traités* ou *Livres, Questions, Articles* : j'entends ainsi marquer mon dessein, qui est de présenter une SOMME organiquement liée d'un bout à l'autre, à la manière des anciens, plutôt qu'une série de sujets, réunis bout à bout sous une accolade commune pour former un VOLUME, comme le font souvent les chapitres des modernes.

Ce n'est pas que je ne vise à une certaine actualité, celle que comporte ce genre de travail. Comme dans mes œuvres précédentes, c'est en face des progrès

---

[14] 1. Cf. P. B. FROGET, O. P., *De l'habitation du Saint-Esprit dans les âmes justes*, Paris, Lethielleux.

incessants des sciences annexes à la Théologie et des difficultés spéciales aux théologiens modernes et aux esprits contemporains que je me suis efforcé de revivre nos antiques doctrines. Mais, celles-ci étant faites de deux choses qui ne changent pas, d'une part, *la Révélation* du Christ, donnée une fois pour toutes et conservée et développée, selon ses lignes authentiques, par la sainte Église et la Tradition théologique, et, d'autre part, *la Métaphysique*, immobile comme la structure de l'esprit humain et comme les principes en lesquels se manifeste et s'affirme devant cet esprit son objet, l'Être, c'est sur ces deux valeurs éternelles et toujours actuelles, que je compte, plus que sur un rajeunissement de surface, pour assurer à cet ouvrage ce que Brunetière eût nommé sa m modernité ».

[XXVII]

III
Suis-je devenu augustinien ?

En dépit de la nouveauté du point de vue et même de l'organisation de cet ouvrage, si l'on peut appeler nouveau ce qui était déjà en saint Thomas et qui est si clairement signifié par Jean de Saint-Thomas, on n'y rencontrera que des idées traditionnelles. Toutes les œuvres de saint Thomas, tant philosophiques que théologiques ont été mises à contribution. Mais, j'aurais cru trahir le saint Docteur si je n'avais obtempéré à l'invitation perpétuelle, que m'adressait son texte, de recourir à son grand prédécesseur, à celui qui partage avec lui le sceptre de la maîtrise ès Doctrines spirituelles : saint Augustin.

Je l'ai fait, je le confesse, plus que copieusement. Au risque de paraître interrompre le développement de la pensée principale de l'œuvre, et de sembler perdre de vue mon but ; j'ai introduit çà et là comme des blocs de littérature augustinienne. Telles ces Questions sur les trois trinités psychologiques de saint Augustin, sur la capacité de vie surnaturelle de « l'âme informe », sur : Ce que pensait saint Augustin de la puissance obédientielle au surnaturel, qui « encombrent » la première partie. Mais, franchement, pouvais-je ne pas tenir compte de ces étonnantes analyses du contenu de l'âme rationnelle, qui furent l'aliment de toute la spéculation mystique du haut moyen âge touchant notre « FOND », et que saint Thomas a incorporées, en les régularisant, dans sa propre synthèse de [XXVIII] la structure interne du *Mens* ? Que si je fus trop prolixe en les exposant, mon excuse est qu'avec saint Augustin (quoi qu'en ait pu penser jadis M. l'abbé Jules Martin qui nous a troussé un si joli *Saint Augustin* philosophique de poche), il ne faut jamais abréger. Il faut laisser saint Augustin développer lui-même-même sa pensée, dans les termes où il la conçoit lui-même, et se contenter de la munir de divisions qui la font suivre, de *clés* qui en ouvrent l'intelligence, d'apostilles qui fassent remarquer la portée de ce qu'il dit ou en rapprochent les opinions et sentences de ses disciples, de saint Thomas en particulier.

Sans doute, me dira-t-on, mais vous lui accordez trop de crédit depuis saint Augustin la pensée théologique a fait du chemin. – Je le sais et cet ouvrage en serait au besoin la preuve, mais j'estime que l'on ne saurait accorder trop de crédit à un fondateur. Saint Augustin est le fondateur de la Théologie de la vie spirituelle, c'est lui qui l'a placée sur sa base véritable et définitive en la regardant comme te développement des virtualités latentes dans l'ESPRIT humain, le MENS, – ce qui en fait une vie SPIRITUELLE dans le plein sens du mot, non seulement du côté de l'être dont elle vit, Dieu, qui est Esprit, mais du côté de l'homme qui, principalement par son esprit, rejoint Dieu. Nul, mieux que saint Augustin, n'a marqué la corrélation entre *ces deux esprits,* faits l'un pour l'autre, ni mieux décrit la vie qui les mettait en conjonction, – un seul excepté, saint Paul, le disciple du Maître qui a dit : « Dieu est *Esprit,* et ceux qui l'adorent doivent l'adorer en *esprit...* Ce sont ces adorateurs que cherche le Père. »

[XXIX] Je me demande parfois ce qui serait arrivé si saint Thomas d'Aquin, prisonnier du Composé humain d'Aristote, et de la doctrine de l'âme forme du corps, n'avait pas été libéré par saint Augustin et sa doctrine du *Mens,* conçue dans un système moins naturaliste. L'art génial de saint Thomas a consisté à accorder le spiritualisme un peu éthéré de saint Augustin avec un point de vue plus terre à terre, mais qui tenait mieux compte des attaches positives de l'âme à son corps, et, par là, de constituer une doctrine tout à fait complète, à la fois naturaliste et spiritualiste de l'âme humaine.

Alors vous êtes devenu augustinien ? Oui, dans la mesure, je l'espère, où l'est saint Thomas. Qu'on les lise attentivement l'un et l'autre, et l'on verra, en particulier sur ces points qui concernent la Doctrine spirituelle, leurs pensées se compénétrer sans cesse et s'entrelacer. On peut compter les positions sur lesquelles ils diffèrent ; il est impossible de compter celles où ils s'entendent ; et quel respect, quelle vénération, parfois presque trop indulgente, du Docteur Angélique pour la pensée de son maître en spiritualité. La principale différence qui, non pas les sépare, mais les distingue, c'est que saint Thomas a régularisé dans une Métaphysique de l'Être et des Causes[15], en les corrigeant au besoin, les [XXX] analyses de psychologie vécue et la théologie parfois trop littéralement scripturaire de son ancêtre. Saint Thomas est plus complet, plus universel, plus vrai. Mais, pour effectuer cette transposition, ce n'est pas trop de dire que le Bœuf muet a, si j'ose dire, – je l'ose !– dévoré toute la substance spirituelle de l'aigle d'Hippone, qu'il l'a triturée, et se l'est assimilée, qu'il en a fait, autant que d'Aristote, la propre substance de son esprit. Les deux maîtres, désormais réunis en un seul, constituent l'Autorité unique, incomparable qui, de plein droit, guide et régente la Spiritualité catholique.

Et c'est là ce qui m'autorise à donner, dans ce livre, une si large place à la pensée de saint Augustin. Je n'ai d'ailleurs conservé aucune thèse de saint Augustin qui ne Mt constamment, jusqu'en ses derniers ouvrages, admise par celui qui, peut-être, a le plus attentivement lu et le plus profondément compris son maître ; j'ai fait en particulier la différence entre les doctrines de saint Augustin incorporées au Commentaire sur les *Sentences* que saint Thomas n'a plus re-

---

[15] 1. Aussi, est-ce pour moi un sujet d'étonnement, d'avoir lu quelque part que la philosophie de saint Thomas constitue un *Exemplarisme*. Cela est vrai de la doctrine de saint Augustin, mais pas » de celle de saint Thomas. La philosophie de saint Thomas est la philosophie de l'être en tant qu'être, analogue à Dieu et à l'être créé, et du rapport qui résulte de cette analogie des deux êtres. Or ce rapport est exprimé par la causalité. Mais la causalité est quadruple : finale, efficiente, formelle et matérielle. L'Exemplarisme ne met en relief que la cause exemplaire, tout au plus la cause finale, en raison de sa très grande affinité avec la causalité exemplaire. Saint Thomas accorde une place très honorable à la causalité exemplaire. 4^a *via*, mais n'est pas moins attentif à l'efficiente. 1^a *et* 2^a *via*, et à la finale, 5^a *via*, Cf. I^a II^{ae}, Q. I-V. Le cas qu'il fait de la causalité matérielle, dans les matières qui la comportent *(Physique)*, est aussi à remarquer. La doctrine de saint Thomas n'est donc pas un exemplarisme, bien qu'elle englobe tout l'Exemplarisme.

produites ou qu'il a corrigées, et celles qu'il a maintenues dans son enseignement postérieur jusqu'à la *Somme théologique* et au *Compendium theologiae*. J'aurais cru, si j'avais agi autrement, m'écarter de l'esprit du docteur dominicain, dont c'est la gloire meilleure d'être l'interprète juré de celui qui, seul parmi nous, possède le droit de tenir École.

[XXXI] A côté de saint Augustin, *longe sed proximus interpella,* j'ai fait confiance à un maître moderne qui, lui aussi, a eu à souffrir du reproche d'augustinisme, à ce chanoine Sanseverino, issu du même sang que saint Thomas, et que ce fut un des premiers actes du pontife thomiste Léon XIII d'appeler au cardinalat en même temps que lignera. Je me souvenais des services qu'il m'avait rendus, par sel études de Logique comparée, lorsque je m'occupais des *Lieux théologiques ;* je le retrouvai égal à lui-même, universel et profond, dans ses études de *Psychologie antique comparée à la psychologie contemporaine.* Sanseverino n'a rien d'unilatéral : ce sont toutes les doctrines, tant anciennes que modernes, que sait embrasser son érudition, qui est immense et généralement exacte, et sa sagacité métaphysique, et sa perspicacité psychologique qui est des plus averties. D'ailleurs, invariablement, le résultat de *ses* enquêtes est de mettre en une évidence, d'autant plus éclatante qu'elle s'enlève sur la constatation du mérite des plus grands esprits, tant anciens que modernes, le mérite de la pensée de saint Thomas. Ce sont là les raisons qui me Font fait choisir, comme interprète sûr de la psychologie de saint Thomas. A lui aussi, d'ailleurs, comme aux autres, j'ai moins demandé des autorités que des preuves, une armoirie de plus que des armes intellectuelles.

IV
Les Critiques inévitables.

Je ne puis me flatter de ne rencontrer que des [XXXII] approbations dans des questions si hautes, si complexes, si abstruses, parfois si subtiles. Je m'en consolerai en pensant, avec Melchior Cano, qu'il est rare de rencontrer un esprit qui cadre si exactement avec tous les esprits, qu'il ne trouve pas de contradicteurs.

De ces critiques il est d'ailleurs une cause qui m'est personnelle. J'ai conscience de l'*imperfection*, pour ne pas dire plus, en laquelle je laisse, sons peine de ne jamais lâcher ce manuscrit, nombre d'idées, d'expressions, d'arguments, de développements. Je ressens aussi vivement l'obscurité où s'enveloppe forcément, pour beaucoup et pour moi-même, la profondeur de ces hautes questions. Je me suis trouvé souvent en passe d'avoir à choisir entre : *aller au fond des choses et être compris de tous*, et, sauf peut-être pour la première question de la Première partie, sur laquelle je devais revenir ensuite, j'ai choisi la profondeur. Cano m'y encourageait, lui qui vengeait en ces termes la prétendue obscurité de saint Thomas, que l'on opposait à la clarté des modernes de son temps. Vous avez raison, disait-il, mais il n'est pas responsable de cette obscurité, ce n'est pas dans son esprit qu'elle réside, mais dans les choses elles-mêmes. Les raisons propres et formelles des choses sont plus obscures que les généralités par lesquelles on pourrait les décrire. Le vin mélangé d'eau, lui aussi, est plus clair, mais il est plus dilué. Le vin pur est plus difficile à boire, mais il donne plus de forces[16].

Mais si, d'avance, je consens à toutes les critiques sur la manière dont j'ai rempli ma tâche, il est un [XXXIII] point dont la gravité est telle pour moi, que je me permets de solliciter, à son endroit, toute la conscience et l'attention de ceux qui seront capables d'embrasser la trajectoire totale de ce travail et de porter sur lui UN JUGEMENT.

C'est la thèse principale de la préformation, quant à la substance des choses, de l'expérience mystique dans la structure de l'âme en état de grâce : c'est, secondairement, la thèse qui établit que cette structure de l'âme juste, à son tour, épouse les contours de la structure interne, toute de l'ordre intelligible, du *Mens* humain. Sur ces thèses, je prévois que j'aurai à donner des explications : mais je ne saurais les changer, tant j'ai expérimenté qu'elles étaient contenues dans la doctrine de saint Thomas, soit formellement, soit tout au moins *virtualiter implicitè*. C'est ici mon *Sint ut sunt, aut non sint...* théologique et métaphysique !

---

[16] 1. *De Locis theologicis*, L. XII, C. XI.

De la structure interne du *Mens* jusqu'à l'immédiation de l'expérience mystique JE VOIS en effet le même dessin structural se transposer, en s'enrichissant, pour finalement expliquer le contact immédiat qui se rencontre entre l'âme et son objet divin intérieur, dans le suprême aboutissant de cette genèse.

Ce reflux de toute la vie spirituelle et spécialement de ce qu'elle a de plus élevé, l'expérience mystique, vers la structure interne du *Mens*, comme vers sa cause propre, dans la mesure où un sujet récepteur est une cause, achève de constituer, c'est mon espoir, la Théologie mystique à l'état de science définitive ; car, ainsi que le dit saint Thomas dans son Commentaire des Seconds analytiques. Nous jugeons que nous *savons* une chose, lorsque [XXXIV] nous sommes fondés à penser que nous avons trouvé la CAUSE par laquelle est cette chose, et que c'est bien sa cause, et qu'il ne peut dès lors arriver que cette chose soit autrement[17].

*
* *

Que les amis de saint Thomas qui m'ont aidé à mettre en état le texte de cet ouvrage veuillent bien trouver ici l'expression de ma gratitude.

Je remercie très spécialement M. Charles Charpentier du concours si dévoué et si efficace qu'il m'a donné aux mêmes fins, et pour la correction des épreuves. S'il n'y a plus de saint Thomas, le frère Réginald vit toujours[18] !

[XXXV]

PLAN D'ENSEMBLE

Préface, Introduction, Plan d'ensemble.

---

[17] 1. *Poster, anal.*, L. I, C. IV : *Comment. S. Thomae Aq.*, lect. 4.
[18] 2. Cf. SAINT THOMAS, *Compendium theologiae ad fratrem Reginaldum, socium suum carissimum*, C. I : *De Angelorum natura, item.*

PREMIÈRE PARTIE
LE *MENS*, SUJET RÉCEPTEUR DE NOTRE VIE DIVINE

LIVRE I. – Le sujet récepteur de notre vie divine.
Question I. Le sujet récepteur de notre vie divine est-il le *Mens* ?
Question II. Qu'est-ce que le *Mens* ?

LIVRE II. – La Structure interne du *Mens*.
Question I. La première trinité de saint Augustin, *Mens*, *Notitia*, *Amor*.
Question II. La seconde trinité de saint Augustin.
    (Suî) Memoria, Intelligentia, Voluntas.
Question III. La troisième trinité de saint Augustin.
    (Dei) Memoria, Intelligentia, Voluntas.
Question IV. La structure interne du *Mens*, d'après saint Thomas.

LIVRE III. – La capacité du *Mens* en regard de la vie divine.
Question I. « L'âme informe », selon saint Augustin, et sa puissance obédientielle.
Question II. Comment saint Augustin conçoit la puissance obédientielle au Surnaturel.
Question III. La puissance obédientielle au Surnaturel d'après saint Thomas.

SECONDE PARTIE
LA GRACE HABITUELLE SANCTIFIANTE

Question I. Si la grâce sanctifiante est une participation formelle de Dieu ?
Question II. Si la grâce sanctifiante nous destine efficacement à la vision de Dieu ?

TROISIÈME PARTIE
L'INTÉRIEUR DE L'ÂME JUSTE

Question I. Comment se réalise l'habitation de Dieu dans les âmes justes ?

Question II. La pensée de saint Thomas sur l'état intérieur de l'âme juste.
Question III. L'habitation de Dieu dans les Justes et la structure interne de l'âme.

QUATRIÈME PARTIE
LA STRUCTURE DE LA CONNAISSANCE MYSTIQUE

Question I. La perception expérimentale de l'âme par elle-même.
Question II. La connaissance habituelle du Dieu intérieur.
Question III. L'activité intentionnelle de la foi vive.
Question IV. Les préludes de l'expérience mystique.
Question V. L'expérience mystique.

CONCLUSION DE TOUT L'OUVRAGE

APPENDICES.

Appendice I. La deuxième Image de saint Augustin, à l'étage de la connaissance actuelle de soi. I P., l. II, q. II.

Appendice II. Saint Thomas et l'*Illuminisme* de saint Augustin. I P., l. II, Q. I-III ; l. III, Q. I-II. Appendice I.

Appendice III. La vision béatifique instrumentale. I P., l. III, q. III.

Appendice IV. Les trois mouvements de l'âme selon saint Denys et les oraisons mystiques. IV P., Q. IV et V.

[1]

PREMIÈRE PARTIE
LE MENS
SUJET RÉCEPTEUR DE NOTRE VIE DIVINE

Cette première partie est divisée en trois Traités ou Livres.

Dans le premier livre, on recherche le sujet récepteur propre de la vie divine, et l'on définit la : nature précise de ce sujet : le *Mens*.

Dans le second livre, on étudie la structure interne du *Mens*, modèle exemplaire de la structure de l'âme juste et de sa vie divine.

Dans le troisième livre, on détermine ce qui fait du *Mens*, le sujet récepteur de la vie divine, à savoir sa puissance passive obédientielle.

[2] Page blanche

LIVRE PREMIER
LE SUJET RÉCEPTEUR DE NOTRE VIE DIVINE

EXISTENCE ET NATURE

Ce livre comprend naturellement deux Questions.
    I. Le sujet récepteur de notre vie divine est-il le *Mens* ?
    II. Qu'est-ce que le *Mens* ?

QUESTION I
Le sujet récepteur de notre vie divine est-il le Mens ?

Cette Question comprendra trois articles.
    I. Si le Composé humain est le sujet récepteur propre de notre vie divine ?
    II. Si la vie humaine est principalement la vie de la partie supérieure de l'âme, capable d'absolu, – en d'autres termes, du *Mens* ?
    III. Si le *Mens* constitue un sujet récepteur approprié à la participation de la vie divine ?

ARTICLE I
Si le Composé humain est le sujet récepteur propre de notre vie divine ?

La foi catholique enseigne que l'homme tout entier, corps et ente unis substantiellement dans le *composé* humain, est appelé à recevoir communication de la vie divine apportée sur la terre par Notre-Seigneur Jésus-Christ. Un chrétien, ce n'est pas une âme, comme le langage courant des fidèles le donnerait parfois à penser : c'eut un homme.

Dans la vie bienheureuse du ciel, suprême épanouissement de la vie chrétienne, l'homme tout entier se retrouvera : c'est donc que tout entier, corps et âme, il doit dès maintenant vivre de la vie divine, et, partant, être divinisé.

Une question est ainsi posée an seuil même de l'étude que nous entreprenons : Le sujet propre de la vie divine ne serait-il pas l'homme tout entier, le composé humain ?

Or, si l'on considère le corps en lui-même, abstraction faite de l'âme, cette question est de solution facile. Le corps, d'abord, j'entends le corps vivant de sa vie propre de corps humain, si supérieure soit-elle, ne dépasse pas l'animalité ; et personne ne songe à attribuer la vie divine à l'animalité. Elle y répugne. D'où le mot si fort de saint Paul, cité à ce propos par saint Thomas : « La chair et le sang ne peuvent hériter du royaume de Dieu, ce qui est corruptible posséder l'incorruptible[19]. »

Tout ce que l'on peut concéder au corps animal, c'est, avec saint Thomas, d'abord, que : « les effets de la grâce rejailliront sur lui, selon le mot de l'Apôtre au chapitre vie de l'épître aux Romains : « Nous devons dès maintenant offrir à Dieu nos corps, comme une arme capable de conquérir la sainteté[20] » ; [5] et, ensuite que, dans la vie future, a notre corps partagera l'incorruption et la gloire de notre âme[21]. Ce n'est pas là, assurément, faire du corps le sujet récepteur, propre et premier, de la vie divine en nous ; c'est tout au plus, le regarder comme son instrument ou son associé par participation[22].

Mais, le corps ainsi remis à son rang, rang d'honneur après tout, la question n'est que déplacée. Est-ce l'âme humaine, en tant qu'humaine, et donc précisément parce qu'elle est forme substantielle du corps, qui constitue en nous le sujet proprement récepteur de la vie divine ?

---

[19] 1. I *Cor.*, XV, 50.
[20] 2. « *Licet corpus non sit immediate subjectum gratiae, ex anima tamen redundat effectus gratiae ad corpus* ». Summa theol., III P., Q. LXXIX, a. 1, ad 3.
[21] 1. *Ibid.*
[22] 2. Une intéressante confirmation de cette conclusion résulterait de l'application à la participation du corps à la vie divine de la grâce, des raisons que donne saint Thomas pour établir que le Verbe n'a pu *assumer* la chair du Christ que *mediante animâ, Summa Theol.*, III P., Q. VI, a. 1. Le principe que la chair ne peut être *assumée* par le Verbe qu'en raison de son rapport essentiel à l'âme rationnelle, qui en fait une chair humaine, est proportionnellement transposable au cas de la participation du corps à la vie de la grâce.

Poser ainsi la question revient à se demander quelle est la raison profonde de l'union de l'âme et du corps et, partant, quel est le caractère de cette relation essentielle qui unit en nous corps et âme. Tout l'être de l'âme est-il ordonné à la formation vitale du corps, toute sa vie est-elle inéluctablement solidaire de la vie du composé humain ? Si la réponse à cette question devait être affirmative, si toutes les capacités de l'âme étaient relatives à l'être et à la vie de l'homme, cet homme tout entier, dans sa partie la plus noble d'abord, mais tout de même en union avec le corps dans le composé humain, devrait être considéré comme le sujet récepteur propre de la vie divine.

[6] Saint Thomas se prononce contre cette conception. Ce n'est pas pour être et vivre, que l'âme humaine est unie à un corps, puisque, étant subsistante, elle trouve en soi de quoi vivre : « c'est pour son meilleur bien, c'est pour la perfection de sa vie propre[23] ». Essayons de justifier cette pensée.

Créée la dernière des substances spirituelles, fruit suprême, mais, pour cela même, issue comme en surcroît de la fécondité du Père des esprits, esprit donc trop dilué, encore que subsistante en soi, pour pouvoir mener par soi seule, dans toute sa plénitude, la vie spirituelle pure[24], condamnée enfin, si elle demeurait isolée, par l'excès même de la Bonté qui la créa, à vivre sa vie propre dans un éloignement de sa source divine indigne d'une si noble créature, – l'âme humaine a été unie par Dieu à un corps organisé et sensible, afin qu'elle retrouvât, grâce à la collaboration des énergies du corps, suprême aboutissement de l'univers matériel[25], la netteté, le relief, le plein de ses conceptions spirituelles[26] en même temps que la vigueur de volonté que possèdent les purs esprits[27].

---

[23] 1. *Summa theol.*, I P., Q. LXXXIX, a. 1, c., *in fine*.
[24] 2. *Summa theol.*, I P., Q. LXXXIX, a. 1, § Si ergo inferiores.
[25] 3. Cf. SAINT THOMAS, *Quaestio unica de anima*, a. 8, c., spécialement ce passage : « *In quo apparet quod iota operatio inferioris naturae terminatur ad hominem tanquam ad perfectissimum. Videmus enim operationem naturae procedere gradatim à simplicibus elementis, commiscendo ea, quousque perveniatur ad perfectissimum commixtionis modum, qui est in corpore humano.* » Cf. *Summa theol.*, I^a, Q. LXXVI, a. 3.
[26] 4. *Quaest. unica de animâ*, a. 13, § Sed secundum hoc ; cf. a. 8 in principio ; *Summa theol.*, I^a, Q. LXXXIX, a. 1, § Considerandum est igitur ; cf. Q. LXX. a. 3, § In hâc autem opinionum diversitate.
[27] 5. *Summa theol.*, I^a II^{ae}, Q. XXIV, a. 3, 4.

Pour cela, il fallait que l'âme opérât, comme *a radice,* la refonte de son associé, qu'elle modifiât [7] plastiquement sa matière et l'organisât, de l'étage minéral à l'étage végétatif, de celui-ci à l'étage supérieur de la sensibilité, de façon qu'apparussent, sur les sommets de la vie corporelle, ces sensations, images, expériences, souvenirs en qui l'âme trouverait l'appui de ses conceptions spirituelles, le soutien de sa vie intellectuelle si atténuée de dernier des esprits, ce je ne sais quoi de net, de vif, de rempli qu'a la pensée humaine lorsqu'elle repose sur des images sensibles bien appropriées, dans lesquelles sa spiritualité prend corps[28]. Il fallait aussi, parallèlement à ce développement de la sensibilité connaissante, que l'âme se suscitât, dans l'ordre appétitif, une ascension de la matière, aboutissant à des organes d'émotivité, qui fissent prendre corps à ses volontés affaiblies de substance spirituelle infime ; il fallait que l'inconsistance de sa volonté et de son amour fût renforcée par des passions[29].

C'est donc *égoïstement,* d'un égoïsme qui est selon l'ordre des relations du *supérieur* avec son inférieur en nature[30], c'est pour ses fins propres, non pour les fins de la nature animale conjointe, que l'âme est unie à un corps. Munie, grâce à lui, d'un surcroît d'énergie, l'âme humaine, si petite parmi les esprits, petit vivre honorablement sa vie d'esprit.

C'est elle qui est la fin de la vie du corps, la valeur-en-soi, an profit de laquelle est réalisée l'union : et quand toute l'activité plastique qu'elle a dépensée pour s'assujettir son associé, s'est [8] comme réfléchie dans la collaboration qu'elle avait en vue, quand elle a retrouvé des pensées intellectuelles non seulement vraies mais précises, quand, par son amour, elle embrasse fortement les vrais biens, les biens spirituels, et par sa volonté réalise leurs exigences avec vigueur, l'âme seule bénéficie et jouit des résultats de l'activité du composé humain tout entier, comme seule elle présidait au déclenchement de l'évolution accomplie.

Ainsi donc l'union de l'âme avec le corps laisse à l'âme sa valeur d'esprit. Un corps lui est uni essentiellement, mais, en définitive, pour qu'elle puisse

---

[28] 1. *Quaestio unica de Animâ, ibidem.*
[29] 2. *Summa theol., ibidem.*
[30] 3. Cf. *Contra Gentiles,* L. III, C. CXII.

vivre dans sa perfection sa vie propre. Elle ne peut penser, aimer, vouloir, agir qu'avec la collaboration d'énergies empruntées au règne de la matière vivante, mais, ce faisant, elle n'est pas submergée par les forces qu'elle utilise ; ses vitalités ne s'épuisent pas dans la vivification et l'éducation de sa nature animale. Tout au contraire, quand l'homme est fidèle à la destinée que lui trace sa nature supérieure, quand il ne pervertit pas cette nature en acceptant volontairement le servage du corps, la vie de son esprit resplendit dans toutes les manifestations de son activité de composé humain, rendant tangibles sa supériorité et son indépendance de cause dominatrice, et par là insinuant déjà la possibilité d'une capacité nouvelle, que le corps ne connaît pas, que le composé humain ne développe pas, à être élevée, s'il plaît à Dieu, à un règne supérieur, au règne de l'Esprit divin.

[9]

ARTICLE II
Si la vie de l'homme est principalement la vie d'un mens ?

L'homme animal, cette bête *sine mente* qui ne laisse pas de voir, *bellua videns*[31], comme le nomme saint Augustin, s'illusionne facilement au sujet du sens supérieur que nous avons vu être le sens de sa propre vie. Frappé par la transfiguration de la matière que son esprit accomplit en recherchant ses fins propres, par les merveilles des sciences et des arts, de l'industrie et des civilisations, qui ne sont pourtant que des éclaboussures de l'esprit humain façonnant la matière, cet homme en vient à placer dans ces produits la raison d'être dernière de la vie de l'homme. Il s'imagine donc, que l'esprit lié au corps, dans la vie comme dans la mort, épuise toute sa fécondité dans ces créations et que c'est là le but dernier et sans lendemain de la vie humaine[32]... Comme si le soleil qui

---

[31] 1. *Mens quippe sine oculis carnis humana est. Oculi autem carnis sine mente bellùini sunt. Quis porro non hominem se malit esse, etiam carne caecum, quam belluam videntem ? De Trinit.*, L. XIV, N. 19.
[32] 2. Cf. SAINT THOMAS, *Summa theol.*, I P., Q. XCIII, a. 8, ad 2, § *Hujusmodi temporalium notitia adventitia est animae.*

dore de ses feux les nuages, ne continuait pas sa course radieuse après que le météore a disparu ! Insensés qui ne comprennent pas que le but d'un esprit ne peut être de perfectionner une matière qui lui est inférieure et extérieure, mais uniquement, en s'en servant, de s'alimenter lui-même d'une nourriture qui n'a rien de commun avec la matière : *Ego cibo invisibili utor*[33]. Malheur à ces inconscients de leur vraie nature, qui, disait [10] déjà saint Augustin, se complaisent dans les signes que leur fait Dieu et ne se soucient pas de ce que ces signes sont cependant destinés à leur faire connaître[34].

Car enfin, si nous consentions à rentrer dans notre vie profonde, nous nous apercevrions bientôt *que nous sommes principalement des esprits.* La gangue terrestre qui nous enveloppe est fissurée : l'esprit la transperce de toutes parts ; le grand fait, la trame même de la vie de l'homme, ce sont les apparitions de l'esprit qui habite en lui.

Qu'est-ce, en effet, que cet élan et cette ténacité avec lesquels, malgré les idoles dans lesquelles il les incarne, l'homme tient pour la Vérité et pour la Science, pour le Bien et pour la Vertu, pour le Droit et pour la Justice, pour le Progrès vers le Parfait et pour la dignité du Travail par lequel il s'y achemine ? Dans sa bouche, on dirait des entités divines ! Est-ce la matière qui pense ainsi ? Mais, non ! La matière nous la connaissons, parquée et cantonnée avec ses propriétés rigides, avec ses instincts toujours particuliers, dans le coin d'être, inorganique ou vivant, auquel elle est rivée. De l'être que nous sommes, au contraire, jaillit l'absolu, l'universel, ce qui est vrai, bien, pour tous les temps et tons les lieux, ou plutôt, indépendamment et comme au-dessus de tous les temps et de tous les lieux !

Qu'est-ce que cette domination souveraine que l'homme entreprend d'exercer sur la nature matérielle sans avouer jamais une limite à ses inventions ? [11] Qu'est-ce que cette indépendance vis-à-vis du mécanisme des forces matérielles, qui lui permet de les dominer et de faire apparaître, à jet continu, des créations nouvelles ? Est-ce là un simple progrès de l'animalité ? Je regarde nos

---

[33] 3. *Tobie*, XII, 19.
[34] 1. *Vae qui nutus tuos pro Te amant, et obliviscuntur quid innuas...* SAINT AUGUSTIN, *De libero arbitrio*, L. II, n. 43. Ce chapitre splendide serait à citer tout entier ici.

prétendus ancêtres : les troupeaux sont toujours dans l'attitude surbaissée qu'ils avaient au temps de l'homme des cavernes. L'absence de progrès, voilà l'animalité ! l'éclosion incessante de progrès nouveaux, voilà l'humanité ! Il y a manifestement à l'origine de ces deux ordres, un principe générateur différent. Vouloir faire sortir l'un de l'autre est une gageure ridicule, l'une de ces a petites drôleries » dont parlait Brunetière. Le mécanisme étant la loi de la matière, il faut bien que la liberté, relève de ce qui, n'étant pas mécanisme, ne peut être que l'esprit.

Mais qu'est-ce, maintenant, que cette hardiesse nouvelle de prétendre pousser la domination de l'esprit sur la matière jusqu'à faire exprimer à celle-ci ce qui est le propre de l'esprit, l'absolu ? La pierre et le marbre, la couleur et le son s'animent sous la pression de forces qu'ils ne recelaient pas, qu'ils ignoraient, qui leur étaient totalement étrangères. Et la voici devenue, cette matière grossière, l'interprète de l'esprit, parlant à l'homme de ce qu'il y a de plus noble dans ses pensées et dans sou cœur ; bien plus, par un renversement inouï, l'excitatrice de sa torpeur spirituelle et l'apôtre des foules Incapables de s'élever autrement que par l'Art à l'intelligence de l'absolu, de ce qui est supérieurement et universellement beau, bien, véritable. Eh quoi, le Moise de Michel-Ange, les Anges d'Angelico, de la matière évoluée ! Mais pendant que vous y êtes, comptez donc à la loupe, comme un [12] gardien galonné vous y invite, les points dont l'assemblage gradué constitue matériellement le modelé de ces radieuses figures, joyau de l'Hôpital Saint-Jean de Bruges, et déclares tout uniment que Memmling est le nom d'une machine à pointiller !

Et nous n'avons pas encore pénétré dans le sanctuaire de la vie intérieure de l'homme, dans sa vie morale, dans sa conscience ! Quels que soient les écarts de notre conduite et les déformations de notre idéal, la lutte de la conscience contre la chair est le grand fait humain. L'homme en est divisé comme en deux tronçons, l'un gouverné, l'autre dominateur ou qui cherche à le devenir. Que signifie cet « *empire du Meilleur* » installé au centre de nos vies terrestres et mouvantes ? Dompter ses passions, quelle matière l'a pu faire ? a dit un grand esprit humain. Mais alors, si la matière emprisonnée dans le réseau des lois physiques et des instincts de l'animalité, qui vont droit devant eux, n'explique pas ce grand fait, à qui recourrons- nous pour en rendre raison, sinon à ce qui n'est pas la matière, à ce qui s'en est dégagé pour la dompter, « *separatus ut imperet* » clame le vieil Anaxagore, à l'absolu donc et, partant, à l'esprit qui le conçoit et s'en nourrit ?

Et, si la lutte simple et vulgaire de la vie quotidienne réclame cette solution, que dirons-nous des sublimités morales, auxquelles atteint chez l'élite de l'humanité cet empire du Meilleur ? D'où vient par exemple cet amour héroïque du Devoir, cette volonté de mourir qui jadis, à l'heure du péril commun, entrains des multitudes à se sacrifier avec ce que chacun avait de plus cher ? Qui hausse le cœur de l'homme si tremblant, si attaché à ses [13] aises à ce sublime état ? Mépriser la vie, vouloir ne plus être sur terre, accepter comme un absolu le DEVOIR DE MOURIR, n'est-ce pas surhumain ? Et cependant, c'est bien de nous que se« cette inspiration, c'est en nous qu'elle habite ! Preuve évidente que notre nature dépasse la terre, signature en nous de l'Esprit !

Il faudrait faire intervenir ici les merveilles de ces vies chrétiennes, qui sont tout de même des vies d'hommes, ces vies d'êtres supérieurs qui, dans l'obscurité et le silence voulus qui s'appellent l'humilité, d'une manière coutumière, à l'instar des lois régulières de la nature, réalisent les mœurs les plus pures, les contemplations les plus hautes, les immolations les plus pénibles parfois, au service le plus sacrifié de tous les déshérités ; qui acceptent les peines souvent atroces de la vie courageusement, et passent leur existence dans le culte passionné du Parfait[35]. Les Saints ne sont-ils pas une démonstration incomparable de l'existence et du règne de l'esprit dans l'humanité ? Eh quoi ! le cœur d'un saint Vincent de Paul ne fut-il jamais rien de plus que ce muscle ridé et desséché que le pèlerin vénère dans un recoin obscur de l'antique cathédrale de Lyon ? Eh quoi ! ces cendres qu'une main de soudard projeta un soir dans les eaux de la Seine, serait-ce le tout de notre héroïne nationale, aux répliques vibrantes, aux accents immortels ?

Non pas ! Tout être se reconnaît à son opération. Vous qui prétendez n'avoir pas rencontré l'âme au bout de votre scalpel, dans le cadavre, où, en effet, [14] elle n'était plus, quel moyen employez-vous pour connaître la nature spécifique

---

[35] 1. TAINE, *Origines de la France contemporaine,* Le Régime moderne, L. V, C. III, § 1. – MAXIME DU CAMP, *La charité privée à Paris :* Les dames du Calvaire.

de l'être matériel, sinon l'observation des activités qui lui sont propres ? Vous le mettez en réaction, en exercice, et, tout aussitôt, dites-vous, il se révèle : Souffres que nous en fassions autant pour l'homme. Son activité propre et spécifique, nous l'avons vu, c'est de mettre en toutes choses de l'Absolu, c'est-à-dire ce qui est vrai indépendamment de tonte matière et de butes conditions matérielles, en tout temps, en tous lieux, non seulement existants mais possibles. Eh ! comment l'énergie intérieure productrice d'un tel phénomène serait-elle matérielle à quelque degré que ce soit ? Ne faut-il pas qu'elle soit indépendante et abstraite de la matière qui lui est unie comme l'est l'opération qu'elle produit, l'absolu qu'elle engendre[36] ? Indubitablement, la vie profonde de l'homme est la vie d'un esprit, d'un capteur d'absolu, d'un *Mens*. Et c'est ce *Mens* capable d'absolu, qui, en cherchant à l'absolu des issues dans la vie corporelle qui lui est conjointe et dans l'univers sensible, que cette vie corporelle lui amène, « agite toute cette masse » pour la transfigurer et l'élever, autant qu'il est possible, à hauteur d'Absolus[37].

ARTICLE III
Si le mens, naturellement capable d'absolu, est un sujet récepteur approprié à la participation de la vie divine ?

Mais voici, pour cette tendance vers l'absolu, qui caractérise l'homme tout entier, mais ne trouve son [15] explication que dans la consistance spirituelle de son âme, une issue plus sublime.

Par la création visible, la réalité invisible de Dieu se fait voir à notre intelligence, a dit saint Paul. L'apôtre ne fait ici qu'exprimer un fait d'expérience universelle, à savoir que l'homme considérant l'Univers, s'il agit selon le mouvement normal de sa nature intellectuelle, devine, sent, proclame qu'il y a un Dieu. Que ce soit là une intuition confuse ou une inférence rapide et presque immédiate d'une intelligence qui, par la contingence des choses, s'élève à la

---

[36] 1. Cf. SAINT THOMAS, *Quaest. unica de anima*, a. 14.
[37] Cf. CAJETAN, *Oratio IV^a, De immortalitate animarum*, coram Julio II, anno 1503, habita *(inter Opuscula)*.

nécessité et à la présence active d'un être absolu, le fait est trop universel dans l'humanité de tous temps et de tous lieux, pour que l'excroissance morbide, temporaire et soufflée de l'athéisme, puisse en obscurcir l'évidence[38]. L'homme est un animal religieux, a dit un grand naturaliste, se plaçant au point de vue de l'observation expérimentale. C'est là, en effet, ce qui le distingue de tous les animaux, autant que la raison, dont la religion est h suprême démarche naturelle. Les bêtes n'ont pas plus de religion que de raison, tandis que l'esprit humain est, par nature, en état de tendance, non plus seulement vers l'absolu qu'il rencontre au bout de ses concepts, mais vers l'absolu réel qu'il trouve au-dessus de lui-même. Il est dans un état d'ascension inné : *gradua ad superna,* dirait saint Augustin, et le poète :

Os homini sublime dedit : caelumque tueri Jussit...

Mais, ce n'est pas là simplement un sentiment [16] universel. Appliquant toutes ses facultés à l'interprétation de l'univers, y compris de ce monde de l'absolu avec lequel ses idées le mettent en contact, l'homme supérieur, le Sage, *homo sapiens,* par une démonstration aussi correcte et plus nécessitante que celles qui, dans les sciences les plus exactes, le pourvoient de résultats vrais et certains, retrouve ce que le sentiment avait fait pressentir à la foule[39]. Il démontre l'existence de Dieu. C'est ici la dernière démarche de l'esprit humain, allant jusques au bout de soi-même. Il n'a utilisé, tant ses énergies de constatation objective que ses pouvoirs d'interprétation, que pour aboutir à reconnaître, sur son sommet, qu'il est un Infini qui le dépasse.

De cette entrée de l'absolu divin dans la sphère de ses adhésions mentales, doit résulter pour l'homme total une orientation nouvelle. Derrière l'intelligence l'amour est toujours aux aguets. La perspective de l'existence d'un Être qui réaliserait substantiellement cet absolu d'être, de vérité, surtout de bonté, dont l'attrait, filtrant à travers nos conceptions coutumières les plus hautes, l'émeut

---

[38] 1. Cf. G. RAREAU, Introduction à l'étude de la Théologie, 1re partie, C. I, p. 3-11.
[39] 1. Cf. A. D. SERTILLANGES, O. P., Traduction française de la Somme théologique, Dieu, t. I, Q. II et *Renseignements techniques,* § IV et V ;– GARRIGOU-LAGRANGI, O. P., Dieu, 1re partie, C. II, III.

déjà si profondément, provoque inévitablement en celui qui le découvre un désir naturel de dépasser la connaissance qu'il en a par ses effets et de le connaître directement en lui-même.

Cela, à dire vrai, est impossible à notre esprit humain, obligé de passer par des conceptions mélangées de matière pour concevoir l'absolu. L'idée même que nous nous formons de Dieu, de ce qu'il est en soi et pour nous, cette idée qui engendre notre désir de le voir, ce n'est pas Lui qu'elle rend, mais [17] seulement la forme humanisée sous laquelle nous pouvons le connaître, *apparentia ejus,* comme dit mélancoliquement un Maître[40]. C'est sous les espèces d'un achèvement de l'univers, spécialement de notre intelligence et de notre volonté, de tout notre être supérieur, que nous le percevons, non pas sous sa forme propre, ce qui est réservé à ceux qui le voient[41]. Ce n'est donc pas vers Lui que tend notre désir, fatalement dépendant de notre connaissance, mais vers Lui selon l'idée que nous nous en formons. Première inadéquation. Et voici la seconde : Notre désir naturel de l'achèvement de notre être en la vision de Dieu n'a rien d'efficace ni d'exigeant. Ce n'est qu'un optatif inscrit dans notre nature, et qui, sur le sommet de son développement le plus authentique, fixe et brandit une attente qui *voudrait* ne pas être frustrée.

Si la connaissance de Dieu par ses effets est la dernière démarche de notre raison en quête d'absolu, ce désir de tout son être, tendu vers l'inaccessible Déité, est l'attitude suprême que révèle la simple Histoire naturelle de l'homme. Paradoxe étonnant ! C'est impossible, ce n'est pas à ma taille, et je le sais ; et cependant, cette impossibilité je la veux, ou plus exactement, je la voudrais. Et c'est ma nature qui me force à vouloir ainsi.

Peut-être cependant, la chose n'est-elle pas aussi impossible qu'elle le paraît. Au point de vue des énergies actives et réalisatrices de l'homme, c'est impossible. L'absolu par essence est en dehors de [18] nos prises : nous ne le concevons que dans son image ; nous ne le voulons que sous les espèces de cette *apparence,* et encore d'une simple velléité. Mais, tout de même, cette attitude

---

[40] 1. Cf. *infra,* pp. 295-297.
[41] 2. *Quod oculus non vidit, nec auris audivit, nec in cor hominis ascendit*, I Cor., II, 9.

naturelle de l'homme, se raidissant dans un vœu impossible, prouve quelque chose : elle prouve tout au moins que dans sa réalisation, inconcevable à notre esprit et impossible à nos énergies, il n'apparaît rien qui soit *contraire* à notre nature. Dès lors, si nous ne pouvons déclencher par nous-mêmes la réalisation de l'Idéal que nous entrevoyons, ne pourrions-nous par la recevoir ?

Que faut-il pour que nous la recevions ? Que l'Absolu fasse la première démarche, qu'il puisse et veuille correspondre. Mais, s'il est l'Être total et subsistant, il est la Bonté par essence, il est aussi la Toute-Puissance, il est toutes perfections poussées l'infini. Qui limitera sa puissance ? Sa volonté. Mais sa volonté qui est sage, n'est-elle pas déjà clairement signifiée par la présence en notre nature d'un tel désir ? C'est Lui qui l'a mis en nous : c'est donc que dans son intime, *apudse,* comme dit saint Augustin, il se propose de le satisfaire. Une seule chose peut dès lors limiter sa volonté : son intelligence, sa sagesse. Dieu ne peut vouloir ce qui contredit sa sagesse, il ne peut vouloir dans ses œuvres des contradictions. Mais, dans la nature créée par Dieu, en quoi peuvent consister ces contradictions ? J'en vois une qui servira d'exemple : Si Dieu donnaitè une nature qu'il a faite expressément pour s'exercer dans le règne de la matière et des objets contingents, tel l'animal, un objet, un but, transcendants, tel concevoir l'absolu. Offrir l'absolu comme objet à un animal, exiger qu'il conçoive le Parfait, le Droit et le Juste, la Vérité, [19] etc. ; c'est réaliser des contradictoires, c'est, dirait l'Évangile, jeter des perles devant des pourceaux.

Mais, nous l'avons vu, l'homme ne répugne pas comme la bête à concevoir, comme il peut, l'Absolu, voire même l'Absolu divin. Sa nature, au contraire, le pousse à désirer le connaître en lui-même : et c'est là son dernier mot, son suprême redressement. Cela prouve, disions-nous, autant qu'il le peut prouver, qu'aussi loin que portent nos investigations déficientes, rien *n'apparaît*, dans notre nature, qui soit en contradiction avec la vision de Dieu. Et donc, autant que nous pouvons y comprendre, la volonté toute-puissante de Dieu n'est pas retenue par sa Sagesse dans le cas de l'homme. Si l'homme n'a rien de soi pour la vision de Dieu, si, vis-à-vis d'elle, il est vide non seulement d'énergies captatrices, mais même *d'objet,* il n'en est pas moins apte à obéir à l'initiative divine et à recevoir de Dieu les capacités efficaces qui l'élèveront à hauteur de vision de Dieu.

C'en est fait ! L'esprit humain est capable de Dieu : il n'est pas de soi capable de le connaître face à face, mais il est naturellement le sujet récepteur en qui, par la puissance de Dieu, cette vision pourra être réalisée. Et comme connaître Dieu ainsi, c'est la vie même de Dieu, c'est la vie divine dans toute la force du terme, l'esprit humain est pour la communication de la Vie divine, de la vie même que Dieu vit dans son infinité, un sujet récepteur, fini sans doute, mais approprié : notre recherche a abouti.

*
* *

Par quel procédé et dans quelle mesure s'effectuera *l'Illapsus* de la Réalité divine dans l'orbite de notre [20] connaissance, ce n'est pas à ce chapitre premier de cette première partie de le dire. « Nous Lui serons alors semblables, dit l'Écriture, et nous verrons Dieu tel qu'Il est. » Nous lui serons semblables, c'est insinuer que quelque chose de ce qui fait que Dieu est Dieu, de ce qui est le principe propre de sa vie divine, de sa nature donc, nous naturalisera divins à notre tour ; « cette puissance, sans doute, de devenir enfants de Dieu », qu'il déclare communiquer déjà à ceux qui le reçoivent, c'est-à-dire qui voient s'actualiser leur capacité de sujets récepteurs de la grâce.

Cette actualisation, nous le savons par l'enseignement du Christ et de son Église, passe par deux degrés : il y a le degré suprême, le face à face de la Béatitude, où la grâce consommée et la lumière de gloire établissent la ressemblance aussi adéquate que possible, des enfants à leur Père ; puis il y a la participation à la nature divine de ceux qui, sur terre, « croient en son nom », par l'effet de la grâce sanctifiante efficacement ordonnée à la divine vision. Mais n'anticipons pas sur ce sujet réservé à nos trois dernières parties.

Dans ce premier Livre nous n'avons à parler que de l'existence et de la nature du sujet récepteur de notre ode divine. Nous venons d'établir son existence – bien rapidement et superficiellement, – comme il convenait à une entrée en matière. Mais ce n'est que partie remise[42]. Avant d'approfondir à nouveau ce

---

[42] 1. Cf. *infra, Première partie,* L. III, Q. III.

sujet, il nous faut dire, d'une manière plus précise, ce que c'est que le MENS. Après l'avoir découvert à la cime de notre âme et de notre être, il nous faut explorer sa nature.

QUESTION II
QU'EST-CE QUE LE MENS ?
SELON SAINT AUGUSTIN ET SAINT THOMAS

PROLOGUE

C'est de saint Augustin, que l'âne humaine, dans sa partie supérieure, a reçu le nom intraduisible de *mens*[43].

Mens et Esprit sont conçus par saint Augustin comme substantiellement identiques : « Quand l'Apôtre dit : *Spiritu mentis vestrae*[44], il ne donne pas à entendre deux réalités, comme si autre chose serait *mens*, autre chose *spiritus* : il parle ainsi parce que, si tout *mens* est esprit, tout esprit n'est pas *mens*. » Et saint Augustin de poursuivre, en passant en revue les différentes acceptions du mot *spiritus* dans la Sainte Écriture, pour conclure : « ...L'Apôtre a voulu, par l'expression *spiritum mentis,* désigner *cet* esprit qui est *mens*[45]. »

Spiritus désignerait donc un genre, dont *mens* serait l'une des espèces. Cet esprit spécial, c'est l'esprit de l'homme. Ce n'est pas que le mot *mens* ne soit parfois employé pour désigner les anges : Denys nomme les anges *divinas mentes,* remarque saint Thomas[46]. Et saint Thomas dira lui-même des anges, qu'ils sont *totaliter mens*[47]. Mais c'est par analogie. L'esprit humain constitue le premier *analogue,* auquel *mens* convient formellement. De fait, la seule expression de notre langue, où se retrouve la racine *mens :* Mental, s'entend proprement de l'homme.

---

[43] 1. Nous disons : Le mens, par euphonie, bien que : La *mens* semble plus correct. Nous sous-entendons : Ce qui est signifié par le mot *mens.* Aussi bien, c'est ici une liberté de langage concédée aux *naturalistes* par LITTRÉ, *Dictionnaire,* mots : Le, la, les, § 11 ; or, l'étude de l'âme humaine est partie intégrante de la *Physique* d'Aristote c'est-à-dire de la philosophie de la nature.
[44] 2. *Eph.,* IV, 23.
[45] 3. *De Trinit.,* L. XIV, n. 22.
[46] 1. *I Sent.,* Dist. 3, Q. V, *Solutio.*
[47] 2. *De Verit.,* Q. X, a. 1, ad 4^m.

Mais qu'est-ce que *le mens,* selon saint Augustin ? Il l'a défini bien des fois. Citons ce passage situé au début de l'*Excursus* consacré à l'Image de Dieu, dans le *De Trinitate :* « Écartons donc de cette étude toute cette multiplicité dont l'homme est formé. Et pour trouver avec évidence ce que nous cherchons, autant qu'il est possible, ne traitons que du *mens, de solo mente tractemus*[48]. » Pour saint Augustin, le *mens* n'est pas l'homme entier, non pas même son âme entière : « Si, faisant abstraction du corps, nous pensons à l'âme *seule,* le *mens* est quelque chose d'elle, comme sa tête, son œil, sa face : mais cela ne se doit point penser à la manière des corps. Ce n'est donc pas l'âme, mais ce qui est excellent, dans l'âme, qui est nommé *mens*[49].

C'est par cette partie supérieure de son âme que « l'homme transcende en nature tous les animaux, et aussi les autres parties de son âme [23] même ». De ce chef, le *mens* constitue la meilleure des analogies « pour s'élever par la cime de l'intelligence humaine, sous la direction de la foi, vers la connaissance intellectuelle de la Nature souveraine, ineffable, incorporelle et immuable ». Il lui est attribué une certaine vue des choses invisibles : c'est à lui, comme à un chef, résidant avec honneur dans un lieu intérieur et supérieur, que les sens corporels apportent leurs trouvailles pour les faire juger : lui-même n'a de supérieur qui le gouverne, que Dieu[50].

Cette identification du *mens* avec la partie supérieure de l'âme humaine est aussi admise, et couramment, par saint Thomas d'Aquin. Qu'on lise la pittoresque analyse de l'âme humaine, où le docteur angélique transpose, selon les données aristotéliciennes, l'essentiel de l'idée augustinienne : « Voici un hercule ; il peut porter cent livres ; il ne dénoncera tout ce qu'il est comme hercule,

---

[48] 3. *De Trinit.,* L. IX, n. 2. cf. un passage analogue, à propos de l'âme du monde dans Plotin, *Enn.* V, L. III, n. 9.

[49] 4. *De Trinit.,* L. XV, n. 11.

[50] 1. *De Trinit.,* L. XV, n. 49 ; Cf. n. 1. – Saint Augustin semble avoir transposé dans l'âme humaine, en les amendant, les données de la psychologie cosmique de Plotin. Noter l'analogie qu'offre sa conception du mens humain avec la partie supérieure de l'âme du monde, troisième terme de la trinité de Plotin. Cette « Partie principale » de l'âme universelle demeure toujours dans la légion du monde intelligible, tandis que la partie inférieure et « génératrice » descend dans le monde sensible, et s'y répand tout entière, sans se diviser. *Ennéade III, L.* VIII, n. 4 : L. IX, n. 2, 3, trad. Bréhier ; *Enn. IV*, L. I et II, trad. F. Bouillet.

que s'il porte ces cent livres, non s'il en porte vingt. Voici maintenant *l'âme humaine* (qui contient virtuellement trois âmes, végétative, sensible, intellectuelle). L'âme végétative ne déploie qu'un degré inférieur de puissance vitale, correspondant à la nutrition. C'est assez pour caractériser l'âme des végétaux, non l'âme humaine. L'âme animale s'élève à un [24] degré supérieur, la sensibilité : assez pour caractériser l'animal, mais non pas l'homme Car, l'âme humaine s'élève à un degré supérieur de puissance, au degré suprême, l'intelligence. Ici, elle livre tout ce qu'elle est, son essence ; et, dès lors (utilisant le procédé légitime qui dénomme les essences, ignorées en elles-mêmes, par les puissances qui leur sont propres[51]), on pourra définir l'âme humaine une intelligence, un *mens*, et, par ce mot, désigner son essence, étant entendu qu'il s'agit de son essence, en tant que d'elle émane sa puissance intellectuelle[52]. »

On le voit, l'idée *générale* que se font du *mens* saint Augustin et saint Thomas, est concordante. Le *mens*, c'est la partie supérieure de l'âme humaine, par laquelle elle dépasse ce qu'il y a d'inférieur en elle et qui lui est commun avec les animaux. C'est la partie proprement intellectuelle de l'âme[53], son esprit, « sa cime » pourrait-on dire avec Bossuet, ou, peut-être, avec saint François de Sales, « sa fine pointe ».

Mais, cette concordance *générale* se retrouve-t-elle dans tous les détails, en sorte que l'identification soit absolue ? Cette question se heurte, de part et d'autre, à un certain nombre de textes, dont l'exégèse demande un examen attentif. L'examen en vaut la peine : car si, malgré la différence des points de vue et même des systèmes, nous obtenions une ressemblance [25] formelle suffisante, cela nous permettrait d'utiliser les analyses du *mens*, si profondes et si captivantes, des livres IX-XV *De Trinitate* pour l'intelligence du *mens*, dont

---

[51] 1. *De Verit.*, Q. X, a. 1, corp. Cf. *De Spir. creat.*, a. 11 ad 3ᵐ.
[52] 2. *De Verit.*, ibid.
[53] 3. Cf. *Summa theol.*, III P., Q. VI, a. 2, C. *Intelligere enim homini supra alia animalia convenit. Manifestum est enim quod homo solus universalia considerat, et habitudines rerum et res immateriales quae solum intelligendo percipiuntur. Compendium theologiae*, C. LXXIX.

saint Thomas a fait le sujet propre de la grâce sanctifiante ; et l'on ferait bénéficier ainsi d'un apport considérable, et peut-être, sur un certain point, unique, l'étude de la structure de l'état de grâce[54].

Delà, les questions préjudicielles que nous allons exposer en cinq articles.

I. – *Si le* Mens, *selon saint Thomas, désigne l'essence même de l'âme ou sa puissance intellectuelle ?*

II. – *Si saint Augustin n'aurait pas entendu le* Mens, *premièrement et dans le sens direct, comme désignant l'essence de l'âme ?*

III. – *Si la première trinité de saint Augustin est identique à la seconde,* Mens *y désignant simplement la mémoire ?*

IV. – *Si la puissance intellectuelle générale qui est le* Mens, *est consubstantielle aux trois puissances :* memoria, intelligentia, voluntas, *comme un tout l'est à ses parties ?*

V. – *Si, d'après saint Thomas, le* Mens *de saint Augustin fait valoir efficacement l'image de la Trinité dans l'âme humaine ?*

ARTICLE I
Si le mens, selon saint Thomas, désigne l'essence même de l'âme ou sa puissance intellectuelle ?

Dans l'article 1ᵉʳ de la question X *De Veritate*, [26] saint Thomas donne deux définitions divergentes du *mens*. Dans une première conclusion, il donne cette définition : le *mens* est l'essence même de l'âme, en tant que la puissance intellectuelle proprement dite est capable d'en émaner, *nata est ab sa progredi*. Dans une seconde conclusion, il affirme que le *mens* est la puissance intellectuelle elle-même, *altissimam potentiam animae*[55]. Avant de comparer la notion du *mens* selon saint Augustin avec celle de saint Thomas, il est urgent d'être fixé sur le sens exact que ce dernier attribue à l'expression : *mens*, puissance ou essence ?

---

[54] L. Ce sera l'objet du Livre II de cette Première partie.
[55] 1. *De Verit.*, Q. X, a. 1 ; Cf. ad. 2ᵐ, 7ᵐ, 8ᵐ, 9ᵐ.

Si l'on pèse attentivement les termes des deux conclusions, il semble qu'il n'y a pas contradiction.

La première conclusion se propose de définir le *mens entant* qu'être, comme essence ultérieurement collocable dans les prédicaments. La preuve en est l'appareil dialectique utilisé. On voit, en effet, saint Thomas donner d'abord la définition nominale du *mens*, pour laquelle, il accepte l'étymologie *mensura*, puis se servir de cette définition nominale pour passer à la définition réelle. C'est le procédé, classique en tout bon aristotélisme, pour faire « la chasse » aux essences mêmes des choses, c'est-à-dire à leur être absolu [2][56].

La seconde conclusion, au contraire, se propose expressément, de définir le *mens*, en tant que sujet de l'image de Dieu, et non plus absolument. Or, une image est formellement une représentation, et une représentation représente d'autant mieux, qu'elle met davantage en relief, *copiosius*, son [27] exemplaire[57]. Mais, dans le *mens,* ce qui représente Dieu le plus expressément, ce n'est pas son essence, car en soi, les essences sont cachées, innommées ; on ne les connaît que par leurs accidents propres ou leurs actes[58] ; ce sera donc l'activité propre du *mens*, et, après ses actes, ses *habitus,* principes immédiats de ses actes, enfin, ses puissances[59]. *L'essence* vient en tout dernier lieu, et uniquement parce que c'est de l'essence que les actes, les *habitus,* les puissances, tirent leur origine, et que ceux-ci doivent donc être conçus comme préexistant en elle[60]. L'aptitude à représenter expressément l'image de Dieu, est très relative dans l'essence : tandis qu'elle tend déjà vers son maximum dans la puissance.

C'est bien là le point de vue de la seconde conclusion, comme l'établit sa teneur même : « Puisque la divine image se trouve en nous, en raison de ce qu'il y a en nous de plus élevé, l'image de Dieu ne ressortira à l'essence de l'âme, qu'en tant qu'elle est *mens,* c'est-à-dire dénomme sa puissance la plus haute ;

---

[56] 2. Cf. une confirmation de cette interprétation : *Summa Theol.*, I P., Q. XCIII, a. 7, ad 1ᵐ.
[57] 1. I *Sent.*, Dist. 3, Q. III, a. un., C. et ad 4ᵐ ; Q. IV, a. 4, *in princ. De Verit.*, Q. X, 1. 1, ad 5ᵐ.
[58] 2. *De Spir. creat.*, a. 11, ad 3m.
[59] 2. *Summa theolog.*, I P., Q. XCIII, a. 7. *De Ver.*, Q. X, a. 3.
[60] 4. Du moins (pour ce qui concerne le *habitus*), lorsqu'il s'agit de la connaissance que l'âme a d'elle-même – ce qui est notre cas.

et ainsi le *mens,* en tant que l'image est en lui, désigne la puissance et non l'essence de l'âme ; ou, s'il désigne son essence, ce n'est qu'en tant que de *celle-ci* peut découler sa puissance intellectuelle[61]. »

Résumons. Comme *siège* de l'image, la puissance intellectuelle vient chez saint Thomas on première ligne, l'essence de l'âme en second. Par contre, au point de vue absolu de l'être, le *mens* désigne directement l'essence de l'âme, mais pour autant que celle-ci est capable de taire émaner de soi la puissance intellectuelle[62].

Résultat très précieux pour la concordance future, car saint Augustin, peu féru des chasses aux essences absolues, et extrêmement curieux de trouver des images de Dieu, devra sans doute entendre le *mens* de la puissance intellectuelle et non de l'essence...

Or, il se trouve que le premier texte de saint Augustin que nous rencontrons semble avancer juste le contraire.

ARTICLE II
Si saint Augustin n'aurait pas entendu le mens, premièrement et dans le sens direct, comme désignant l'essence de l'âme ?

Avant d'en venir aux prises avec la difficulté, et pour que nous puissions l'entendre, quelques mots d'introduction sont ici indispensables.

L'unique souci de saint Augustin, quand il s'occupe du *mens,* c'est de mettre en relief dans l'âme humaine l'image de Dieu. C'est pour reposer son attention, fatiguée de spéculations abstraites sur la Trinité, par une considération « plus familière », qu'à partir du livre IX du *De Trinitate,* il a cherché dans le *mens* l'image de la Trinité[63].

---

[61] 5. *De Verit.,* Q. X, a. 1.
[62] 1. Cf. *Summa theol.,* III P., Q. VI, a. 2, ad 1ᵐ.
[63] 2. *De Trinit.,* L. XV, n. 10 : « *Ad imaginem Dei, velut familiariorem considerationem, reficiendae laborantis intentionis causa...* » Par cette contemplation de Dieu dans son image, saint Augustin estime mettre en pratique le précepte de l'apôtre : *Invisibilia Dei per ea quae facta sunt inlellecta conspiciuntur. De Trin., Ibidem* ; Cf. n. 39.

[29] Or, si nous nous reportons au livre XV du *De Trinitate,* où saint Augustin inventorie les trésors d'images de Dieu qu'il a recueillies du IXe au XIVe livre, nous le voyons insister principalement sur trois « trinités » psychologiques :

1° *Mens, notitia, amor,* l. IX ;

2. *Memoria (sui), intelligentia, voluntas (sui),* relevée en trois états qui se superposent, l'état habituel, l. IX, n. 10 ; l'état actuel de la pensée qui cherche et n'est pas encore fixée, *cogitatio,* l. X et XIV, n. 11 sq. ; l'état actuel de la pensée achevée et distincte, *discernere,* l. X, n. 12 sq[64]. Saint Augustin appelle ces images : *evidentior trinitas*[65].

3° *Memoria Dei, intelligentia Dei, voluntas Dei*[66] à l'état habituel et à l'état actuel, l. XIV, n. 15.

Ces trinités sans doute ne sont pas les seules. Saint Augustin a glané encore quelques images de Dieu dans la connaissance extérieure que nous avons des choses corporelles, l. XI et XII, et de Dieu par la foi, l. XIII ; mais il les déclare très imparfaites en regard des trois principales, attendu que la première a pour objet des êtres étrangers à l'âme, dont la connaissance ou l'amour ne sauraient introduire dans le *mens* qu'une trinité en quelque sorte exotérique, et que la seconde, celle qui résulte de la foi, possède sans doute un mode très élevé de saisir Dieu, mais est adventice et accidentelle, somme toute, au *mens*[67]. On les négligera ici.

[30] Ces préliminaires établis, qui serviront pour tous les développements qui suivent, nous revenons à la question soulevée au début de cet article.

---

[64] 1. Cf. pour l'explication de ces trois états, saint Thomas, I *Sent.,* Dist. 3, Q. IV, a. 5.
[65] 2. *De Trinit.,* L. XV, n. 5.
[66] 3. C'est-à-dire mémoire, intelligence, amour que l'âme a de Dieu ou pour Dieu.
[67] 4. Pour l'image résultant de la connaissance des créatures, saint Augustin dira, par exemple : *Quamdam Trinitatis effigiem etsi non expressiorem, De Trinit.,* L. XI, n. 1 ; pour les faits historiques : *velut adventitia sunt in animo. Ibid.,* L. XIV, n. 11 ; pour la foi : *adventitium quiddam videtur. Ibid.,* Cf. n. 4. – Cf. SAINT THOMAS, *De Verit.,* Q. X, a. 7.

D'après ce que nous avons dit plus haut[68], saint Augustin dans le *De Trinitate,* traitant formellement du *mens* en tant qu'image de Dieu, n'a pas pu ni dû le concevoir comme l'essence absolue de l'âme, en tant qu'elle se distingue de ses puissances intellectuelles, mais comme ces puissances mêmes, intelligence et volonté, tout au plu comme l'essence de l'âme conjointement avec la puissance intellectuelle[69]. C'est la puissance, avons-nous dit, qui est le siège propre de l'image de la Trinité, et non l'essence ; et saint Augustin ne s'occupe que de cette image.

Or, cette localisation de l'image dans le *mens* en tant qu'il désigne la puissance, se heurte à certains passages du livre IXe *De Trinitate,* où saint Augustin semble accorder au *mens,* sujet de l'image, l'absolu d'une essence, à telle enseigne que saint Thomas lui-même a pu en tirer cette objection contre la localisation de l'*imago* dans le *mens* considéré comme puissance : *mens et spiritus essentiam demonstrant*[70].

Voici ces passages : « Ces deux choses *(amor et amans)* sont en relation réciproque, *relative ad invicem dicuntur.* L'aimant *(amans)* se rapporte à [31] l'amour, et l'amour à l'aimant : car, n'est par un amour que l'aimant aime et, à son tour, l'amour suppose l'aimant. Le *mens* et l'esprit, *mens et spiritus*[71], au contraire, ne sont pas des relatifs, mais désignent l'essence, *essentiam demonstrant*[72]. » Voici donc le troisième terme de la première trinité, *amor,* comparé au *mens* comme à un absolu et une essence. Il en est de même du second terme, *notitia :* « Quoique... l'aimant et son amour, le connaissant et sa science, soient en relation réciproque (comme lorsqu'on perle d'*amis),* et que le *mens* ou l'esprit ne soit pas relatif (comme lors. qu'on dit : *des hommes)*[73]... ». Le reste de la phrase n'a pas d'importance pour notre sujet : ce que nous en transcrivons suffit pour donner à entendre que *amor,* comme *notitia,* à savoir les deux derniers termes de la première trinité, impliquent, pour saint Augustin, une relation,

---

[68] 1. Voir Article I, 2° conclusion, *supra*, p. 26.
[69] 2. *Simul cum tali potentia. De Verit.,* Q. X, a. 1.
[70] 3. *De Verit.,* Q. X, a. 1, obj. 1.
[71] 1. Rappelons que, s'il s'agit de l'esprit humain, ce sont ici deux synonymes pour saint Augustin. Cf. *De Trinit.,* L. XIV, n. 22, *circa med.*
[72] 2. *De Trinit.,* L. IX, n. 2.
[73] 3. *Ibid.,* n. 6.

tandis que le premier terme se campe comme un absolu, une essence. Tel le mot *homme,* qui désigne simplement l'être ou la substance de l'homme, comparé au mot *ami,* qui met un homme en relation de réciprocité avec un autre.

Saint Augustin, dans sa première trinité du moins, parlerait-il absolument comme saint Thomas ? Le *mens* désignerait-il, chez lui, l'absolu de l'essence de l'âme ?

Saint Thomas ne le pense pas, et voici son exégèse de ces passages, subtile, – saint Augustin ne l'est-il pas un peu ? – mais tout de même solide.

[32] « Le *mens ne* signifie pas l'essence, en tant que l'essence s'oppose à sa puissance, mais en tant qu'une essence conçue absolument s'oppose à ce qui est relatif (comme sont relatifs *notitia et amor).* Et donc (dans la première trinité), *mens* s'oppose à la connaissance de soi, pour autant que, par cette connaissance, le *mens* a relation à soi-même ; tandis que, en soi, *mens* est signifié d'une manière absolue[74]. »

Pour entendre cette explication, il est à propos de rappeler que saint Augustin ne fait pas, ordinairement du moins, d'ontologie ou, en tout cas que son ontologie n'a rien de la précision de l'ontologie aristotélicienne, adoptée par saint Thomas. En ce qui concerne la distinction de l'essence et des puissances, en particulier, leur distinction comme divisions de l'être comme tel, – l'essence représentant l'être absolu de l'âme par exemple, et les puissances des accidents relatifs à cet être, qui serait leur sujet d'inhérence, – lui est, sinon étrangère et inconnue, du moins assez indifférente. Quand donc saint Thomas assure que saint Augustin ne conçoit pas le *mens* comme une essence qui s'oppose à sa puissance, il sait *a priori,* pour ainsi dire, que c'est là une idée qui n'entre pas dans la perspective ordinaire d'Augustin. Saint Augustin est un psychologue concret, et ses analyses consistent à démêler dans les réalités concrètes que son observation psychologique lui révèle, à force de presser le sens des mots qui les expriment, les rapports qu'elles ont entre elles.

Or, dans la présente trinité, saint Thomas [33] remarque que le mot *mens,* exprime la partie supérieure de l'âme à l'état absolu, sans dénoncer aucune re-

---

[74] 1. *De Verit.*, Q. X, a. 1, ad 1ᵐ.

lation, bref, comme le mot : *homme. Les mots notitia et amor,* au contraire, mettent le *mens* connaissant et aimant, qui est en même temps connu et aimé, en relation, comme le mot *ami,* sauf que c'est à lui-même que cette relation s'adresse. Et, par là, une image de la Trinité, ce qui est le seul objectif de saint Augustin, est obtenue, puisque le même *mens* apparaît dans les trois termes qui composent cette trinité, une première fois posé pour lui-même, une seconde fois en relation de connaissance avec soi-même, une troisième fois en relation d'amour pour soi.

Que cette exégèse de saint Thomas soit fidèle saint Augustin, c'est ce dont témoigne, à la lettre, ce passage du même Père : « *Mens est utique in se ipsâ, quoniam ad se ipsam mens dicitur, quamvis noscens, vel nota, vel noscibilis ad suam notitiam relative dicatur*[75]. » Le mot mens ne dit donc pas autre chose, selon saint Augustin, que l'âme *in se ipsa,* et pour ainsi dire repliée sur elle-même, *ad seipsam.* Voilà l'absolu du *mens* selon l'idée ou l'image qu'il s'en fait, et c'est en fonction de cet état intériorisé du *mens,* qu'il faut entendre l'expression : *mens* et *spiritus essentiam demonstrant.*

Il n'y a donc rien, dans cette conception, qui s'oppose à l'idée que saint Thomas exprime lorsqu'il dit que le *mens,* envisagé comme sujet de l'image de Dieu, désigne directement la puissance ou, si l'on veut, l'essence conjointement avec sa puissance propre, *simul cum tali potentia*[76]. Il n'y a [34] surtout rien qui rappelle l'idée aristotélicienne selon laquelle le *mens* désigne l'essence de l'âme, en tant qu'elle est opposée à sa puissance, comme substance s'oppose à accident.

Il reste que l'idée que nous devons nous faire du *mens,* dans la première trinité augustinienne, représente, soit la puissance intellectuelle elle-même, sujet propre de l'image, en tant que posée absolument, c'est-à-dire figurant en quelque sorte l'essence de cette puissance ; soit, ce qui parait plus conforme au génie concret de la psychologie augustinienne, la réalité concrète formée par l'âme spirituelle et la puissance intellectuelle qui est sienne, *essentia simul cum tali potentia.*

---

[75] 1. *De Trinit.,* L. IX, n. 8.
[76] 2. *De Verit.,* Q. X, a. 1, ad 1^m.

Remarquons, en terminant, la différence entre cette formule, *simul cum tali potentia*, par laquelle saint Thomas suggère que l'on peut rendre l'idée de saint Augustin, et la formule que saint Thomas adopte pour son propre compte, lorsqu'il détermine le *mens* en tant que sujet de l'image : l'âme *in quantum ab eâ nata est progredi talis potentia*. La première désigne une concrétion, formée par la juxtaposition non analysée de l'essence et de la puissance, une substance pensante, quelque chose d'analogue au *moi pensant* des psychologues modernes. La seconde distingue la réalité de l'essence et celle de la puissance : *le mena* y désigne l'essence de l'âme, non pas conjointement à la puissance, mais en tant que d'elle découle ou peut découler sa puissance propre (intellectuelle). Ce sont deux psychologies qui s'affrontent, l'une positive, l'autre métaphysique.

Cette identification de *mens* avec la puissance intellectuelle, va nous permettre d'aborder un nouveau problème.

[35]

ARTICLE III
Si la première trinité de saint Augustin est identique à la seconde, mens *y désignant simplement la puissance de la mémoire ?*

Quand on considère la première et la seconde des deux trinités principales, il saute aux yeux qu'elles possèdent deux termes fort semblables, à savoir, les deux derniers de part et d'autre. Le premier, au contraire, dans les deux trinités fait, si j'ose dire, cavalier seul. *Notitia* semble correspondre à *intelligentia*, *amor* à *voluntas*, tandis que *mens* ne correspond pas d'emblée à *memoria*.

Or, note saint Thomas, la similitude entre les deux derniers termes de chacune des deux énumérations a suggéré à quelques-uns d'identifier les termes restants, *mens, memoria*[77]. Le *mens* serait alors la mémoire entendue au sens,

---

[77] 1. I *Sent.*, Dist. 3, Q. V, *Solutio*.

tout à la fois augustinien et thomiste[78], de mémoire intellectuelle, non de mémoire sensible comportant la réminiscence d'événements passés.

Saint Thomas n'accepte pas cette identification qui, selon lui, violente les textes[79]. D'ailleurs, il n'est pas d'avis, en général, que l'on recherche entre les trinités augustiniennes une symétrie verbale qui n'est pas dans l'intention ni dans la manière libre de saint Augustin[80].

Et voici ce qu'il avance, en lieu et place de cette simplification : « Quoique *voluntas* et *amor* se correspondent, [36] et de même *notitia* et *intelligentia*, il n'est pas indispensable que *mens* corresponde *memoria*, attendu que *mens* contient, à lui seul, *tout* ce *qui se rencontre dans t'autre énumération*[81] », c'est-à-dire celle de la seconde trinité : *memoria, intelligentia, voluntas*.

La conséquence est manifeste. Si *mens,* premier terme de la première trinité, renferme les trois termes de la seconde, non seulement il n'est pas nécessaire, comme saint Thomas le dit, sans doute par euphémisme, mais il est impossible, que *mens* coïncide avec *memoria,* le premier de ces trois termes.

Mais l'antécédent de ce raisonnement n'est pas aussi clair, et requiert une justification ; saint Thomas n'a pas manqué de la fournir, et ses explications vont définitivement mettre au point l'idée augustinienne de cette puissance qu'est le *mens,* siège immédiat de l'image de Dieu dans l'âme.

Il est patent que, si l'on suivait la conception métaphysique du *mens,* qui fait de celui-ci l'essence même de l'âme, sujet des puissances, et partant, réellement distincte d'elles, aucune identification ne serait possible entre le *mens* et les membres de la seconde trinité, *memoria, intelligentia, voluntas,* qui désignent les activités de l'âme ou tout au moins les trois puissances ou habitus auxquels s'originent ses activités.

---

[78] 2. Saint Augustin, *De Trin.*, L. XIV, n. 14. – Saint Thomas, I *Sent.*, Dist. 3, Q. IV, a. 1, ad 1^m, 2^m ; *De Ver.*, Q. X, a. 2.
[79] 3. Il s'agit des textes de Pierre Lombard, qui suit et résume saint Augustin, et que commente ici saint Thomas, I *Sent., Ibid.,* Q. V, c.
[80] 4. *De Verit.*, Q. X, a. 1, ad 3^m ; cf. p. 82.
[81] *Ibid.*

Mais si on a défini le *mens* par la puissance intellectuelle, ou par le tout concret que forme l'essence de l'âme, considérée dans sa partie supérieure, avec cette puissance, *simul cum tali potentia,* l'identification est possible.

[37] La puissance intellectuelle, en effet, n'est pas prise ici dans le sens restreint d'intelligence : elle est prise dans toute sa généralité, comme exprimant la partie intellectuelle des énergies de l'âme, dans le sens où nous disons : la Raison, ou : la partie rationnelle de l'âme[82]. Il va de soi que la puissance intellectuelle ainsi entendue, dans sa généralité confuse, comprend non seulement toutes les puissances proprement intelligentes, mais aussi les puissances volontaires. *Mens,* premier terme de la première trinité, peut donc parfaitement contenir les trois termes de la seconde, mémoire intellectuelle, intelligence, volonté.

De quelle manière les contient-il ? Quel genre de relation les unit au *Mens* ? C'est ce qui nous reste à explorer.

ARTICLE IV
Si la puissance intellectuelle générale, qui est le mens, est consubstantielle aux trois puissances memoria, intelligentia, voluntas, *comme un tout l'est à ses parties ?*

Selon saint Thomas, la relation qui existe entre le *mens,* premier terme de la première trinité, et les trois termes de la seconde trinité, est celle du tout vis-à-vis de ses parties. Cela résulte, à l'entendre, de nombreux passages de saint Augustin qu'il relève, et dont le plus significatif déclare que mémoire, intelligence, volonté constituent essentiellement un seul et même *mens* : *una vita, una mens, una essentia*[83].

[38] *Essentia* doit ici s'entendre dans le sens qu'exigent les trois termes, qui sont l'attribut de la proposition, et comme l'essence de ces trois termes *est* d'être des puissances, il suit que *mens* ne saurait être à son tour que la puissance intellectuelle, dans toute sa généralité et compréhension. Il ne s'agit donc pas de

---

[82] 1. *De Verit.,* Q. X, a. 1, ad 1^m, 2^m, 9^m : *Quoddam genus potentiarum animae.* Cf. I *Sent.,* Dist. 3, Q. IV, a. 1, ad 6^m ; a. 2, c. et ad 1^m.
[83] 2. *De Trinit.,* L. X, n. 18.

l'essence même de l'âme, en tant que distincte des puissances, car sa relation de sujet aux trois puissances ne saurait être celle d'une identité, d'une consubstantialité, et la seconde trinité, *evidentior trinitas*[84], serait manquée.

Il est vrai que saint Augustin ne veut pas qu'on lui parle de tout et de parties, quand il s'agit de comparer le *mens à* la connaissance et à l'amour de soi : *Fortassis ergo mens totem est ?* se demande-t-il. Et il répond négativement. Mais on voit, par les exemples qu'il donne, qu'il n'a en vue que le tout *intégral,* comme « le corps entier vis-à-vis de la tête ou encore « un mélange de vin et d'eau[85] ». Il ne connaît pas, ou, du moins, il ne mentionne pas, le tout *potentiel,* dont la propriété est de se retrouver dans chacune des parties qui le composent[86], encore que chacune de ces parties ou puissances ne possède pas la perfection totale de sa vertu active[87]. Or, l'idée du tout potentiel satisfait aux exigences de consubstantialité que réclame, selon saint Augustin, l'image de la Trinité, entre le *mens* et ses puissances. Grâce au *mens* qui est leur fond commun, les puissances, mémoire, intelligence, volonté constituent la plus évidente image de la Trinité, *evidentior trinitas,* [39] puisque d'une part ces trois choses sont, sinon des activités, du moins des principes immédiats d'activités, puisque d'autre part on ne peut imaginer d'union plus substantielle que celle qui règne entre la puissance intellectuelle envisagée dans sa totalité et les puissances qui étoffent cette totalité. C'est ainsi que saint Thomas explique comment, chez saint Augustin, le *mens* est identique aux trois termes de la seconde trinité, se retrouvant dans les trois, identique à lui-même, pour constituer le fond commun dont ils se partagent les virtualités[88].

---

[84] 1. C. *De Verit.*, Q. X, a. 1, ad 5m.
[85] 2. *De Trinit.,* L. IX, n. 7.
[86] 3. I *Sent.*, Dist. 3, Q. IV, a. 2, ad 1m. – Cf. in corp.
[87] 4. *De Spirit. creaturis*, a. 11, ad 2m, 8m, 19m.
[88] 1. *De Verit.*, Q. X, a. 1, ad 5m fin ; Cf. ad 7m, 9m.

ARTICLE V
Si, d'après saint Thomas, le mens de saint Augustin fait valoir efficacement l'image de la Trinité dans l'âme humaine ?

Les livres IX-XV *De Trinitate* sont déconcertants, tant par leur richesse, que par la variété des aspects du *mens* en lesquels saint Augustin, avec une souplesse extraordinaire, sait trouver et mettre en évidence l'image de la Trinité.

Y a-t-il un fil conducteur qui nous permette de nous retrouver dans ces investigations qui se replient sans cesse sur elles-mêmes et font jaillir des coïncidences inattendues, s'appuyant tantôt sur une similitude, tantôt sur une autre, de telle sorte que la cohérence entre toutes ces images de Dieu n'apparaît pas ?

Saint Thomas s'est exercé sur ce thème et le fil conducteur qu'il nous livre est celui de la cause finale, qui anime toutes les recherches d'Augustin.

[40] Le but d'Augustin, on ne saurait trop le répéter, est de trouver dans la vie de l'âme une image de Dieu, une représentation expresse de la sainte Trinité.

Or, cette représentation expresse de la sainte Trinité dans la vie de l'âme, c'est-à-dire dans tous ses éléments agissants, actes, *habitus,* puissances, est finalisée, si j'ose ainsi parler, par cinq éléments qui se rencontrent dans son exemplaire, la Trinité, et qu'il s'agit de retrouver dans l'image de Dieu qu'est le *mens*.

Saint Thomas a merveilleusement saisi les cinq éléments, expressifs de la Trinité, que saint Augustin a sans cesse en vue pour affirmer, nier, graduer l'image que le *mens* est destiné à reproduire[89].

Il y a d'abord, du côté de l'âme elle-même a) la *consubstantialité* et b) *la distinction des puissances ;* ces deux éléments sont fondamentaux. Il y a ensuite c) *l'égalité,* d) *l'ordre* et e) *l'actualité de l'imitation* de la Trinité : l'un ou l'autre de *ces* trois éléments fait parfois défaut.

L'*égalité,* première caractéristique des Personnes divines, se rencontre entre l'âme et la connaissance et l'amour que l'âme a pour soi-même, mais non pas entre l'âme et la connaissance et l'amour que l'âme a des créatures ou de Dieu. Les créatures sont au-dessous de l'âme, Dieu la dépasse. L'*ordre,* c'est-à-dire

---

[89] 1. SAINT THOMAS, I *Sent.*, Dist. 3, Q. IV, a. 4. Tout cet article est à lire par qui veut entendre le sens des argumentations de saint Augustin *De Trinitate*, L. IX à XV.

l'origine d'une Personne divine, comme celle du Verbe procédant du Père, se rencontrera dans l'acte par lequel l'âme intellectuelle toujours présente à soi, *mémoire de soi,* tire d'elle-même le [41] verbe qui révèle explicitement son intérieur, ce qui n'aura pas lieu, par exemple, dans sa connaissance des créatures, qui suit un ordre inverse du précédent, l'acquisition de la connaissance des choses extérieures précédant la mémoire de ces choses. L'*actuelle imitation* de la Trinité ne se rencontre que dans la connaissance actuelle que l'âme a de Dieu, dont le principe est à l'intérieur, à savoir Dieu lui-même représenté dans son image qui est l'âme (ce qui assure déjà l'ordre d'origination du verbe) ; et qui, de plus, s'explicite dans un verbe, expressif du Dieu intérieur à l'âme, en lequel se réalise souverainement l'actuelle imitation de l'engendrement du Verbe.

Saint Augustin, pour la reconnaissance de la Trinité dans ses images, utilise sans cesse l'un ou l'autre de ces cinq critères. Les deux premiers qui constituent le minimum d'une représentation de la Trinité, à savoir la division tripartite dans l'unité consubstantielle, devront se retrouver en toutes. Les autres, au contraire, font défaut ici ou là, ou encore se rencontrent avec plus ou moins de relief dans l'une ou l'autre image. Selon donc que l'un ou l'autre des cinq caractères énumérés, ou fait défaut, ou encore est moins apparent, ou encore est jugé par saint Augustin comme plus important qu'un antre pour l'expresse représentation de la Trinité, notre auteur, tantôt exclut de l'image, tantôt admet à un degré supérieur ou inférieur, tels et tels états du développement psychologique du *mens.* Il jauge ceux-ci, les apprécie, les gradue d'après ces critères, en connaisseur éprouvé. Et voilà ce qu'il faut absolument savoir avant d'entrer dans ses arguments pour en comprendre la signification et [42] la portée[90]. Tel est le fit conducteur que saint Thomas nous livre pour que, dans le dédale des analyses augustiniennes, nous sachions où nous sommes, ce que veut saint Augustin, et

---

[90] 1. Donnons comme exemple ce que saint Thomas dit, interprétant cette méthode de saint Augustin, de l'image qui résulte de la connaissance actuelle (par un verbe) de Dieu : *Tunc servatur ibi actualis imitatio. Maxime autem servatur ordo, quia ex memoria procedit intelligentia, eo quod Ipse est per essentiam in anima, et tenetur ab ipsa non per acquisitionem. Servatur etiam ibi* AEQUALITAS *potentiae ad potentiam simpliciter, sed non potentiae ad objectum quia Deus est altior quam sit anima... quae aequalitas etiam non multum facit ad imaginem.* I *Sent.,* Dist. 3, Q. IV, a. 4.

les conditions auxquelles son *mens* fait valoir efficacement l'image de la Trinité.

CONCLUSIONS

Résumons les résultats auxquels nous ont conduits les précédentes recherches avant d'en tirer leur δηλοῖ ὅτι en, je veux dire la solution de la question posée au début : Si l'identification entre le *mens* de saint Augustin et celui de saint Thomas est suffisante pour que nous puissions utiliser les analyses du premier pour l'intelligence du second, et pénétrer par saint Augustin dans la structure de l'Esprit humain dont saint Thomas a fait le sujet d'insertion de la grâce sanctifiante, et, j'ajoute, d'après Jean de Saint-Thomas, le modèle, l'exemplaire de la structure de l'état de grâce ?

1° Selon saint Thomas et saint Augustin, le *mens en tant qu'image de Dieu* est la puissance intellectuelle prise *absolument* (et non relativement à la connaissance de soi), entendue dans toute sa généralité, c'est-à-dire comme renfermant le volontaire aussi bien que l'intellectuel.

2° Selon saint Thomas seul, le *mens* désigne, [43] *absolument parlant,* l'essence de l'âme en tant que d'elle émane ou peut émaner cette puissance intellectuelle, entendue dans la même généralité, – *quoddam genus potentiarum animae.*

3° Ainsi entendu, le *mens* peut être, toujours selon saint Thomas, *image de Dieu,* mais de second degré, comme *sujet* des puissances, mémoire intellectuelle, intelligence, volonté, et donc contenant cette trinité psychologique non explicitement, mais pour ainsi dire, dans sa racine, habituellement.

4° Toute proche de cette dernière acception du *mens,* est la seconde interprétation de saint Augustin, suggérée comme plausible par saint Thomas, et selon laquelle le *mens* signifierait l'*essence de l'âme,* non pas absolument ou en tant que d'elle peut émaner la puissance intellectuelle générale, mais *conjointement* avec cette puissance, *simul cum tali potentia.* Ainsi entendu, le *mens* peut représenter l'image de Dieu, au même titre que la puissance intellectuelle prise absolument, puisqu'il forme avec elle un tout concret.

5° Au point de vue de la représentation de la Trinité, le *mens* entendu comme puissance intellectuelle générale vient au premier rang, car son rapport aux trois puissances, qui l'explicitent, de la seconde trinité, *memoria, intelligentia, voluntas*, est le rapport consubstantiel du tout à ses parties. – Le *mens*, entendu comme l'essence de l'âme *conjointement* à la puissance prise absolument et généralement, étant conçu donc comme actualisé par celle-ci, ne semble pas devoir moins expressément représenter l'image de Dieu, que le *mens* entendu comme la puissance elle-même ; son rapport aux trois puissances sera donc consubstantiel, [44] comme celui du tout à ses parties. – Au dernier rang vient le *mens* conçu comme l'essence même de l'âme, dont le rapport aux puissances n'est plus consubstantiel, étant celui d'un sujet à ses accidents propres[91] : l'image de Dieu y sera donc moins expressive, moins image, que selon les interprétations précédentes. Il faudra concevoir en lui, implicitement, ce qui est conçu comme explicité actuellement dans les précédentes représentations.

*
* *

Mais, si nous ne recherchons pas, comme saint Augustin, à mettre en relief l'image de Dieu, mais la structure interne de l'essence de l'âme, *mens,* les analyses psychologiques de saint Augustin, mettant en évidence des éléments actualisés qui, pour saint Thomas et pour nous, ont dans l'essence de l'âme leur origine, et qui, par conséquent, se retrouvent en elle à l'état de virtualités, nous sont infiniment précieuses. Il suffira de regarder comme résorbées dans la substance du *mens* qui est leur racine, en les concevant donc à l'état habituel ou virtuel, les trinités augustiniennes, pour découvrir à leur source les raisons foncières d'ordre intime et structural qui destinent le *mens* à être le sujet de la grâce sanctifiante, pour savoir, au juste, où jouera cette puissance obédientielle grâce à laquelle l'âme humaine est « capable de Dieu ».

Et donc, les trinités psychologiques de saint Augustin, même celles qui ont trait aux actes et aux puissances de l'âme, peuvent être utilisées pour [45] la

---

[91] 1. *De Spir. creat.*, a. 11, ad 5^m.

connaissance de la structure essentielle de l'âme. Il n'y aura qu'à transposer dans l'essence et à y concevoir comme dans leur source, à l'état habituel, implicites, les relations explicites que saint Augustin découvre entre les actes et les puissances de l'âme se connaissant soi-même et Dieu en soi, à résorber pour ainsi dire ceux-ci dans le principe dont ils émanent, et où ils sont à l'état de pouvoirs non encore différenciés, et nous connaîtrons la structure interne habituelle du *mens,* considéré dans son absolu d'essence, et le point où la grâce sanctifiante, qui est un *habitus entitatif,* pourra et devra s'insérer.

[46] page blanche

[47]

LIVRE SECOND
LA STRUCTURE INTERNE DU *MENS*

PROLOGUE

Dans l'indivisible simplicité de son essence, le *Mens* n'est rien moins qu'une substance amorphe. C'est un vivant intérieurement membré et organisé, d'une autre manière certes, mais aussi solidement et harmonieusement que n'importe quel organisme corporel[92]. Puisqu'il est subsistant, et même, dans l'état anormal de l'âme séparée, peut vivre seul, ne faut-il pas qu'il trouve en soi tous les éléments de sa vie ? Cette vie, pour se suffire à elle-même, doit donc contenir dans son intérieur non seulement les énergies dont elle jaillit, intelligence et volonté, mais encore la réalité qui est leur objet[93].

[48] Notre intention, dans ce Livre II, est de manifester par l'analyse de la vie psychologique du *Mens,* la préexistence et la préformation, dans sa substance même, des éléments de sa vie propre d'esprit, et de dénoncer ainsi la structure interne qui lui est essentielle.

Nous nous adresserons, pour parrain cette analyse, aux deux grands maître de la Théologie et de la Philosophie catholiques, à saint Augustin, d'abord, dont la pensée a régenté, souverainement sinon uniquement, la psychologie spirituelle, du cinquième au treizième siècle, par ses théories de l'image de la Trinité dans le *Mens* ; à saint Thomas ensuite, qui lui a succédé, non pas comme un

---

[92] 1. Je trouve dans une lettre de Paul Claudel à Jacques Rivière du 12 mars 1908 une confirmation de ces vues, assez curieusement placée en pareil lieu : « Reste à savoir jusqu'à quel point la simplicité exclut la composition. Exemple : Dieu est simple, bien qu'en trois personnes. J'ai plutôt une tendance aujourd'hui à regarder la simplicité comme un élément anormal, artificiel, violent et d'ailleurs illusoire. Rien n'existe sans un certain rapport interne. » Jacques Rivière et Paul Claudel, *Correspondance*, 1907-1914, Paris, 1926, Plon. – Les mots : anormal, etc., sont, sans doute, exagérés. La simplicité est normale dans son ordre, qui est l'ordre ontologique : la composition est normale dans le sien, qui est l'ordre intelligible, ou encore psychologique, ou encore, dans la Trinité, purement divin (intelligible et psychologique *eminenter*). Mais l'idée générale est exacte.

[93] 2. Cf. *Quaest. unica de Anima*, a. 17.

novateur, mais en incorporant sa doctrine, en réglementant ce qu'elle avait de trop exclusivement spiritualiste, et en la poussant, du dedans, vers de nouvelles acquisitions.

Notre but n'est pas, on le sait, de construire une *Pneumatologie* de plus, mais de préparer les voies à l'étude de l'expérience mystique. Ce que, dans ce Livre II, nous demanderons au *Mens,* sujet récepteur de toute notre vie divine, c'est « l'exemple », le modèle, en même temps que la raison explicative, dans la mesure où une cause matérielle, un sujet récepteur, peut la donner[94], de la relation immédiate entre Dieu et l'âme qui caractérise, tant la structure de l'âme juste, que l'expérience mystique commandée par cette structure[95].

[49] Ce livre comprendra quatre Questions.
I. – La première trinité de saint Augustin, *Mens, notitia, amor.*
II. – La seconde trinité de saint Augustin, *Memoria, intelligentia, voluntas.*
III. – La troisième trinité de saint Augustin, *Meminisse Dei, intelligere Deum, velle Deum.*
IV. – La structure interne du *Mens,* d'après saint Thomas.

---

[94] 1. Cf. Introduction pp. XXI-XXIII.
[95] 2. Nous croyons cependant devoir avertir le lecteur que, si nos analyses des images de saint Augustin lui paraissent trop difficiles à réaliser par une simple lecture (elles demandent, en effet, que l'on ait la patience de recourir aux textes), il peut passer immédiatement à la Question IVᵃ de ce livre II sans éprouver de dommage essentiel dans l'intelligence de la suite des idées de cet ouvrage.

QUESTION
LA PREMIÈRE TRINITÉ DE SAINT AUGUSTIN :
Mens, Notitia, Amor

PROLOGUE

La première trinité augustinienne est la moins parlante comme image de Dieu : « Dans cette représentation, remarque saint Thomas, on ne rencontre pas une aussi grande ressemblance (au Dieu trine) que dans la « précédente » (mémoire, intelligence, volonté) : et sa manière de désigner la Trinité n'est pas aussi formelle : ce pourquoi elle est placée (par le Maître des Sentences) au dernier rang[96]. »

Mais pour nous, qui cherchons dans les trinités psychologiques, moins l'imagé de la Trinité, que des documents sur la structure interne du *Mens,* cette trinité est peut-être la plus instruisante, car c'est dans l'essence même du *Mens* que la découvre saint Augustin, non dans ses facultés ou ses actes : elle concerne ainsi directement sa structure essentielle[97].

[51] Le point de départ de l'investigation de cette première trinité, est une réflexion que suggère à saint Augustin l'amour qu'il se porte et que chacun se porte d *soi-même. – A.* soi-même, dit-il, qu'est-ce à dire ? Et il répond : A son âme, *Mens.* Donc, conclut-il, voici en moi trois réalités : l'aimant, l'aimé et mon amour. Mais dans l'amour *de soi,* ce qui aime et ce qui est aimé se confondent. Il ne reste donc plus en présence que ce qui est aimé et son amour. Ils sont égaux, puisqu'ils sont au même étage, le même être étant à la fois l'objet total

---

[96] 1. I *Sent.*, Dist. 3, Q. V ; Cf. *De Verit.*, Q. X, a. 3, § *Imago secundum imperfectam imitationem* ; – *Summa theol.*, I P., Q. XCIII, a. 7, ad 2^m. Le maître des Sentences, que commente ici saint Thomas, a interverti l'ordre des trinités de saint Augustin et mis en tête la seconde, ce qui explique l'ordre suivi ici par saint Thomas.

[97] 2. Sur le sens concret que saint Augustin attache à ce mot *essence*, voir L. I, Q. II, p. 28 et suivantes.

de son amour et capable d'aimer totalement cet objet. Ils sont d'une seule essence, l'essence de l'esprit, du *Mens*. Et, cependant, ils sont deux, quand on considère en eux la relation qui, en les unissant, les oppose. Si, d'autre part, on les considère en eux-mêmes, chacun d'eux est esprit, encore que tous deux ne constituent qu'un seul esprit, un seul *Mens*. Où donc est la trinité ? « Invoquons la lumière éternelle et voyons en nous, autant qu'on peut la voir, l'image de Dieu[98]. »

Le *Mens* ne peut s'aimer que s'il se connaît. Or, il ne se connaît pas comme nous connaissons les choses corporelles au moyen des sens ; mais il se connaît lui-même par lui-même, étant incorporel[99]. Quand l'âme se connaît ainsi, il y a donc de nouveau en elle deux choses, le *Mens* et la connaissance qu'il a de lui-même, *Mens* et *notitia*. Saint Augustin n'explicite pas ici le raisonnement par lequel il réduit à deux ces trois termes (l'âme connaissante ; [52] l'âme connue et la connaissance qu'elle a de soi), et constate l'égalité de ces deux derniers, les seuls qu'il conserve. Il serait identique à celui qu'il a fait pour l'amour.

Finalement, le *Mens* qui s'aime lui-même[100] se trouve étoffé de trois réalités, égales entre elles puisque leur correspondance est totale, et ne constituant qu'un seul et même esprit, le *Mens* connu et aimé, d'une part, et, de l'autre, sa connaissance et son amour. Saint Augustin tient sa trinité : *Mens, Notitia, Amor*.

Il nous reste à voir, dans le détail, comment saint Augustin prouve cette division interne du *Mens* et les conséquences qui en résultent pour la structure essentielle de celui-ci.

Nous partagerons cette Question en trois articles :

I. – Comment ces trois réalités psychologiques, *Mens, Notitia, Amor* représentent-elles la Trinité ?

II. – Si *Notitia* et *Amor* désignent des actes ou des *habitus* consubstantiels au *Mens* ?

---

[98] 1. SAINT AUGUSTIN, *De Trinit.*, L. IX, n. 2.
[99] 2. *Ibid.*, n. 3. Allusion à la propriété réflexive des substances spirituelles par opposition aux corps et aux sens *De Trinit.*, L. IX, n. 3. Cf. PROCLUS, *Théologie élémentaire*, dans le Commentaire de saint Thomas sur le livre *De Causis*, leçons 7 et 15.
[100] 1. *Ibid.*, n. 4. *Ipsa Mens cognoscit, ipsa cognoscitur.*

III. – Que *Notitia* et *Amor,* dans la première trinité, constituent une « Mémoire ».

ARTICLE I
Comment les trois réalités psychologiques, mens, notitia, amor, *représentent la Trinité.*

Pour comprendre le point de vue de saint Augustin dans l'établissement, assez laborieux, de cette première trinité psychologique, il n'y a rien de plus éclairant que de se demander où il veut en venir. Ce ne sera pas la première fois que la cause finale projettera [53] de la lumière sur le processus qui se dirige vers elle. Nous renversons ainsi toute l'économie des développements de notre Docteur, mais c'est pour nous replacer dans l'état d'esprit qui était le sien, pour dévoiler l'« idée de derrière la tête » qui lui servait de point de repère pour construire son image. Saint Thomas a parfaitement saisi cette finalité, et, grâce à elle, mis lucidement à jour l'intention de saint Augustin[101].

Saint Augustin, il n'y a pas de doute, veut donner dans ces trois termes : *Mens, Notitia, Amor* une représentation de la Trinité[102]. Or la Trinité, c'est une seule essence en trois personnes. Ces trois personnes s'opposent, et, par suite, se distinguent entre elles par leurs relations, leur *esse ad*[103] Toute autre considération doit être ici mise de côté. La consubstantialité, d'une part, l'*esse ad,* d'autre part, voilà tout ce qui importe, avec l'égalité des relations, à une bonne figuration de la Trinité.

Or saint Augustin découvre dans la connaissance et l'amour par lesquels l'âme se sonnait et s'aime elle-même cette consubstantialité et ces relations.

Il procède à cette découverte dialectiquement, sans qu'il soit encore évident si la relation, l'*esse ad,* qu'il discerne dans la substance de l'âme, part du sujet

---
[101] 1. Quodlibet VII, a. 4.
[102] 2. Cf. *De Trinit.*, L. IX, n. 1, 2, et L. I-VIII *passim.*
[103] 3. Cf. *De Trinit.*, L. V.

connaissant et aimant pour se terminer à l'objet connu et aimé, ou si, de l'objet connu et aimé, elle se dirige vers le sujet connaissant et aimant. La précision se fera plus tard[104]. Suivons, en attendant, la dialectique d'Augustin.

[54] La consubstantialité des trois termes en présence dans la connaissance et l'amour que le *Mens* a pour soi-même, lui semble résulter de ce que, d'une part, sujet et objet y sont substantiellement identiques ; d'autre part de ce que *Notitia* et *Amor*, – qu'ils soient conçus au sens actif, c'est-à-dire comme des actes émanant du *Mens* et qui le mettent en relation avec leur objet, également le *Mens,* ou, au sens passif, c'est-à-dire objectivement, comme une propriété transcendantale qui échoit au *Mens,* du fait qu'il est connu et aimé, vis-à-vis du *Mens* le connaissant et l'aimant[105], sont compris et comme enfermés entre les deux termes substantiels qu'ils mettent en relation, à savoir le *Mens* objet, identique au *Mens* sujet de sa connaissance et de son amour. Cette intériorité ou immanence au *Mens,* de *Notitia* et d'*Amor* paraît si claire à saint Augustin qu'il ne peut s'empêcher de s'écrier : « *Quomodo autem illa non sint ejusdem substantiae, non video ; cum Mens ipsa se amet atque ipsa se noverit*[106] *?* » Comme s'il disait : je vois dans mon âme, quand elle se connaît et s'aime elle-même, s'affirmer trois réalités qui ne peuvent être que consubstantielles, puisque deux d'entre elles, *notitia* et *amor,* mettent en un rapport, qui ne peut être qu'interne, ces deux termes, le *Mens* connaissant et le *Mens* connu, qui étant substantiellement identiques, enferment forcément le troisième, à savoir l'acte de connaissance et d'amour. Et donc, il me faut dire : « *Haec in anima existere et tanquam* [55] *involuta evolvi... substantialiter, vel, ut ita dicam, essentialiter*[107]*.* »

La distinction de ces trois termes ne paraît pas moins évidente à saint Augustin que leur consubstantialité. Mais c'est à la condition que l'on ne fera pas

---

[104] 4. Cf. Article II de cette *Question* I, p. 66.
[105] 1. Saint Augustin recense, *De Trinit.,* L. IX, n. 8, ces deux hypothèses, sans encore se prononcer : *Mens noscens, vel nota, vel noscibilis,* – *amans quoque et amata vel amabilis.*
[106] 2. *De Trinit.,* L. IX, n. 7. Cf. SAINT THOMAS, *De Spir. creat.,* a. 11, ad 1ᵐ.
[107] 1. De Trinité *Ibid.,* n. 5.

entrer en ligne de compte l'inhérence de *notitia* et *amor* dans le sujet connaissant et aimant[108]. Ces deux choses, dit-il, ne sont pas dans le *Mens* comme dans un sujet, comme la couleur ou la figure, la quantité et la qualité sont dans un corps. La preuve qu'il en donne c'est que les accidenta qui sont dans un sujet, ne débordent pas ce sujet d'inhérence, tandis que le *Mens* peut connaître et aimer des choses en dehors de soi. C'est là opposer l'être intentionnel de la connaissance et de l'amour à leur être matériel d'accident, et rejeter dans l'ombre celui-ci[109]. La chose va de soi dans la psychologie concrète d'Augustin, qui ne se préoccupe pas outre mesure de la distinction des accidents, puissances ou *habitus* et de leurs sujets, ce qui sera affaire d'ontologie aristotélicienne. Saint Thomas qui se préoccupait, lui, de cette ontologie, a distingué avec précision les deux aspects, et d'ailleurs, reconnu le bien-fondé du point de vue d'Augustin[110]. Quoi qu'il en soit, saint Augustin a saisi l'*esse ad* de *notitia* et d'*amor* ; et cela lui a permis de distinguer trois termes irréductibles dans l'unité de leur substance, *Mens, notitia, amor*.

[56] Une fois en possession de l'être relatif qui oppose les trois membres consubstantiels de sa trinité psychologique, saint Augustin en joue avec virtuosité. Tantôt il considère la connaissance et l'amour comme des *actes* émanant du *Mens* qui se connaît et s'aime, actes *relatifs* au *Mens* connu et aimé, qui s'opposent ainsi à lui et s'en distinguent[111] ; tantôt il considère connaissance et amour *objectivement,* comme des propriétés du *Mens* connu et aimé, et, pour autant, s'opposant à l'amour et à la connaissance actifs, et donc au *Mens* en tant que connaissant et aimant[112]. Tantôt enfin il oppose la connaissance qu'a le *Mens* de son amour pour soi, à l'amour qu'il porte à sa connaissance de soi, et, par cette opposition mutuelle, distingue réellement la *notitia* de *l'amor,* l'*amor* de la *notitia*[113] *:* étant entendu que *notitia* c'est le *Mens* connaissant, et *amor* le

---

[108] 2. *Ibid.* Cf. SAINT THOMAS, *De Spir. creat.*, ad 16ᵐ. Saint Augustin suit ici mentalement la Trinité divine, où l'*esse in* ne compte pas puisqu'il s'agit de la distinction des personnes, constituées par leur *esse ad*.
[109] 3. *De Trinit., ibid.* Cf. SAINT THOMAS, *Quaest. unica De Anima*, a. 12, ad 5ᵐ.
[110] 4. *Quodlibet* VII, a.
[111] 1. *De Trinit.*, L. IX, n. 16.
[112] 2. *Ibid.*, a. 7.
[113] 3. *Ibid.*, n. 6.

Mens aimant, puisque, encore une fois, *l'esse in* ne compte pas. A l'issue de ces passes dialectiques, et voyant comme tous ces éléments psychologiques convergent vers la représentation de la Trinité, saint Augustin s'émerveille du résultat de son propre labeur et s'écrie : « *Miro itaque modo tria ista inseparabilia sunt a semetipsis, et tamen eorum singulumquodque substantia est, et simul una substantia vel essentia, cum relative dicantur ad invicem*[114]. »

C'est sur ces paroles que se termine chez saint Augustin le traité formel de la première image. Dès le paragraphe suivant, sans que la transition soit bien accusée, nous sommes en plein dans des [57] considérations qui relèvent de la seconde image, où le verbe appareil, ainsi que la connaissance par les idées éternelles, ce qui suppose dans le *Mens* une activité de plein exercice : *cogitare, discerner*. Or, nous allons le voir, la pensée de fond de saint Augustin sur sa première trinité, quoiqu'il ait semblé laisser la chose en suspens, c'est que *notitia* et *amor* n'y désignent pas des actes, mais des *habitus essentiels,* où le verbe par conséquent, non plus que l'irradiation des Idées divines, n'ont pas encore leur entrée. C'est donc bien ici, malgré certains regards en arrière qui auront lieu plus tard, que saint Augustin clôture son exposé fondamental de la première image : *Mens, notitia, amor.*

ARTICLE II
Si notitia *et* amor, *dans la première trinité, désignent des actes ou des habitus consubstantiels au* Mens *?*

Sous son revêtement scolastique, cette question est de la plus haute importance, non seulement pour l'intelligence de la première trinité augustinienne et de ses rapports avec la seconde, mais encore pour dégager définitivement la structure essentielle de l'esprit humain, ce qui est notre but personnel.

Si l'on considère la connaissance et l'amour, *notitia* et *amor,* comme des actes du *Mens, planius esset,* déclare saint Thomas[115]. Veut-il dire que le texte

---
[114] 4. *Ibid.*, n. 8.
[115] 1. I *Sent.*, Dist. 3, Q. V, ad 1ᵐ fin.

du Lombard, qu'il est en train de commenter, s'interprète aussi plus facilement ? c'est possible. Mais on peut traduire ainsi : ce serait plus facile, plus simple. Est-ce à dire que telle est [58] la vraie interprétation d'Augustin ? Saint Thomas ne le pense pas, car dans le *De spiritualibus creaturis,* où il met de nouveau en présence les deux exégèses en ces termes : *notitia et amor de quibus ibi Augustinus loquitur... sunt actus aut habitus,* il se prononce sans ambages en faveur des *habitus. Et hoc secundo modo loquitur Augustinus*[116] : réponse qu'il avait déjà donnée dans le *De Veritate*[117]. Si donc saint Thomas a entendu dire que l'hypothèse des actes est plus simple, il l'a entendu dans le sens de plus obvie, ou encore, le mot *planius* le suggère, plus de plain-pied, plus en harmonie avec la superficie, la surface des choses. Il est en effet des explications moins aisées, plus obscures en apparence parce que plus profondes, allant plus au fond des choses[118] ; et nous verrons que celle qui considère les mots *notitia et amor* comme signifiant des *habitus* est de celles-là.

Quoi qu'il en soit, si l'on admet l'hypothèse que *notitia et amor* désignent des actes du *Mens,* il n'y aura, dit saint Thomas, pour expliquer la distinction de ces trois termes en même temps que leur consubstantialité, qu'à transposer ici la manière dont il a été dit ailleurs[119] que les puissances de l'âme, intelligence et volonté sont consubstantielles au *Mens*. Le *Mens* signifierait ainsi un tout potentiel indistinct, à savoir la puissance intellectuelle dans toute sa généralité[120], dont les [59] *actes notitia* et *amor* se partageraient la vertu totale[121]. On a dit, plus haut, comment un tout potentiel est consubstantiel à ses parties[122].

Mais cette exégèse de la pensée de saint Augustin, nettement abandonnée par saint Thomas dans le *De Spiritualibus creaturis,* rendrait impossible et incohérente, nous le verrons, la relation entre la première *et* la seconde image. D'autre part et surtout, L'exégèse par les *habitus* a été maintenue constamment,

---

[116] 1. *De Spir. creat.*, a. 11, ad 1ᵐ.
[117] 2. *De Verit.*, Q. X, a. 3, § *Imago vero secundum imperfectam...*
[118] 3. « *Non in ingenio D. Thomae* inest, sed in rebus, obscuritas. Et propria quam communia obscuriora sunt. » M. CANO, *De Locis theologicis*, L. XII, C. XI.
[119] 4. I *Sent.*, Dist. 3, Q. IV, a. 2, ad 1ᵐ.
[120] 5. *De Verit.*, Q. X, a. 1, ad 2ᵐ : *quoddam genus potentiarum animae.*
[121] 1. *De Spir. creat.*, a. 11, ad 19ᵐ.
[122] 2. Cf. plus haut, L. 1, Q. II, a. 4, p. 37-39.

et avec un bien-fondé qui va grandissant, par saint Thomas, dans les ouvrages qui s'échelonnent de son *Commentaire sur les Sentences* à la *Somme théologique*.

Pour établir ce point, qui est de souveraine importance pour la question, nous allons d'abord transcrire, selon leur ordre chronologique, les passages principaux de saint Thomas, qui établissent l'identification de *Notitia* et *Amor* avec des *habitus*. Nous justifierons ensuite l'exégèse de saint Thomas, en montrant comment tous ces éléments d'interprétation convergent pour faire valoir dans toute sa synthétique portée, la pensée d'Augustin.

A. – Dans la première trinité, dit le *Commentaire sur les Sentences, Mens* désigne la partie supérieure de l'âme, qui est le sujet de l'Image ; *notitia est l'habitus* de la mémoire et *amor l'habitus* de la volonté, et ainsi cette assignation de l'Image représente l'essence du *Mens et* ses *habitus* consubstantiels. Pour le comprendre, il n'y a qu'à se rappeler que deux éléments concourent pour former un *habitus* intellectuel : une *species* intelligible et la [60] lumière de l'intellect agent qui rend intelligible en acte cette *species*. Mais, si une *species* possédait par elle-même cette lumière, elle constituerait à elle seule un *habitus* complet, qui aurait tout ce qu'il faut pour être un principe d'actes de connaissance. Or je dis que lorsque l'âme tonnait une chose qui est en elle, non par sa similitude, mais par elle-même, l'essence de la chose ainsi connue tient lieu d'*habitus*. Je dis, en conséquence, que, si c'est soi-même que l'âme connut ainsi, l'essence de l'âme, en tant que *connue* par elle-même, a force et raison *d'habitus*. La connaissance, *notitia,* est donc prise ici dans le sens de chose connue. Il faut en dire autant de l'amour : c'est la chose aimée. Par là est résolue la question de la consubstantialité des trois termes : *Mens, notitia, Amor*, puisque *notitia* et *amor* ne sont autre chose, au fond, que la substance de l'âme, étant d'ailleurs, les seuls *habitus* qui s'y rencontrent[123].

Et, dans le *De Veritate* : « L'image imparfaite (de la Trinité), c'est celle qui est tirée des *habitus* et puissances. C'est ainsi que saint Augustin la place dans l'âme, au livre IXe du *De Trinitate,* avec ces trois termes : *Mens, notitia, amor.*

---

[123] 1. I *Sent.*, Dist. 3, Q. V, ad 1^m.

Mens y désigne la puissance (intellectuelle, dans toute sa compréhension[124]) ; *notitia* et *amor* les *habitus* existant en elle. Il aurait pu, tout aussi bien, au lieu de *notitia*, dire *intelligentiam habitualem*. Les deux, en effet, peuvent s'entendre à l'état habituel, comme le dit saint Augustin, livre XIVe *De Trinitate,* c. VII (suit ce texte de saint Augustin). Et donc, selon cette assignation, ces deux choses, *notitia* et *amor,* entendues [61] à l'état habituel, relèvent de la mémoire, comme le dit bien l'objectant (Obj. 1-4)[125]. »

Dans le *De spiritualibus creaturis,* après avoir déclaré que les termes *notitia* et *amor,* dont parle Augustin, ne peuvent manifestement désigner des puissances, mais des actes ou des *habitus,* saint Thomas poursuit : « *Notitia* et *amor* peuvent être rapportés au *Mens aimant* et connaissant, ou au *Mens* connu et aimé : c'est de *cette seconde manière* que parle ici Augustin. S'il dit, en effet, que *notitia* et *amor* existent substantiellement ou essentiellement dans le *Mens,* c'est parce que le *Mens aime son* essence ou connaît sa substance. D'où, plus loin, livre IX, c. VII, il dira : Comment ces trois choses ne seraient-elles pas d'une même essence, je ne le vois pas : car c'est *soi* que le *Mens* lui-même aime, et c'est *soi* qu'il connaît[126] ? »

Enfin, la même pensée est reconnaissable dans la *Somme théologique* : « Connaître, et aimer ou vouloir, en l'absence de toute pensée actuelle, *cogitatio,* relèvent de la mémoire, laquelle n'est autre chose, selon saint Augustin, que l'habituelle conservation de la pensée *(notitia)* et de l'amour[127]. » On a vu à la fin du texte du *De Veritate* cité plus haut, la même identification de *notitia* et *amor* avec la mémoire, mais accompagnée d'un commentaire qui l'explique. Et l'on trouvait déjà la même affirmation, mais en ce qui concerne la *notitia* seule, dans le texte cité du *Commentaire sur les Sentences*.

Je m'excuse de toutes ces citations, qui ne sauraient [62] intéresser que ceux qui recourront aux textes et les compareront : mais je ne vois pas d'autre moyen objectif et *honnête* pour faire entendre la pensée d'Augustin.

---

[124] 2. Cf. p. 37.
[125] 1. *De Verit.*, Q. X, a. 3, c.
[126] 2. *De Spir. creat.*, a. 11, ad 1[m].
[127] 3. *Summa theol.*, Q. XCIII, a. 7, ad 3[m] ; cf. c. fin. Cf. *De Trinit.,* L. XIV, n. 14 fin.

B. – Essayons maintenant de réunir toutes les informations disséminées dans ces textes et d'en dégager la pensée génératrice. Cette pensée c'est saint Augustin qui la donne : *C'est Soi que le Mens aime et c'est Soi qu'il connaît.*

Qu'est-ce à dire ? – Cela signifie que le *Mens*, qui se connaît et s'aime, renferme de ce chef seul, et sans avoir à sortir de soi, donc dans l'indivisibilité de sa substance spirituelle, un *Mens* connu et un *Mens* aimé. C'est ce *Mens*, en tant que connu par soi, que saint Augustin nomme *notitia* ; c'est ce même *Mens*, en tant qu'aimé par soi que saint Augustin nomme *amor* : « C'est de cette seconde manière que parle ici Augustin », déclare saint Thomas dans le texte, cité plus haut, du *De spiritualibus creaturis*[128].

S'il en est ainsi, l'exégèse d'Augustin qui regarde *notitia* et *amor* comme des *actes,* se trouve définitivement écartée, et l'on doit en dire autant de celle qui ferait de *notitia* et *amor* des *habitus* opératifs, principes d'opérations intellectuelles ou volontaires. *Notitia* et *amor* sont des valeurs objectives, et non des actes ou principes d'actes.

Pour nous faire une idée de ces valeurs objectives, recourons à l'analogie que nous suggère saint Thomas dans le passage cité de son *Commentaire sur* [63] *les Sentences, § Mais, si une species...* C'est l'analogie de la *species,* c'est-à-dire de l'idée d'une chose, laquelle n'est autre que la chose connue elle-même, en tant qu'elle est présente à l'intérieur du sujet connaissant.

Ce n'est qu'une analogie, comportant, comme toute analogie, une ressemblance et une différence. La différence, notée par saint Thomas, consiste en ce que, selon le mode ordinaire de la connaissance humaine *ex sensibilibus,* la chose connue existe primitivement en dehors du sujet connaissant, et, pour devenir *species* intelligible, requiert l'intervention de l'intellect agent, qui dépouille son image de ce qu'elle a de matériel et d'individuel, et en extrait ainsi ce qu'elle comporte d'essentiel, d'assimilable par l'intelligence, sous la forme d'idée.

Cette intervention de l'intellect agent n'est pas requise, dit saint Thomas, si la chose à connaître n'est pas tirée des réalités sensibles, du dehors, mais est

---

[128] 1. *Loc. cit.*, ad 1^m fin.

naturellement présente à l'intérieur de l'intelligent, à l'état intelligible. Or, telle est, selon saint Augustin, la réalité du *Mens,* lorsque le *Mens* se connaît soi-même. Le *Mens* est de soi intelligible par soi, car il est pour soi l'objet juste à hauteur de soi-même[129]. Naturellement, et comme de fondation, il se rencontre à l'état intelligible, au sein du *Mens* qui se connaît soi-même.

C'est ce *Mens,* naturellement connaissable par soi-même, *Mens noscibilis,* que saint Augustin envisage uniquement, lorsqu'il entend figurer le second terme de sa seconde trinité, *notitia.* Il laisse tomber toute autre considération, qui pour lui serait [64] accidentelle, n'allant pas à son but qui est d'établir la consubstantialité, dans leur distinction relative, des trois termes de sa trinité.

Par analogie avec *Notitia,* nous devons interpréter *Amor.* Amor signifie *Mens amata.* Au premier aspect, ce sens objectif semble singulier. Il n'a pas pour s'étayer, comme *notitia,* l'analogie de la *species.*

Nous rencontrons ici l'indigence de vocables et de représentations pour les choses de l'amour, dont se plaint saint Thomas dans son article : *Si le nom propre du Saint-Esprit est amour ?* Nous demandons la permission de le citer, car il va droit à notre but : « La procession par mode d'intelligence, dit saint Thomas, est bien mieux fournie de mots propres à en désigner tous les détails, que la procession par mode d'amour. Pour celle-ci nous devons user de circonlocutions…. Et cependant tout est semblable dans l'une et l'autre procession. De même, en effet, que de la considération intellectuelle d'une chose résulte dans le connaissant une certaine conception intellectuelle de la chose connue, qui est nommée son verbe ; de même, de l'amour que quelqu'un porte à une réalité quelconque, résulte une certaine *impression,* pour ainsi dire, *de la chose aimée dans l'affection de celui gui l'aime ;* ce qui fait dire que l'aimé est dans l'aimant, comme le connu dans le connaissant. De telle sorte que, si quelqu'un se connaît et s'aime soi-même, il est en soi-même, non seulement par identité, mais aussi comme le connu dans le connaissant, et l'aimé dans l'aimant… Or notre langage manque de mots (au rebours de ce qui a lieu dans l'intelligence) pour aiguillette relation de la chose aimée, imprimée dans [65] l'affection, au principe qui l'aime. C'est pourquoi, dans la disette où nous sommes, de tels

---

[129] 1. *De Trinit.,* L. IX, n. 4.

mots, nous nous servons des mots *amour* ou *dilection* (entendus au sens objectif), tout comme par le mot *verbe,* nous entendons nommer l'idée conçue, *intelligentiam conceptam*[130]. »

Dans ce passage, et c'est ce qui en fait ici la topicité, saint Thomas recourt à l'image de la Trinité qui est notre âme, pour faire comprendre la Trinité. L'indigence de mots pour exprimer la procession du Saint-Esprit vient précisément de l'indigence de mots qui se rencontre dans l'amour qui est son image. Pour entendre l'une et l'autre, l'exemplaire et son image, il faut donc recourir à des circonlocutions analogues. Il s'agit de donner un tour objectif à sa pensée. Comme nous disons : *les connaissances,* pour exprimer l'objet de nos connaissances, il faudra dire *amour* pour exprimer l'objet aimé. Après tout, cette manière de s'exprimer n'est pas si étrangère à notre langage humain. Ne dit-on pas : *mon amour,* pour signifier l'objet qu'on aime ? Mon amour est en moi comme un poids, dira à son tour saint Augustin, signifiant par là l'attirance qu'exerce l'objet aimé, à l'intérieur de celui qui l'aime et est en tendance affective vers lui, – tout comme l'idée, le verbe, signifie la représentation de l'objet connu, dans celui qui le connaît, et qui, de ce fait, est reporté intentionnellement vers lui[131].

Il est donc patent que *Amor,* comme *notitia,* peut s'entendre légitimement au sens objectif de chose [66] aimée présente au-dedans de celui qui aime. Tel est le sens, selon lequel saint Augustin emploie ces deux termes dans sa trinité psychologique ; ils y désignent l'objet de la connaissance et de l'amour du *Mens* pour lui-même[132]. *notitia,* c'est *Mens nota ou noscibilis ; amor,* c'est *Mens amata* ou *amabilis,* selon que l'on considère la connaissance ou l'amour comme en acte ou en puissance.

---

[130] 1. *Summa theol.*, I P., Q. XXXVII, a. 1.
[131] 2. *Non perficitur amatio in similitudine amati, sicut perficitur intelligere in similitudine intellecti ; sed perficitur in attractione amantis ad ipsum amatum. Compendium theologiae*, I P., C. XLVI.
[132] 1. *Sumitur hic notitia materialiter pro re nota ; et similiter dicendum est de amore.* SAINT THOMAS, I *Sent.,* Dist. 3, Q. V, ad 1m.

Entendue de la sorte, la consubstantialité des trois termes de la trinité psychologique de saint Augustin, dans leur distinction, s'impose comme une évidence. Le schème en lequel se résout la première trinité augustinienne n'est, en dernière analyse, que celui de la même essence trois fois répétée, la première fois absolument, *Mens ;* la seconde fois *ut noscibilis* ; la troisième fois *ut amabilis* : *Mens, notitia, amor.*

Il est clair que cela sous-entend tout le matériel du *Mens*, à savoir *Mens ut noscens, Mens ut amans* : *notitia* et *amor* dans le sens d'actes ; mais point n'en chaut à saint Augustin ! Il écrème, si j'ose ainsi dire, de cet ensemble, ce qui seul engendre sa trinité et va à son image.

Nous voici, enfin, à pied d'œuvre pour formuler la réponse à la question posée au début de cet article : nous avons éliminé de la perspective de saint Augustin l'exégèse qui concevrait *notitia* et *amor* comme des actes ou des *habitus* en tant que principes d'opération. *Notitia* et *amor,* désignent un objet de connaissance et d'amour, et cet objet c'est le *Mens* lui-même, en tant que connaissable et [67] aimable pour lui-même, et cela au sein de l'indivision de sa substance spirituelle. Le *Mens* est, de par son essence, comme de par sa nature, une idée, une *species,* pour soi-même en tant qu'il est connaissant ; comme il est une présentation objective d'un bien aimable, toujours pour soi-même en tant qu'il est aimant.

Or, et c'est ce qui justifie le nom d'*habitus* que saint Thomas donne à ce qu'exprime *notitia et amer,* une *species* est à sa manière, un *habitus* intellectuel ; et, proportionnellement, l'impression que l'aimé produit dans l'aimant, est un *habitus affectuel*, si on ose, avec le P. Coconnier[133], introduire ce néologisme dans le vocabulaire de notre langue.

Il est intéressant de constater l'harmonie de ces données avec la pensée de saint Thomas sur les *habitus* intellectuels. Qu'est-ce que l'*habitus* de science

---

[133] 1. COCONNIER, O. P., *La Charité d'après S. Thomas d'Aquin*, 3° article, *Revue thomiste*, mars 1907, p. 11, etc.

pour saint Thomas, sinon une COORDINATION d'*espèces intelligibles*[134], en laquelle chacune des idées qui la constituent a force et valeur d'*habitus* élémentaire[135]. L'attirance qu'exerce l'aimé sur l'amour de l'aimant, doit se concevoir d'une façon analogue, conformément à la doctrine du traité de la Trinité de saint Thomas, exposée ci-dessus. Et donc *notitia* et *amor* sont tous deux des *habitus*.

Ainsi s'expliquent toutes les expressions, par lesquelles saint Thomas interprète la pensée d'Augustin, que nous avons relevées dans les passages cités plus haut : « Cette assignation de l'image est [68] prise de l'essence du *Mens* et de ses *habitus* consubstantiels. » – « Lorsque l'âme connaît une chose qui est en elle, non par sa similitude, mais par elle-même, l'essence de la chose ainsi connue tient lieu d'*habitus* : si c'est elle-même que l'âme connaît ainsi... l'essence de l'âme ainsi connue, a raison d'*habitus*. » Il faut en dire autant de l'amour (Cf. le texte cité du Commentaire sur les Sentences). *Mens* désigne la puissance intellectuelle, prise absolument, *notitia et amor* les *habitus* existant en elle (Cf. le texte du *De Veritate*). *Notitia* et *amor* se rapportent au *Mens* connu et aimé, car, si saint Augustin dit que *notitia* et *amor* existent substantiellement dans *le Mens,* c'est parce que c'est son essence que le *Mens* connaît et sa substance que le *Mens* aime (Cf. le texte cité du *De Spiritualibus creaturis*[136]).

Tout est concordant et, sous l'exégèse de saint Thomas, la première image de Dieu devient parfaitement intelligible : elle est formée du *Mens,* considéré comme la puissance intellectuelle dans son sens le plus général (englobant la volonté), qui, étant capable de se connaître et de s'aimer, se trouve, de ce fait, et simultanément, *mens noscibilis, mens amabilis*[137]. Ces qualités de relation constituent, dans l'essence du *Mens* des *habitus* consubstantiels, qui par leur opposition au *Mens* capable de se connaître et de s'aimer, dénoncent la dichotomie interne, qui constitue sa structure essentielle.

---

[134] 2. *Ordinatio specierum.* Cf. *De Verit.*, Q. X, a. 2, fin du corps de l'article.
[135] 3. *Summa theol.*, Iª IIªᵉ, Q. LIV, a. 4, C. et ad 3ᵐ.
[136] 1. Cf. *supra,* § A, p. 59-61.
[137] 2. Ce sont ici comme les transcendantaux *psychologiques* d'Augustin, analogues aux transcendantaux ontologiques de l'Être des aristotéliciens et thomistes.

ARTICLE III
Que notitia et amor, dans la première trinité, constituent une « mémoire »

Cette troisième conclusion confirme, précise et met en pleine lumière le caractère habituel de *Notitia* et d'*Amor,* en les incorporant é un facteur psychologique qualifié et classé par tons comme ne possédant aucune valeur actuelle, et signifiant par excellence l'état habituel de la pensée et des affections : la mémoire.

Dans les textes de saint Thomas cités plus haut, *notitia et amor* sont qualifiés de *mémoire*. Rappelons brièvement les principaux : « *Notitia* est *l'habitus* de la mémoire et *amor* l'*habitus* correspondant de la volonté[138]. » « Ces deux choses, *notitia et amor,* conçues à l'état habituel, relèvent de la mémoire[139]. » « Connaître, aimer ou vouloir, en l'absence de toute pensée actuelle, relèvent de la mémoire, laquelle n'est autre chose, selon saint Augustin, que l'habituelle conservation *(retentio)* de la *notitia* et de *l'amor*[140]. »

On trouvera chez saint Thomas, et chez saint Augustin d'ailleurs, nombre de textes analogues. Ceux-ci, choisis parmi les plus représentatifs, et qui appartiennent aux trois époques de la carrière d'écrivain de saint Thomas, nous paraissent décisifs.

Ils portent d'ailleurs en eux-mêmes leur preuve, à condition que l'on entende la mémoire, dont parlent [70] ici saint Augustin et saint Thomas, non de la mémoire sensible, mais de la mémoire intellectuelle[141], et que l'on donne à celle-ci la même compréhension que nous avons reconnue au *mens,* signifiant donc non seulement la conservation des idées intellectuelles, mais aussi celle des impressions « affectuelles ».

---

[138] 1. I *Sent.*, Dist. 3, Q. V, ad 1^m.
[139] 2. *De Verit.*, Q. X, a. 3.
[140] 3. *De Spir. creat.*, a. 11, ad 1^m.
[141] 1. I *Sent.*, Dist. 3, Q. IV, a. 1, ad 1^m, 2^m. *Summa theol.*, I P., Q. LXXIX, a. 6. Cf. SAINT AUGUSTIN, *De Trinit.*, L. XIV, n. 11.

Il est clair, en effet, que tout acte d'intellection et tout acte d'amour, non provoqués du dehors, mais s'originant à l'intérieur, émanent d'un *habitus* intellectuel on volontaire permanent qui est leur principe déterminant. Ce principe est une sorte de mémoire, puisque la fonction propre de la mémoire c'est de retenir, en l'absence de toute opération, de quoi engendrer des actes psychologiques objectivement déterminés. Or la connaissance et l'amour que le *mens* a pour soi, lorsqu'il se connaît et s'aime actuellement soi-même, ne demandent rien à l'extérieur. Le *mens* intelligible et aimable, est naturellement présent au *mens* connaissant et aimant. Cette possession de soi-même à l'état d'objet habituel de sa connaissance et de son amour, ne saurait donc être conçue autrement que comme une mémoire.

Il n'est pas moins clair que cette mémoire se confond avec les *habitus* objectifs de *notitia* et d'*amor* de la première trinité, puisque, nous l'avons vu, ces *habitus* n'ont pas d'autre signification, que de mettre habituellement l'âme connaissante et aimante à portée intelligible et « aimable » de soi-même. *Notitia* et *amor,* par leur réunion, forment ainsi une mémoire complexe, en laquelle le *mens* [71] se retrouve tout entier à l'état intelligible et d'attirance amoureuse.

Mais alors, puisque la mémoire se rencontre au sein de sa première trinité, saint Augustin n'aurait-il pas du l'expliciter ? Il semble qu'il ne maintienne les trois membres de sa trinité que par artifice et dissimulation. C'est l'objection que se tait saint Thomas à son sujet, et voici sa réponse : Un *habitus,* dit-il, est un principe d'*opérations*. Or, la mémoire comme telle, n'a pas d'*activité* qui soit, absolument parlant, sienne. Aucun *habitus* donc ne lui correspond spécialement. C'est par le même *habitus* que *notitia* et *memoria* ou *intelligentia habitualis* s'ordonnent à une seule et même opération[142]. Cette réponse s'éclaire à ce que saint Thomas avait avancé un pou auparavant, à savoir que la propriété conservatrice, *proprietas retentiva,* que possède l'âme, la mémoire donc, n'a pas d'acte, et qu'au lieu et place d'acte, elle a la simple fonction de retenir, *loto*

---

[142] 1. I *Sent.*, Dist. 3, Q. V, ad 5^m.

actus habet hoc ipsum quod est tenere[143]. C'est dire, si je ne me trompe, que la mémoire est comme imbibée dans d'autres *habitus* qui, eux, sont principes formels d'opérations et qu'elle les fait participer à sa propriété conservatrice, *retentiva*. Tout au plus, donc, communiquera-t-elle une modalité spéciale aux actes qui trouveront leur principe de détermination dans les *habitus* qu'elle qualifie, actes qui ne seront plus, purement et simplement, connaissance et amour, mais reconnaissance de [72] quelque chose qui était déjà connu habituellement l'intérieur et son analogue « affectuel ». Or, l'apport de cette modalité accidentelle, déjà comprise dans l'état habituel de *notitia* et d'*amor,* ne suffit pas pour que la mémoire ait valeur d'*habitus* spécial, c'est-à-dire de principe formel d'opérations déterminées et puisse constituer, à ce titre, un quatrième membre de la première trinité.

CONCLUSION

Ce qui nous rend précieuse cette première trinité, disions-nous en l'abordant, c'est que saint Augustin s'y propose *ex professo* d'y décrire *l'essence même de l'âme,* du *Mens*.

Sans doute, il ne peut être question pour lui que de l'essence concrète de l'âme, *essentia cum tali potentia*[144], individualisée et existante. Saint Augustin, qui est avant tout un psychologue, ne s'embarrasse pas de la question de savoir si une essence peut ou ne peut pas être, de soi et immédiatement, principe d'opération. Mais la chose n'est pas d'importance en son cas, puisque, n'ayant pas le soupçon de la distinction réelle de la puissance et de l'essence, il regarde la puissance comme un mode de l'essence, comme, ontologiquement parlant, résorbée dans l'essence. Quoi qu'il en soit de ce détail, quand il parle de l'essence ou substance de l'âme, sa pensée se meut certainement dans un plan psychologique antérieur à toute opération actuelle. Il s'agit de ce qui dans l'âme est, non

---

[143] 2. I *Sent.*, Dist. 3, Q. IV, a. 1, ad 3ᵐ. Il ne s'agit pas ici, bien entendu, de la mémoire sensible, qui a une activité propre, le souvenir, mais de la mémoire intellectuelle. Cf. p. 35, 70.
[144] 1. Cf. *supra*, L. I, Q. II, a. 2, p. 28, sq.

pas adventice, mais perpétuel, de ce [73] qui existe en elle de par sa nature et comme de fondation, *substantialiter aut essentialiter*.

Or, la substance de l'âme, avant toute opération, apparaît à saint. Augustin partagée entre trois réalités distinctes, quoique consubstantielles : *Mens, notitia, amor*. *Mens*, c'est l'âme capable de se connaître et de s'aimer ; *notitia*, c'est la même âme en tant que connaissable par soi-même ; *amor*, c'est la même âme en tant qu'aimable par soi-même. Ainsi, dans sa substance même, le *Mens*, naturellement, s'oppose à lui-même : en tant qu'intelligible et aimable, il est en relation immédiate avec lui-même, intelligent et aimant.

C'est là une dualité et comme une scission interne, potentielle sans doute, puisqu'elle gît entre la substance de l'âme et ses *habitus* consubstantiels, mais cependant très réelle puisqu'elle comporte, de part et d'autre, tous les éléments nécessaires et suffisants pour que puisse se déclencher une opération actuelle *très réelle, à* savoir l'acte par lequel effectivement, sans intermédiaire, l'âme par soi-même se connaîtra et s'aimera soi-même.

La connaissance actuelle de l'âme par elle-même, le *cogitare* se ou le *discernere se* de saint Augustin, c'est-à-dire, selon l'exégèse de saint Thomas, la connaissance expérimentale et la connaissance scientifique que l'âme aura d'elle-même, n'auront d'antre signification que d'actualiser les relations qui divisent *habituellement* l'essence même de l'âme, de par sa constitution native, et de permettre à celle-ci de vivre effectivement selon sa nature profonde.

La première Image ne nous livre que le fait de [74] cette scissure congénitale engendrée par l'opposition relative immédiate de l'âme à soi-même. Mais ce fait, nous le verrons, sera de très grande conséquence pour l'intelligence de la structure foncière de l'âme juste et pour la détermination de ce « lien de la Nativité » de la vie surnaturelle, comme parle Tauler[145].

Car, ce *Mens,* naturellement trinité, est, par la même, image de Dieu. Connaître le *Mens,* ou simplement être capable de le connaître, c'est connaître ou

---

[145] 1. Cf. dans *Les Œuvres complètes de Tauler*, traduction par P. Noël, o. p., les notes si suggestives, où le traducteur met en évidence ce lieu de la Nativité du surnaturel qu'est » le fond » de l'âme.

être capable de connaître une image de Dieu. Et comme l'image est essentiellement représentative c'est, d'une certaine façon, avoir Dieu pour objet. Dieu donc, n'est pas moins présent à notre âme, quoique dans et par son image, que l'âme n'est présente à soi-même. Et puisque, de par sa structure même, l'âme est présente habituellement à soi-même comme *notitia* et *amor, Mens noscibilis et Mens amabilis,* il tant bien que le Dieu, dont l'essence de l'âme est l'image, entre de plein droit dans la perspective habituelle de celle-ci, comme *notitia* et *amor,* c'est-à-dire comme un Dieu connaissable dans et par son image, *Deus noscibilis,* comme un Dieu aimable dans et par son image, *Deus amabilis.* Les choses se passent donc comme s'il y avait, de plein droit, dans le fond même du *Mens,* une connaissance et un amour habituels de Dieu, *tanquam sit ibi memoria Dei.*

Selon saint Augustin, ce sera l'œuvre de « la *Sagesse* » énergie surnaturelle, participée de la Sagesse divine, d'actualiser cette mémoire de Dieu [75] latente au fond de l'âme, de mettre donc l'âme en relation effective avec ce Dieu, déjà naturellement présent à l'âme, dans le fond de sa substance, et de la faire vivre effectivement selon toute la profondeur de sa nature, *ut, secundum suam naturam, ordinari appetat sub Eo cui subdenda est... sub Illo a quo regi debet*[146].

On voit, dès lors, jusqu'à quelle profondeur, « la Sagesse », ce surcroît d'énergie divine, devra descendre pour mettre l'âme en état d'envisager directement et effectivement Dieu comme son objet. Ce sera jusque dans l'essence de l'âme, là où elle est naturellement coordonnée au Dieu dont elle est l'image. C'est dans cette scissure, en quelque sorte essentielle, qui partage naturellement l'âme en objet et sujet, objet divin et sujet initialement capable de l'atteindre, encore que par son image seulement, qu'il faudra placer le point d'insertion de la grâce ; et c'est entre les deux termes qu'elle oppose, Dieu et l'âme, que jouera cette puissance obédientielle qui est, nous le verrons, l'amorce en nous de la vie divine.

On comprend, dès lors, pourquoi la grâce sanctifiante est un *habitus,* non pas opérant, mais entitatif, inhérent à l'essence même de l'âme. On comprend pourquoi, dans un enfant qui a reçu le baptême, la vie surnaturelle est tout entière

---

[146] 1. *De Trinit.,* L. X, n. 7.

préformée, encore qu'elle ne se trahisse dans aucune opération, à tel point que s'il vient à mourir, le ciel tout entier, le Dieu qui en est l'objet et l'âme capable de le saisir, éclot de son état intérieur.

La cause profonde qui rend possible toutes ces [76] choses qui s'appellent *la structure de l'âme juste, le lieu profond de la « nativité » surnaturelle, le caractère entitatif de la grâce qui sanctifie l'essence même de l'âme*, la vie surnaturelle complète, si cachée et comme scellée que soit cette plénitude (que manifeste cependant le cas de l'enfant baptisé et qui, s'il meurt, va tout droit an ciel), – c'est la scissure congénitale, existent dans l'essence même de l'âme, entré le *Mens*, capable de se comte et de s'aimer, et le même *Mens*, image de Dieu, capable d'être connu et aimé comme tel par soi-même, *Mens, notitia, amor*.

La cause secrète de toute la vie surnaturelle, c'est donc la structure native de l'âme que vient de nous révéler saint Augustin par l'élaboration de sa première trinité.

QUESTION II
LA SECONDE TRINITÉ DE SAINT AUGUSTIN
MEMORIA, INTELLIGENTIA, VOLUNTAS

PROLOGUE

Dans la récapitulation du *De Trinitate* qu'il institue en son livre XVe, saint Augustin fait suivre immédiatement le rappel de sa première trinité, *Mens, notitia, amor,* dont il a parlé, dit-il, au livre IXe, d'une seconde trinité, dont il a parlé au livre X[e], *Memoria, intelligentia, voluntas*[147].

Cette seconde trinité a le même objet que la première. Il y est question de la mémoire que le *Mens* a de soi, de l'intelligence du *Mens* par soi-même, de la volonté du *Mens en tant qu'elle* prend le *Mens* pour objet. « Dans le livre X[e], dit saint Augustin, *le même sujet* (que dans le livre XIe) – *hoc idem* – a été traité plus diligemment et avec plus de précision, et il a été poussé jusqu'à la découverte, dans le *Mens,* d'une trinité *plus évidente, Mémoire, Intelligence, Volonté*[148]. »

En quoi consiste ce progrès dans l'évidence ? Saint Thomas l'explique en ces termes : « L'âme, *Mens* (dans la première trinité), encore qu'elle se connaisse d'une certaine façon[149], ne laisse pas de s'ignorer à un autre point de vue, à savoir en tant qu'elle est *distincte* des autres choses[150], et, par suite, elle se cherche[151], comme le démontre saint Augustin au livre X[e] *De Trinitate,* c. III. Il en résulte que sa connaissance, *notitia* (et, par suite, ajoutons-nous : son amour, *amor*), ne s'égalise pas totalement au *Mens*. Et c'est pourquoi Augustin (dans cette seconde trinité) s'empare, *accipit,* de trois choses qui, dans l'âme,

---

[147] 1. *De Trinit.,* L. XV, n. 5.
[148] 2. *Ibid.*
[149] 1. Par le *Nosse* augustinien, qui désigne la connaissance habituelle de la mémoire.
[150] 2. Cette connaissance distincte est le *Discernere* augustinien.
[151] 3. La recherche est caractéristique du *Cogitare* augustinien. Cf. pour l'intelligence de ces deux mots SAINT THOMAS, I *Sent.*, Dist. 3, Q. V.

sont tout à fait propres au *Mens*, et que personne n'ignore avoir en sa possession[152], savoir la *Mémoire*, l'*Intelligence* et la *Volonté* ; et il leur attribue, par prépondérance (potin), l'image de la Trinité, comme si la première attribution (*Mens, notitia, amor*) était, en quelque chose, déficiente[153]. »

Que veut dire saint Thomas ? Tout simplement ceci, que les *actes* intellectuels et volontaires du *Mens*, dont l'objet est le *Mens* lui-même, mettent en meilleure lumière l'image de la Trinité que les habitus de *Notitia* et *Amor*, *Mens noscibilis* et *Mens amabilis* de la première trinité ; et cela, pour deux raisons : d'abord, parce que ce qui est actualisé, est, en général, plus évident que ce qui demeure à l'état potentiel ; ensuite, parce que, d'après saint Augustin, la connaissance habituelle et l'amour habituel du *Mens* par le *Mens* ne peuvent être que [79] vagues, extrêmement confus, indéterminés[154], à telle enseigne que, s'ils s'actualisent de champ dans la *Cogitatio* et l'amour qui accompagne celle-ci, on voit l'âme se chercher comme à tâtons et prendre mille fausses pistes, bien plutôt qu'elle ne se rencontre franchement, et ne se connaît et s'aime vraiment, ainsi que saint Augustin le décrit longuement en son livre X[e 155].

D'où la nécessité, pour obtenir une image plus évidente de la Trinité, de s'adresser à la connaissance actuelle parfaite, le *discernere,* en laquelle le *Mens* se connaît et s'aime sous la lumière de l'Idée éternelle (la Trinité), qui est son type divin, et s'égalise à soi-même en se connaissant dans un verbe et en s'aimant dans la lumière de ce verbe d'un amour de possession et de jouissance. Ce sont ces actes de connaissance et d'amour parfaits, où le *Mens,* sous l'irradiation des idées, se dit à soi-même ce qu'il est, distinctement, et s'aime tel qu'il est, entièrement, que saint Augustin désigne, en première ligne, par ces termes : *Memoria, Intelligentia, Voluntas :* ce qui fait dire justement saint Thomas : « *Anima (secundum Augustinum), perfecte Trinitatem imitatur secundum quod meminit actu, intelligit actu, et vult acte*[156] »

---

[152] 4. *Haec tria, quorum mens de seipsa certa est. De Trinit.*, L. X, n. 17 ; Cf. n. 13.
[153] 5. *Summa theol.,* I P., Q. XCIII, a. 7, ad 2^m.
[154] 1. *De Trinit.,* L. X, n. 5, 6. C'est la manière augustinienne de décrire l'étal potentiel.
[155] 2. *De Trinit.,* L. X, II. 5-12. – Cf. *Appendice I.*
[156] 3. *De Verit.,* Q. X, a, 3.

Cette signification de premier plan n'est cependant pas la seule. Car des actes déterminés, comme sont, pour le *Mens,* ceux qui consistent à se connaître et à s'aimer bai-même, ont toujours leur racine dans des *habitus* opératifs correspondants. De plus, [80] entre l'acte achevé par un verbe et ces *habitus,* il y a une phase d'acheminement, *via ad terminum. Et* c'est pourquoi nous voyons, chez saint Augustin, la seconde trinité comporter trois états, un état primitif, originel qui n'a jamais manqué à l'âme[157], état habituel, véritable mémoire de soi ; – un état de recherche, où l'âme actualisant *de champ* cet état habituel, cette mémoire de soi, tend à s'exprimer dans un verbe, mais sans *y* parvenir encore, état caractérisé par la *cogitatio suî ;* – enfin l'état d'achèvement, qui est principalement visé dans l'énumération de la seconde trinité, état où l'âme se dit toute à soi-même, dans un verbe et où, se connaissant parfaitement, elle s'aime parfaitement : c'est l'état du *discernere se*[158].

L'étude séparée et distincte de ces trois plans d'actualisation de la seconde image n'est pas indispensable pour notre but spécial. Nous l'avons faite pour notre compte personnel[159]. Nous détacherons ici de cette étude ce qui peut contribuer à notre but, à savoir déterminer la structure du *Mens,* modèle de la structure de l'âme sainte, et, par l'intermédiaire de celle-ci, de la structure de la connaissance mystique.

[81] Nous diviserons cette Question en deux articles :

I. – Si la seconde trinité n'est autre chose que la première, devenue « plus évidente » ?

---

[157] 1. *De Trinit.*, L. XIV, n. 10 : *Si nos referamus ad interiorem mentis memoriam quâ sui meminit, et interiorem intelligentiam quâ se intelligit, et interiorem voluntatem quâ se diligit, ubi haec tria simul semper sunt et semper simul fuerunt, videbitur quidem imago illius trinitatis* (la seconde) *et ad solam memoriam pertinere.*

[158] 2. Cf. *De Trinit.*, L. XV, n. 5, où les deux états qui précèdent l'état d'achèvement sont nettement distingués en ces termes : *Quoniam compertum est quod mens, i) nunquam ita esse potuerit, ut non sui meminisset, non se intelligeret et diligeret, quamvis non sem per se cogitaret 2) cum autem se cogitaret non se a corporalibus rebus 3) eâdem cogitatione discerneret.* Cf. SAINT THOMAS, in I *Sent.*, Dist. 8, Q. V, c.

[159] 3. On trouvera ce complément à l'*Appendice*.

II. – Pourquoi saint Augustin a-t-il établi une continuité génétique si serrée entre ses deux premières trinités ?

ARTICLE I
Si la seconde trinité n'est autre que la première devenue plus évidente ?

Nous avons entendu saint Augustin l'affirmer, mais son affirmation, à première vue, se heurte à une difficulté : Les termes de la seconde trinité ne paraissent pas équivalents aux termes de la première.

Sans doute *intelligentia et voluntas* peuvent correspondre à *notitia et amor*, et cette correspondance peut donner à penser que les premiers de ces termes sont, vis-à-vis des seconds, dans la relation d'actes à *habitus* générateurs d'actes. Mais il reste *memoria* qui n'est pas la même chose que *Mens*.

Cette difficulté a occasionné une opinion simplificatrice qui, prenant acte de *l'affinité d'intelligentia avec notitia, et de voluntas* avec *amor*, et, d'ailleurs, remarquant une certaine assonance verbale entre les mots *Mens* et *Memoria*, identifie, comme de force, *Mens* avec *Memoria*[160]. Les deux trinités se correspondraient ainsi parfaitement, la seconde n'étant que l'actualisation des trois termes de la première.

Saint Thomas est opposé à cette concordance, qui ne cadre pas avec les données augustiniennes. Il en [82] donne cette raison générale : « Saint Augustin et d'autres saints ont recensé de multiples images (de la Trinité). Il n'est pas nécessaire que l'une de ces attributions corresponde à l'autre. La chose est évidente, chez saint Augustin, quand il assigne l'image d'abord *secundum mentem, notatiam et amorem*, et ultérieurement, *secundum memoriam, intelligentiam et voluntatem.* » Pourquoi la chose est-elle si évidente ? C'est que, si l'on considère, non plus l'assonance des mots, mais la réalité qu'ils signifient, *Mens* désigne, comme nous l'avons dit, soit l'essence de l'âme en tant que la puissance intellectuelle en émane (saint Thomas), soit l'essence de l'âme conjointement à

---

[160] 1. Cf. *supra*, Première partie, L. I, Q. II, a. 3, p. 35.

cette même puissance (saint Augustin)[161]. Et donc ne dépassant pas dans sa signification la puissance intellectuelle selon toute sa généralité, *Mens* ne saurait s'identifier avec *memoria* qui désigne en première ligne l'acte spécial du *meminisse*, et tout au plus l'*habitus* déterminé d'où sort cet acte déterminé du *meminisse*. Il faut donc chercher autre chose.

Pour le trouver, le meilleur moyen est de nous demander : Dans la mise en équation de sa seconde trinité de quoi s'agit-il pour saint Augustin ?

La réponse est en vue : Il s'agit de trouver, non plus dans l'essence de l'âme, mais *dans ses opérations* rendues à leur terme, là où l'âme se dit dans un verbe et s'aime d'un amour de possession, une figuration aussi expressive que possible de la Trinité, *evidentior trinitas*. Que l'on note bien ce mot : *dans les opérations* de l'âme.

[83] Ce mot : *dans les opérations* none indique la route à suivre. Car des opérations *déterminées,* comme celles où l'âme se dit tout entière et s'aime tout entière, ne peuvent sortir que d'*habitus* déterminés. La puissance nue ne suffit pas : il faut des *habitus,* c'est-à-dire, puisqu'il s'agit des opérations intellectuelles, des *species* impresses, auxquelles correspondent du côté des opérations volontaires, *des* impressions « affectuelles[162] ». Ces *habitus* sont au service de la puissance, en l'espèce le *Mens,* qu'ils déterminent et qui va les actualiser. Et ces *habitus* doivent avoir un contenu intelligible ou « amorifique » tel, que l'opération du *Mens,* en les utilisant, aboutisse à un verbe où le *Mens* se profère tout entier lui-même, tel qu'il est, dans la lumière de l'Idée divine qui l'a formé ; et à un amour parfait où le *Mens* s'aime lui-même, tel qu'il est et tel qu'il est manifesté par la même lumière, c'est-à-dire tout entier.

Quelles sont les espèces ou *habitus* qui, mises la disposition du *Mens, puissance* intellectuelle générale de l'homme, pourront en s'actualisant, lui donner cette connaissance et cet amour adéquats de lui-même ?

---

[161] 1. *Supra,* Première partie, L. I, Q. II, 3.
[162] 1. *Impressio ipsiut mentis ut amatae.* On ne peut dire « affectueuses », ce mot impliquant l'exercice de l'affection : je m'en tiens donc au néologisme expressif du P. Coconnier.

Pour l'entendre, laissons pour un instant de côté le *Meminisse suî,* dont l'apparition est une nouveauté, et a sa difficulté spéciale : limitons provisoirement la question à *l'intelligere se,* à l'*amare se,* qui semblent bien correspondre à *notitia et amor de la première* trinité. Quelle est la *species* impresse laquelle peut s'originer une opération qui, rendue à son terme, sera la connaissance expresse, distincte, [84] totale du *Mens ?De* même, quelle sera l'impression *a affectuelle* qui, développée dans l'opération de la volonté, aboutira à un amour de jouissance totale, achevée, du *Mens* tel qu'il est ?

Je ne vois, pour remplir les conditions voulues que les deux *habitus* nommés en seconde et troisième place dans la première trinité, *mena ut noscibilis, mens ut amabilis,* plus brièvement, *notitia,*

Et je dis : 1^0 si le *Mens* tient à sa disposition, comme *habitus* informant sa puissance nue de *Mens* connaissant, une *species* impresse dont le contenu est *le Mens lui-même en* tant qu'intelligible par soi, *Mens ut noscibilis,* lorsqu'il passera, ainsi muni, à l'opération, il se dira lui-même, dans le verbe qui termine sa connaissance, – tel qu'il est, et tout entier.

2° Si le *Mens* tient à sa disposition, informant sa puissance nue de *Mens* aimant, un *habitus amorifique (impressio ipsius Mentis ut amatae)* dont le contenu est le *Mens* lui-même en tant qu'aimable par soi, *Mens ut amabilis,* lorsqu'il passera comme *Mens* aimant à son opération, il s'aimera soi-même d'un amour total, correspondant au verbe parfait en qui il se profère lui-même et s'embrassera tel qu'il est, tout entier, se possédant dans un amour de jouissance consommée.

Serait-ce donc que le *Mens,* pour se connaître et aimer ainsi, emprunte les deux *habitus* de la première trinité, consubstantiels *au Mens* et les prend pour principes de ses opérations ? Cela est-il possible ?

Je réponds : Pourquoi pas ?

Dans sa première trinité : *Mens, notitia, amor,* [85] saint Augustin, comme on l'a vu, ne pense qu'à s'assurer, *dans la substance même de l'âme,* d'une image tout à fait *fidèle* de la Trinité. Il remise au second plan son évidence. Pourvu qu'il rencontre, dans leur *consubstantialité, la distinction* des trois termes, *mens, notitia, amor, il est satisfait.* Il se borne donc à faire valoir que *notitia et amor*, sont, d'une part, consubstantiels au *Mens*, qu'ils sont le *Mens* lui-même, *Mens noscibilis, Mens amabilis,* et que, d'autre part, *ces* termes expriment les relations, soit du *Mens* lui-même en tant que connaissable et aimable au *Mens* connaissant et aimant, soit du *Mens aimable au Mens* connaissant, et, réciproquement, du *Mens* connaissable au *Mens* aimant, puisque le *Mens* peut se connaître en tant qu'il est aimable et s'aimer en tant qu'il se connaît. Il en résulte, ainsi que nous l'avons vu, que le *Mens,* demeurant identique à soi, se voit partagé entre trois termes qui s'opposent entre eux, et par suite sont réellement distincts, tout comme dans la Trinité, la nature divine est comme partagée, selon des relations opposées, en trois personnes. Tout cela est considéré par Augustin dans l'essence de l'âme, en dehors de toute opération actuelle. D'où la perfection interne de cette première image de la Trinité, au détriment de l'évidence de sa manifestation[163].

Dans sa seconde trinité au contraire, *evidentior trinitas,* saint Augustin fait passer au premier plan l'évidence de la manifestation de la Trinité. Il cherche l'image de la Trinité dans les opérations de l'âme : mais, ces opérations ne demandant pas leur objet à l'extérieur, puisqu'il s'agit de la connaissance [86] et de l'amour de *Soi,* doivent normalement s'originer à des *habitus* immanents au *Mens,* c'est-à-dire au *Mens ut noscibilis,* au *Mens ut amabilis,* au *Mens* naturellement intelligible par soi, au *Mens* naturellement aimable par soi. Ce sont les *habitus* consubstantiels au *Mens* de la première trinité.

Seulement, puisqu'il s'agit d'opérations, saint Augustin, au lien d'insister sur leur consubstantialité, ou sur leur opposition relative, qu'ils ne laissent pas d'ailleurs de conserver (ce qui assurera la fidélité de l'image de la Trinité qui s'épanouira à l'issue des opérations), considère ces *habitus* essentiels comme des principes d'opérations, à la disposition du *Mens,* puissance active et capable, en les faisant passer, de leur état habituel de *species* impresse et de son analogue affectif, à l'état de verbe *et* d'amour consommé, d'acquérir une connaissance actuelle, distincte et parfaite de soi-même avec l'amour correspondant.

---

[163] Cf. plus haut, *Première partie,* L. II, Q. I, a. 2, pp. 57-68.

Ce changement de perspective est, à mon sens, tout le secret de la relation de la seconde trinité avec la première.

Dans la première trinité les deux *habitus notitia, amor, sont orientés* vers le dedans, vers le *Mens,* dont ils développent les propriétés consubstantielles, *Mens noscibilis, Mens amabilis ;* dans la seconde trinité les deux mêmes *habitus* sont orientés *vers* le dehors, vers l'opération aboutissant au verbe et à l'amour parfait dans lesquels le *Mens* se dit explicitement à soi et, de même, s'aime. C'est un simple changement de signe, un + là où il y avait un -, l'opération comptant en + de l'essence. Pourquoi ce changement ? Tout simplement parce qu'il *y* a progrès, parce que le *Mens,* essence de l'âme conjointe [87] à la puissance intellectuelle, est, pour saint Augustin, devenu actif. Capable de se connaître et de s'aimer, il s'est emparé de ses *habitus* consubstantiels de *Mens amabilis et noscibilis,* de la même manière que toute puissance de connaissance ou d'amour, s'empare des *species* intelligibles ou de leurs analogues affectifs, qui sont en elle, pour passer à l'opération. Sous cette emprise, le *Mens noscibilis* et le *Mens amabilis* sont devenus des principes déterminés et déterminants de cette opération déterminée qui s'appelle la connaissance et l'amour de soi-même : ce sont des *habitus* opératifs. Il y a donc, tout à la fois, identité substantielle et différence d'orientation entre *notitia et amor de la première* trinité, et *intelligentia et voluntas* de la seconde trinité, qui sont pris, en celle-ci, au sens d'*habitus opératifs,* ordonnés aux actes d'intelligence *et* de volonté[164]. Saint Augustin, en ce qui concerne les deux derniers membres de chaque trinité, est donc autorisé à dire : *Hoc idem est... ad id perductum ut inveniretur evidentior trinitas ejus (Dei), in memoria scilicet et intelligentia et voluntate.*

---

[164] 1. Il n'y a d'ailleurs rien d'anormal à ce qu'une *substance* comme le Mens devienne espèce impresse, si elle est de soi intelligible. Quand une réalité est matérielle ou *extérieure* au sujet pensant, son intelligibilité est forcément représentée dans le sujet qui la connaît par une *species* accidentelle abstraite par l'intellect agent. Mais si le sujet connaissant est, comme le Mens, spirituel, et, partant, de soi intelligible, et de plus intérieur à soi, il n'a nul besoin pour se connaître d'une *species* intelligible accidentelle, pas plus que, pour s'aimer, d'une impression venue du dehors, si par soi il est aimable. Une substance, si elle est intelligible, est pour soi sa propre *species.* Cf. SAINT THOMAS, *Summa theol.,* I P. ; Q. LVI, a. 1.

En est-il de même pour *Memoria* ? – Nous avons réservé l'examen de ce premier terme de la seconde [88] trinité, en raison, disions-nous, de sa nouveauté et de sa difficulté spéciale. La première trinité ne l'explicite pas, tandis qu'elle explicite *notitia et amor*, ce *qui facili*te la démonstration de leur identité avec l'*intelligentia suî habitualis* et la *voluntas suî habitualis*, que requiert à sa racine la seconde trinité : *meminisse suî, intelligere se, velle se.*

Cependant, si la *mémoire* n'est pas membre de la première trinité, elle ne laisse pas d'y figurer d'une manière implicite, non dans le terme *Mens*, mais dans les deux autres. Nous avons remarqué, en effet, le soin que prenait Augustin de considérer les deux *habitus* consubstantiels *notitia et amor, comme ne form*ant qu'une seule mémoire, ce qui avait l'avantage de représenter le *Mens* objet, tout entier, dans toute son opposition à lui-même comme *Mens* connaissant et aimant, et de manifester ainsi, d'une seule vue, la scissure interne qui constitue la structure essentielle du *Mens*. Ne serait-ce pas ce terme latent qui se trouverait explicité à la base de la seconde trinité ?

Cela semble très vraisemblable. C'est même certainement l'idée d'Augustin.

La première trinité est renfermée dans l'essence même de l'âme. Là, tout doit être conçu à l'état habituel. Or, à l'état habituel, la mémoire n'est qu'une propriété conservatrice : sonacte, si c'en était un, serait, comme dit saint Thomas, de retenir, *loco actus habet hoc ipsum quod est tenere*[165]. Or toute puissance sans doute, se charge par elle-même de retenir son *habitus*, mais c'est en tant qu'il lui est annexé une mémoire. Les *habitus notitia* et *amor* [89] sont, en conséquence, chacun pour son propre compte, une mémoire, mémoire intellectuelle et mémoire de l'ordre affectif. Dans cette conjoncture, le mot *mémoire* ne peut être qu'une accolade, soulignant l'état habituel commun à chacun d'eux. Saint Augustin devait donc ne pas expliciter la mémoire dans sa première trinité.

La seconde trinité au contraire consiste dans des *actes*, dans les actes par lesquels le *Mens* se connaît *lui-même* et s'aime *lui-même*. Or, *comme* l'a noté avec profondeur saint Augustin, le *Mens*, lorsqu'il se connaît *lui-même*, en réalité *se reconnait, se recognoscit*, et, proportionnellement, en est-il ainsi lorsqu'il

---

[165] 1. I *Sent.*, Dist. 3, Q. V, a. 1, ad 3m.

s'aime lui-même. « Il n'engendre pas la connaissance de soi-même, quand il se regarde par sa pensée actuelle, comme s'il s'agissait d'un inconnu : car il était connu de soi-même comme sont connues les choses qui sont dans la mémoire, alors qu'on n'y pense pas... Et c'est pourquoi nous avons cru devoir insinuer la Trinité, par ces trois mots : mémoire, intelligence, volonté[166]. » Bref *meminisse suî*, au sens de saint Augustin, dit quelque chose de plus que *intelligere se, amare se*. Et c'est pourquoi il l'explicite dans les *actes* qui composent sa seconde trinité. – Mais, dès lors, tout acte déterminé devant tirer son origine d'un *habitus* déterminé lui correspondant, il s'impose que la mémoire soit extraite elle aussi de l'état latent, où elle se trouvait dans la première image, et qu'ainsi explicitée elle se transporte avec les deux *habitus* essentiels au *Mens* qui l'étoffent, *Mens noscibilis, Mens amabilis* pour servir, sous l'emprise du *Mens*, [90] puissance intellectuelle générale, d'*habitus* opératif à triple expansion, *amorçant les trois* actes qui figurent les trois membres de la seconde trinité.

Si nous entendons cela, nous pouvons lire et comprendre l'interprétation lucide que saint Thomas nous donne de la seconde trinité : « L'âme imite parfaitement la Trinité quand elle fait acte de mémoire actuelle, *meminit actu ;* d'intelligence actuelle, d'amour actuel. La raison en est que dans la Trinité incréée, la personne qui occupe le centre est le Verbe ; or le Verbe ne peut exister que dans la pensée actuelle. C'est en vue de cette parfaite imitation qu'Augustin assigne l'image selon ces trois choses : mémoire, intelligence, volonté. La mémoire y désigne la connaissance *habituelle, habitualem notitiam ; l'intelligen*ce, la pensée *actuelle* qui procède de cette connaissance (habituelle) ; enfin, la volonté, le mouvement actuel de la volonté qui procède de cette pensée (actuelle). Et cela ressort expressément de ce que dit Augustin au livre XIVe *De Trinitate* : « Comme là », c'est-à-dire dans le *Mens*, « le verbe ne peut être sans la pensée... cette image est placée de préférence dans ces trois choses : la mémoire, l'intelligence et la volonté. L'intelligence dont il s'agit ici, c'est l'intelligence par laquelle *nous pensons actuellement (intelligimus cogitantes)* et la

---

[166] 1. *De Trinit.*, L. XIV, n. 8. Tout ce passage, du n. 7 au n. 10, est à lire, à l'appui.

volonté, c'est cette volonté qui unit cette progéniture *(prolem,* le verbe) avec son père (la mémoire)[167] ».

Cette explication, à vrai dire, suscite une nouvelle difficulté, car, si nous en pesons bien les termes, [91] dans la seconde trinité, la mémoire désigne la *notitia* HABITUALIS ; l'intelligence la pensée ACTUELLE qui *procède* de cette connaissance *habituelle ;* or si nous notons, de plus, cette particularité du texte de saint Augustin, qu'il insiste uniquement sur l'actualité de *l'intelligence* et de la *volonté,* laissant la mémoire pour ce qu'il vient de dire, – ne nous semblera-t-il pas que la seconde trinité est pour ainsi dire... *boiteuse,* la mémoire y figurant comme HABITUS, *d'où procèdent les actes* d'intelligence et d'amour, ceux-ci seuls constituant des ACTES[168] ?

Et cependant saint Thomas ne peut avoir perdu de vue qu'au début même de ce passage, il disait que la parfaite imitation de la Trinité, selon saint Augustin, est dans des actes : *secundum quod (mens) meminit actu, intelligit actu, vult actu.* A si courte distance se contredirait-il ?

Il n'est pas besoin de dire qu'il n'en est rien. Ce n'est pas dans ses habitudes. La parfaite image est dans les actes. Et il suffirait, pour l'établir, de constater que l'âme ne peut se penser soi-même dans un verbe, ni s'aimer de l'amour correspondant, sans se souvenir de soi, puisque aussi bien ces deux actes procèdent comme de leurs principes, des *habitus* que nous avons dénommés *Mens noscibilis, Mens amabilis,* lesquels constituent une mémoire. En s'extériorisant, ces actes actualisent nécessairement cette mémoire.

Alors pourquoi parler de la mémoire à l'état habituel en cette seconde trinité ?

Tout simplement, nous semble-t-il, parce que [92] saint Thomas a voulu marquer ici la transition par laquelle s'opère le passage de la première à la seconde trinité.

---

[167] 1. *De Verit.*, Q. X, a. 3, c.
[168] 1. La même impression résulte des passades parallèles : *Summa Theol.*, I P., Q. LXXIX, a. 7, ad 1^m fin, et Q. XCIII, a. 7, ad 2^m.

C'est la mémoire de soi, restée latente dans la première trinité, qui, avec les deux *habitus* consubstantiels au *Mens*, à savoir *notitia et amor, qui l'intègre*nt, vient se transposer à l'état habituel d'abord, à la racine de la seconde trinité, pour y devenir à la disposition de la puissance active du *Mens*, l'*habitus* complexe, comprenant la *notitia suî et l'amor suî, grâce au*quel le *Mens* s'égalisera pleinement à soi-même, dans la lumière des Idées, dans le *meminisse suî*, c'est-à-dire dans le verbe qui le représente, dans l'amour parfait qui l'étreint.

Par l'intermédiaire de la mémoire de soi, *habitus* complexe commun aux deux trinités, la triple connaissance actuelle de soi que possède le *Mens, meminisse suî, intelligerese, amarese,* image parfaite de la Trinité, plonge ainsi ses racines dans la connaissance et l'amour essentiels, enveloppés de mémoire, que le *Mens* avait de soi, dès la première trinité. La continuité est parfaite. Et Augustin peut dire : Hoc IDEM, cela même, qui avait été reconnu et classé dès la première trinité, a été poussé, *perductum,* jusqu'à la rencontre d'une plus évidente trinité, à savoir la mémoire, l'intelligence et la volonté.

ARTICLE II
Pourquoi saint Augustin établit-il cette continuité génétique entre ses deux premières trinités ?

Avant de répondre à cette question, essayons de [93] résumer dans un tableau d'ensemble la synthèse qui résulte des deux premières trinités augustiniennes.

A la base, le *Mens, altissima potentia hominis,* considéré, d'une part, comme faisant bloc avec l'essence de l'âme et, d'autre part, synthétisant, dans sa haute et simple virtualité, la puissance intellectuelle et la volonté.

Le *Mens*, étant spirituel, est *capable* de s'infléchir sur soi-même, *sese convertere ad seipsum,* et d'être ainsi l'objet de sa propre puissance intellectuelle et volontaire. Il est aussi, dans son essence même, tout à la fois *Mens* capable de se connaître et de s'aimer et *Mens* connaissable par soi *(Mens noscibilis), Mens* aimable par soi *(Mens amabilis)* ; ou, pour faire bref, avec saint Augustin, *Mens, notitia, amor. Les relations* opposées du *Mens* à *notitia* et à *amor, d'amor et notitia au Mens*, de *Mens noscibilis* à *Mens amabilis* et réciproquement, déterminent dans l'essence même du *Mens*, une image de la Trinité, tout essentielle, où les actes mêmes de *notitia suî et d'amor suî n'apparais*sent qu'en qualité *d'habitus,* de mémoire de soi habituelle.

C'est alors que se produit dans la manière de considérer cette trinité, une sorte de volte-face. Cette trinité est parfaite en soi mais cachée. Augustin rêve de la rendre évidente. Or, en psychologie, et dans la Trinité elle-même, l'évidence n'est pas dans ce qui est en puissance, mais dans ce qui est en acte. Il faut donc que sa première image de la Trinité s'actualise.

Pour y parvenir Augustin commence par mettre à part, comme au dehors et au-dessus de l'évolution dont il sera la cause, le *Mens* lui-même, considéré [94] dans sa valeur de puissance active générale, c'est-à-dire comprenant intelligence et volonté. C'est sur cette puissance active qu'il compte pour extraire la première trinité de son état habituel de mémoire de soi, et, en passant par la phase intermédiaire inévitable de la pensée qui cherche encore son objet, *cogitatio,* la faire s'épanouir dans la connaissance de soi actuelle et formée par un verbe e dans l'amour nui étreint pleinement l'objet de cette connaissance. Mais, pour cela, la puissance nue ne suffit pas : il faut qu'elle soit déterminée par des *habitus* prégnante de la connaissance et de l'amour parfaits de soi, *species* impresse, grosse du verbe où le *Mens* se dira à lui-même tout entier, impression affectuelle correspondante.

Or, ces *habitus le Mens* les possède en soi, car il est essentiellement *Mens noscibilis, Mens amabilis,* à l'état de mémoire. Il n'a qu'à s'emparer de Cette mémoire, qui est sa mémoire totale de soi, à en faire le principe de l'opération qu'il projette : et ainsi, ensemencée par elle-même, la puissance intellectuelle, le *Mens,* pourra se développer et s'épanouir dans des opérations au terme desquelles se transposera, dans la lumière des Idées qui seule achève, selon Augustin, l'opération intellectuelle, la trinité essentielle qui gisait tout à l'heure dans l'obscurité, avec sa consubstantialité et la distinction de ses termes : *meminisse suî, intelligere se, velle se.*

On le voit, la cheville ouvrière de tout cet engendrement dynamique, est la transposition du *Mens,* de l'état de mémoire essentielle, *Mens noscibilis, Mens amabilis,* où il est confiné dans la première trinité, à l'état de mémoire habituelle totale, d'*habitus* opératif, de principe déterminé complexe, [95] qu'utilisera la puissance active du *Mens,* pour parvenir à se donner en spectacle à soi-même et n'aimer actuellement.

Artifice, dira-t-on... Non, mais bien plutôt, coup de génie ! Car il résulte de cette transposition, ingénieuse certes, mais qui est selon la nature des choses, que lorsque la mémoire, l'intelligence et l'amour, que le *Mens* a de soi-même, sont rendus au terme de leur actualisation, – la seconde trinité qui en résulte, plonge ses racines, par l'intermédiaire de l'*habitus* à triple expansion de la mémoire, jusqu'au sein de la première trinité, jusqu'aux *habitus* de *notitia et amor, enveloppés pa*r la mémoire, et qui sont consubstantiels au *Mens*[169].

En sorte que, quand se produisent sur les sommets de la seconde trinité, le *meminisse suî, l'intelligere se* et le *velle se* actuels, en lesquels elle s'étoffe, c'est bien le *Mens, le Mens* de la première trinité, qui s'y offrait obscurément à sa propre contemplation encore en puissance par ses *habitus* consubstantiels de *notitia et amor, qui, maintena*nt, réapparait au faîte du *meminisse suî* actuel, dans le *verbe* en lequel cette mémoire actuelle s'épanche et dans *l'amour* de jouissance qui suit ; c'est lui qui

---

[169] 1. Nous retraçons, dans le tableau ci-contre, cette généalogie. Ce tableau n'a pas la prétention de se substituer aux analyses augustiniennes des livres IX, X, XIV, TV *De Trinitate,* mais de leur servir de fil conducteur. Il joue dans l'étude de celte psychologie compliquée, mais très fermement arrêtée, un rôle analogue aux tableaux des *Actes concourant à former un acte moral complet* et des *Actes constituant la genèse de l'acte de foi,* que j'ai publiés dans *La Crédibilité et l'apologétique.* Si l'on part du *Mens* pour descendre vers les actes, on suit l'ordre génétique naturel des deux trinités. Saint Augustin, d'ordinaire, suit l'ordre inverse : de la reconnaissance de soi par le *Mens* (*se recognoscit*), il remonte sans cesse des actes, à travers les *habitus,* jusqu'à la *memoria* habituelle, et jusqu'au MENS.

SYNTHÈSE DES DEUX PREMIÈRES TRINITÉS

PREMIÈRE TRINITÉ

Mens

pris absolument, désigne l'essence de l'âme conjointe à sa puissance intellectuelle générale, c'est-à-dire intelligence et volonté réunies.

Le *mens* est capable de se connaître et de s'aimer.

Notitia

prise au sens d'objet de connaissance, constitue ainsi un équivalent de *mens noscibilis*, c'est-à-dire de *mens* connaissable par soi, habituellement.

Amor

pris au sens d'objet d'amour, constitue ainsi un équivalent de *mens amabilis*, c'est-à-dire de *mens* aimable par soi, habituellement.

Ces deux habitus substantiels *Notitia* et *Amor* réunis constituent une

Mémoire de soi.

Cette mémoire de soi complexe (*mens noscibilis* et *mens amabilis* réunis), qui n'est, dans la première trinité, que la propriété transcendantale complexe du *mens* pris objectivement (en tant qu'il s'oppose à soi-même comme capable de se connaître et de s'aimer), devient, quand le *mens* considéré par S. Augustin comme puissance active de connaissance et d'amour s'en empare, pour se connaître et s'aimer actuellement, l'*habitus actif* générateur de la

SECONDE TRINITÉ

Memoria sui

qui n'est autre que le *mens*, *ut noscibilis et amabilis*, orienté par le *mens* connaissant et aimant vers l'acte de se connaître et de s'aimer.

La mémoire de soi se développe aux trois stades de cette activité dans les trois termes de la seconde trinité :

[97]

Memoria	Intelligentia	Voluntas
1° A l'étage habituel : *Memoria sui*, habitus operatif ou species complexe comprenant, per modum unius, le *mens noscibilis et amabilis*.	**1° A l'étage habituel :** *Intelligentia habitualis sui* (S. Thomas), qui n'est autre que la *species* impresse qui amorce l'acte de connaissance de soi, — *mens noscibilis*.	**1° A l'étage habituel :** *Voluntas habitualis sui*, habitus affectif opératif – *mens amabilis* (*impressio rei amatae*, S. Thomas).
2° A l'étage actuel de la *Cogitatio* : Acte de *memoria sui* (*meminisse*) à l'état confus, non distinct. C'est déjà une activité complexe (Intelligence et amour réunis) de reconnaissance de soi, mais où le *mens* se cherche encore.	**2° A l'étage actuel de la *Cogitatio* :** *Intelligentia sui*, acte d'intelligence confuse et non distincte de soi, qui n'est autre que l'expérience de la *conscience psychologique*, qui ne nous fait connaître à nous-mêmes que comme un fait, non dans la lumière pleine des Idées divines.	**2° A l'étage actuel de la *Cogitatio* :** *Voluntas sui*, acte confus et non distinct d'amour de soi, conséquent à la connaissance expérimentale de la conscience psychologique.
3° A l'étage actuel du *Discernere* : *Meminisse sui*, reconnaissance actuelle et distincte de soi par le *mens*, accompagnée d'un amour plénier de soi, tous deux visant le *Mens* tel qu'il était connu et aimé habituellement par soi dans son essence.	**3° A l'étage actuel du *Discernere* :** *Discernere se*, acte clair et distinct – où le *mens* connaît, sous la lumière des idées de Dieu, sa nature vraie, et l'exprime dans un verbe parfait.	**3° A l'étage du *Discernere* :** *Velle se*, acte d'amour de soi, jouissance parfaite, en laquelle se consomme et s'achève la connaissance parfaite que le *mens* a de sa nature par son verbe proféré sous la lumière des idées de Dieu.

[98] s'épanouit et se reconnaît dans la lumière du verbe respirant l'amour, avec la triple distinction des termes de Sa membrure et leur intime consubstantialité.

Pourquoi, à quelles fins, Augustin a-t-il construit ce prestigieux et subtil organisme qui se développe implacablement avec la continuité dynamique la plus serrée, du *Mens* substance au *Mens* verbe amoureusement proféré, à travers les phases de la plus étonnante généalogie psychologique ?

Nous ne pourrions l'expliquer, en pleine connaissance de cause, qu'en exposant dans le détail, à la suite d'Augustin, la seconde trinité au plan du *Cogitare* et du *Discernere*[170]. Or, pour le but que nous poursuivons et que nous n'oublions pas, la recherche de la structure du *Mens,* ces magnifiques mais longues chevauchées psychologiques, malgré tout leur intérêt, ne rendraient pas, et force nous est d'abréger. Cependant, pour répondre à l'intitulé de cet article, nous allons essayer d'indiquer la raison profonde de cette synthèse, qui, comme toujours en pareil cas, est une cause *finale.*

La Sainte Trinité, Père, Fils, Esprit, une seule nature divine en trois personnes réellement distinctes et consubstantielles, ne se conçoit en pensées humaines, que si le Verbe, proféré par le Père, est l'expression parfaite de tout ce qu'est le Père dans l'intimité de sa substance, et si le Saint-Esprit, qui procède du Père et du Fils, est à l'unisson de cette génération parfaite et, finalement, reçoit du Père, comme le Verbe et par le Verbe, l'Être même qui est dans le Père.

[99] L'image de cette Trinité Sainte dans le *Mens* ne saurait être parfaite comme imitation, que lorsque le *Mens,* qui figure le Père, se dit soi-même à soi-même, tout entier, tel qu'il est, dans le verbe mental qui achève sa connaissance actuelle de soi-même. Or, cela ne peut être que si ce verbe est entièrement conforme à cette intelligibilité substantielle du *Mens noscibilis*, à cette *notitia suî,* en laquelle, habituellement, le *Mens* se livre tout entier et s'épanche, en tant qu'il est intelligible, – *quando quod scimus*[171] *loquimur,* dira saint Augustin. Or, ce *Mens noscibilis,* ce *quod scimus* (habituel), ce *Mens* total conçu à l'état intelligible (qui est la *notitia de la première* trinité), pour se retrouver lui-même, tel qu'il est, au terme de la seconde, doit nécessairement être la *species* impresse, le principe déterminant la puissance du *Mens,* d'où sortiront les actes du

---

[170] 1. On trouvera cet exposé dans l'Appendice I.
[171] 1. *De Trinit.,* L. XV, n. 23, cf. n. 24, 43, 50, etc. « *Quod scimus* est, chez saint Augustin, un équivalent de *Memoria* » ; cf. *De Trinit.,* L. XV, n. 40 : « *memoriae tribuens omne quod scimus, etiamsi non inde cogitemus*».

Mens qui aboutissent au verbe. Sans cela, le *Mens* ne se dira pas vraiment soi-même dans son verbe, – et la trinité sera manquée.

« Quand donc ce qui est dans la *notitia, cela même est* dans le verbe, alors le verbe est vrai : il est la vérité telle qu'on peut l'attendre de l'homme… On reconnaît en lui : *l'Est, Est*[172]. Cette similitude, réalisée dans une image créée, « *factae* », s'approche autant qu'il est possible, de la ressemblance de l'image engendrée, « *natae* », en laquelle le Dieu, File du Père, est reconnu lui être semblable en tout[173]. »

[100] Autant devrons-nous dire, dans l'ordre de l'amour, pour *amor et polentas, i*mage du Saint-Esprit : nous le faisons ailleurs[174]. – Concluons !

La conclusion est évidente. Ne saisit-on pas, en effet, la nécessité d'égaliser au *Mens* substantiel lui-même, le verbe de la pensée actuelle parfaite que le *Mens* a de soi, si l'on veut que cette pensée représente la procession du Verbe, et pour autant la Trinité ? Voilà la raison profonde de cette continuité serrée que saint Augustin établit entre ses deux trinités psychologiques.

Pour que le verbe puisse exprimer totalement *le Mens* total comme le Fils exprime le Père, il a fallu d'abord que le *Mens,* dans sa substance même, et totale, fût intelligible, fût un *Mens noscibilis,* sans cesser d'être consubstantiel à soi-même : et ce fut *l'habitus* consubstantiel de *notitia, demeurant à l'*état habituel de mémoire.

Il a fallu, ensuite, que cet *habitus* consubstantiel, qui donc est le *Mens* lui-même entant qu'intelligible, M conçu comme transposé, de l'ordre ontologique d'appartenance à l'essence du *Mens*, à l'ordre dynamique de principe habituel, déterminant le *Mens,* puissance intellectuelle de l'âme, en vue de produire l'opération déterminée qui est la connaissance du *Mens* par soi-même. C'est à cette condition seulement que le *Mens,* substantiellement présent en soi-même

---

[172] 2. Matth., V, 37.
[173] 3. *De Trinit.,* L. XV, n. 20. – « *Tunc enim est verbum verum simillimum rei notae de qua gignitur, et imago ejus, quoniam de visione scientiae (habitualis) Visio cogitationis exoritur, quod est verbum verum de re vera, nihil de suo habens, sed totum de illa scientia de qua nascitur* ». *De Trinit.,* L. XV, n. 22.
[174] 1. Cf. Appendice I.

comme sa propre *species* intelligible, sera vraiment le père de la connaissance qu'il a [101] de soi-même, *parens notitiae suae*[175], engendrant un verbe entièrement semblable à soi, substantiel comme lui-même, image du Verbe de la Trinité sainte.

Que si, au lieu de descendre de la *notitia au verbe, nous* remontons du verbe vers ses sources profondes, comme le fait souvent Augustin, nous dirons que le verbe, en lequel le *Mens* se dit parfaitement soi-même à soi-même, rejoint, – à travers la *species* intelligible, *intelligentia habitualis,* laquelle n'est autre que la *notitia (Mens noscibilis)* transposée de la première trinité, et changée de signe[176], cette *notitia* elle-même et le *Mens* qu'elle intellectualise habituellement, sans cesser, de lui être consubstantiel.

C'est éblouissant de clarté et de simplicité, une fois comprise la fin que se propose Augustin, son intention d'*Imagier* de la Sainte Trinité.

Et l'on voit, une fois de plus, que toute l'explication de cette genèse, qui n'est compliquée qu'en apparence, c'est la conception à l'état habituel des termes de la seconde trinité. C'est parce que *intelligentia* et *voluntas,* conçus à l'état habituel, et ramassés dans *memoria,* sont identiques à *notitia et amor*[177], que dans le verbe qui l'exprime à soi-même, et dans l'amour de soi procédant de ce verbe le *Mens* SE retrouve vraiment soi-même tel qu'il est dans sa substance et est exprimé ainsi, tout entier, comme tout entier le Père se retrouve substantiellement dans le Fils, et le Père et le Fils substantiellement dans l'Esprit-Saint.

---

[175] 1. *De Trinit.*, L. IX, n. 18.
[176] 2. Cf. *Supra*, p. 86.
[177] 3. « *Et sicut posuit notitiam, ita ponere potuisset intelligentiam habitualem.* » SAINT THOMAS, *De Verit.*, Q. X, a. 3.

[102]

CONCLUSION

L'idée centrale de saint Augustin, nous semble être ceci, que, soit à l'étage de la connaissance psychologique actuelle, *cogitare,* soit à l'étage de la connaissance scientifique ou philosophique du *Mens* par lui-même, *discernere,* les trois termes de la seconde trinité et leurs relations n'ont de valeur qu'en tant qu'ils reproduisent avec plus d'évidence en l'actualisant, ce qui se rencontre dans la première trinité. L'âme en se connaissant actuellement se *reconnait,* elle rejoint sa *nature* profonde, elle dit explicitement ce qu'elle est, et c'est cet accord parfait de sa conscience *(cogitare se),* ou de sa science *(discernere se)* d'elle-même, avec ce qu'elle est dans son fond qui fait l'évidence majeure de l'image actuelle de la Trinité : « *Evidentior trinitas* ». Ainsi, dans la Trinité divine, ce qui fait la vérité du Verbe c'est qu'il dit le Père et toute l'essence divine incluse en Lui.

Autant faut-il dire dans l'ordre des amours conséquents à la pensée actuelle de soi et au verbe en lequel l'âme s'exprime.

Les images de la Trinité qui se rencontrent dans les *actes* de l'âme ne sont donc, comme saint Augustin l'affirme, qu'une plus évidente trinité, c'est-à-dire une transposition sous la lumière intellectuelle, des termes et des relations latentes de la première trinité, trinité habituelle.

Très-intéressante au point de vue de sa valeur d'expression de l'image de Dieu, puisque le verbe « spirant » l'amour s'y trouve explicité, et que tant l'ordre d'origine que l'actuelle imitation de la Trinité [103] s'y affirment davantage, cette seconde image n'ajoute rien à la première, ni au point de vue de la consubstantialité de l'intelligence et de l'amour avec le *Mens,* ni au point de vue des relations qui unissent, en l'opposant, le *Mens* à l'intelligence et à l'amour, ni même au point de vue de l'égalité des trois termes. On se rappelle que la consubstantialité des termes et les relations qui naissent de leur opposition sont avec l'égalité, l'ordre et l'actuelle imitation les cinq critères de l'image[178].

Il suit de la que la structure du *Mens,* considéré dans son essence, est pleinement révélée dès la première image, grâce à la division intérieure qu'introduit en lui, virtuellement, sa nature d'objet prédestiné de sa propre intelligence et de son propre amour habituels. La seconde image ne fait que confirmer la structure interne qui avait été révélée dans la première : elle la met en acte ; elle fait valoir, par ses effets, par sa vie, cette structure essentielle. Mais toute cette vie, – connaissance et amour actuels du *Mens,* du *Mens* vrai, conception et engendrement de cette notion vraie da *Mens* dans un verbe mental, avec l'amour de jouissance correspondant, tout cela, dis-je, était originellement, fondamentalement, quoique virtuellement, contenu et préformé dans l'essence de l'âme. Celle-ci, étant de soi connaissable par soi, et de soi aimable par soi, fonde tous ces développements ultérieurs.

La seconde trinité, ainsi conçue, comme se résorbant dans la première, confirme, par sa réussite, la présence dans l'âme humaine, *Mens,* d'une scissure congénitale où l'âme-objet s'oppose, à l'âme-sujet [104] capable de connaissance et d'amour. C'est là toute la contribution que les deux images analysées par saint Augustin peuvent apporter à l'étude de la structure interne du *Mens.*

Mais on comprend de nouveau, et plus clairement que nous ne pouvions le voir au terme de la *Question* précédente, que, si *Dieu Lui-même* est convaincu d'être, au même titre que le *Mens* lui-même, qui est son image[179], l'objet congénital, immanent, du *Mens ;* si l'Être divin entre ainsi de droit dans l'horizon *habituel* de l'âme capable de connaissance et d'amour, – une relation nouvelle devra être posée au fond de l'âme, réunissant habituellement le *Mens* subjectif connaissant et aimant au Dieu souverainement et de soi intelligible et aimable,

---

[178] 1. Cf. p. 40.
[179] 1. L'assignation de l'image de Dieu par saint Augustin s'effectue « en regard des objets qui, par leur essence, *per sui essentiam,* sont dans l'âme, principalement en regard de cet objet qui est Dieu, et qui est l'âme ». SAINT THOMAS, I *Sent.*, Dist. 3, Q. IV, a. 4, ad 1^m, 2^m.

devenu son objet immanent et comme naturel. La question du « lieu de la nativité », comme dit Tauler, de notre vie avec Dieu sera posée dans le fond même de l'âme ; et c'est jusque-là qu'il faudra descendre pour trouver dans la nature le point d'insertion de la grâce sanctifiante et l'amorce du surnaturel.

C'en ce nouvel aspect de la question qu'aborde l'analyse augustinienne de la troisième image.

QUESTION III
LA TROISIÈME TRINITÉ DE SAINT AUGUSTIN
DEI MEMORIA, INTELLIGENTIA, AMOR.

PROLOGUE

Dès le livre X^e *De Trinitate,* alors qu'il abordait l'image de Dieu dans l'âme qui ressortit à sa connaissance actuelle de soi-même, saint Augustin entrevoyait, non sans s'y délecter, les conséquences de cette connaissance pour les rapports de l'âme avec Dieu : « Pourquoi est-il ordonné au *Mens* de se connaître ? Je crois que c'est pour qu'il prenne de soi une connaissance actuelle, *se cogitet, et vive ainsi selon sa nature,* c'est-à-dire aspire à se mettre dans la dépendance de Celui auquel il doit être soumis, par qui il doit être gouverné, en dominant lui-même ce qui est au-dessous de lui et qu'il doit gouverner[180]. » On le voit, dès le début du Traité de la seconde image, la vraie connaissance de soi-même était présentée comme devant aboutir à la connaissance et à l'amour pratiques de Dieu.

Cette perspective ne quitte plus saint Augustin. Ainsi, en terminant le même livre e, quand il a bien mis en relief l'image de la Trinité qui ressortit à la pensée actuelle de soi, *cogitatio suî,* il se demande [106] si ce n'est pas le moment « de monter de toutes les forces de son intention, vers cette souveraine et très haute essence, dont le *Mens* humain est une image imparfaite, mais cependant une image[181] ». Cette entreprise est remise au livre XIVe, afin de permettre de dégager, par un travail préliminaire, l'image parfaite de Dieu qui résultera, en l'âme, de et la Sagesse » (c'est-à-dire de la connaissance directe de Dieu par l'âme), des images plus qu'imparfaites qu'occasionnent, et la science des choses extérieures, et la foi elle-même, laquelle est de nature adventice et transitoire (livres

---

[180] 1. *De Trinit.,* L. X, n. 7.
[181] 1. *De Trinit.,* L. X, n. 19.

XI-XIII)[182]. Mais la pensée de cette image parfaite de Dieu ne laisse pas de percer encore çà et là, à travers les développements de ces livres XIe à XIIIe. On entrevoit sans cesse l'intention qu'a saint Augustin de fonder sur une coordination naturelle de l'âme à Dieu, analogue à celle du *Mens* connaissant et aimant au *Mens*-objet, une nouvelle et plus expressive image de la Trinité.

Mais ici, une difficulté nous arrête. Selon l'enseignement catholique, connaître et aimer Dieu en Lui-même et directement ne nous est départi que par la grâce. Si donc on détermine une nouvelle image de Dieu en fonction de la mémoire, de l'intelligence et de l'amour d'un Dieu, qui serait l'objet connaturel de l'âme, cette image ne peut être selon la nature de l'âme : elle exige la grâce[183]. Saint [107] Thomas qui soulève cette objection se contente de répondre, en s'appuyant sur saint Augustin, que Dieu *peut* être connu, non seulement par la grâce, mais par la raison naturelle. L'image de Dieu résultant de la connaissance de Dieu pourra se rencontrer ainsi à trois degrés : image naturelle, affaiblie, ob*soleta, ut penè nulla sit*, comme en ceux qui n'ont pas l'usage de la raison ; image naturelle, mais obscure et déformée, comme dans les pécheurs ; image claire et belle dans les justes. Cette dernière seule serait réservée à la grâce[184].

C'est, en fait, par cette distinction que débute lui-même saint Augustin dans son étude de cette nouvelle image. a Maintenant donc, dit-il, nous sommes parvenus à cette discussion que nous avions en vue ; et qui a pour objet d'examiner

---

[182] 2. Leur imperfection consiste précisément dans ce caractère d'extériorité. Quand on connaît par annexion d'objets extérieurs, il n'y a pas pure éclosion d'une connaissance tout intérieure, comme dans la connaissance de l'âme par soi-même, ou de Dieu présent en l'âme. Il n'y a donc pas génération d'un verbe extravasé d'une plénitude intérieure, ni procession d'un amour jailli de l'intérieur, comme dans la Trinité.

[183] 3. *Summa theol.*, I P., Q. XCIII, a. 8, obj. 3[a].

[184] 1. *Ibid.* Cf. *De Trinit.*, L. XIV, n. 6 : « Bien que la raison et l'intelligence apparaissent dans l'âme, tantôt endormie, tantôt petite, tantôt grande, jamais l'âme ne cesse d'être intellectuelle et rationnelle : et, par conséquent, si elle est faite à l'image de Dieu en ceci qu'elle peut user de la raison et de l'intelligence pour saisir intellectuellement et regarder Dieu, – assurément, depuis le moment où a commencé d'exister cette grande et étonnante nature, (l'âme humaine), que cette image soit effacée au point de paraître nulle, qu'elle soit assombrie ou déformée, qu'elle soit belle et claire, elle existe toujours. »

On remarquera le caractère concret de cette classification ; il n'y est pas question d'image de Dieu dans « la nature pure ». Cf. plus loin, L. III, Q. II, a. 2, p. 213.

le principal de l'esprit humain, *Mens,* ce par quoi il c*onnaît* Dieu ou du moins, *peut le connaître*, afin, d'y trouver l'image de Dieu. Bien que l'esprit humain ne soit pas de la même nature que Dieu, l'image de cette Nature, qui surpasse en excellence toute nature, doit être cherchée et trouvée dans cet esprit qui est ce qu'il y a de meilleur en nous. Mais d'abord, l'esprit doit être considéré en lui-même, [108] avant qu'il soit participant *(particeps)* de Dieu ; c'est en lui-même qu'il faut chercher l'image. Nous avons dit en effet, que, même assombri et déformé par la perte de la participation de Dieu, l'esprit demeurait image de Dieu. Il lui suffit pour être son image, qu'il soit *capable* de Lui, et qu'il *puisse* devenir participant de Lui : grand bien qui ne peut lui échoir que parce qu'il est son image. Et donc, l'esprit se souvient de soi, se saisit intellectuellement, s'aime. Si nous voyons cela, nous voyons la Trinité, non pas Dieu encore, mais déjà l'image de Dieu[185]. »

Saint Thomas a mis en évidence et classé les images de Dieu que ce passage implique.

Et tout d'abord, l'image sera dans l'âme, non seulement du fait que celle-ci se porte actuellement vers Dieu, en le connaissant et l'aimant, *Mit* aussi du fait qu'elle est originellement *capable (nata est)* de se porter ainsi vers Lui. Il y aura donc deux états de cette image, l'état actuel et l'état potentiel. C'est exactement ce que disait à l'instant saint Augustin : nous étudions le principal de l'esprit humain, ce par quoi il *connaît* Dieu ou *peut le connaître*. Et encore : il lui suffit, pour être son image, qu'il soit *capable* de Dieu et *puisse* le participer.

Mais, ajoute saint Thomas, l'âme se porte vers Dieu de deux façons, directement, indirectement. Directement, c'est la connaissance et l'amour de Dieu par la grâce, quand l'esprit, dirait saint Augustin, est effectivement « participant de Dieu » ; Indirectement, c'est, dit saint Thomas, comme [109] lorsque l'on voit un homme dans son image. C'est ici exactement ce que disait saint Augustin : « L'esprit se souvient de soi, se comprend, s'aime ; si nous voyons cela, nous voyons déjà la Trinité, non pas Dieu assurément mais l'image de Dieu en

---

[185] 1. *De Trinit.,* L. XIV, n. 11.

nous. » Bien entendu, commente saint Thomas, on suppose que l'âme ne s'arrête pas à soi comme à un terme, mais laisse conduire son regard, par l'image de Dieu qu'elle voit en soi, jusques à Dieu[186].

En résumé, il y a deux plans de l'Image de Dieu, le plan de la nature et le plan de la grâce ; et deux plans de réalisation de l'une et de l'autre image, le plan de l'état potentiel, et le plan de l'état actuel. Il y aura ainsi finalement quatre degrés de l'image due à la connaissance de Dieu : *Premier et second degrés : l'image* de Dieu existe dans l'âme du fait de la connaissance indirecte de Dieu, que l'âme : a) *peut avoir* de Lui (connaissance virtuelle, *nosse*), ou b) *exerce actuellement (cogitare, discernere)*, en considérant en soi l'image de Dieu, par sa raison naturelle. Le premier degré se rencontre même en ceux qui n'ont pas l'usage de la raison ; le second dans les pécheurs adultes, c'est-à-dire en ceux qui, tout en connaissant Dieu par la raison, n'ont pas sa grâce. – *Troisième et quatrième degrés :* l'image de Dieu existe dans l'âme *juste*, soit du fait du *simple pouvoir* qu'elle a, par la grâce, de prendre [110] Dieu directement comme son objet (enfants baptisés, ou justes adultes mais qui n'exercent pas actuellement la connaissance qu'ils peuvent avoir de Dieu)[187] ; soit du fait de la *connaissance directe actuelle* de Dieu qui se rencontre chez les justes de la terre et du *ciel. Il* va sans dire qu'à tous ces degrés un amour proportionné est conçu accompagnant la connaissance[188].

---

[186] 1. *Summa theol.*, I P., Q. XCIII, a. 8, C. Cf. *De Verit.*, Q. IX, a. 8 : *Proprie imago Trinitatis in mente est secundum quod cognoscit Deum, primo et principaliter : secundario, secundum quod cognoscit seipsam, et praecipue prout seipsam considerat, prout est imago Dei, ut sicejus consideratio non sistat in se sed procedat usque ad Deum.* Cf. *De Trin.*, L. XV, n. 44 : *Qui ergo vident suam mentem... nec tamen eam intelligunt imaginem Dei, speculum quidem vident, sed... non vident per speculum... (illum) qui est videndus.*

[187] 1. Cf. S. AUGUSTIN, *Epist.* 187, alias 57, n. 26, 27.

[188] 2. Saint Thomas, dans un autre passage, donne trois degrés de la même image, qui diffèrent au premier aspect de la présente classification. En réalité les premier et second degrés mentionnés ci-dessus sont réunis dans le premier membre de cette nouvelle classification, les deux autres dans le second : un troisième membre est obtenu en mettant à part l'image qui se trouve dans les justes du ciel. Saint Thomas obtient ainsi les trois images traditionnelles de la *Glose ordinaire : Imago creationis, recreationis, similitudinis* : la première due à la nature, la seconde à la grâce, la troisième à la gloire. *Summa theol.*, Iª, Q. XCIII, a. 4. Le mot *similitudinis* n'est pas pris ici dans le sens d'une ressemblance plus commune que l'image, Cf. SAINT AUGUSTIN, *Liber 83 Quaest.*, Q. III, n. 4,

Nous partagerons, en conséquence, cette Question en deux articles :

I. – De l'image de Dieu qui résulte dans *l'âme* de la connaissance naturelle, habituelle ou actuelle, qu'elle a de soi-même en tant qu'image de Dieu.

II. – De l'image de Dieu qui résulte dans l'âme de la connaissance directe de Dieu par la « sagesse », laquelle est l'effet de la grâce.

ARTICLE I
Si l'âme, en se connaissant, entant qu'image de Dieu, constitue une trinité, distincte des deux premières, et plus expresse ?

Saint Thomas a noté que la ressemblance de [111] l'âme avec Dieu peut être envisagée à deux points de vue : 1° *secundum analogiam*, 2° *secundum conformitatem*. Saint Augustin utilise tantôt l'une, tantôt l'autre acception, pour faire valoir dans l'âme l'image de Dieu[189].

La ressemblance analogique est une ressemblance dans l'être : c'est celle qui existe, par exemple selon la philosophie scolastique, entre les perfections pures et simples des créatures : être, bonté, vérité, et l'Être divin qui est leur exemplaire. La ressemblance par conformité est celle qui résulte du fait qu'une puissance est ordonnée à s'assimiler à un objet ; que l'âme, par exemple, peut connaître Dieu. Cette ordination serait, en effet, impossible si l'objet ne préexistait pas d'une certaine façon, comme capacité de le connaître, dans la puissance qui est ordonnée à le saisir, et ne la *conformait,* pour autant, à soi. D'où le nom de

---

mais, tout au contraire, comme signifiant l'expression parfaite de l'image, Cf. *Summa theol., Ibid.,* a. 9, en harmonie avec le sens donné à ce mot par saint Jean, Ep. I, C. III, 2 : « SIMULES *Ei erimus quoniam videbimus Eum sicuti est* », – *scilicet in gloria,* glose saint Thomas.

[189] 1. *De Verit.*, Q. X, a. 7. – Saint Augustin donne des exemples de l'une et de l'autre ; pour la première : *Ecce mens meminit suî, intelligit se, diligit se : hoc si cernimus, cernimus... imaginem Dei. De Trin.*, L. XIV, n. 11 ; pour la seconde : *Cum habeat notitia similitudinem ad eam rem quam novit. – In quantum Deum novimus, similes (Deo) sumus. De Trinit.,* L. IX, n. 16. Cf. L. XIV, n. 6.

ressemblance par conformité, *similitudo habitudinis*[190], qui résulte de cette ordination.

A) *L'Image analogique*. – De la première ressemblance, saint Thomas donne un exemple, qui n'est autre que la seconde trinité augustinienne, décrite à la *Question* précédente : « Dans la connaissance par laquelle notre âme se connaît elle-même, il y a une représentation analogique de la Trinité, en ceci que l'âme, se connaissant elle-même, [112] engendre le verbe qui la représente, et que l'amour procède de l'un et de l'autre. Car c'est ainsi que le *Père*, en se disant lui-même, engendre son Verbe éternellement, et que de l'un et l'autre procède l'Esprit Saint[191]. » Que l'âme prenne conscience de cette valeur d'image de la Trinité, et aussitôt, indirectement, sans sortir d'elle-même, elle trouve de quoi pouvoir connaître Dieu.

Saint Augustin considère ainsi l'image de Dieu dans l'âme lorsqu'il dit : « Voici donc que l'âme se souvient de soi, se comprend, s'aime : cela, si nous le voyons, nous voyons la Trinité, ah ! non pas Dieu encore, mais déjà l'image de Dieu[192]. » Et, pendant plusieurs pages, il s'efforce de prouver cette assertion, en comparant cette connaissance de soi, qui trouve son objet à l'intérieur, à la connaissance des créatures par la raison, ou de Dieu par la foi, pour finalement conclure : « En vérité, dans le *Mens,* ce n'est pas ainsi. Sa connaissance de soi n'est pas pour lui quelque chose d'adventice, comme si l'âme, qui était déjà, avait rencontré, venant du dehors, une âme qui n'était pas encore ; elle n'est pas comme si, sans venir du dehors, était éclose dans l'âme qui déjà était, une âme qui n'était pas, – comme dans l'âme, qui existe déjà, naît la foi qui n'était pas. Quand l'âme se connaît, elle se voit, non pas comme si, auparavant, elle ne se connaissait pas, mais en se souvenant de soi comme d'une vieille connaissance de sa mémoire ; et en effet, depuis qu'elle a commencé à vivre, ainsi que nous l'avons démontré, elle n'a jamais cessé de se souvenir de soi, de penser à soi, de s'aimer (habituellement). [113] Et donc, quand elle se retourne vers soi par

---

[190] 2. *Habitudo*, relation, rapport.
[191] 1. *De Verit.*, Q. X, a. 7, c.
[192] 2. *De Trinit.*, L. XIV, n. 11.

la pensée (actuelle), *fit trinitas in qua jam et verbum possit intelligi*, elle devient trinité dans laquelle, dès lors, le verbe peut être saisi : formée qu'elle est de la pensée actuelle de soi, et de l'amour qui unit Fun à l'autre. C'est ici que, de préférence, il faut reconnaître l'image que nous cherchons[193]. »

A quoi tendent ces réflexions sinon à faire remarquer que, dans l'âme, est naturellement représenté le trait le plus caractéristique de la Trinité (après la distinction et l'égalité des personnes dans leur consubstantialité), à savoir l'origination du Verbe et de l'amour, procédant d'un principe intérieur[194]. Cela, en effet, l'âme le possède de soi, puisqu'elle est dans son essence mémoire de soi, intelligence et amour de soi. Elle n'a donc qu'à se regarder, et elle *le peut* toujours, puisque tout cela est à sa portée, et elle se trouve en présence de l'image de la Trinité. Elle n'a plus qu'à ne pas s'arrêter en soi, *ut sic ejus consideratio non sistat in se, sed procedat usque ad Deum*[195]. » Qu'elle se souvienne donc [114] de son Dieu à l'image duquel elle a été faite, qu'elle le connaisse, qu'elle l'aime[196] ! » et elle lui ressemblera, non par analogie seulement, mais par conformité. Mais, pour actualiser pleinement cette connaissance et cet amour, saint Augustin exigera la grâce.

B) *L'Image par conformité.* – La ressemblance par conformité de l'intelligence à son objet divin se rencontre, initialement, elle aussi, dans la nature de

---

[193] 1. *De Trinit.*, L. XIV, n. 13.
[194] 2. « Si ces puissances (mémoire, intelligence, volonté) sont considérées comme ayant pour objet l'âme elle-même, ainsi est observé l'ordre (c'est-à-dire, comme dans la Trinité, l'origination de l'intelligence à la mémoire, et de l'amour aux deux), car l'âme est naturellement présente à elle-même, d'où il résulte que de la connaissance de soi (habituelle, *notitia* équivalant à *memoria*) procède l'intelligence de soi (actuelle) ce qui n'est pas réciproque. Est observée aussi l'égalité entre les puissances, car autant l'âme se comprend, autant elle s'aime et se veut (ce n'est pas comme dans la connaissance ou l'amour des autres choses, où seulement l'âme veut les connaître et ne les veut pas elles-mêmes absolument). Est observée encore l'égalité de la puissance à son objet. Est observée enfin l'actuelle imitation de la Sainte Trinité (par voie de conformité, d'assimilation) puisque l'âme est considérée comme une image conduisant expressément à Dieu ». I *Sent.*, Dist. 3, Q. IV, a. 4,C. IIIais, répétons-le, l'*exercice* de cette actuelle imitation sera réservé par saint Augustin à la grâce.
[195] 3. *De Verit.*, Q. X, a. 7, c.
[196] 1. *De Trinit.*, L. XIV, n. 15.

l'âme, qu'elle constitue ainsi image de Dieu. Cette ressemblance initiale est d'ordre naturel, bien que par la grâce seule, nous verrons comment, elle puisse obtenir son plein épanouissement. Elle se rapproche par son *mode* d'expression, *per conformitatem,* de l'image parfaite qui résultera de la Sagesse, bien qu'elle soit, comme représentation formelle, moins expressive de la Trinité que la précédente.

Entendons saint Augustin la décrire : « Il faut croire que la nature du *Mens* intellectuel a été constituée de telle sorte que, soumis par une ordination naturelle aux choses intelligibles, par une disposition du Créateur, il voie celles-ci dans une certaine lumière incorporelle, *suî generis,* comme l'œil charnel voit les choses qui l'entourent dans cette lumière corporelle, qu'il est capable par sa création même de recevoir, et qui lui est adaptée[197]. »

La nature même de l'âme humaine exige donc, comme son corrélatif, la présence du Dieu qui l'illumine et « se fait voir à elles par cette illumination spirituelle. Cette présence est transcendante [115] et immanente tout à la fois, transcendante car l'âme est eu dépendance de Dieu, lequel est *altior anima ;* immanente car l'âme n'a pas à sortir de soi pour le trouver. Dieu a en elle comme son *habitat* naturel[198].

Ce dernier point demande à être approfondi, car cette immanence en l'âme du Dieu qui l'éclaire intellectuellement, procure à cette image de n'être pas adventice, mais constitutive du *Mens*.

Écoutons donc saint Augustin l'interpréter : « Il est une nature incréée qui a fait toutes les autres, petites et grandes, les dépassant incontestablement, y compris la nature rationnelle et intellectuelle, qui est le *Mens* humain, fait à son image. Cette nature supérieure c'est Dieu. Or Dieu n'est pas loin *de* chacun de nous, comme dit l'Apôtre, qui ajoute : En lui nous vivons, nous nous mouvons, nous sommes. S'il le disait des corps, cela serait déjà vrai.... Mais il faut l'entendre du *Mens* qui a été fait à son image, et selon un mode excellent, non visible, mais intelligible[199]. »

---

[197] 2. *De Trinit.*, L. XII, n. 24 ; Cf. L. IX, n. 9-12.
[198] 1. *Confess.*, L. X, C. 24-26. *Habitas certe in eâ (in memoria)... in Te, supra me ;* – *Ubique, Veritas, praesides omnibus consulentibus te...* etc.
[199] 2. *De Trinit.*, L. XIV, n. 16 ; Cf. *De Genesi ad litt.*, L. IV, C. XII, n. 23.

Saint Augustin n'explique que plus loin ce mode excellent dont Dieu naturellement est dans le *Mens*. Reprenant alors ce discours ou il l'a laissé, il poursuivra : « Dieu est tout entier partout : et donc le *Mens* vit, se meut, est en Lui, et c'est pourquoi *il peut* se souvenir de Lui.... en se tournant vers le Seigneur, comme *vers la lumière* par laquelle, alors même qu'il se détournait de lui, il *était en quelque sorte touché*. D'où vient donc, en effet, que les impies pensent l'éternel, et *avec* justesse, tantôt [116] reprennent, tantôt louent les mœurs des hommes ? Par quelles règles jugent-ils, sinon dans des règles où ils voient comment chacun doit vivre, alors qu'eux-mêmes ne vivent pas selon elles ? Mais où voient-ils ces règles ? Pas dans leur propre nature, dans leur *Mens,* lequel est changeant, tandis que ces règles sont immuables ; pas dans l'état actuel de leur *Mens,* qui est injuste, alors qu'elles sont justes. Où donc sont écrites ces règles, où l'injuste prend conscience du juste, où il voit qu'il faut être ce qu'il n'est pas ? Où donc, sinon dans le livre de cette lumière qui a nom Vérité, – dans ce livre où est décrite toute loi juste, et d'où elle est transférée, non par une migration, mais par une impression, dans le cœur de l'homme qui opère la justice ; comme l'image passe de l'anneau dans la cire, sans quitter l'anneau[200] ? »

Peut-on plus fortement exprimer la relation à Dieu de l'âme, même pécheresse, touchée par la lumière divine qui émane non du dehors, mais du Dieu présent en elle, *per essentiam,* dirait saint Thomas ? Saint Augustin continue : « Celui qui ne fait pas (ce qu'exigent les règles de la lumière divine) tout en voyant ce qu'il faudrait faire, se détourne de cette lumière *par laquelle cependant il est touché...* Celui, au contraire, qui rappelé à soi-même se tourne vers le Seigneur, est dépouillé par Lui de cette difformité, qui par les cupidités du siècle le conformait au siècle ; il entend l'Apôtre lui dire : « Ne vous rendez pas semblables à ce siècle, mais réformes-vous dans la nouveauté de votre *Mens* : de telle sorte que *cette image commence* à être réformée par Celui par qui elle

---

[200] 1. *De Trinit.,* L. XIV, n. 21.

a été [117] formée[201]. » Toujours la mise en exercice de cette conformité naturelle initiale à Dieu, produite par l'irradiation de la lumière divine, est donnée par saint Augustin comme réservée à la grâce[202].

Il y a donc, de quelque façon qu'on l'explique[203], une coordination naturelle de l'âme intelligente au Dieu présent en toutes choses, et dans le *Mens* lui-même ; et cette coordination s'opère très spécialement dans l'âme par la lumière intelligible, qui sans doute n'est pas Dieu, mais est son effet immédiat, comme un rayonnement créé de ce soleil spirituel. Dieu, dira saint Thomas, est par soi connaissable et aimable, et donc il est saisi intellectuellement et aimé par chaque âme, dans la mesure où il lui est présent. Or cette mesure pour l'âme est telle, selon saint Augustin, que, du Dieu présent en elle, comme cause universelle, l'âme reçoit ou est capable de recevoir la lumière intellectuelle, qui seule peut lui permettre de faire acte d'intelligence[204]. La présence d'immensité de Dieu dans l'âme, non seulement au titre général de la création, mais comme cause de sa lumière intellectuelle, engendre ainsi comme une illumination habituelle, existant en toute âme, même pécheresse, dans l'âme même qui n'a pas encore l'usage de la raison. Saint Augustin en conclut que notre trinité psychologique, *trinitas mentis,* est l'image de Dieu, non seulement parce que l'âme se souvient de soi, se comprend et s'aime, mais encore [118] parce qu'elle *peut* se souvenir de Celui par lequel elle a été faite, le connaître et l'aimer[205].

En effet, si, grâce à sa causalité illuminatrice, Dieu est immanent en l'âme, comme l'âme elle-même, toutes proportions gardées, est immanente en soi, et si, grâce à la communication et à l'impression de la lumière intelligible qui est la vie de l'âme, ce Dieu est rendu d'une certaine façon, c'est-à-dire comme cause illuminatrice, saisissable en elle par la pensée *et* par l'amour ; si, selon la formule de saint Thomas, commentant saint Augustin, en vertu de sa présence dans l'âme par son essence, Dieu est *tenu* par elle, sans être venu du dehors,

---

[201] 1. *Ibid.,* n. 22.
[202] 2. Cf. *Liber 83 Quaest.,* Q. XLVI, n. 2 : *Rationalis anima non omnis, sed quae sancta et pura fuerit asseritur illi visioni rationum aeternarum.* Ce passage est cité par saint Thomas, *Summa theol.,* I^a, Q. LXXXIV, a. S *(in calce corp.).*
[203] 3. Cf. *Summa theol., Ibidem,* Q. VIII, a. 3, ad 1^m, 2^m ; *De Verit.,* Q. X, a. 8, C. fin.
[204] 4. Cf. PLOTIN, *Ennéade* V, L. III, n. 4, 8, 9.
[205] 1. *De Trinit.,* L. XIV, n. 15.

tenetur ab ipsa non per acquisitionem[206] », comme par une mémoire intérieure, – l'âme a en soi et par soi, de quoi exprimer ultérieurement cette connaissance habituelle de Dieu dans un verbe et dans l'amour correspondant. Et ainsi l'image de la Trinité se rencontre en elle du fait qu'elle se porte ou est naturellement destinée à se porter vers le Dieu qui est la lumière de ses yeux[207]. Quand elle le fait, ce qui n'a lieu que par la grâce, elle est au suprême degré mémoire actuelle de Dieu, allant jusqu'à un verbe expressif de Dieu, et un amour actuel de Dieu.

C'est là l'image la plus achevée de la Trinité, *expressior similitudo Trinitatis,* que l'on puisse rencontrer dans l'âme, car l'imitation est actuelle, *servatur ibi actualis imitatio.* Elle est formelle aussi, autant du moins qu'elle peut l'être, car Dieu est plus haut que l'âme. Il n'y a pas cependant, de [119] comparaison à faire entre l'Être divin et sa représentation dans l'âme, *non servatur aequaditas potentiae ad objectum. Mais cette* égalité, dit saint Thomas, n'a pas grande importance pour l'image, *non multum facit ad imaginem*[208]. Et, en effet, il ne saurait être question d'égaler la connaissance que Dieu a de lui-même, mais seulement de l'*imiter.*

En résumé, l'âme, qu'elle pense à soi comme image analogique de Dieu et s'aime comme telle, ou qu'elle réalise la pensée et l'amour du Dieu présent en elle et qui l'éclaire, n'a rien à mendier au dehors : elle trouve en soi, dans son intérieur, où il a son « habitat » naturel, l'objet divin qui peut alimenter sa pensée et son amour ; elle est par nature une mémoire, mémoire de soi, mais de soi en tant qu'image de Dieu, tant par analogie que par conformité, et partant, à ces deux titres, mémoire de Dieu. Et, par conséquent, si cette mémoire vient à s'actualiser dans un verbe et dans l'amour qui en dérive, elle ressemblera au Père qui de son sein engendre son Verbe, d'où procède, *ab utroque,* l'Esprit Saint. Ce sera l'œuvre de la grâce.

---

[206] 2. 1 *Sent.*, Dist. 3, Q. IV, a. 4.
[207] 3. *Summa theol.*, I P., Q. XCIII, a.8, c ; Cf. ad 1ᵐ.
[208] 1. 1 *Sent.*, Dist. 3, Q. IV, a. 4.

En attendant, lorsque l'âme fixe l'image de la Trinité en soi, que cette image provienne de la connaissance d'elle-même, représentation analogique de Dieu, ou de son ordination au Dieu intérieur, indirectement elle commit Dieu. Et dès lors, pense saint Augustin, elle se trouve en puissance de pouvoir s'attacher à Celui dont elle est l'image[209]. [120] Il n'y a plus, semble-t-il, qu'un pas à faire : « *Meminerit itaque Dei sui ad cujus imaginem facta est, Eumque intelligatet diligat*[210]. »

C'était, on se le rappelle, la perspective qu'entrevoyait Augustin dès le début du livre X[e] : « Pourquoi est-il ordonné au Mens de se connaître ? Je crois que c'est pour qu'il prenne une connaissance actuelle de soi, et (l'ayant prise), vive selon sa nature (qui est d'être l'image de Dieu), c'est-à-dire désire être ordonné, selon cette nature, en dépendance de Celui à qui il est soumis, par qui il doit être gouverné[211]. »

Mais encore une fois, saint Augustin, si net pour reconnaître dans la nature du *Mens*, la connaissance indirecte du Dieu dont il est l'image, et partant la capacité naturelle de se tourner vers Dieu directement, en suivant pour ainsi dire du regard la direction qu'indique et amorce l'image de Dieu en lui, n'est pas moins ferme pour refuser à l'âme la réalisation effective de cette capacité. Cela ne peut se faire, à l'entendre, que par la foi au Médiateur[212] qui invite efficacement l'âme à cette démarche suprême, et, par la grâce qui, non pas en actualisant sa capacité, mais en lui communiquant, nous allons le voir, les principes mêmes de sa vie nouvelle, lui donnera de l'effectuer.

[121] Suivons le Docteur de l'Image de Dieu dans ce nouveau développement de sa pensée.

---

[209] 2. *In se, imagine, tam potens est ut ei cujus imago est valeat inhaerere. Sic enim ordinata est naturarum ordine ut supra illam non sit nisi ille. De Trinit.*, L. XIV, n. 20.
Nous reviendrons plus loin, livre III, Q. II, sur cette puissance et préciserons la manière dont saint Augustin conçoit la puissance obédientielle.
[210] 1. *De Trinit.*, L. XIV, n. 15.
[211] 2. Que l'on note bien, en passant, cette définition augustinienne de la puissance obédientielle, car c'est elle qui se dégage de la vie naturelle de l'Image. Cf. plus loin L. III, Q. II.
[212] 3. *De Trinit.*, L. XIV, n. 26, fin.

ARTICLE II
Si l'image parfaite de Dieu résulte de la Sagesse, c'est-à-dire de la connaissance directe que l'âme s de Dieu par la grâce, et de la charité qui l'accompagne ?

« Qu'y a-t-il, qui ne soit *en* Dieu, dont il est écrit par Dieu même : De Lui, par Lui, *en* Lui sont toutes choses... Et cependant tous ne sont pas avec Lui en la manière dont il est dit à l'âme : Moi toujours *avec* toi ! Et Lui-même n'est pas *avec* tous de cette manière que nous signifions par ces mots : Le Seigneur *avec toi !* Grande misère que celle de l'homme qui n'est pas *avec* Celui, sans lequel il ne peut être. Étant *en* lui, assurément il n'est pas sans lui : et cependant s'il ne se souvient pas de Lui, s'il ne pense pas à Lui, s'il ne L'aime pas, il n'est pas *avec* Lui. Or, ce que l'on oublie à fond ne peut plus être rappelé à notre souvenir[213]. »

Voici une distinction précieuse. Être *en* Dieu, être *avec* Dieu. D'après le contexte, être *en* Dieu résulte de la présence générale de Dieu créateur et illuminateur en toutes choses, rendue plus spéciale pour l'âme du fait qu'elle est l'image de Dieu. Être *avec* Dieu, c'est réaliser le mouvement amorcé par la vue de l'image de Dieu en soi, c'est se souvenir actuellement de Dieu, le connaître, l'aimer. Or, dit saint Augustin, tous ne réalisent pas ce souvenir, [122] et, partant, toute âme, étant *en* Dieu, n'est pas *avec* Lui. Ceci est capital.

Est-ce oubli total, semblable à celui de l'homme qui ne me reconnaît pas, malgré toutes les preuves que je lui donne qu'il m'a connu autrefois, et auquel il ne reste plus d'autre ressource que de me croire ? Ou bien, est-ce l'oubli réparable de l'homme qui, devant mes instances, finit par se souvenir, et qui, rentrant dans sa mémoire, y trouve ce qui n'était pas détruit par l'oubli ?

Ce second cas est le nôtre, pense saint Augustin. Notre oubli est de ceux qui se réparent. Sans doute il est dit *des* pécheurs dans le Psaume IXe : « Qu'ils s'en aillent en enfer, les pécheurs et toutes les nations qui oublient Dieu ! » Mais il

---

[213] 1. *De Trinit.*, L. XIV, n. 16. Saint Augustin donne aussitôt un exemple du souvenir entièrement aboli, n. 17.

est dit aussi au Psaume XX⁰ : « Elles se souviendront et se convertiront au Seigneur, les extrémités de la terre. » « C'est donc que les nations n'avaient pas oublié Dieu au point que, si on le leur rappelait, elles ne se souviendraient pas de lui. En oubliant Dieu, elles oubliaient en quelque sorte leur vie, et se jetaient dans l'enfer, dans la mort. Mais rappelées à leur mémoire profonde *(commemoratae)*, elles se tournent vers le Seigneur et, par une sorte de réminiscence, se souviennent de *leur vie,* qu'elles avaient oubliée[214]. »

Commemoratae : c'est ici une intervention de l'admonition extérieure, et donc de la foi naturelle qui est son corrélatif, qui jouent dans le passage de la mémoire à la *cogitatio un* si grand rôle, chez saint Augustin, sous la forme du : « Connais-toi toi-même de la seconde trinité[215]. Et l'on constate que ce [123] rappel serait impuissant, s'il ne trouvait pas au dedans, comme son complice, l'image de Dieu, toujours persistante dans la nature du pécheur[216].

Écoutons saint Augustin faire valoir dramatiquement cette persistance dans son curieux et libre commentaire du verset du psaume XXXVIII⁰ : « *Quanquam in imagine ambulat homo, tamen vane conturbatur : thesaurizat et nescit cui congregabit ea.* » « La réciproque est vraie, déclare-t-il, et l'on pourrait dire : Encore que l'homme soit troublé par la vanité, cela ne l'empêche pas de passer sa vie dans l'image, *ambulat in imagine...* Car, même viciée, sa nature demeure une grande nature parce que capable de la nature souveraine[217]. » « Pourquoi thésaurise-t-elle, sinon parce que l'a abandonnée cette force, grâce à laquelle ayant Dieu, elle n'aurait besoin de rien ? Et pourquoi ne sait-elle pas pour qui elle amoncelle ces trésors, sinon parce que la lumière de ses yeux n'est plus avec elle ? Et c'est pourquoi elle ne voit pas ce qu'a dit la Vérité : Insensé, cette nuit on te demandera ton âme : tout ce que tu as préparé, à qui appartiendra-t-il ? Malgré tout, parce que cet homme vit dans l'image, *ambulat in imagine,* son

---

[214] 1. *De Trinit.*, L. XIV, n. 17.
[215] 2. Cf. *Appendice* I.
[216] 1. La mémoire habituelle de Dieu joue le même rôle pour la possibilité de sa connaissance actuelle, que le *nosse se* habituel pour la possibilité de la connaissance actuelle de soi. C'est de part et d'autre une reconnaissance. Cf. Question précédente, p. 94, sq.
[217] 2. *De Trinit.*, L. XIV, n. 6.

âme ne cesse pas d'avoir mémoire, intelligence et amour de soi[218]... Or, dans cette image de Dieu, qu'elle est, elle possède cette puissance, qu'elle *peut* s'unir *(inhaerere)* à Celui dont elle est l'image. Car son rang dans la hiérarchie [124] des natures est tel, qu'au-dessus d'elle il n'y a que Lui[219]. »

Oui, elle le *peut, et* d'autre part l'admonition extérieure de la foi chrétienne, interprète et instrument de la lumière divine, l'exhorte à le faire, à dépasser donc l'image et à s'unir directement au Dieu qu'elle représente et auquel elle est conforme initialement, à se souvenir de Dieu, à le connaître et à l'aimer. Mais le fera-t-elle ? « Qu'elle le fasse : elle aura la Sagesse. Si elle ne le fait pas, même lorsqu'elle se souvient de soi-même, pense à soi et s'aime, elle est bête, *stulta*[220]. Qu'elle se souvienne donc du Dieu à l'image duquel elle est faite, qu'elle le connaisse et l'aime[221]. »

Oui, mais comment aborder directement Dieu ?

[125] C'est ici qu'apparaît la nécessité de l'intervention de la grâce. « Allons au fait *(quod ut brevius dicam)* ! Oui ! que l'âme rende un culte au Dieu incréé, qui l'a créée capable de Lui, et dont elle peut être participante, qu'elle lui rende

---

[218] 3. *Ibid.*, n. 19.
[219] 1. *De Trinit.*, L. XIV, n. 20. – Toute cette description dramatique de > l'apostasie de l'âme et de sa conversion à Dieu offre de grandes analogies avec le tableau que décrit Plotin au début et dans les développements de la cinquième Ennéade. Seulement, pour Plotin, la conversion s'opère par un mouvement naturel de l'âme provoqué par la vue de la bassesse des objets substitués à Dieu et de la dignité de l'âme humaine, conforme à l'âme universelle, celle-ci image de l'Intelligence, elle-même image de l'*Un*. Par sa relation graduelle à ces trois principes, qui lui sont immanents, notre âme « cache sa tête dans le ciel ». Elle n'a qu'à se détourner des fantômes sensibles, à se tourner vers l'Intelligence, par l'intermédiaire de l'âme universelle, pour en recevoir l'illumination directe, les principes de justice et de beauté, qui l'uniront à Dieu. Elle peut aller jusqu'à l'intuition même du Bien. – Aucun soupçon de la nécessité d'une grâce gratuite, car l'action des hypostases illuminatrices est *naturellement* coordonnée au fonctionnement de l'âme et déclenche ainsi la conversion de l'âme. La participation de Dieu par notre âme est un rouage du fonctionnement du monde intelligible, qui n'a rien d'une grâce. *Ennéade* V, L. I ; Cf. L. III, n. 3, 4, 7, n ; L. V. On saisit sur le fait, ici, la transformation chrétienne que fait subir Augustin aux théories néo-platoniciennes.
[220] 2. Parce qu'elle ne peut alors se regarder qu'avec les yeux de la chair. Cf. *De Trinit.*, L. XIV, n. 19 : Mens sine oculis carnis humana est : oculi autem carnis sine mente belluini sunt... C'est une bête qui voit (avec intelligence) : *belluam videntem*.
[221] 3. *De Trinit.*, L. XIV, n. 15.

ce culte dont il est dit : Voici le culte de Dieu : c'est la Sagesse. Alors elle sera sage, non par sa propre lumière mais par la participation de cette souveraine lumière, et là où celle-ci est éternelle, bienheureuse l'âme régnera. Car cette sagesse de l'homme dont nous parlons, c'est aussi la Sagesse de Dieu. C'est seulement alors *(tunc,* c'est-à-dire si elle est Sagesse de Dieu) qu'elle est véritable, car si elle est humaine, c'est une vaine sagesse. Non cependant que la vraie sagesse soit la Sagesse même par laquelle Dieu est sage. Car Dieu ne doit sa sagesse qu'à Lui-même ; l'âme doit la sienne à une participation de Dieu. Notre sagesse est analogue à cette justice de Dieu dont parle saint Paul, et qui n'est pas seulement la justice par laquelle Dieu est juste, mais celle qu'*il donne à l'homme* lorsqu'il justifie l'impie[222]. »

Certes nous ne trouvons pas dans ce passage la limpidité d'un saint Thomas exposant la nécessité de la grâce pour s'ordonner directement à Dieu par la pensée et l'amour. Tout est ici dramatisé, passionné : c'est de la lave brûlante. Et cependant l'idée est bien claire.

Capable de se souvenir de Dieu, de le connaître et aimer directement, comme en témoigne la double [126] image de Dieu déposée dans sa nature (l'image analogique et l'image par conformité initiale), l'âme est incapable de le faire effectivement, sans une participation de la lumière de la Sagesse de Dieu lui-même, analogue, dit saint Augustin, et l'on ne pouvait présenter un exemple plus topique, analogue à cette justice que Dieu *donne* à l'homme (le mot de *don* est prononcé), lorsqu'il justifie l'impie. C'est clair qu'il s'agit du don intrinsèque à l'homme de la grâce sanctifiante, qui, dans l'Illuminisme augustinien, ne saurait avoir qu'un caractère illuminateur, n'intervenir que comme une Sagesse. Du reste les témoignages vont devenir si précis et si nombreux qu'il n'y a pas à hésiter.

Ceux qui rappelés à eux-mêmes, *commemorati,* se tournent vers le Seigneur... sont reformés– de telle sorte que l'image commence à être restaurée par Celui qui l'avait formée. Car elle ne peut se restaurer elle-même, comme

---

[222] 1. *Ibid.* PLOTIN, *Enn.* V, L. III, n. 10, exige aussi que l'intelligence divine se donne, pour que notre intelligence se tourne vers elle. Mais ce don fait partie des relations hiérarchiques des hypostases : il n'est pas libre.

elle avait pu se déformer. L'Apôtre le dit ailleurs : Renouvelez-vous dans l'esprit de votre *Mens,* et revêtez l'homme nouveau qui est créé conforme à Dieu[223]. »

« Ce renouvellement ne se fait pas en un instant, comme se fait en un instant la rémission des péchés par le baptême... Il faut ensuite guérir la langueur, ce qui se fait peu à peu, par des progrès quotidiens, en lesquels se renouvelle l'image... dans la connaissance de Dieu, la justice et la sainteté de la vérité... Dans la mesure où on y est aidé par Dieu, dans la même mesure on réalise l'image, car c'est une sentence divine que ceci : Sans moi, vous ne pouvez rien faire. Ce progrès accompli dans la foi du [127] Médiateur aura un terme, lorsque nous aurons accompli notre dernier jour, et serons conduits au Dieu que nous avons adoré [224]. »

« Qui rendra l'âme bienheureuse, si ce n'est son mérite et la récompense de son Seigneur ? Mais son mérite est déjà une grâce de Celui dont la récompense est la béatitude. Personne, en effet, ne peut se donner la justice qu'il a perdue... D'où l'Apôtre : Qu'as-tu donc que tu n'aies reçu ? et si tu as reçu, comment te glorifies-tu comme si tu n'avais pas reçu ? Mais l'âme qui se souvient comme il faut *(bene)* de son Seigneur, ayant reçu son, esprit, éprouve, instruite par un enseignement intime, qu'elle n'a pu ressusciter que par son affection gratuite[225]. »

« L'image de Dieu qui se renouvelle... dans la connaissance de Dieu, non extérieurement, mais intérieurement, chaque jour, et qui progresse maintenant dans le miroir et l'énigme, s'achèvera dans la vision face à face. C'est cet achèvement qu'il faut entendre dans ces paroles : Nous serons semblables à Lui et nous le verrons comme Il est. Ce don nous sera donné, lorsqu'il sera dit : Venez, les bénis de mon Père : possédez le royaume qui vous est préparé[226]. »

---

[223] 1. *De Trinit.,* L. XIV, n. 22.
[224] 1. *De Trinit.,* L. XIV, n. 23.
[225] 2. *Ibid.,* n. 21.
[226] 3. *Ibid.,* n. 25.

« Cette sagesse contemplative, pour être de l'homme, n'est en lui que par Celui dont la participation seule peut rendre sage le *Mens* rationnel et intellectuel[227]. »

La nécessité de la grâce aimerait, dans, ces passages, à tous les degrés du renouvellement de [128] l'image de Dieu en nous, qu'il s'agisse de la réparer, de l'épurer, de l'achever.

Nous parvenons ainsi à cette conclusion extraordinaire pour un philosophe. L'âme possède en soi naturellement une double image de Dieu : image analogique de la Trinité, du fait qu'elle est mémoire de soi, intelligence de soi (jusqu'à la production du verbe mental qui la représente), amour de soi correspondant ; image par conformation à l'objet divin, étant en relation naturelle avec la lumière divine, que répand sur son intelligence le Dieu présent au fond d'elle-même (par son immensité). Si, rappelée à soi-même par le *Cognosce teipsum*, l'âme se regarde dans sa vérité, et elle le peut, étant toujours présente à elle-même, elle reconnaît cette image de Dieu, et, pour autant, se déclare capable de se porter, par l'intelligence et l'amour, vers Dieu lui-même. Car, ainsi que l'énonce saint Thomas, d'accord avec saint Augustin, le mouvement d'âme qui se porte sur l'image, en tant qu'image, ne s'arrête pas en elle, mais va jusqu'à la chose représentée dans l'image [228].

Or voici l'extraordinaire de la conclusion de saint Augustin : l'âme est capable de connaître Dieu, en vertu de cette double image qu'elle porte en soi, et cependant elle ne réalisera ce dont elle est capable, soit en cette vie, soit en l'autre, que par un don divin, qui devra d'abord la purifier de ses errements passés, puis la faire monter par des ascensions successives jusqu'à la contemplation intuitive de Dieu. Elle a de quoi amorcer ce mouvement par sa [129] nature : elle ne saurait l'achever que si elle est reformée et comme refondue par la grâce.

---

[227] 4. *Ibid.*, n. 26.
[228] 1. *Summa theol.*, II^a II^{ae}, Q. LXXXI, a. 3, ad 3^m ; Q. CIII, a. 3, ad 3^m, etc.

Quelle est donc cette capacité, qui non est pas une ? qui appelle un don divin extrinsèque pour aboutir ? et qui pourtant n'est pas exigeante de ce don ? C'est la question de la relation entre l'image naturelle de Dieu dans l'âme et son image surnaturelle, opérée par la Sagesse, qui se pose : c'est la question de la puissance obédientielle qui fait son apparition. Noua la traiterons dans le Livre suivant, après que nous aurons entendu, non plus ce que pense saint Augustin interprété par saint Thomas, mais saint Thomas lui-même, de la Structure interne du *Mens*.

CONCLUSION

La troisième trinité de saint Augustin confirme ce que les deux premières nous avaient appris, touchant le dédoublement, d'ordre intelligible, qui constitue la structure même du *Mens*.

Mais de plus, elle rend effectif ce que nous entrevoyions comme une hypothèse au terme de la description des deux premières images, à savoir que : « si Dieu est convaincu d'être, au même titre que le *Mens* lui-même, l'objet congénital, immanent, du *Mens* », l'essence de l'âme, son fond, comme parlent les mystiques, se révélera comme le lieu de la nativité de tous nos rapports directs avec Dieu [229]. Or, cette présence de l'Hôte divin en l'âme nous est certifiée désormais par ces deux faits : l'image analogique de Dieu dans la substance même de l'âme, met [130] l'âme qui *peut* fixer cette ressemblance ; ou la fixe, en relation avec Dieu ; 2e l'image de Dieu, par conformité au Dieu résidant en l'âme, et qui, de là, l'illumine, est naturellement coordonnée à cette divine présence. C'est donc dans ce tréfonds essentiel de l'âme qu'il faut placer le lieu de la nativité de toute la vie surnaturelle, et c'est dans la scissure interne, établie dans l'essence de l'âme, entre le Dieu qui l'habite naturellement et le *Mens* qui lui est coordonné, que joue la puissance que l'âme possède de participer à la vie divine et de recevoir cette grâce, cette *Sagesse,* qui d'une capacité, fera une puissance efficace.

---

[229] 1. Cf. p. 104.

C'est donc, d'après l'enseignement de saint Augustin, ce fond de l'âme que la grâce aura à reformer, à refondre, à diviniser, pour qu'elle devienne, non plus initialement et *en* puissance, mais effectivement, capable de Dieu. – CAPAX DEI.

QUESTION IV
LA STRUCTURE INTERNE DU MENS
D'APRÈS SAINT THOMAS

PROLOGUE

Le Sujet récepteur de la vie divine, nous l'avons vu [230], n'est pas le composé humain, ni l'âme en tant que forme du corps : c'est l'âme subsistante, cause propre des opérations spirituelles de l'intelligence et de la volonté ; c'est un esprit, *spiritus, mens*[231].

Et ceci nous suggère immédiatement la méthode la plus efficace pour explorer la structure de l'âme.

Notre âme spirituelle, dans l'état où nous la pouvons observer, est embarrassée dans la gangue matérielle du corps. Tel le germe vivant, engagé dans des relations plastiques et fonctionnelles avec la substance matérielle, destinée à le nourrir, du grain qu'il vivifie. Ce que l'âme a de spécial ne se révèle actuellement que dans un état de mélange : la vie du composé humain apparaît au premier plan et masque en nous la vie profonde de l'esprit.

Mais, au-dessus de notre esprit, il y a les esprits purs, les anges, qui nous offrent dans toute sa pureté la structure des esprits. Après notre vie terrestre, notre âme elle-même, séparée de son corps, nous offre un autre spécimen d'une vie spirituelle sans mélange.

En explorant la nature spirituelle de plein exercice des anges et de l'âme séparée [232], ne pourrions-nous pas nous faire une première et vive idée de la structure des esprits, et nous préparer ainsi à mieux démêler cette structure dans la vie de notre âme unie à un corps, et condamnée à ne pas extérioriser sa

---

[230] 1. *Première partie*, L. I, Q. I, pp. 3 sq.
[231] 2. *Supra, Première partie*, L. I, Q. I et II. Cf. SAINT AUGUSTIN, *De Trinit.*, L. X, n. 7-16.
[232] 1. Le meilleur exemplaire serait Dieu, qui, dans l'identité de son être infini, est en soi « *sicut intellectum in intelligente* ». SAINT THOMAS, *Compendium theologiae*, C. 37 ; et « *tanquam amatum in amante* », *ibid.*, C. 45.

vie d'esprit pur, à la vivre dans son fond, pour ainsi dire, en puissance et en germe ?

C'est là une méthode indirecte, semblable à celle de l'astronome qui, dans les reflets des miroirs intérieurs de ses instruments, fixe l'astre qu'il étudie et auquel il ne tourne le dos qu'en apparence. C'est cette méthode que suit ici Jean de Saint-Thomas, évoquant sans cesse la vie angélique pour la transposer, avec les modifications indispensables, dans la vie spirituelle scellée et en quelque sorte utérine de l'âme unie à un corps.

Nous suivrons cette méthode. Nous ne nous dissimulons pas que l'excursion que nous allons entreprendre dans les régions de la *Pneumatologie,* nous donnera l'air, à nous aussi, de tourner le dos à notre sujet. Mais nous espérons que, comme l'astronome, ce ne sera qu'en apparence, et que le lecteur s'en apercevra aux résultats.

Cette Question est divisée en trois articles :
I. – Comment sont construits les anges ?
II. – Si l'âme séparée possède une structure d'Esprit, modèle de notre âme ?
III. – Si le *Mens,* dans son essence, est de même structure que l'ange et l'âme séparée ?

[133]

ARTICLE I
Comment sont construits les Anges ?

Intelligence et esprit vont de pair. Il n'y a de vraiment spirituels que les êtres intelligents.

Saint Thomas a fait valoir, dans un tableau sobre mais grandiose, l'équation qui règne entre le degré d'immatérialité, approche de la spiritualité, et le degré du pouvoir de connaître.

« Les êtres doués de connaissance, a-t-il dit, se distinguent de ceux qui ne connaissent pas, en ce que ceux-ci ne possèdent que leur forme propre, tandis que ceux-là peuvent avoir en soi la forme des autres êtres : car l'idée du connu est dans le connaissant. D'où il résulte que la nature des êtres qui ne connaissent pas est plus contractée et limitée : celle des êtres qui connaissent est plus ample, plus étendue : ce qui a fait dire au Philosophe que, d'une certaine façon, l'âme est toutes choses. Or la limitation de la forme vient de la matière. Plus une forme est immatérielle, plus elle gagne en infinité. L'immatérialité est donc, de toute évidence, la raison d'être de la connaissance ; la mesure de l'immatérialité est la mesure même de la connaissance. C'est en raison de leur matérialité que les plantes sont dépourvues de connaissance, ainsi qu'il est dit au deuxième livre *De l'âme*. Le sens, lui, connaît parce qu'il est capable de recevoir les images des choses sans leur matière ; l'intelligence encore plus, parce que plus séparée de la matière et totalement sans mélange, comme il est dit au troisième livre *De l'âme*. DIEU enfin, parce qu'Il est au sommet de [134] l'immatérialité, se trouve être au sommet de la connaissance [233]. »

Les anges donc sont de purs esprits parce que purement intellectuels, *totaliter mens*[234], et réciproquement ils sont intellectuels parce que spirituels. Ceci soit dit sans oublier leur faculté volontaire, qui d'est que la réaction de leur activité sous la pression du bien spirituel présenté par l'intelligence. Amour intellectuel et spiritualité essentielle vont aussi de pair.

Tout en étant de purs esprits, les anges n'en portent pas moins dans leur substance et leurs opérations le stigmate de leur contingence. Dieu seul est l'esprit absolu. Dans l'ange, il y a puissance et acte : dans son être d'abord, dont l'essence et l'existence sont réellement distinctes ; ensuite, par répercussion, dans son opération qui a pour principe une puissance intellectuelle toujours en acte, de fait, vis-à-vis de certains objets, non en droit, ni vis-à-vis de tout objet. Et donc ce *n'est* pas, comme pour Dieu, par leur nature essentielle que les anges exercent leurs opérations intellectuelles, c'est par l'intermédiaire de puissances qui émanent de cette nature essentielle [235].

---

[233] 1. *Summa theol.*, I P., Q. XIV, a. 1.
[234] 2. *De Verit.*, Q. X, a. 1, ad 4^m.
[235] 3. SAINT THOMAS, *Summa theol.*, I^a, Q. LIV, a. 1, 3 ; Q. LIX, a. 2.

Considérons donc cette nature essentielle, cette forme spirituelle pure, puisque c'est elle qui est le « modèle » de l'âme, sur laquelle doit à son tour se modeler l'état de grâce, dont nous recherchons la structure.

Ce que la nature de l'ange offre de spécial, c'est qu'étant une forme foncièrement et uniquement *intellectuelle,* elle est en même temps, par suite de [135] son immatérialité, parfaitement et actuellement *intelligible.* Non seulement dans l'immanence, mais dans *l'identité* indivisible et simple de la forme spirituelle, qui est toute la nature angélique, se rencontrent à la fois l'objet parfaitement intelligible qu'est l'ange lui-même, et le sujet intellectuel capable (moyennant la puissance intellectuelle émanant de lui vitalement), de se connaître lui-même par une intuition immédiate. La substance de l'ange est transparente à elle-même [236]. Telle est sa structure intime. L'ange est donc muni par sa constitution même de tout ce qu'il lui faut pour vivre une vie intelligente : il possède originellement en soi, non seulement le sujet capable de saisir, mais l'objet, mais la réalité à connaître et toute prête à être connue. C'est de naissance, si l'on peut dire, un vivant achevé de la vie intellectuelle, et partant, de la vie du cœur, si tant est que notre bien soit toujours aimable pour nous et que la nature de l'ange constitue pour lui un bien excellent et naturellement très cher, puisqu'il est lui.

Quelle différence avec notre propre vie intellectuelle, j'entends celle que nous exerçons actuellement avec le concours de notre corps, obligée de mendier au dehors de quoi s'alimenter ! N'allons pas trop loin cependant, car, une fois que le vivant humain, par ses emprunts au dehors, se sera emparé d'un acquis, mémoire ou science, il ne laissera pas d'offrir avec l'état originel et constitutif de l'ange une analogie qui nous permettra de nous le figurer. L'esprit de l'homme qui a emmagasiné des idées est, lui aussi, intérieurement sujet et objet, trouvant en soi désormais [136] de quoi pouvoir mener, par simple déclenchement de ce qu'il est et possède, une vie intellectuelle ; et, le possédant habituellement, virtuellement, l'état de tension vitale, il est lui aussi, intérieurement, un vivant complet, dans son ordre, de la vie intellectuelle. Seulement chez lui, c'est partiel et c'est acquis : chez l'ange, c'est de fondation.

---

[236] 1. *Ibid.*, Q. LVI, a. 1, 2.

Cette analogie de l'esprit de l'ange et de l'esprit du savant, toute relative qu'elle soit, nous met sur la voie pour achever notre analyse de la vie intellectuelle de l'ange.

Lorsque l'esprit du savant, muni de toutes les vérités qui intègrent sa science, entre en jeu, son acte jaillit spontanément sous la pression de cette habitude de science ; et c'est de source qu'il formule mentalement ou extérieurement les liaisons entre réalités, préformées et latentes en lui.

De même, lorsque la puissance intellectuelle de l'ange émane de sa substance, elle jaillit intérieurement armée de son objet, qui est la substance angélique elle-même. La liaison entre le sujet connaissant et la réalité connue, immanente à la nature tout à la fois intellectuelle et auto-lucide de l'ange, se transpose dans sa puissance intellectuelle.

Sans présentation d'objet extérieur, sans ces idées infuses qui viendront plus tard et pour des objets adventices [237], l'intelligence angélique se trouve prête à produire d'emblée sa première et fondamentale opération intellectuelle[238], et, comme rien ne s'y oppose, elle la produit.

[137] Dans cet objet qu'est sa propre nature subsistante, l'ange trouve un aliment intellectuel complet. Il expérimente, par une intuition immédiate, qui ne ressemble en rien à notre connaissance intentionnelle, non pas l'image de sa propre forme, mais cette forme elle-même, toute concrète, avec ses propriétés, facultés, qualités, relations constitutives ; avec l'être universel qu'elle implique et les propriétés, les qualités et les principes qui étoffent l'être [239]. Bien plus, il voit en soi *l'image* de Dieu et trouve ainsi, à demeure, de quoi s'élever jusqu'à Dieu. Il le fait, déclare saint Thomas, non seulement par la voie de causalité, en partant de la contingence de son propre être, mais de manière plus directe en-

---

[237] 1. SAINT THOMAS, *Summa theol.*, Iᵃ, Q. LVII, a. 1.
[238] 2. Cf. CAJETAN, in I P., Q. LVI, a. 1 ; JEAN DE SAINT-THOMAS, I P., Q. LV, disp. 21, a. 2, n. aa, 12.
[239] 1. JEAN DE SAINT-THOMAS, *Ibid.*, n. 18, 19.

core, quoique finalement de caractère spéculaire, pour autant que la pure intellectualité et spiritualité de sa substance n'est pas seulement un reflet, mais une pure et expressive, image et irradiation de *l'Esprit créateur*[240].

Sans doute, l'ange aura besoin, – non pour sa vie personnelle qui est ainsi complète, mais pour être digne de son rang et de son rôle dans la hiérarchie des êtres, et pour entrer dans l'ordre surnaturel, supposer qu'il n'y est pas d'emblée, d'ailleurs, par la vision béatifique, – d'idées infuses qui compléteront cette autoconnaissance. Mais ce n'est là qu'un accroissement en extension. Sa vie de fond ne lui vient pas du dehors.

Concluons. Cette vie de fond de l'ange, avant d'être extravasée par l'émanation de sa puissance intellectuelle et de sa puissance volontaire, avant [138] de se trahir dans ses opérations, préexiste tout entière dans sa substance. Sans doute, aucune activité intellectuelle ou affective ne se fait jour dans ce fond substantiel : la substance, même angélique, ne saurait être, de soi, immédiatement opérative. Mais, comme dans le grain fécondé, ainsi dans *l'identité* de la forme angélique, sous l'emprise silencieuse d'elle-même, étant à la fois objet translucide et intellectualité parfaite, préexiste toute une vie intense, préformée et prête à éclore.

ARTICLE II
Si l'âme séparée possède une structure d'esprit, modèle de celle de notre âme ?

Il est intéressant, avant d'établir la structure essentielle de l'âme humaine en fonction de celle de l'ange, de nous arrêter à ce chaînon intermédiaire entre l'ange et l'âme, que constitue l'âme humaine après la mort. Nous avons peine à nous figurer que notre âme, telle qu'elle est, a valeur et force d'esprit. « Qui veut faire l'ange fait la bête », dit Pascal. Ne serait-ce pas la condamnation de

---

[240] 2. *Summa theol.*, Iᵃ, Q. LVI, a. 3 ; JEAN DE SAINT-THOMAS, *Ibid.*, disp. 22, a. 1, n. 5 à 7.

l'entreprise que nous méditons, de prendre mesure sur l'ange, pour connaître la structure interne de l'âme ?

Non, sans doute, s'il est *en fait* un état réel, où l'homme est réduit à « faire l'ange » ! Cet état existe : c'est l'état de l'âme séparée du corps, après la mort. Nous ne tablons plus ici sur une analogie d'esprit à esprit, de l'ange à l'âme. C'est notre âme même, aujourd'hui forme de notre corps, qui, demain, sera dans l'état des esprits. Voyons donc ce qu'elle est alors, et nous pourrons rétrograder avec plus d'assurance [139] vers ce qu'elle est actuellement. *Essentiellement,* elle ne saurait avoir changé.

Durant sa vie terrestre, l'âme humaine dépend du corps, non dans son être qui est subsistant, mais dans ses opérations qui ont besoin de trouver dans l'association avec le corps la matière objective qui leur est nécessaire, des images pour obtenir des idées nettes et vives, et des passions qui renforcent leur activité volontaire [241].

Que le lien essentiel reliant le corps avec l'âme soit rompu par la mort, l'âme n'en subsiste pas moins, et elle emporte avec soi, dans ce nouvel état, l'activité intellectuelle et volontaire pure, qui émane de sa forme propre, et à laquelle, même dans l'état d'union, ne communiait pas le corps[242]. Elle est toujours capable de connaître intellectuellement et d'aimer. Seuls sont modifiés et l'objet de ses pensées, qui n'est plus l'idée abstraite du sensible, et la vivacité de son amour, qui n'est plus enveloppé de passions[243].

Quel peut être le premier objet qui se présente à elle dans cet état, où elle n'a plus rien à attendre des créatures extérieures dont les sens lui fournissaient l'image, sinon sa propre substance ?

Tout à l'heure cette substance était dans l'ombre ; l'âme la connaissait sans doute, mais simplement comme existante, ou par une abstraction opérée sur les images sensibles et par raisonnement[244]. Elle n'avait aucune intuition directe d'elle-même.

---

[241] 1. Cf. *supra, Première partie,* L. I, Q. I, a. 1, p. 6-7 ; *Summa theol.,* Iª, Q. LXXXIX, a. 1.
[242] 2. Cf. *supra, ibid.,* p. 5-8.
[243] 3. *Summa theol.,* I P., Q. LXXXIX.
[244] 4. *De Ver.,* Q. X, a. 8 ; etc.

Maintenant, au contraire, rien ne s'oppose à ce que [140] sa forme spirituelle devienne pour elle un objet d'intuition directe. Dans sa survivance l'âme retrouve naturellement une vie complète d'esprit pur.

Comme chez l'ange, la puissance intellectuelle de l'âme séparée émane de celle-ci, armée intérieurement de son objet, fécondée par l'âme intelligible [245]. De par l'identité de l'âme qui connaît et de l'âme translucide à soi-même, l'auto-connaissance s'établit en acte. C'est une sorte d'éclosion intellectuelle. Et comme l'âme est un bien pour elle-même, et comme la volonté suit, partout où il y a intelligence d'un bien nôtre, c'est aussi une éclosion d'amour.

Intelligence et volonté aussi atténuées que l'on voudra, en raison de la place infime qu'occupe l'âme dans l'ordre des esprits, c'est néanmoins une vie angélique que vit l'âme humaine, dans son état de séparation du corps[246].

Sans doute, comme chez l'ange, en raison de sa place au sommet de l'univers matériel et de son introduction dans l'ordre des esprits purs, l'âme séparée recevra de la Bonté qui préside à tous les êtres, un supplément d'informations sur l'extérieur par des espèces infuses[247]. Mais déjà, à s'en tenir à ce qui lui échoit du fait de la connaissance qu'elle a d'elle-même, elle n'est pas dépourvue de ce qui constitue une vie d'esprit complète, encore qu'imparfaite. Comme l'ange, elle trouve à domicile, dans la connaissance intuitive de sa propre substance, [141] et la vue concrète de ses facultés spirituelles, et la saisie de l'être universel, avec ses propriétés, et l'intuition de la relation de l'être créé à son Créateur, enfin l'image de l'exemplaire divin. Grâce à cette dernière relation elle peut remonter jusqu'à D<small>IEU</small>, non par raisonnement, mais par cette vue simultanée encore que spéculaire, du foyer dans le rayon, que nous avons trouvée chez l'ange [248].

---

[245] 1. *Summa theol.*, *Ibid.*, a. 2.
[246] 2. *Ibid.*, a. 3. Nous n'avons pas besoin de dire que nous ne nous plaçons pas au point de vue de l'état effectif de l'âme séparée, qui peut être l'état glorieux, mais avec saint Thomas, I P., Q. LXXXIX, cf. *Quaestio De anima*, a. 17, ad 2^m, au point de vue de ce qui lui est dû de par sa nature constitutive et qui, aussi bien, constitue l'état réel des âmes séparées non glorifiées.
[247] 3. *Summa theol.*, I^a, Q. LXXXIX, a. 1, ad 3^m ; a. 3.
[248] 1. *Quaestio unica De anima*, a. 17 ; cf. *Summa theol.*, I^a, Q. LVI, a. 3.

Tel est le fait combien réel, et combien parlant, qui s'impose à nous, au seuil de notre exploration de notre âme dans son état actuel. C'est là un introducteur bien éloquent, puisqu'il est notre âme même. Comment pareille éclosion de vie spirituelle pourrait-elle se déclencher à la mort, si tous ses facteurs ne préexistaient pas dans l'âme unie au corps, s'ils n'étaient d'avance agencés dans son intérieur selon une structure semblable ? La mort, en effet, dégage l'âme de l'inférieur qui est en nous, mais elle ne change rien à sa constitution intime. Elle libère l'âme de ce corps qui lui a servi à devenir un esprit adulte, comme la décomposition définitive de la matière du grain libère de sa gangue nutritive son germe, désormais capable de sortir, et déclenche ses activités nouvelles.

Dès notre état actuel, notre âme, identique à l'âme séparée, ne peut que posséder une structure et une vie secrète et virtuelle d'esprit.

[142]

ARTICLE III
Que le Mens, étant habituellement objet de sa propre connaissance, dans son essence même, possède la même structure que les esprits.

« Dans notre état actuel, dit Jean de Saint-Thomas, l'union objective de l'âme intelligible à l'âme sujet et racine de l'intelligence, est déjà réalisée, mais virtuellement, puisque l'état de séparation de l'âme et du corps y est virtuel. Cette union ne se manifeste cependant pas actuellement (quand bien même elle serait actuellement dans l'intelligence), à cause de la nécessité où l'âme se trouve, pour connaître, de se tourner vers les choses sensibles : ce qui l'empêche de se connaître elle-même immatériellement, purement, par elle-même. C'est pourquoi la puissance intellectuelle, en émanant de l'âme, émane d'elle et comme d'une racine intelligente et comme d'un objet intelligible mais qui, de soi, ne manifeste pas encore son intelligibilité, purement, spirituellement et immédiatement, tant qu'elle est dans l'état présent. Son intelligibilité demeure liée, en raison de la nécessité de recourir aux choses sensibles pour s'actualiser. Et c'est pourquoi cette union intime de l'intelligence et de l'âme intelligible ne se révèle, ni d'un côté ni de l'autre, jusqu'à ce que l'âme soit séparée (du corps) [249]. »

Cet exposé résume parfaitement tout ce que l'on peut dire de la structure et de la vie intime de l'âme [143] dans son état actuel. Il se divise en quatre sections, que nous analyserons et expliquerons successivement.

I. – *Réalisation effective, au sein de l'âme, d'une union objective entre l'âme intelligible et l'âme racine de l'intelligence.*

C'est à une objection contre la structure de l'ange, résultant de ce qu'il est à la fois objet intelligible par soi et sujet intelligent, que répond le présent exposé de Jean de Saint-Thomas. S'appuyant sur l'analogie de proportionnalité qui règne entre tous les esprits quels qu'ils soient, on lui objectait ceci : L'âme humaine, dans son état actuel, ne nous apparaît unie à l'intelligence que comme le sujet qui la supporte et dont elle émane. L'âme, étant ainsi en dehors de l'intelligence, n'a, par celle-ci, aucune connaissance naturelle et directe d'elle-même. Donc, il doit en être de même pour l'ange.

Jean de Saint-Thomas accepte l'analogie de structure entre l'ange et l'âme, mais s'en sert pour retourner l'argument contre l'adversaire. De ce qu'il y a analogie, il conclut donc que dans l'âme se retrouvera la structure angélique. Car, dit-il, la structure angélique, pour des raisons données ailleurs [250], ne peut faire le moindre doute : il est certain que, dans l'identité de la forme angélique, se rencontrent et l'énergie intellectuelle et l'objet intelligible qui lui correspond.

Ce qui pourrait faire obstacle à la ressemblance analogique des deux structures, c'est, non pas la distinction de l'essence et de la puissance intellectuelle [144] qui se retrouve chez l'ange [251], mais la fonction de forme, informant le corps, dévolue à l'âme humaine et qui lui est essentielle. Il semble qu'il y ait là

---

[249] 1. JEAN DE SAINT-THOMAS, In I P., Q. LV, disp. 21, a. 2, n. 131. – Naturellement tout ce qui est dit ici de l'intelligence doit s'appliquer proportionnellement à la volonté, appétit intellectuel qui, dans la vie totale, se met sans cesse au niveau des manifestations intelligibles. Cf. *De Verit.*, Q. X, a. 1, ad 2^m.
[250] 1. Cf. plus haut, L. II, Q. IV, a. 1, p. 184 sq.
[251] 1. *Summa theol.*, I, Q. LIV, a. 3.

un obstacle à l'intelligibilité de l'âme. Mais, si essentielle qu'elle soit pour constituer l'homme total, l'union de l'âme et du corps n'est pas nécessaire pour que l'âme subsiste et opère, mais seulement a pour son meilleur bien a d'âme humaine. La partie supérieure de l'âme, sujet de la grâce sanctifiante, émerge donc, pour subsister en soi, et produire des opérations spirituelles, que le corps peut bien servir, mais dans lesquelles il n'entre pas[252]. C'est cette âme spirituelle, *Mens,* parfaitement intelligible, et non l'âme en tant que forme, qui constitue le terme humain de l'analogie entre l'ange et l'âme. Et par conséquent, le rôle secondaire d'information du corps ne pouvant empêcher l'identité de structure essentielle, celle-ci se révèle comme une union objective entre l'âme intelligible en tant qu'esprit et l'âme intelligente en tant qu'esprit.

II. – *Cette union, dans notre état actuel, demeure virtuelle.*

« Mais rien de tout cela n'apparaît » : C'est une objection, car chez l'ange l'union est manifeste. Réponse : c'est la part à faire à l'analogie. Dans une analogie, il faut toujours s'attendre à quelque divergence des analogues : Ne pas apparaître n'implique pas ne pas être : entre l'actuel et le non-existant, il y a, en effet, le *virtuel.*

Tandis que chez l'ange, pur esprit, l'union objective [145] intime de sa forme en tant qu'intelligible avec sa forme en tant qu'intelligente, s'actualise sans obstacle et spontanément, en sorte que l'ange voit effectivement et immédiatement sa propre substance[253], l'âme humaine an contraire, – si intelligible et présente à soi-même qu'elle soit, en tant qu'objet, si informée et fécondée par cet objet intime, sa propre substance, que soit sa puissance intellectuelle, – ne saurait se voir effectivement tant qu'elle est unie au corps. L'union objective, caractéristique de toute vie d'esprit, demeure scellée dans l'immanence de l'âme : elle est virtuelle. C'est comme une semence.

Jean de Saint-Thomas donne de ce fait deux raisons.

---

[252] 2. *De Verit.*, Q. X, a. 8, ad 4ᵐ. Cf. *Supra, Première partie,* L. I, Q. I. a. 1, p. 8 et Q. II, Prologue, p. 22.
[253] 1. *Summa theol.*, Iᵃ, Q. IV, a. 4 ; Q. LVI, a. 1.

La première tout extérieure, *en* ce sens qu'elle ne donne pas la raison profonde du fait, est tirée de l'attente où nous sommes, tant que nous vivons, de la rupture libératrice qui nous réintégrera dans la vie pure des esprits. L'état de séparation d'avec le corps, qui suit la mort, étant actuellement virtuel, il est naturel que la pure vie spirituelle, qui s'inaugure à la mort, soit, elle aussi, virtuelle. Elle existe donc en puissance : mais elle n'a pas à se manifester.

Qu'est-ce à dire : en puissance, ou mieux « virtuellement » ? Cela veut dire, d'une part, que le composé humain étant *naturellement* destiné à se dissoudre, il y a en nous une cause active, *virtus,* qui, tôt ou tard, amènera la libération de notre âme ; d'autre part, que dans cette âme dès maintenant, préexistent les facteurs, *virtutes,* d'une vie spirituelle pure, à savoir l'intelligibilité et l'intelligence de l'âme. Nous possédons donc *de quoi* réaliser l'union objective qui [146] constitue la vie intime des esprits, mais nous le possédons à l'état de cause n'opérant pas encore, quoique toute prête pour opérer, – c'est-à-dire à l'état virtuel.

La seconde raison dénonce le motif foncier de ce retardement. C'est la nécessité où se trouve actuellement l'âme de se tourner vers les choses sensibles pour toutes ses intellections.

L'âme est forme du corps. Cette relation constitutive, non de l'âme dans ce qu'elle a de spécial, *mens,* mais du composé humain, étant en acte dans notre état présent, domine et retentit dans toutes nos opérations, y compris nos opérations intellectuelles. *Operari sequitur esse.*

Remarquons le sens de cet obstacle mis par notre état présent à l'actualisation de l'auto-connaissance directe de l'âme par l'âme. L'empêchement ne vient pas de l'objet. On ne dit pas que l'âme, par suite de son union au corps, n'est pas parfaitement intelligible. Ce serait une erreur[254]. Et pourquoi ? C'est que l'âme possède une opération, son acte proprement intellectuel et la volonté qui le suit, à laquelle ne communie pas le corps, encore que la sensibilité lui fournisse sa matière, ou, s'il s'agit de la volonté, des renforcements extrinsèques.

---

[254] 1. Cf. *De Verit.*, Q. X, a. 8, ad 4ᵐ : « *Quamvis anima materiae conjungatur ut forma ejus, non tamen materiae subditur ut materialis reddatur, ac, per hoc, non sit intelligibilis in actu, sed in potentia tantum per abstractionem a materia.* » Cf. pour le sens de cette réponse, l'objection 4.

Or, cette opération intellectuelle s'origine uniquement, par l'intermédiaire de la puissance intellectuelle, à l'âme spirituelle, qui est sa très pure racine ; elle se déploie uniquement dans ce plan de la vie spirituelle, ne s'alimentant pas directement par les images venues des sens, [147] mais par les idées qu'elle fait jaillir des données des sens, qu'elle rend spirituelles comme elle, par l'activité autonome de l'intellect agent[255]. L'âme donc, encore *qu'engagée* par sa partie inférieure, comme forme informant le corps, dans des relations essentielles avec celui-ci, n'est pas immergée en lui, comme l'âme des animaux ou des végétaux. En tant que source de ses actes spirituels, intelligence et volonté, *in suî supremo*, elle émerge et domine du haut de son intangible spiritualité sa fonction de forme informante. Placée aux confins de deux mondes, unissant, comme parle saint Denys, le degré infime du supérieur, l'esprit, au suprême degré de l'infime, l'être corporel, elle ne se livre pas au corps, mais se communique à lui libéralement. C'est pour la perfection de sa vie propre, telle qu'il lui est donné de la vivre actuellement, qu'elle mêle son activité supérieure aux activités du corps, conservant pour elle-même, dans son sanctuaire, l'intangible spiritualité de son être et, partant, toutes ses ressources intellectuelles et sa parfaite intelligibilité.

Cette nécessité du meilleur bien de sa vie intellectuelle présente[256] est moins constitutive qu'organique, ou plutôt elle n'est devenue constitutive au deuxième degré, c'est-à-dire en vue de la constitution de *l'homme,* que parce qu'elle s'imposait comme organique. Je veux dire que ce n'est pas pour *être,* mais pour *opérer avec* la perfection due, que l'âme est unie à un corps, témoin la survivance de l'âme séparée. Et donc la nécessité de recourir au corps n'affecte l'âme ici-bas qu'en tant que principe d'opération, non en tant qu'être *et* objet : c'est une nécessité [148] subjective, loi du sujet, non de l'objet. Voilà ce que nous entendons par nécessité organique. La pure entité spirituelle de l'âme reste bon de cause : seuls sont atteints les rapports *actifs* qu'elle est faite pour entretenir, durant *l'état* présent, avec les objets intelligibles, elle-même demeurant an premier plan de ces objets.

---

[255] 1. Saint Thomas, *Summa theol.*, III^a, Q. XI, a. 2, ad 1^m.
[256] 2. *Propter melius animas, Summa, theol.*, I^a, Q. LXXXIX, a. 1, C. fin.

III. – Cette nécessité est d'ailleurs des plus impérieuses : « *Lors même que, dans l'intelligence, se serait réalisée l'union entre l'âme intelligible et l'intelligence, cette union demeurerait virtuelle et inopérante dans l'essence de l'âme.* »

Ces paroles assez énigmatiques de Jean de Saint-Thomas[257], seront de la plus haute importance pour déterminer la structure de l'état de grâce dont, *nous ne l'oublions pas,* nous étudions toujours « le modèle ». Elles nous permettront de distinguer la relation entre Dieu et la grâce créée, relation objective *constitutive* de *l'état* de grâce, relation *habituelle,* des relations *conséquentes actuelles,* que les vertus théologales ou les dons peuvent établir entre les puissances de l'âme et l'objet divin immanent à l'âme.

Que signifient ces mots : alors même que l'union objective de l'âme avec l'âme serait réalisée dans l'intelligence, *in intellectu ?*

Tout simplement que l'on suppose l'union objective de l'âme-objet avec l'intelligence réalisée actuellement dans la conscience psychologique, et, ultérieurement, dans les connaissances scientifique [149] et philosophique de l'âme, lesquelles élaborent les données de la conscience psychologique[258]. Cette réalisation est à tous ses degrés l'œuvre de la puissance intellectuelle : elle se fait « *in intellectu* ».

Jean de Saint-Thomas déclare donc ici que, lors même que nous aurions conscience de l'existence de notre âme, ou encore sa science et sa philosophie, et qu'ainsi serait actuellement réalisée, comme elle peut se réaliser en cette vie, l'union objective de l'âme intelligible et de l'âme intelligente, il y aurait dans le fond de l'âme une relation impossible à percevoir, et qui est cependant tout à la fois constitutive de la structure de l'âme comme esprit et condition foncière des relations qui s'établissent ensuite à l'étage opératif. C'est cette relation que saint Thomas mentionne toujours, lorsqu'il parle de la connaissance de l'âme

---

[257] 1. Cf. *supra*, texte cité, p. 142.
[258] 1. *De Verit.*, Q. X, a. 8, et Questions ou articles parallèles.

par elle-même, avant la conscience psychologique, et qu'il nomme la connaissance *habituelle* de l'âme par elle-même[259].

La raison de cette permanence dans le silence de la vie intellectuelle profonde de l'âme, alors que les manifestations de la conscience battent leur plein, la voici : la conscience ne fixe pas directement l'âme dans sa substance, elle l'atteint par une réflexion sur son acte, comme racine et cause de cet acte. Or, cet acte d'intelligence est engagé dans les phénomènes sensibles qui lui fournissent sa matière objective ; et c'est même à cause de cela que notre intelligence, condamnée à ne connaître que par abstraction des choses sensibles, peut se faire une représentation de son acte. C'est sans doute la même âme que fixent, [150] et l'intelligence *essentielle* et la conscience, mais non pas sous le même rapport : l'intelligence profonde la regarde dans son être substantiel, immédiatement intelligible, encore que virtuellement : la conscience la regarde et l'atteint actuellement comme le principe de ses opérations, mais elle ne la connaît que par le secours du sensible, et donc ni comme substance, ni comme intelligible de soi et immédiatement. Nos deux connaissances sont dans des plans différents et superposés : l'un tout au fond, l'autre à la superficie. Il n'est pas étonnant que la conscience psychologique ne nous révélant actuellement que l'existence de notre âme, la connaissance immédiate et proprement intuitive par l'âme *de* sa propre substance, demeure habituelle pour tout le reste et que *rien* ne la trahisse.

IV. – Jean de Saint-Thomas précise que ce silence et cette nuit dont s'enveloppe la présence objective immédiate de l'âme à elle-même, sous les manifestations de la conscience psychologique, *atteint non seulement la substance de l'âme, mais sa puissance intellectuelle elle-même.*

On sait qu'aucune substance n'est opérative par elle-même. La forme détermine l'être en lui-même, mais non vis-à-vis d'un objet. Pour entrer en relation de connaissance avec quelqu'objet que ce soit, la substance doit s'adjoindre des

---

[259] 2. Cf. *Quatrième partie*, Q. I, *La perception expérimentale de l'âme par elle-même.*

puissances. Et c'est même, chez saint Augustin, ce tout concret formé de la substance et de la puissance intellectuelle qui reçoit le nom de *Mens*[260].

[151] Tout ce que nous avons dit touchant la relation de l'âme auto-lucide avec l'âme intelligente, doit donc s'entendre de l'âme intellectuelle, armée de la puissance émanée d'elle. C'est là le *Mens* concret, l'intelligence toute prête à entrer en rapport avec un objet. Et donc, sous les manifestations de la conscience psychologique, encore qu'elles mettent en acte la puissance intellectuelle dans le plan superficiel du fait de l'âme, subsiste le silence de cette même puissance vis-à-vis de la substance de l'âme immédiatement intelligible. Le *Mens* est dans l'état virtuel en ce qui regarde la manifestation de l'union immédiate entre l'âme-objet et l'âme-sujet.

Mais cette absence d'activité n'est rien moins que de l'inertie. Nous devons la concevoir comme un état habituel d'inclination vis-à-vis du futur déclenchement de l'intuition directe, qui est le privilège de l'âme séparée. « La puissance intellectuelle, dit Jean de Saint-Thomas, lorsqu'elle émane de l'âme, émane d'elle comme d'une racine intelligente munie de son objet intelligible, mais qui ne manifeste pas actuellement son intelligibilité, purement, spirituellement et immédiatement, tant qu'elle est dans l'état présent... en raison de la nécessité qui lui incombe de recourir aux choses sensibles pour s'actualiser[261]. »

On saisit cette fois, et définitivement, la ressemblance et la différence de l'esprit angélique et de l'esprit humain. La ressemblance : la puissance intellectuelle de l'un et de l'autre émane de l'âme dans cet état de conjonction intérieure avec un objet, que nous rencontrons, par exemple, dans [152] l'instinct, dans la mémoire, ou dans la science du savant. Mais, chez l'ange, pur esprit, aucun obstacle ne s'oppose à l'actualisation de sa connaissance de lui-même, tandis que chez l'homme, dans son état actuel, la manifestation de l'intelligibilité de son âme à sa puissance intellectuelle demeure liée, en raison de la nature propre de sa connaissance actuelle, qui est la connaissance abstractive.

---

[260] 1. Cf. *supra, Première partie,* Q. II, a. 2 fin, p. 34.
[261] 4. Cf. *Supra,* texte cité, p. 34.

CONCLUSION

L'union intime de l'âme avec l'âme, qui est le fond de l'esprit humain et dénonce sa structure interne, *ne se révèle pas jusqu'à l'état d'âme séparée.*

Cette conclusion, donnée sans réticence par Jean *de* Saint-Thomas, livre à qui a suivi son analyse, le dernier mot de la philosophie de saint Thomas, tant sur la structure de l'âme et le point où jouera, entre l'âme et son objet, l'action de la grâce sanctifiante, que sur le silence qui enveloppe cette structure interne, toute de l'ordre entitatif, siège et théâtre, voire même, dans l'intention divine, « *apud Se », dirait* saint Augustin[262], pierre d'attente des accroissements divins de l'avenir.

---

[262] 1. Cf. *Infra*, L. III, Q. II, p. 229.

LIVRE TROISIÈME
LA CAPACITÉ DU MENS EN REGARD DE LA VIE DIVINE

PROLOGUE

Dans les pages qui précèdent, le *Mens,* indivisible dans son essence, nous est apparu, à un autre point de vue, divisé en deux parties qui se correspondent et se concernent réciproquement, *le Mens en* tant qu'intelligible par soi, et le *Mens* capable de se connaître.

Analysant cette structure essentielle, toute de l'ordre intelligible, nous avons remarqué, avec saint Augustin, que, dans son essence même, le *Mens étant* image de Dieu, Dieu lui-même, en tant que sa ressemblance est impliquée dans son image, entrait dans la perspective du *Mens, et, à ce* titre, constituait un élément objectif de la vie psychologique, purement habituelle, préformée dans le fond même de notre âme.

C'est donc au sein de l'âme que se trouve posée la question de savoir, si, dans le *Mens* intelligent, *capable* de se connaître soi-même, et de reconnaître en soi l'image de Dieu qui lui est essentielle, il n'y aurait pas quelque capacité latente qui lui permît de rejoindre directement et en lui-même le Dieu dont il est par ailleurs l'image.

La foi catholique, en professant que la vision de Dieu est la fin suprême de la vie humaine, et qu'elle a, dès cette vie, et par anticipation, sa cause adéquate et efficace dans la grâce sanctifiante, reçue en nos âmes comme dans son sujet, affirme du même coup cette capacité foncière : capacité très initiale, il est vrai, puisqu'elle demande à la grâce et à la lumière de gloire les compléments surnaturels qui habiliteront l'âme en la proportionnant à la vision divine, mais capacité de l'âme tout de même, puisque vie de la grâce et vision divine sont reçues en nous, et sont bien nôtres. Cette capacité a reçu, dans la théologie, le nom de *Puissance obédientielle* au Surnaturel.

Et donc, après avoir déterminé le lieu où peut naître notre vie divine, le point précis où la grâce doit intervenir, à savoir le fond même de notre âme, nous pouvons, avec confiance, aborder l'autre question : Si l'essence du *Mens* intelligent et aimant est douée, en son fond, de la capacité de recevoir la grâce qui l'achèvera comme sujet proprement récepteur de la vie divine, en le mettant dans l'état de disposition ultime à la recevoir ?

Suivant notre habitude, nous nous adresserons, pour élucider cette question, aux deux maîtres authentiques de la Vie spirituelle, saint Augustin et saint Thomas d'Aquin.

Ce livre comprendra trois Questions :

I. – « L'âme informe », selon saint Augustin et sa capacité de vie divine.

II. – Comment saint Augustin conçoit la puissance obédientielle au Surnaturel par essence ?

III. – La puissance obédientielle au Surnaturel, selon saint Thomas.

QUESTION 1
LA « NATURE RATIONNELLE INFORME » ET SA CAPACITÉ DE VIE DIVINE

PROLOGUE

Je n'aurais jamais songé à transporter sur le terrain d'une théorie aussi surannée l'étude de la puissance obédientielle, si quelques théologiens contemporains n'avaient cherché à appuyer leurs thèses touchant la capacité positive et active de la nature pure vis-à-vis du surnaturel, sur ce que dit saint Augustin de la relation de la nature spirituelle *informe à* son état formé par la contemplation directe et plénière des Idées divines.

Il règne, à tout prendre, une certaine analogie entre les deux points de départ et les deux points d'arrivée de ces relations, relation de la nature pure au surnaturel et relation de l'âme informe à sa contemplation plénière des Idées divines. Car, d'une part, cette contemplation, pour saint Augustin, est surnaturelle ; et, d'autre part, si l'on tient que l'homme philosophique est un équivalent acceptable de la nature pure, ne peut-on en dire autant et plus de la conception augustinienne de l'âme avant toute formation, tant en nature qu'en grâce ? Des deux côtés, l'aboutissant est surnaturel, le point de départ ne l'est pas. Si donc on peut démontrer que [156] saint Augustin admet dans l'âme informe une capacité positive et active vis-à-vis du surnaturel, une sorte de raison séminale active de la grâce, il en résultera un argument d'autorité en faveur de la théorie de la puissance obédientielle active de la nature en regard du surnaturel.

Nous voudrions élucider ce qu'il faut penser de cette interprétation et des interprétations analogues, en faisant une revue des textes de saint Augustin. Puissions-nous arriver, par leur examen comparé, à une intelligence exacte de sa pensée sur la puissance obédientielle, à ce stade de la création.

Nous diviserons cette Question en cinq articles.

I. – La Genèse du monde, spécialement de la nature rationnelle.

II. – Qu'est-ce, au juste, que la nature rationnelle informe ? Si elle renferme des raisons séminales ?

III. – Qu'entendre par la formation de la nature rationnelle ?

IV. – La formation de la nature rationnelle comprend-elle son élévation à l'ordre surnaturel ?

V. – La relation précise entre l'âme informe et l'âme formée simultanément en nature et en grâce.

ARTICLE I
La Genèse du monde et spécialement de la nature rationnelle selon saint Augustin.

Dans le commentaire sur *la Genèse* qu'il intitule *ad litteram,* ce qui est quelque peu le flatter, saint Augustin suggère d'abord[263], pour finalement admettre [157] que, tant la nature spirituelle (le *caelum* de la *Genèse*, I, 1), que la nature corporelle (le *terram* de la *Genèse,* ibid.), ont été créés, *in principio,* dans un état informe[264]. Cette création en bloc précède les six jours, non dans le temps, mais causalement, *origine non tempore.* C'est elle qui serait signifiée par ces mots : *In principio Deus creapit caelum et terram.*

Quant aux six jours, qui n'en sont qu'un au point de vue du temps, ils rapportent, non la création, mais la *formation* de la nature informe par les Idées divines et figurent les phases de cette formation, telles qu'elles sont apparues aux anges, formés, dès le début du premier jour, par le *Fiat lux*. Aucun intervalle de temps, d'ailleurs, entre création et formation r, il ne s'agit que de priorité causale[265].

---

[263] 1. *De Genesi ad litt.*, L. I, n. 3, 9, 11.

[264] 1. *De Genesi ad litt.*, L. I, n. 28, 29, etc. Cf. *Confessions*, L. XII, C. VII, VIII, où la nature spirituelle formée est nommée *caelum caeli*, pour la distinguer du ciel matériel, formé après elle.

[265] 2. « *Non itaque temporali, sed causali ordine, prius facta est informis formabilisque materies, et spiritalis et corporalis.* » *De Gen. ad litt.*, L. V, n. 13 ; cf. n. 16 ; L. IV, n. 49, 51. — « *Sicut vox materia est verborum, verba vero formatam vocem indicant, non*

Cette interprétation étrange ne s'explique que par une sorte de résidu de doctrine platonicienne que saint Augustin n'est jamais parvenu à réduire, et qu'il s'est contenté d'interpréter selon les exigences de sa foi chrétienne[266].

La théorie platonicienne de la participation des Formes séparées ou Idées, nécessaires pour que les choses existent dans leurs natures et soient connues, [158] ne se comprend que si l'on suppose en face des Idées une matière à informer [267]. Cette matière était, pour Platon, éternelle[268] ; et la création dès lors réduite à sa formation par les Idées. Saint Augustin entreprend de faire rentrer ce système dans le moule catholique. Pour cela il professe d'abord que la matière de toutes choses, y compris la matière des esprits, est *créée* par Dieu [269] : *cette première création, in principio,* lui donne le sujet à informer par les Idées. Mais ces Idées, et c'est sa seconde correction, ne sont pas des Idées subsistantes par soi, ce sont les Idées de Dieu[270]. De ce fait, création informe et formation de cette matière par les Idées, étant simultanées, constituent une équivalence de la création totale[271]. Il est clair qu'il y a là une complication et que cette complication tient au système conservé. Saint Thomas en débarrassera pour toujours la métaphysique, en mettant, au-dessus du schème platonicien de la *Participation*

---

autem qui loquitur emittit prius vocem informem, quam possit postea... in verba formare... » Ibid., L. I, n. 29. Pour les six jours, Cf. *De Gen. ad litt.,* L. IV, C. XXII, XXVII, XXXIII ; L. V, C. IV.

[266] 3. « *Augustinus autem Platonem secutus quantum fides patiebatur.* » SAINT THOMAS, *De Spir. creat.,* a. 10, ad 8^m. Sur la fin de sa vie, sans renier ses théories, saint Augustin est devenu bien plus positif, objectif et purement chrétien dans l'interprétation de l'Écriture.

[267] 1. Cf. R. OMEZ, « La Notion de Χώρα », *Revue des Sciences philos. et théol.,* oct. 1923, p. 447 sq.

[268] 2. *Ibid.,* p. 449. Le P. LAGRANGE, dans son article : « Platon théologien », *Revue thomiste,* mai-juin 1926, pp. 198-200, tient que, selon Platon, la Χώρα, est née avec les choses sensibles. Platon aurait professé la création totale par le démiurge, qu'il estime représenter l'Idée du Bien en acte, p. 199. La tâche d'Augustin, s'il a ainsi compris Platon, se bornerait à la seconde correction.

[269] 3. « *Propè nihil, ut non sit facta, nisi a Deo.* » *De Genesi ad litt.,* L. I, n. 29. D'après le P. Lagrange, *art. cit.,* cette manière de voir serait celle de Platon, p. 200, note.

[270] 4. Selon le P. Lagrange, *art. cit.,* les Idées sont déjà considérées par Sénèque comme étant en Dieu : « Interprétation indulgente », p. 201.

[271] 5. *Confess.,* L. XIII, n. 48. « *De nihilo enim à te, non de te facta sunt, non de aliquâ non tuâ, vel quae anteà fuerit, sed de concreatâ, id est, simul à te creatâ, materià.* »

des Idées, le point de vue de ceux : *qui erexerunt se ad considerandum ens in quantum ens, et consideraperunt causam entium, non solum secundum* [159] *quod sunt haec vel talia, sed secundum quod sant entia secundum omne illud quod pertinet ad esse eorum quocumque modo*[272], Ces derniers mots désignent sans ambages la matière première elle-même. Regardant ainsi le bloc, *entia in quantum entia,* et non plus les espèces, comme le terme formel d'un acte créateur unique, saint Thomas a coupé court à ces complications qui ont littéralement *torturé,* on va s'en apercevoir, l'intelligence d'Augustin.

Il n'est pas question ici de restaurer ces théories[273], mais d'essayer de les comprendre, afin de pouvoir découvrir, à travers les textes, quelle conception se faisait saint Augustin de la capacité de la matière informe de la nature rationnelle, vis-à-vis de ses formes, et spécialement en regard de sa formation par la vue directe des Idées qui représente pour lui, nous le verrons, le surnaturel.

Quoi qu'on en ait dit récemment[274], l'âme humaine, pour saint Augustin, possède une matière : il faut seulement bien entendre en quel sens. Il n'a rien de matérialiste.

Tout simplement, saint Augustin tient que l'âme humaine a été comprise dans la création informe [160] primitive. Elle compose avec les anges ce *caelum* qui désigne, selon lui, les créatures spirituelles. Mais, tandis que les anges ont été formés par les Idées divines, dès le *Fiat lux* du premier jour, *l'âme n'a été* formée par les Idées divines que le sixième jour, lorsque Dieu dit : *Faciamus hominem ad imaenem et similitudinem nostram.* Saint Augustin tient énergiquement qu'elle fut alors définitivement créée *elle-méme, ipsa,* non dans sa raison causale, tandis que son corps ne recevait, le sixième jour, sa formation que dans

---

[272] 1. *Summa theol.*, I P., Q. XLIV, a. 2. Cf. *Appendice* II.

[273] 2. Saint Augustin lui-même ne les propose souvent que sous forme interrogative : *An ? Annon ?* Il semble sourire de ses propres explications ; il demande que l'on trouve mieux. *De Gen. ad litt.*, L. I, C. XIX à XXI ; cf. L. VII, C. XXVIII, n. 42 fin. « *Sed si possunt haec melius intelligi, non solum non resisto, verumetiam faveo.* »

[274] 3. E. PORTALIE, art. « Augustin », *Dict. de Théologie catholique,* col. 2360, s'est mépris sur le sens de l'argumentation du *De Genesi ad litt.*, L. VII. Boyer, se sépare de lui, avec raison, sur ce point, *L'idée de vérité dans la Philosophie de saint Augustin,* C. III, a. 1, p. 117. — Cf. sur la question, MANDONNET, *Siger de Brabant,* t. I, C. II, éd. 1911, p. 57.

sa raison causale ou séminale. L'âme était donc achevée et complète, comme nature, avant son corps. Celui-ci n'a été définitivement formé qu'après les six jours, lorsque Dieu inséra l'âme demeurée « cachée dans les œuvres de Dieu[275] », dans le limon qu'il formait alors[276], Le composé humain comme tel ne fait donc pas partie de la création proprement dite, laquelle, selon saint Augustin, est terminée avec les six jours : il appartient à ce que saint Augustin appelle l'administration [161] du monde par la Providence, dont il est l'un des premiers produits. Cette indépendance de la création de l'âme, être complet, vis-à-vis de la création du corps est bien dans la note platonicienne.

Puisque c'est la participation aux Idées qui fait les natures complètes, il nous faut admettre que c'est le sixième jour que l'âme a reçu l'illumination des Idées divines qui l'a formée. Nous devrons même dire davantage et admettre avec saint Augustin que cette formation de l'âme par Dieu lui a donné la *Sagesse*, c'est-à-dire cette participation plénière des Idées divines qui, selon saint Augustin, n'est possible que par la grâce[277]. Le dogme chrétien qui admet que le premier homme a été créé avec la grâce, se transpose ainsi, et se transforme quelque peu, chez saint Augustin, au bénéfice de l'âme seule : le corps humain, « l'homme visible », n'existant encore, le sixième jour, quand l'âme fut formée, qu'à l'état de raison causale.

---

[275] 1. *De Genesi ad litt.,* t. VII, C. XXIV.
[276] 2. « *Credatur ergo… hominem ita factum* SEXTO DIE, *ut* CORPORIS *quidem ratio* CAUSALIS *in elementis mundi, — anima vero jam ipsa crearetur, sicut primitus conditus est dies* (le jour unique *de Gen.,* II, 4, qui est l'équivalent des 6 ou 7 jours simultanés de la création. Cf. *De Gen. ad litt.,* L. V, n. 1), *et creata lateret in operibus Dei, donec eam suo tempore sufflando, hoc est inspirando, formata ex limo corpori insereret.* » *De Gen. ad litt.,* L. VII, C. XXIV. — « *Frustra ergo jam quaeritur, ex quà veluti materiâ facta est anima, si recte intelligi potest in primis operibus facta* (c'est-à-dire complètement formée) *cum factus est dies* (le jour unique comprenant les six jours simultanés de la création, donc le sixième où l'âme a été formée). *Sicut enim illa quae non erant, facta sunt, sic et haec inter illa. — Quod si et materies aliqua formabilis fuit, et corporalis et spiritalis* (créée avant les six jours, quand Dieu *in principio* créa le ciel et la terre à l'état informe), *non tamen et ipsa instituta nisi a Deo, ex quo sunt omnia, quae quidem formationem suam non tempore, sed origine praecederet, sicut vox cantum* (Cf. L. I, C. XV). *Quid nisi de materiâ spirituali facta anima congruentius dicitur ?* » *De Gen. ad litt.,* L. VII, C. XXVII, n. 39.
[277] 1. Cf. *infra,* art. IV, p. 189.

Le problème de la capacité de la nature de l'homme vis-à-vis du surnaturel se trouve donc transposé, et ramené au problème de la capacité de la nature informe de son âme vis-à-vis de sa formation complète, achevée, par les Idées divines, qui sont Dieu même.

C'est en ces termes qu'il convient de l'entendre si l'on veut chercher la solution de ce problème dans les théories de saint Augustin sur l'âme informe.

[162]

ARTICLE II
Qu'est-ce, au juste, que la nature rationnelle informe ? Si elle contient des raisons séminales ?

C'est sous les espèces des raisons séminales que l'on a cru trouver dans l'*Âme informe* de saint Augustin, une puissance obédientielle positive, le germe donc du surnaturel. C'est pourquoi dans l'intitulé de cet article nous mettons en vedette cet aspect de la question.

Il est d'ailleurs impossible d'étudier ce qui concerne proprement l'informité de la nature spirituelle sans avoir quelques notions précises sur l'ensemble de la doctrine de l'informité originelle de la création *en général*.

D'où le partage de cet article en deux paragraphes :
I. Généralités ;
II. La nature rationnelle informe.

I. *Généralités.*

L'informité de la matière, tant des esprits que des corps, créée *in principio* semble à saint Augustin désignée dans le récit de la *Genèse,* par ces deux mots : 1° *l'abîme,* dont il est dit : *tenebrae erant super faciem abyssi*[278] ; 2° *les eaux*

---

[278] 1. *De Gen. ad litt.*, t. I, c. I, n. 3 : « Spiritalis autem significatur eo quod dictum est : *Tenebrae errant super abyssum, ut ... tenebrosam abyssum intelligamus naturam vitae informem.* »

sur lesquelles était porté l'Esprit[279], ou mieux que l'Esprit couvait, [163] *fovebat*[280]. — D'où les deux expressions : *ténébreuse* et *ondoyante,* que saint Augustin applique sans cesse à la nature rationnelle considérée dans cet état[281].

Quelle est la réalité qui pose sous ces symboles allégoriques ?

Ce n'est pas une pure potentialité comme la matière première d'Aristote et de saint Thomas. C'est une « actualité positive, quoique infime[282] ».

Comment comprendre, sans cela, les expressions de saint Augustin qui nous représentent la matière informe possédant une *vie* informe, misérable ; ou encore : tendant vers le néant[283], dotée d'une existence quelconque, *qualiscumque*[284] ; la matière spirituelle informe supérieure à celle du corps, même formé ; la matière informe corporelle supérieure au néant[285], et donc... existante ?

Saint Thomas, il est vrai, identifie la matière informe à la matière première aristotélicienne, se fondant sur ceci que la matière informe étant, selon saint Augustin, dépouillée de toute forme, ne peut avoir d'actualité. C'est raisonner en aristotélicien[286]. Or, la pensée de saint Augustin se meut dans un système moins précisé. C'est aussi ne pai tenir [164] compte des affirmations de saint Augustin, qui dit sans ambages et répète que cette matière existe et vit, d'une vie ondoyante, il est vrai, et tendant vers le néant ; qu'elle est double enfin, matérielle et spirituelle, ce qui suppose un principe quelque peu actuel de différenciation.

Que peut être cette actualité ? On a pensé aux raisons séminales. La matière première de saint Augustin « recèle les principes on raisons séminales des

---

[279] 2. *De Gen. ad litt.*, L. I, C. V, n. 11. Dans les eaux est renfermée également la nature spirituelle informe.
[280] 1. *Ibid.*, C. XVIII, N. 36.
[281] 2. *Ibid.*, C. IX, n. 17 pour l'expression : *fluitaret informiter*. Cf. l'expression : *Vivit fluitans in obscuritate sua, Confessions*, L. XIII, C. IV, n. 5.
[282] 3. MANDONNET, *Siger de Brabant*, éd. 1911, t. I, p. 57 ; cf. *De Genesi contra Manichaeos*, L. I, n. 12.
[283] 4. *De Gen. ad litt.*, L. I, C. IV.
[284] 5. *Confess.*, L. XIII, C. III ; cf. *De Gen. ad litt.*, L. I, C. V, n. 10 ; C. IX, n. 17 ; C. XV, n. 30 ; L. V, C. V, n. 13, 16, etc.
[285] 6. *Confessionum*, L. XIII, C. II, n. 2, 3 ; C. III, n. 4.
[286] 7. SAINT THOMAS, *Summa theol.*, I P., Q. LXVI, a. 1. — *De Pot.*, Q. IV, a. 2. Le P. Lagrange, tient, il est vrai, que, selon Platon lui-même, le non-être ne saurait avoir une existence quelconque avant d'avoir participé aux Idées, *art. cit.*, p. 199.

choses », dit le P. Mandonnet [287], Saint Thomas semble consentant : « Dieu, dit-il, a doué la matière première, selon saint Augustin, de deux ordres de raisons : les raisons causales ou obédientielles, par lesquelles toutes choses sont disposées *(natae sunt)* à obéir à Dieu pour tout ce qui lui plaît, et les raisons séminales[288]. » On remarquera provisoirement, en attendant que nous tirions au clair cette question[289], que saint Thomas ne dit pas ici que cette dotation de la matière a eu lieu *in principio,* quand la matière était encore informe.

Après un collationnement minutieux et, ce nous semble, exhaustif de tous les passages du *De Genesi ad litteram,* l'ouvrage classique sur ce sujet, je crois pouvoir affirmer que *tous* les textes où il est question des raisons causales et séminales présentent celles-ci comme appartenant à l'œuvre des six jours, et les situent ainsi à l'étage de la formation des choses, et non au plan de la création informe du ciel et de la terre *in principio, ante omnem diem* [290]. La première [165] création ne concerne que la matière informe.

Saint Augustin admet, en effet, que pendant les six jours Dieu a formé la matière non seulement par des formes spécifiques achevées, mais aussi par des raisons séminales. Il tient, en harmonie, croit-il, avec le texte de la *Genèse* II, I : *Igitur perfecti sunt caeli et terra et omnis ornatus eorum,* que la création est chose faite et parfaite avec les six jours. Et comme manifestement dans la *Genèse* une certaine formation n'est pas chose accomplie (paradis terrestre, corps d'Adam, *virgultum agri antequam oriretur),* il résout cette contradiction apparente en admettant qu'une partie des créatures ont été définitivement formées et achevées durant les six jours. tandis que d'autres n'ont été formées qu'initiale-

---

[287] 1. P. Mandonnet, *Siger de Brabant,* Louvain, 1911, t. 1, p. 37.
[288] 2. Saint Thomas, I *Sent.,* Dist. 42, a. 2, ad 4^m.
[289] 3. Cf. *infra,* p. 166.
[290] '4. Dans le *De Genesi ad litteram imperfectus liber,* C. III, n. 10 ; C. IV, n. 13, saint Augustin regarde la matière informe *velut semen caeli et terrae.* Ce n'est pas là un équivalent de raison séminale, mais, semble-t-il, une métaphore littéraire. D'ailleurs, comme le remarque E. PORTALIE, *L'Imperfectus liber* n'est qu'un essai de jeunesse, à propos duquel saint Augustin avouait que « son inexpérience succomba sous le faix », et qu'il renonça à poursuivre. *Dict. de Théol. cath.,* art. « Augustin », col. 2300. Ces *obiter dicta* n'ont donc aucune importance, en regard de l'imposante série de témoignages du *De Genesi ad litteram,* œuvre définitive.

ment, *inchoata,* dans leurs raisons séminales. A la Providence non plus créatrice, mais ordonnatrice, d'actualiser dans la suite des temps ces semences des choses [291].

Cette opinion de saint Augustin s'étale dans le *De Genesi* avec d'autant plus d'évidence qu'il a pris soin de recenser séparément et en détail, et les êtres formés définitivement pendant l'œuvre des six jours, et ceux qui ne le sont alors que dans leurs raisons séminales. Du nombre des êtres achevés sont les anges, formés au premier jour[292], le jour, le firmament, la terre, la mer, l'air et le feu (quatre éléments), [166] les astres [293], l'âme de l'homme créée *ipsa,* le sixième jour[294]. Du nombre des êtres formés seulement dans leurs raisons séminales pendant les six jours, sont : les semences primordiales, *primordia seminum,* d'où toute chair et tous les végétaux *(frutecta)* sont engendrés[295], l'herbe et les arbres, *herbam et lignum* [296], les arbres fruitiers, qui ne devaient être formés que lorsque Dieu « planta l'Eden [297] », les animaux[298], l'homme visible, c'est-à-dire le composé humain[299], spécialement le corps d'Adam[300]. C'est, peut-on dire, la tierce partie de création qui reste ainsi en devenir. L'on comprend que saint Thomas, en face de cette évidence, ait précisé ou modifié le moment de l'introduction des raisons séminales dans la matière, qui nous paraissait indécis dans le passage, cité plus haut, du Commentaire du livre I des *Sentences* : Je concède, dit-il, que les raisons séminales sont *des* vertus actives complètes, puisqu'elles ont été conférées aux choses individuelles lors de leur création première, durant l'œuvre des six jours[301].

---

[291] 1. *De Gen. ad litt.*, L. V, n. 45-46 ; L. VI, n. 17 ; L. VII, n. 42, 5 *Ab exordio saeculi.*
[292] 2. *De Gen. ad litt.*, L. II, C. VIII.
[293] 1. *De Gen. ad litt.*, L. VI, n. 2 : noter un luxe de détails pour la lune : « *sive plenum, sive primam, fecisse perfectam* ». *Ibid.*, L. II, C. XV.
[294] 2. *Ibid.*, L. VII, C. XXIV, XXVII, XXVIII.
[295] 3. *Ibid.*, L. V, n. 20 ; cf. L. VI, C. X.
[296] 4. *Ibid.*, L. V, C. IV, n. 9-11 ; cf. c. XXIII, n. 45, où se rencontre un résumé très clair des deux créations, l'actuelle et la virtuelle.
[297] 5. *Ibid.*, L. VI, n. 5.
[298] 6. *Ibid.*, L. VI, n. 14.
[299] 7. *Ibid.*, L. VI, C. VI, n. 9 ; et surtout L. VI, n. 19 : « *constans ex anima et corpore* ».
[300] 8. *Ibid.*, L. VII, C. XXIV, n. 35 ; L. X, n. 3.
[301] 9. SAINT THOMAS, II *Sent.* Dist. 18, Q. I, a. 2, C. fin. D'ailleurs le saint Docteur rappelle, au même endroit, sa doctrine constante à savoir que : « *in materia prima nulla est*

[167] Ce qui prête à obscurité en cette matière, et excuse les partisans de la présence des raisons causales ou séminales dans la matière informe créée *in principio,* ce sont certaines expressions par lesquelles saint Augustin désigne parfois l'œuvre des six jours. S'appuyant sur le verset 4 du chapitre II de la *Genèse : Istae sunt generationes caeli et terrae, quando creata sunt,* IN DIE *quo fecit Dominus Deus caelum et terram,* il lui arrive de parler de l'œuvre des six jours comme de l'œuvre d'un seul jour. Il dit par exemple : *cum ille factus est dies quando Deus creavit onznia simul* [302] ; – *cum factus est dies*[303], et, toujours en conformité avec ce même texte, *Genèse,* II, 4, il lui arrivera même de dire qu'en ce jour unique Dieu créa *le ciel et la terre,* ce qui semble se rapporter à la création du ciel et de la terre, de *Genèse,* I, 1, *in principio,* c'est-à-dire à leur création informe. Or en ce jour, désigné au singulier, il placera la création des raisons séminales : *Nunc ergo semina tunc facta sunt, cum factus est dies*[304]. D'où résultera, chez ceux qui n'auront pas collationné tous les textes et reconnu attentivement leur portée, cette idée inexacte que, dès leur création informe, le ciel et la terre *in principio* possédaient des raisons séminales.

Cette exégèse tombe, si l'on se rend compte que le *dies* de *Genèse,* II, 4, comprend les six jours de la création. Saint Augustin lui-même a dissipé l'équivoque : « Que personne ne s'avise de dire que le ciel et la terre qui sont mentionnés, *Genèse,* II, 4, [168] sont les mêmes qui sont mentionnés, avant que le jour ne fût fondé : *In principio Deus caelum et terram…* Le passage de la *Genèse,* II, 4 : « C'est ici le livre de la création du ciel et de la terre, qui eut lieu *quand le jour fut fait »,* montre assez, je pense, qu'il n'y est pas question du ciel et de la terre créés *in principio, avant le jour,* lorsque les ténèbres planaient sur

---

potentia activa sed pure positiva ». Il est donc bien clair que le passage du Commentaire I *Sent.,* Dist. 42, a. 2, ad 4^m, cité plus haut, ne contient pas l'affirmation de raisons séminales dans la matière informe, laquelle, d'ailleurs, pour saint Thomas, représente la matière première. Il faut les mettre dans la matière formée. Mais alors, celle-ci n'est plus la matière créée *in principio,* mais la matière faisant déjà partie du *Cosmos,* œuvre des six jours. Et c'est, sans doute, ce qu'a entendu dire, lui-même, le P. MANDONNET, cf. p. 164.

[302] 1. *De Gen. ad litt.,* L. VI, n. 29.
[303] 2. *Ibid.,* L. VII, n. 39.
[304] 3. *Ibid.,* L. V, n. 3-5, 8-11.

l'abîme, mais qu'il s'agit du ciel et de la terre créés, quand le jour fut, c'est-à-dire des parties et des genres des choses, formées et distinctes, grâce auxquelles la création universelle offre cet aspect complexe et organisé que l'on appelle le monde [305]. » – Il s'agit donc dans ces textes, où la création des raisons séminales est présentée comme opérée au jour où Dieu créa le ciel et la terre, de ce jour unique, *unum diem*[306], six ou sept fois répété[307] qui n'est autre que l'ensemble, *recapitulatio,* des six jours de la création ; nullement de la création *in principio* de la matière informe de la créature spirituelle et corporelle, *caelum et terram*.

La question nous semble tranchée. La nature spirituelle ou corporelle informe créée au premier jour renferme une actualité, mais ne renferme pas de raisons séminales ou causales, créées ensuite. La matière informe est pour saint Augustin une pure *formabilitas,* qui sera formée durant les six jours par le Verbe de Dieu, tant définitivement que par des raisons causales et séminales. On ne saurait trop répéter que la matière informe précède sa formation, non dans le temps, mais dans l'ordre de causalité.

[169]
II. *La nature rationnelle informe.*

Il n'y a pas de raison pour ne pas concevoir sur le modèle commun de la matière informe l'informité de la double nature spirituelle, celle des anges et celle du premier homme. C'est donc une pure *formabilitas* [308], d'ordre très élevé d'ailleurs, puisque, comme nous l'avons relevé, la nature spirituelle informe est supérieure au corps même formé.

Cette matière spirituelle est double, comme le manifesterait au besoin ce fait que, selon saint Augustin, l'ange et l'homme n'ont pas été *formés* le même jour. Leur mode de formation est, d'ailleurs, identique. C'est, dit saint Augustin, par

---

[305] 1. *De Gen. ad litt.*, L. V, n. 1.
[306] 2. *Ibid.*, n. 13.
[307] 3. *Ibid.*, L. IV, n. 52, fin ; L. V, C. I.
[308] 1. *Ibid.*, L. V, C. V, n. 16.

la connaissance du Verbe de Dieu que l'ange a été formé[309], Et il ajoute, aussitôt après cette assertion : *Hoc et in hominem conditione servatur.* Mais, l'ange informe, si l'on peut ainsi le nommer, s'est converti à la lumière spirituelle qui le formait, le créait définitivement, dès le premier jour, lors du *Fiat lux ;* l'âme informe n'a eu cette illumination et n'a reçu cette formation que le sixième jour, lorsque Dieu dit : *Faciamus hominem ad inzaginenz et similitudinem nostram.* Il y a donc bien deux matières spirituelles, chacune d'elles regardant un acte formateur spécial. Et toutes deux ont été créées *in principio,* avant les six jours.

Il ne faudrait pas confondre l'âme informe avec une certaine « matière d'âme », que mentionne et rejette saint Augustin, qui aurait été créée, d'après [170] ses partisans, le *sixième* jour, et dans laquelle l'âme définitive n'aurait été introduite qu'après *l'œuvre des six jours,* lorsque Dieu insuffla l'âme d'Adam dans son corps. Saint Augustin, dans le livre VII du *De Genesi ad litteram,* se refuse à admettre cette conception et lui fait un long procès [310].

Mais cette idée qu'il rejette n'a rien de commun avec celle de la double matière spirituelle créée *in principio.* A l'endroit même où il combat cette conception d'une matière d'âme, sous la forme où elle vient d'être énoncée, saint Augustin ne laisse pas de réserver la matière primitive spirituelle et de défendre sa possibilité : « *Fortasse potuit et anima, antequam ea ipsa natura fieret quae anima dicitur, habere aliquam materiam pro suo genere spiritalem quae nondum esset anima*[311], » Et, tout en persistant à se refuser à admettre que cette matière d'âme soit l'âme créée *ipsa* le sixième jour, il maintient la légitimité de la conception, si conforme au système de la *Participation,* d'une matière de l'âme, se contentant d'en édicter les conditions : « *De qua velut materia facta sit... etiamsi dubitatur et quaeritur, illud tamen minime dubitandum est... a Deo factum esse quod (antea) fuit ; et nunc (*à savoir quand Dieu insuffle l'âme dans le corps, cf. l, VII, n. 22) *a Deo factam ut anima viva sit* (pour qu'elle soit une âme vivante, le mot *viva* impliquant, comme nous le verrons à l'article suivant,

---

[309] 2. Cf. *infra*, art. III.
[310] 1. *De Gen. ad litt.*, L.VII, C. V-XXI.
[311] 2. *Ibid.*, L. VII, n. 9, § *Si enim quiddam.*

la coopération du corps)³¹². » Enfin, toujours au même endroit, après avoir formulé son propre système : l'âme formée *ipsa* le sixième jour, tandis que le corps ne l'est que [171] dans sa raison causale ³¹³, il revient à la matière spirituelle informe et l'affirme à nouveau, dans les termes hypothétiques où il croit devoir maintenir l'affirmation de pareilles choses³¹⁴ : « *Quod si et materies aliqua formabilis fuit, et corporalis et spiritalis... quae quidem formationem suam, non tempore sed origine, praecederet, sicut vox cantum, – quid nisi de materia spiritali facta anima congruentius creditur*³¹⁵ *?* » *Sicut vox cantum*, c'est un rappel de l'expression par laquelle saint Augustin exprimait l'antériorité causale de la création de la matière universelle (tant donc spirituelle que corporelle) sur sa formation, tout au début du *De Genesi*³¹⁶. On voit qu'il y a continuité entre ce qu'il maintient ici et ses thèses antérieures, et que pour lui la négation d'une matière d'âme créée au sixième jour n'entraîne pas la négation de la création de la matière de l'âme *in principio,* avant les six jours³¹⁷.

---

[312] 3. *Ibid.*, n. 31.
[313] 1. *Ibid.*, n. 33, 35.
[314] 2. Cf., sur cette manière hypothétique de se prononcer, *De Gen. ad litt.*, L. I, n. 38-41.
[315] 3. *De Gen. ad litt.*, L. VII. n. 39.
[316] 4. *Ibid.*, L. I, C. XV, n. 29 ; Cf. p. 157, note 2.
[317] 5. L'opinion, combattue ici par saint Augustin, a été, semble-t-il, relevée et soutenue, pour son propre compte, par saint Thomas d'Aquin, *Summa theol.*, I P., Q. XC, a. 4, et *De Potentia*, Q. IV, a. 2, ad 22ᵐ. — Dans le passage de la Somme, il est vrai, saint Thomas résume très exactement la position de saint Augustin sur la création définitive de l'âme au sixième jour, mais croit pouvoir la qualifier de simple recherche, *inquirendo non asserendo*. Il estime, en effet, qu'une telle explication ne peut se soutenir, *tolerari*, que dans un système qui admettrait que l'âme *habet per se speciem et naturam completam et non unitur corpori et forma*, ce qui est fort vrai. Mais, saint Augustin, tout en regardant l'âme comme unie au corps plus étroitement que Platon, n'aurait-il pas gardé sur ce point quelques traces de Platonisme ? Quoi qu'il en soit, saint Thomas entreprend de le réconcilier avec « la vérité », c'est-à-dire avec la doctrine aristotélicienne du composé humain. Et c'est alors qu'il propose de reculer la création de l'âme jusqu'au moment de son insufflation dans le corps qui vient d'être formé du limon de la terre. Cependant, pour faire une concession à la position d'Augustin, *sustinendo opinionem Augustini* (ici le texte du *De Potentia*, rédaction de M. Bandelli, rejoint le texte de la Somme), il accepte que, le sixième jour, l'âme humaine aurait été créée *in suo simili secundum genus, non in actu et in seipsa sed secundum quamdam similitudinem generis, prout convenit cum angelis in intellectuali natura*. Ce *simile secundum* GENUS serait-il l'âme informe ? Saint Augustin ne l'eût pas admis. Sans doute saint Augustin a

[172] De tout ceci il me semble résulter que, selon saint Augustin, la formation de l'âme par les Idées et le Verbe de Dieu s'exerce sur une matière spirituelle, qui n'a rien de l'âme constituée dans sa nature, *cujus vel pulchritudo virtus, vel deformitas vitium est.* L'âme informe n'est qu'une matière d'âme rationnelle, *quamdam pro suo genere materiam de qua fieret, materiam pro suo genere spiritalem quae nondum esset anima :* elle est rationnelle, niais en puissance, non effectivement, *rationalis possibilitate, nondum facultate* [318].

Nous aboutissons ainsi à un résultat fort éloigné de la prétention de ceux qui ont cru pouvoir trouver dans la relation de l'âme informe à l'âme formée de saint Augustin, un fondement pour la solution de la question de la puissance obédientielle au surnaturel. Qu'il y ait une lointaine analogie entre les deux relations, je l'ai déjà reconnu. Selon saint Augustin, nous le verrons, la formation de l'âme informe par les Idées divines ne s'opère [173] pas sans la grâce : il y avait donc dans l'âme informe, d'une certaine façon, une capacité éloignée du surnaturel. Mais il y avait d'abord une capacité en puissance à la *nature* rationnelle elle-même. L'âme informe n'est pas en acte une âme raisonnable, et pour autant elle n'est pas encore une image de Dieu, capable de Dieu.

Nous pourrions arrêter ici l'étude de l'état originel de l'âme chez saint Augustin. L'âme informe en effet, qui n'est pas image de Dieu, ne saurait être invoquée, pour rechercher ce qu'il pense de la relation entre l'âme, image naturelle de Dieu, laquelle n'est plus informe, et l'âme devenue image surnaturelle de Dieu par la Sagesse.

---

parlé des *mentes rationales* IN QUO GENERE *factus est homo. De Gen.,* L. V, n. 30, et il s'est demandé si l'âme n'aurait pas eu une matière générique, PRO SUO GENERE *spiritalem, Ibid.,* L. VII, n. 9, cf. n. 8. Mais qu'a-t-il répondu V Que ce n'était possible qu'à condition que cette matière ne soit pas l'âme. *Ibid.,* et n. 10-12. Lui qui tient fermement que l'âme, n'ayant pas de raison causale, a été formée le sixième jour comme nature complète, *ipsa,* et seulement inclinée alors, par sa volonté, vers un corps à administrer, cf. *De Gen.,* L. VII, n. 36-38, que, dès le sixième jour, l'âme était créée à l'image de Dieu, non pas *secundum genus,* mais *ad imaginem et similitudinem Dei, Confessionum,* L. XIII, C. XXII, n. 32, il n'aurait pas admis l'exégèse secourable par laquelle saint Thomas s'entremet pour le réconcilier avec la vérité. Pour saint Augustin, dès le sixième jour, il y a un être complet, achevé, un MENS.

[318] 1. *De Gen. ad litt.,* L. VII, C. VII, n. 9-10.

Cependant, comme l'âme informe est simultanément formée, le sixième jour, non seulement comme âme rationnelle, mais comme âme bienheureuse (ce qui suppose le surnaturel), par une illumination, semble-t-il, unique du Verbe, il ne sera pas étranger à cette étude de nous occuper de cette formation, qui est l'expression augustinienne de la création du premier homme dans la grâce. La relation entre l'âme informe d'Adam et la grâce qui lui est conférée dans sa formation comme nature, ne laisse pas d'être un aspect du problème général du rapport de la nature et de la grâce, et, peut-être, les principes de solution suggérés par saint Augustin dans le cas très spécial qu'il envisage, pourront-ils être transposés ensuite dans la solution de ce problème.

[174]

ARTICLE III
La formation de la nature spirituelle.

Les Anges. – Saint Augustin garde ici son intention perpétuelle de ne rien avancer dans le *De Genesi* qui ne soit fondé sur la *lettre* de l'Écriture. Cela ne veut pas dire que son commentaire soit littéral : tout au contraire, il est conditionné par les thèses platoniciennes que l'on a déjà rencontrées. Mais il est *ad litteram* en ce sens qu'il ne fait grâce d'aucun détail du texte, et lui est pour ainsi dire adhérent.

Son point de départ est cette remarque que dans la description de l'œuvre des six jours de la *Genèse*, l'expression : *Et factum est ita,* qui se retrouve dans la description de l'œuvre de chaque jour en particulier, y fait double emploi avec l'expression : *Et fecit Deus,* qui la suit. A l'en croire, il n'y a qu'une seule exception [319], qui se trouve au premier jour, car pour la création de la lumière on ne rencontre que le : *Et facta est lux.* Saint Augustin voit dans ce double

---

[319] 1. Il y en aurait deux, si nous en croyons la *Vulgate*, car le *Factum est ita* y manque au cinquième jour. Mais la version que lisait saint Augustin ne comportait pas cette exception, comme on le voit par la citation qu'il fait du texte concernant le cinquième jour, *De Gen. ad litt.*, L. III, C. I.

emploi d'une part, et dans la suppression de : *Et fecit Deus,* le premier jour, d'autre part, une intention spéciale de l'écrivain sacré[2[320]].

Si nous l'entendons bien, le : *Sic est factum* désigne la production, dans la connaissance des anges, des *idées* ou *raisons* des créatures qui furent produites [175] du deuxième au sixième jour. Le : *Et fecit Deus* désigne la création effective de ces mêmes créatures, *in genere suo,* dans leur être et leur nature propres. Chacune des deux expressions trouve ainsi un sens spécial, et il n'y a pas de doublet.

Mais pourquoi le : *Et fecit Deus* manque-t-il dans le texte, pour la création de la « lumière » ?

C'est que, dans ce premier jour où a été faite la lumière, « par ce mot : *la lumière,* il faut entendre les saints anges ». Si, après avoir dit : *Et facta est lux* (qui correspond au : *Factum est ita* des autres jours), la *Genèse* ne répète pas : *Et fecit Deus lucem,* c'est que l'ange n'a pas eu à connaître sa propre conformation (aux idées divines), pour être formé ensuite (dans sa nature réelle). C'est dans sa formation même qu'il s'est connu, et cela par l'illumination de la Vérité par laquelle, en se tournant vers elle pour la connaître, il s'est trouvé formé. Les créatures inférieures, elles, sont créées de telle sorte que d'abord elles sont réalisées dans la connaissance de la créature rationnelle (l'ange), ensuite dans leur nature propre [321].

Même explication de la création de la créature spirituelle, mais moins embarrassée, un peu plus loin : « Sans qu'il y ait à faire intervenir des intervalles de temps, ce qui vient en premier lieu (dans la création de la lumière) c'est la *raison* de la [176] créature à produire, telle qu'elle est dans le Verbe de Dieu : c'est elle qui est nommée dans le *Fiat lux.* Du *Fiat lux* résulte aussitôt la lumière par laquelle l'esprit angélique simultanément a été formé, et fait dans sa nature

---

[320] 2. *De Gen. ad litt.,* L. II, n. 15, 16.
[321] 1. *De Gen. ad litt.,* L. II, C. VIII, n. 16. — « Lorsque Dieu dit : *Fiat,* comprenons que l'Ecriture considère cette création dans le Verbe éternel. Lorsque nous entendons : *Et sic est factum,* comprenons que la raison de la créature à produire, qui est dans le Verbe de Dieu, s'est réalisée dans la connaissance de la créature intellectuelle, de telle sorte que c'est dans cette nature (la créature intellectuelle) que, d'une certaine façon, elle a d'abord été faite... ; enfin quand nous entendons : *Fecit Deus,* comprenons-le de la créature elle-même, faite dans son genre. » *De Gen. ad litt., Ibid.,* n. 19 ; Cf. n. 14.

de telle sorte qu'il n'eût pas ensuite à être fait. C'est en raison de cette simultanéité que le texte ne porte pas la répétition : *Et sic est factum,* puis : *Et fecit Deus lucem.* Car aussitôt après le Verbe de Dieu (le *Fiat lux),* la lumière a été faite, lumière créée adhérant à la lumière qui la créait, voyant la *raison* par laquelle elle était faite, et 'se voyant en elle [322]. »

Nous retrouverons plus loin les problèmes que soulève cette fin de paragraphe. Concentrons notre attention sur l'idée centrale de ces passages. Elle est profonde. Saint Augustin tient que l'illumination divine, qui produit dans l'intelligence angélique la connaissance des Idées divines, c'est-à-dire du Verbe, constitue du même coup cette intelligence dans sa nature réelle : « Détournée de la Sagesse immuable, elle vit sottement et misérablement, ce qui constitue son informité. Elle est formée *par sa conversion à* la lumière immuable de la Sagesse, le Verbe de Dieu[323], » En d'autres termes : Sa connaissance même était, pour elle, la même chose que se tourner vers le Dieu qui la formait ; connaître et être formée (dans sa nature réelle), être créée donc, pour elle, c'est tout un[324].

Voit-on l'idée splendide qui se cache sous ces formules de l'Illuminisme augustinien ? Un esprit qui est essentiellement et uniquement lumière [177] intellectuelle ne se crée pas par un coup de toute-puissance quelconque, comme un minéral ou un végétal, mais à coup d'illuminations objectives par lesquelles l'objet intelligible imprime sa ressemblance dans la puissance capable de le recevoir et la conforme à soi, – et ainsi le forme, le crée comme esprit. Ainsi, même dans le système aristotélicien, l'être engendre l'intelligence, car que serait une intelligence sans son objet, l'être ? D'une manière plus générale, qui est celle d'Augustin, que serait un esprit sans la lumière objective qui le configure à soi ? Qu'est-ce encore qu'un esprit avec des embryons d'objets, tels que ceux que les sens nous font connaître ? C'est une larve d'esprit qui se traîne dans l'obscurité. Telle semble bien, selon saint Augustin, la vie de l'âme rationnelle informe. Mais que la lumière intelligible se répande sur cet esprit informe, vivant jusque-là d'une vie quelconque, bonne tout au plus, et c'est sa grandeur

---

[322] 1. *De Gen. ad litt.,* L. IV, n. 50.
[323] 2. *De Gen. ad litt.,* L. I, n. 10.
[324] 3. *De Gen. ad litt.,* L. III, n. 31.

dans sa misère, à être illuminée, *qualiscumque vita quam illuminares* [325], aussitôt il sort de ses ténèbres, simultanément dans l'ordre de la connaissance et dans l'ordre de l'être, j'entends de l'être d'un esprit fait pour connaître. L'ordre ontologique coïncide, pour saint Augustin, avec l'ordre de l'illumination intellectuelle, quand il s'agit d'un esprit pur, c'est-à-dire qui n'est qu'esprit. Connaître, pour lui, c'est être.

L'âme. – Mais n'oublions-nous pas que ce n'est pas la formation de l'ange qui est notre but principal, mais celle de l'âme humaine ? Nullement, car, [178] pour saint Augustin, celle-ci suit la loi même de la formation de l'ange.

« Gardons-nous de passer sous silence que, lorsque Dieu a dit : Faisons l'homme à notre image, il ajoute aussitôt : Et qu'il ait en sa puissance les poissons de la mer et les oiseaux du ciel, ainsi que tous les animaux *sans raison.* C'est nous faire comprendre que, ce qui fait l'homme à l'image de Dieu, c'est ce par quoi il dépasse tous les animaux à savoir la raison, le *Mens,* l'intelligence [326]. » Ce qui a eu lieu pour la création de la lumière intellectuelle au premier jour, se retrouve ainsi observé dans la création de l'homme. Dieu dit, en effet : Faisons l'homme à notre image et à notre ressemblance. Et le texte n'ajoute pas : *Et sic est factum,* mais il poursuit aussitôt : Et Dieu fit l'homme à l'image de Dieu. Preuve que la nature même intellectuelle (de l'âme humaine) est comme cette lumière (la nature angélique) : pour elle, *être fait* c'est connaître le Verbe de Dieu par lequel elle est faite[327].

---

[325] 1. *Confessionum*, L. XIII, C. III.
[326] 1. *De Gen, ad litt.*, L. III, n. 30.
[327] 2. Texte complet : « *Ac per hoc sicut in illâ primâ luce, — si eo nomine recte intelligitur facta lux intellectualis particeps aeternae atque incommutabilis Sapientiae Dei, — non dictum est: Et sic, est factum, ut deinde repereretur : Et fecit Deus — quia, sicut jam quantum potuimus disseruimus non fiebat cognitio aliqua Verbi Dei in prima creatura, ut post eam cognitionem inferius crearetur quod in co verbo creabatur ; — sed ipsa prima creabatur lux, in quâ fieret cognitio Verbi Dei per quod creabatur atque ipsa cognitio illi esset ab informitate suâ converti ad formantem Deum, et creari, atque formari : — postea vero, in caeteris creaturis dicitur : Et sic est factum, ubi significatur in illâ luce, hoc est in intellectuali creatura, prius facta Verbi cognitio : ac deinde cum dicitur : Et fecit Deus, ipsius creaturae genus fieri demonstratur, quod in verbo Dei dictum erat ut fieret — HOC ET IN HOMINIS CONDITIONE SERVATUR.* » *Ibid.*, n. 31. Ailleurs saint Augustin remarque que pour l'homme le : *Et fecit Deus*, n'est pas complété,

[179] Saint Augustin retourne en tous sens cette interprétation : « S'il avait été dit : *Et sic est factum,* puis répété : *Et fecit Deus,* c'est été donner à entendre que ce qui a été fait, l'a été d'abord dans la connaissance de la créature rationnelle, ensuite dans quelque créature qui ne serait pas rationnelle ; mais comme (le *Mens* humain) est lui-même créature rationnelle, c'est par sa connaissance même qu'il a été achevé. De même en effet qu'après son péché, l'homme est renouvelé dans la connaissance de Dieu, selon l'image de Celui qui l'a créé, ainsi dans cette même connaissance il a été créé, avant que son péché l'ait fait vieillir : c'est dans cette même connaissance qu'il est derechef renouvelé. Quant aux êtres qui n'ont pas été créés dans cette connaissance, corps, âmes non-rationnelles, leur connaissance a d'abord existé dans la créature rationnelle (les anges) par le Verbe qui disait qu'elles fussent : et c'est en raison de cette connaissance qu'il est d'abord dit : *Et sic est factum,* afin de montrer que leur connaissance se réalisait dans cette nature, qui pouvait les connaître d'avance dans le Verbe de Dieu (les anges). C'est seulement ensuite que furent réalisés en eux-mêmes ces êtres corporels et irrationnels, et c'est pourquoi il est ajouté : *Et fecit Deus*[328]. »

Il est inutile d'insister. La formation de l'âme de l'homme, le sixième jour, s'est faite, selon saint [180] Augustin, de la même façon que la formation des anges, *quâdam formâ intelligibili mentis illuminatae*[329].

---

comme pour d'autres créatures par le *secundum genus suum,* et il en donne une raison, *De Gen., ad litt.,* L. III, n. 20, qui d'ailleurs n'a pas de rapport avec la présente question.
[328] 1. *Ibid.,* n. 32. — Il y a bien, à la fin du texte concernant la formation de l'homme, le sixième jour, la formule : Et sic est factum. Mais saint Augustin s'en tire en disant qu'elle ne s'applique pas à cette formation. A l'entendre, elle concernerait seulement la fin du texte, à partir de ces mots du verset 29 du premier chapitre de la Genèse : *Ecce dedi vobis pabulum seminale,* et non les versets 26-27 (création de l'homme). *De Gen. ad litt.,* L. III, n. 35.
[329] 1. *De Gen. ad litt.,* L. III, n. 30.

ARTICLE IV
La formation de la nature spirituelle et de l'âme informes comprend-elle leur élévation à l'ordre surnaturel ?

La formation, tant de l'ange que de l'âme, s'accomplit donc grâce à une certaine forme intelligible illuminant l'âme. Quelle est cette forme ?

Elle est double. C'est tantôt la nature intellectuelle elle-même, vue par elle-même, sous la lumière de *la raison* éternelle par laquelle elle est faite, tantôt le Verbe de Dieu lui-même par lequel elle est ainsi faite.

Ce n'est pas ici une simple divergence de formules, car, du moins en ce qui concerne les anges, la première formation correspond à « la connaissance du soir », la seconde à « la connaissance du matin », le soir passant avant le matin, en conformité avec *la* lettre de la *Genèse : Vespere et mane faetus est dies unus.* Il y a ainsi comme deux étapes dans la formation de l'ange. La première est constituée par la connaissance que l'ange a de sa propre nature, terme de l'irradiation des idées divines qui la forme ; la seconde est la connaissance de la source de cette irradiation, le Verbe de Dieu lui-même, en qui sont les raisons éternelles des choses[330].

Serait-ce la distinction de la nature et de la grâce qui serait ainsi insinuée ? Nullement. Les choses sont [181] bien plus compliquées. Mais, pour pouvoir traiter la question, nous avons besoin de considérer séparémen-4a formation de l'ange et la formation de l'âme humaine, qui n'est que le corollaire simplifié de la première.

L'ANGE

Entendons d'abord saint Augustin : Cette lumière créée dès le début, lumière non corporelle mais spirituelle, est faite après les ténèbres, ce par quoi il faut entendre qu'elle s'est détournée de son informité et tournée vers le Créateur. Elle a été ainsi formée, mais de telle sorte qu'après le soir vienne le matin, c'est-à-dire qu'après la connaissance de sa propre nature, qui n'est pas Dieu, elle s'est

---

[330] 2. C'est au fond la distinction augustinienne de la Science et de la Sagesse.

reportée, pour la louer, vers la lumière qui est Dieu même, par la contemplation duquel elle est (définitive : ment) formée... Le soir du premier jour, c'est la connaissance d'elle-même, par laquelle elle a connu qu'elle n'était point Dieu ; le matin, qui suit ce soir, et par lequel se termine le premier jour et est amorcé le second, est un mouvement de retour, par lequel elle rapporte d'abord la création à la gloire du Créateur, puis perçoit de par le Verbe de Dieu, de *Verbo Dei,* la connaissance de la créature qui est faite après elle, à savoir le firmament, lequel est créé lorsque, après les mots : *Et sic est factum,* il est ajouté : *Et fecit Deus firmamentum.* A ce moment, survient le soir de cette lumière, quand elle connaît le firmament, non plus dans le Verbe comme auparavant, mais dans sa propre nature... Après quoi, c'est le matin du troisième jour, où cette lumière se retourne pour louer Dieu de la création du firmament [182] et recevoir dans le Verbe la connaissance *de* la créature suivante..., et ainsi de suite jusqu'au matin qui suit le soir du sixième jour[331].

Il ressort de ce tableau que l'ange est formé complètement par deux conversions : l'une vers soi-même, sous la lumière du Verbe, l'autre vers le Verbe lui-même. Le reste, qui se rapporte à la connaissance de l'univers, appartient à la formation extrinsèque de l'ange, non à sa formation première. Examinons les deux formations constitutives de l'ange.

---

[331] 1. *De Gen. ad litt.*, L. IV, n. 39. — Notons, qu'à proprement parler, il n'y a pas de succession. La succession c'est le temps, et le temps n'existe pas pour l'ange. La formation de la Création universelle est simultanée : les six jours n'en sont qu'un et, à plus forte raison, la connaissance du matin et celle du soir. Cf. *De Gen. ad litt.*, L. IV, n. 53-50. Cf. 49-52. Les scolastiques expliqueront que ces deux connaissances peuvent être simultanées, pour cette raison que l'une est ordonnée à l'autre et est la raison de l'autre, comme l'œil d'un seul regard embrasse l'objet éclairé et la lumière qui l'éclaire, comme une réalité de la nature est à la fois objet de l'imagination et de l'intelligence. Cf. parmi les œuvres de saint Thomas la Q. IV de Potentia, a. 2, ad 19^m, 21^m, 25^m fin (rédaction de Maître V. Bandelli). — Ceci admis, il convient de s'exprimer avec saint Augustin comme s'il y avait succession.

C'est le seul moyen d'interpréter la Genèse dont la narration revêt la forme d'une succession d'événements. C'est ainsi, que Platon utilisait les récits des Mythes pour exposer ses doctrines, procédé qui ne laisse pas d'être obscur et « que nous devons rectifier d'après les principes », dit le P. Lagrange dans son article : « Platon théologien », *Revue thomiste*, mai 1916, p. 200, note 1 fin. Saint Augustin semble avoir traité la Genèse comme une sorte de mythe, mythe vrai assurément et de valeur historique, mais dont le sens « rectifié » était à découvrir.

1. – *Formation de l'ange par la connaissance qu'il a de lui-même*. – Cette première formation le fait-elle entrer d'emblée dans le surnaturel ?

Trois hypothèses sont possibles.

1° L'ange, se voyant dans la *raison* qui le formait, et qui n'est autre que le Verbe, n'a pu se connaître [183] sans voir le Verbe : donc il aurait eu, en se connaissant, la vision *bienheureuse*.

2° L'ange, par la connaissance qu'il a eue de soi-même, encore que s'opérant sous l'irradiation du Verbe, n'a connu directement que lui-même : il n'a donc été formé que dans sa *nature* d'esprit.

3° L'ange aurait été formé par cette contemplation de lui-même, opérée sous la lumière du Verbe, à la fois dans sa nature et dans la grâce.

1. – *Première hypothèse*. – La première hypothèse ne supporte pas l'examen, car elle ne tient pas compte de la chute d'une partie des anges, qui a eu lieu précisément lorsque, après s'être connus dans leur nature, ils ne se sont pas tournés vers le Verbe, pour le louer et être définitivement et immédiatement formés par lui : « Si (au lieu de se tourner vers le Verbe pour le louer) la nature angélique se tournait vers soi-même et se plaisait davantage en soi-même qu'en Celui dont la participation est son bonheur, elle tomberait gonflée d'orgueil, comme l'a fait le diable [332] », « et alors il n'y aurait pas pour elle de matin, c'est-à-dire qu'elle ne s'élèverait pas au-dessus de la connaissance qu'elle a de soi, pour louer son Créateur [333] ». L'hypothèse faite ici s'est réalisée, et saint Augustin lui réserve plusieurs chapitres de son livre lx°, qu'il annonce ici même[334]. « Aussitôt qu'il fut fait, le démon s'est détourné de la lumière de la vérité, enflé d'orgueil… c'est pourquoi il n'a pas goûté la douceur de la vie angélique bienheureuse [335]. » [184] Même témoignage dans la *Cité de Dieu* : « De Celui qui

---

[332] 1. *De Gen. ad litt.*, L. IV, n. 41.
[333] 2. *Ibid.*, n. 49.
[334] 3. « *De quo suo loco loquendum est.* »
[335] 4. *De Genesi ad litt.*, L. XI, n. 29.

est souverainement les démons se sont détournés pour se tourner vers eux-mêmes, eux qui ne sont pas souverainement... Ceux donc qui auraient été davantage, s'ils avaient adhéré à Celui qui est souverainement, en se préférant à Lui, choisirent d'être moins [336]. » Enfin, un dernier texte : « De cette illumination (qui leur permettait de vivre sagement et heureusement), certains anges s'étant détournés, n'obtinrent pas l'excellence de la vie sage et bienheureuse, laquelle, sans nul doute, ne peut être que la vie éternelle, sûre et certaine de son éternité[337]. »

D'après ces textes, il est clair que la béatitude parfaite est accordée à ceux-là seuls d'entre les anges qui ont eu la connaissance du matin, et partant que toutes les natures angéliques n'ont pas été créées dans cette béatitude[338].

2. – *Deuxième hypothèse*. – La seconde hypothèse a pour elle *ceci* que saint Augustin, lorsqu'il parle de la formation de tous les anges, ne semble parler que de leur nature, laquelle a été bonne en tous, y compris dans les futurs démons.

Pour se rendre compte de la difficulté que rencontre sur ce point *l'exégèse* des textes de saint Augustin, il ne sera pas hors de propos de faire intervenir [185] celui qui l'a lu de plus près, et généralement le mieux compris, saint Thomas. Or, saint Thomas n'a jamais pris parti d'une manière péremptoire entre les deux opinions qui, de son temps, se partageaient les esprits, celle qu'il appelle *communior* [339], et qui veut que les anges aient été créés, d'après saint Augustin, à l'état de nature parfaite, mais sans la grâce ; et celle qu'il préférait assurément

---

[336] 1. *Cité de Dieu*, L. XII, C. vi. — Cf. L. XI, C. XI, tout entier à lire.
[337] 2. *De Civ. Dei*, L. XI, C. XI.
[338] 3. Saint Thomas distinguera ici la béatitude parfaite, que n'a pas connue le démon, de la béatitude imparfaite qu'il a eue. *Summa theol.*, I^a, Q. LXII, a. 1, C. et ad 3^m. Cette distinction est conforme à saint Augustin : *Spiritus tenebrae... lux facti sunt, ... illuminati ut sapienter beatique viverent. Ab hac illuminatione aversi quidam angeli non obinuerunt excellentiam sapientis beataeque vitae. De Civ. Dei*, L. XI, C. XI. — *Possumus intelligere beatam vitam secundum quemdam modum. De Gen. ad litt.*, L. XI, n. 24 ; cf. n. 25 : *Angelos peccatores habuisse tamen aliquam* (beatitudinem).
[339] 1. II *Sent.*, Dist. 4, Q. I, a. 3 : *absque alterius partis praejudicio*.

dès le commentaire sur les Sentences[340], et qu'il juge plus probable dans la Somme[341], qui veut que les anges aient été créés dans l'état de grâce.

Si nous prenions, selon sa teneur matérielle, le texte de saint Augustin cité dans le *Sed contra* de l'article de la *Somme* où saint Thomas se demande : Si les anges ont été créés dans la grâce, nulle hésitation ne serait permise. Qu'on en juge : « *Bonam voluntatem quis fecit in angelis, nisi ille qui eos, cum sua voluntate, id est cum amore casto, quo illi adhaerent, creavit, simul in eis condens naturam et largiens gratiam*[342] ? » Quoi de plus décisif… en apparence ?

Oui, mais en apparence seulement, car si nous nous reportons au contexte de ce passage du *De Civitate Dei*, nous constatons qu'il n'est question ici que des « bons anges », des « saints anges[343] », et que le cas des mauvais anges est traité plus loin, et ailleurs, en termes moins catégoriques. Saint Thomas connaissait assurément la juste portée de son *Sed contra*, puisqu'au lieu d'en faire état dans sa réponse pour conclure que tous les anges ont été [186] créés dans la grâce, il s'est lancé dans des considérations sur l'harmonie entre la conception de la création des anges *in gratia (semen Dei)*, et la conception du monde naturel créé avec des raisons séminales, – belle analogie sans doute, mais qui ne vaut pas en l'espèce une autorité aussi péremptoire que le serait son *Sed contra*, s'il signifiait ce qu'il semble énoncer.

Essayons de reprendre la question à fond sur les textes, principalement sur les textes du *De Civitate Dei*, l. XI et XII, qui ont l'avantage de se présenter comme la solution des questions, qui n'avaient été que débattues dans le *De Genesi*, au point de n'y aboutir qu'à une collection de points d'interrogation [344].

Voici les conclusions auxquelles, après mûr examen, nous croyons pouvoir et devoir nous arrêter.

---

[340] 2. *Ibid.*, et *Quodlibet* IX, a. 8.
[341] 3. *Summa theol.*, I P., Q. LXII, a. 3.
[342] 4. *Summa theol., Ibid.*
[343] *De Civ. Dei*, L. XII, C. IX, n. 2.
[344] 1. *Nunc sufficiat ista complexio. De Gen. ad litt.*, L. XI, n. 33. Ce *nunc* semble annoncer la reprise de la question dans le *De Civitate Dei*, ouvrage d'ailleurs que saint Augustin venait d'annoncer *De Gen. ad litt., ibid.*, n. 20 fin.

a. – Tous les anges ont été créés, non seulement dans leur nature, mais dans un état de sagesse et de béatitude relatives, qui s'oppose à la béatitude excellente de la vie éternelle. « Les anges, dès leur création, furent faits lumière ; ils n'ont pas été créés d'une façon quelconque, pour une vie quelconque, mais illuminés pour vivre sagement et heureusement. De cette illumination certains anges s'étant détournés, n'ont pas obtenu *l'excellence* de la vie sage et heureuse, laquelle ne peut être qu'éternelle, sûre et certaine de son éternité : ils furent réduits à la vie rationnelle, qui, tout en étant dénuée de Sagesse, [187] demeure à ce point leur partage, qu'ils ne pourraient la perdre même s'ils le voulaient [345]. »

On notera dans ce passage trois degrés de la formation des anges : 1) l'état naturel, qui reste leur lot, même après la chute des mauvais anges (finale du texte) ; c'est la vie rationnelle, inamissible, mais sans la Sagesse ; 2) l'état de la vie éternelle : *excellentiam sapientis beataeque vitae* ; enfin 3) un état intermédiaire, qui est l'état primitif de tous les anges, et qui semble bien le complexus de la vie rationnelle et d'une illumination tendant à la vie sage et bienheureuse, d'une sagesse donc qui n'est pas encore rendue à tout son développement.

b. – Les anges pécheurs n'ont pas été mauvais dès leur première origine.

« Par cette parole : Il n'est pas demeuré dans la vérité, entendons qu'il (le démon) a été dans la vérité, mais qu'il n'y est pas resté. Et, par cette autre parole : Dès le commencement le diable a péché, n'entendons pas qu'il a péché dès sa création, mais à partir de ce moment, où, par sa superbe, le péché a commencé[346]. »

C'est ce péché qui a distingué les saints anges des anges impurs, ce que l'Écriture appelle : séparer la lumière des ténèbres[347], Saint Augustin fait ici une remarque textuelle curieuse et qui a le mérite de mettre sa pensée dans tout son relief : « Il ne faut pas passer sous silence que lorsque Dieu a dit : *Fiat lux,* et que la lumière a été faite, – immédiatement suit : Et Dieu vit que la lumière était bonne, – *immédiatement,* [188] dis-je, et *non pas après* qu'il eût séparé la lu-

---

[345] 1. *De Civ. Dei*, L. XI, C. XI.
[346] 2. *De Civ. Dei*, L. XI, C. XV.
[347] 3. *De Civ. Dei*, L. XI, C. XIX, § *non mihi videlur absurda sententia*.

mière des ténèbres... Tout au contraire, quand il s'agit de ces ténèbres moralement indifférentes *(inculpabiles),* que séparent de la lumière du jour les luminaires célestes, ce n'est pas avant, c'est *après* que la lumière a été séparée des ténèbres, qu'il est dit : Et Dieu vit que la lumière était bonne... Il faut conclure de ces différences que, dans le premier cas, la lumière seule plut au Créateur : tandis que les ténèbres angéliques, bien que Dieu dût les ordonner à sa gloire, ne furent pas approuvées par lui [348]. »

L'exégèse est singulière, mais le sens en est transparent. L'écrivain sacré aurait usé d'un artifice ingénieux. Il se serait empressé de placer, aussitôt après la création de la lumière, c'est-à-dire des *anges,* l'approbation divine : Et Dieu vit que la lumière était bonne, parce qu'il n'aurait pu la placer après la séparation de la lumière et des ténèbres coupables, après donc le péché des mauvais anges. Quant aux ténèbres non-coupables de la nuit qui s'oppose au jour solaire, rien n'empêchait que l'approbation de la lumière fût placée après sa séparation des ténèbres... Un peu plus, saint Augustin dirait que ces ténèbres furent approuvées par Dieu.

L'intention de saint Augustin est claire. Les futurs démons ont eu leur création approuvée par Dieu, dans le *Fiat lux.* C'est donc qu'ils étaient bons. Du reste, saint Augustin ne se lasse pas de le répéter[349].

[189] Et cette bonté n'est pas une bonté vulgaire : elle renferme une capacité d'adhérence à Dieu, le don d'une sagesse, qui semble bien dépasser la bonté de la nature pure. Témoin ce passage, que nous résumons.

Il n'y a pas, entre cette créature (les anges) qui adhère à Dieu et celle qui n'adhère pas à Dieu, une différence de nature, mais un vice, *non naturâ differt sed vitio.* Et ce vice ne laisse pas de manifester combien grande et digne de louange était cette nature même : si en effet le vice de la créature angélique est

---

[348] 1. *De Civ. Dei.* L. XI, C. XX.
[349] 1. *Non naturis principiisque diversis... sed voluntalibus et cupidilatibus, (contrarios) exstitisse (angelos), dubitari fas non est. De Civ. Dei,* L. XII, C. I, n. 2. — *Isti autem qui cum boni creati essent, tamen mali sunt, mala propria voluntale, quam bona natura non fecit, nisi cum a bono sponte defecit, ut mali causa non sit bonum, sed defectus a bono. De Civ. Dei,* L. XII, C. XI.

de ne pas adhérer à Dieu, c'est la preuve éclatante qu'il est selon sa nature d'adhérer à Dieu… et que Dieu a créé si bonne la nature des anges que cela seul lui nuit, de ne pas être avec Dieu [350].

Nous concluons donc par la négative l'examen de cette seconde hypothèse. Saint Augustin n'a pas admis que les anges, bons ou mauvais, aient été formés seulement dans leur nature pure d'esprit. Il y a quelque chose de plus.

Nous allons déterminer ce qu'il en est en adoptant la troisième hypothèse : selon saint Augustin, les anges ont été simultanément créés dans la nature et dans la grâce. Leur formation contient leur élévation au surnaturel, et pour autant le problème de la relation de la nature et de la grâce est posé, d'une certaine façon, dès le plan de la formation de la nature spirituelle informe.

– *Troisième hypothèse.* – *L'ange* a été formé par la contemplation de soi-même sous la lumière du Verbe, à la fois dans sa nature et dans la grâce[351].

[190] Ce qui rend difficultueux d'adhérer sans distinction à cette troisième hypothèse, c'est que saint Augustin a toujours oscillé, à propos des *mauvais anges*, entre deux formules, dont l'entrechoquement complique et obscurcit singulièrement son exégèse [352].

Nous allons examiner la difficulté, et nous verrons qu'elle n'atteint cependant ni n'affaiblit la conclusion entrevue. Nous développerons ensuite notre conclusion.

Saint Augustin tient parfois que les anges pécheurs, tout en étant bons et faits pour la Sagesse dans leur nature originelle, ont été cependant inégaux aux bons anges ; d'autres fois, qu'ils leur ont été entièrement semblables dès le début.

Cette infériorité n'impliquerait-elle pas une différence de situation au point de vue de la grâce ?

Nullement. Elle consiste tout simplement en ceci que, devant pécher, les mauvais anges n'ont pu évidemment, comme les bons, recevoir de Dieu, dès leur création, l'assurance de leur persévérance ; ils n'ont donc pas eu dès le

---

[350] 1. *De Civ. Dei*, L. XII, C. I, n. 3.
[351] 2. Cf. p. 161.
[352] 1. Comparez : *De Gen. ad litt.*, L. XI, C. XXVI, n. 33 (Cf. C. XVII, XIX) avec *De Civitate Dei*, L. XI, C. XIII ; L. XII, C. IX.

principe la vie heureuse relativement complète, au degré où l'ont possédée les anges fidèles. On sait la place que la *sécurité* de la possession tient dans l'idée de la béatitude chez saint Augustin. Si on n'a pas cette sécurité, on est, malgré tout, tant soit peu misérable ; que si c'est par pure nescience, le subtil saint Augustin vous fera remarquer que la nescience est une imperfection, un mal, et partant qu'elle s'oppose à la béatitude, possession complète du bien. [191] Les mauvais anges ont-ils donc eu, avant leur péché, une béatitude plus imparfaite que celle des bons anges.– une béatitude analogue à celle d'Adam avant son péché : *beatitudo secundum quemdam modum* [353] ? Saint Augustin le dit, puis se reprend, puis se lance dans des suppositions invraisemblables, destinées à en faire accepter l'idée[354].

On comprend l'obscurité qui résulte de cet état d'esprit pour la thèse principale qui est cependant la sienne : Tous les anges, y compris les mauvais, ont été créés dans la grâce.

Essayons d'élucider la question, en recourant une fois de plus aux textes.

« Cette (béatitude éternelle) nous croyons, *pia fide,* que les, anges de lumière l'ont eue : cette même béatitude, même avant leur chute, ne l'ont pas possédée les anges pécheurs ; nous avons démontré qu'ils avaient été privés, par leur malice, de cette lumière (de la béatitude parfaite). Qu'ils aient eu cependant une certaine (béatitude), encore qu'elle ne fût pas presciente de la béatitude (éternelle), à la vérité nous devons le croire. Et parce que, de cette (félicité éternelle) ils (les anges pécheurs) n'étaient pas certains, il faut bien qu'ils aient été inégaux (aux autres) ou que, s'ils ont été pareils, les anges bons n'aient reçu, qu'après la chute des mauvais, la science certaine de leur béatitude éternelle[355]. »

Plaçons les anges mauvais dans la première des deux hypothèses énumérées dans la finale de ce [192] texte, dans celle par conséquent qui leur est le plus défavorable. Ils sont inégaux aux bons anges. Est-ce en ceci que ceux-ci ont

---

[353] 1. *De Gen. ad litt.*, L. XI, C. XVIII, N. 24.
[354] 2. *Ibid.*, C. XIX, n. 25. Cf. *De Civ. Dei*, L. XI, C. XIII, § *Aut si durum videtur*.
[355] 3. *De Civ. Dei*, L. XI, C. XIII. Cf. *De Gen. ad litt.*, L. XI, C. XXVI.

seuls reçu la grâce, tandis que les mauvais anges ont été créés en l'état de nature pure ?

Il ne le semble pas. C'est, en effet, un principe général de saint Augustin qu'aucune créature ne peut être bienheureuse par ses propres moyens, *ex seipsa,* parce que, étant faite de rien, elle a besoin d'être conduite à cette perfection de son être par Celui qui l'a créée. Saint Augustin rappelle ce principe ici même [356]. Or, tout inférieurs qu'ils soient par rapport aux bons anges, les mauvais anges, de par leur création première, peuvent arriver à la béatitude parfaite. Car, dit-il, si les bons anges créés avec la bonne volonté « ont été discernés de la société des mauvais, du fait qu'ils sont demeurés dans la même bonne volonté, les mauvais anges ont été (changés) par la défaillance de leur mauvaise volonté, du fait qu'ils ont failli à la bonne *(hoc ipso quod a bona voluntate defecerunt).* Ils n'auraient pas failli, si, *en vérité, ils l'eussent voulu*[357]. ». Il est clair donc que, tout inférieurs qu'ils soient, les mauvais anges ont eu ce qu'il faut pour se convertir à Dieu et avoir bonne volonté. Or cette capacité de bonne volonté vient de Dieu. De quel nom l'appeler, sinon grâce ? « *Mentes quippe rationales, purgatae* GRATIA *ejus, possunt pervenire ad ejusmodi visionem qua nec superius quidquam nec beatius*[358]. »

Mais voici un texte formel et qui va lever toutes les difficultés. Saint Augustin vient de prononcer [193] au sujet des bons anges cette célèbre sentence qui leur attribue, dès leur formation de nature, la grâce et l'amour de Dieu : *condens naturam et largiens gratiam.* Quant aux anges pécheurs, poursuit-il : « Ou bien ils ont reçu la grâce de l'amour divin à un degré inférieur à ceux qui ont persisté dans la bonne volonté. Ou bien, s'ils ont, les uns et les autres, été créés également bons, – ceux-là tombant du fait de leur mauvaise volonté, – ceux-ci recevant un nouveau secours, *amplius adjuti,* sont parvenus à cette plénitude de béatitude, dont on est certain que l'on ne peut déchoir [359]. »

---

[356] 1. *De Civ. Dei.* L. XII, C. I, n. 2.
[357] 2. *De Civ. Dei*, L. XII, C. IX, n. 1.
[358] 3. *De Gen. ad litt.*, L. V, n. 32.
[359] 1. *De Civ. Dei*, L. XII, C. IX, n. 2.

Ainsi donc la grâce, la vraie grâce sanctifiante, celle qui se traduit par l'amour divin et la bonne volonté, les anges pécheurs l'ont possédée dès l'origine, soit à l'égal des bons anges, soit à un degré moindre mais qui ne laissait pas de les rendre capables d'amour divin.

Ce qui distingue les mauvais anges des bons, ce n'est donc pas que les premiers ont été créés dans l'ordre naturel, les seconds dans l'état de grâce, mais que les mauvais anges n'ont pas persisté dans leur bonne volonté et ont péché.

C'est, à n'en pas douter, parce qu'il lisait ces paroles que nous venons de rapporter, à la suite du texte cité dans le *Sed contra* de l'article de la *Somme : Si les anges ont été créés dans la grâce,* que saint Thomas a passé sous silence, en ce *Sed contra,* le contexte qui le rapportait chez saint Augustin aux seuls bons anges, et a attribué à tous les anges sans distinction le *Condens naturam et largiens gratiam.* L'ensemble du texte l'y autorisait.

[194]

2. – *La formation des anges par le Verbe.*

Selon saint Augustin *tous* les anges ont reçu de Dieu, avec leur nature, la grâce de l'amour divin, de la charité surnaturelle.

C'est sous l'influence de cette grâce qu'ils se sont regardés d'abord eux-mêmes et ont contemplé cette nature que Dieu leur donnait par sa lumière divine : *propriam naturam quâ (angelus) non est quod Deus (est),* et qu'ils ont connu, TOUS, *non se esse quod Deus est* [360].

D'où saint Thomas a pu dire que cette opération par laquelle l'esprit de l'ange se tourne vers lui-même pour se connaître, par la connaissance du soir a été bonne en tous, *in omnibus bona fuit*[361], bien plus, que tous les anges, étant créés dans la grâce, ont mérité dans leur premier instant[362]. Il n'a pas dit : dans leur premier acte, mais : dans leur premier instant. Un acte, en effet, fût-il instantané comme celui de l'ange, ne peut se concevoir que comme un mouvement,

---

[360] 1. *De Gen. ad litt.*, L. IV, C. XXII.
[361] *Summa theol.*, Iª, Q. LXIII, a. 6, ad 4ᵐ.
[362] 3. *Ibid.*, a. 5, ad 4ᵐ.

comportant, par rapport à ses deux termes, point de départ et point d'arrivée, comme deux instants.

Cette distinction de deux instants est particulièrement nécessaire quand il s'agit de la connaissance de l'ange par lui-même, car cette connaissance, comprenant la vue de leur contingence, *propriam naturam quâ non est quod Deus*, amorçait de soi, *a simultaneo,* son achèvement dans la connaissance de Dieu ; tout comme le soir n'a de signification, [195] dirait saint Augustin, que s'il se continue dans le matin.

A. Dans l'ange pécheur, l'acte de connaissance de soi-même n'a pas eu cette suite. Il s'est atrophié, pour ainsi dire, subitement en cours de route. Méritoire en son premier instant, comme tout ce qui s'appuie à la grâce, cet acte n'a pas connu le mérite total, le mérite de la vie éternelle. L'ange pécheur avait cependant, d'après saint Augustin, tout ce qu'il faut pour accomplir sa trajectoire complète, la grâce, la volonté bonne, le chaste amour ; il avait aussi l'intelligence claire de la relation qui faisait de sa nature une dépendance, une image de Dieu. Sans cela, il n'aurait pas péché. Mais par orgueil, voyant en soi l'image de Dieu, il a refusé de remonter, de « restituer » le rayon qui le constituait image de Dieu, et s'est fixé en soi-même comme dans un terme dernier.

Et c'est pourquoi saint Augustin ne veut pas que sa connaissance de lui-même ait été, à proprement parler, une connaissance du soir. Car le soir est en continuité avec le matin qui le suit ; il *amorce, pour ainsi* dire, le matin. Or la connaissance de soi-même qu'a eue l'ange mauvais n'est pas parvenue à ce terme final, où le soir se continue dans le matin [363].

S'il eût été jusqu'au bout de la vraie connaissance de soi-même, le mérite de l'ange pécheur n'aurait pas été partiel, relatif, au fond le mérite qu'il y a à [196] reconnaître une évidence, l'évidence de sa contingence, mérite naturel dans son

---

[363] 1. « *Non quaelibet cognitio rerum in propria natura potest dici vespertina, sed solum illa quae refertur ad laudem Creatoris.* » Ainsi interprète la pensée de saint Augustin Vincent Bandelli, auteur du complément de l'article de saint Thomas, *De Potentia*, Q. IV, a. 2, ad 14^m ; cf. ad 15^m.

objet, encore que surnaturel parce que s'originant à la grâce, surnaturel *quoad modum* : il eût été surnaturel dans son aboutissant, le Verbe de Dieu, surnaturel *quoad substantiam*, et il eût coïncidé, les choses se passent ainsi chez les anges, avec sa béatitude parfaite, *par* la vision de Dieu [364].

Mais son premier acte surnaturel a été tronqué, son mérite naissant interrompu, avant d'avoir atteint son terme. Et, comme dit saint Augustin : *In veritate fuit, sed non permansit.*

B. quant aux bons anges, ils reçurent d'abord la grâce conférée à tous. L'ont-ils reçue à un degré égal à celui des mauvais anges, ou à un degré supérieur ? Cela n'a pas d'importance, puisque tous, pécheurs et bons anges, ont eu la grâce capable de les faire adhérer à Dieu pour peu qu'ils y consentissent[365].

Il semble, comme nous l'avons prouvé, que la différence, s'il y en a une, s'est uniquement traduite par l'ignorance de leur persévérance, qui s'imposait aux mauvais anges : mais c'était là une différence de « béatitude », comme dit saint Augustin, non de pouvoir d'adhérence à Dieu.

Pas de différence entre eux de nature et *de* principes, déclare saint Augustin, mais simplement ceci : « que les uns avec constance ont persisté dans [197] le bien commun à tous, qui est pour eux Dieu... tandis que les autres, se délectant dans leur puissance, comme s'ils étaient à eux-mêmes leur propre bien, ont glissé, du bien supérieur et béatifiant commun à tous, vers leur bien propre... et sont devenus superbes, trompeurs, envieux [366]. »

A la vérité, cette bonne volonté, persévérante qui les a rendus définitivement « meilleurs », les bons anges n'ont pu la posséder que par un secours spécial, *nisi operante adjutorio Creatoris*[367]. « La bonté de leur volonté ayant été telle, qu'ils ne se sont pas fixés en eux-mêmes, qui étaient quelque chose d'inférieur,

---

[364] 1. « *Cum enim angeli per unum actum ad beatitudinem perveniant, si diabolus in primo instanti, in gratia creatus, meruit, statim post primum instans beatitudinem accepisset, nisi statim impedimentum praestitisset peccando.* » SAINT THOMAS, *Summa theol.*, Iª, Q. LXIII, a. 6, c. princ°.
[365] 2. Cf. SAINT THOMAS, *Summa theol.*, Iª, Q. LXIII, a. 6, ad 4ᵐ.
[366] 1. *De Civ. Dei*, L. XII, C. I, n. 2 ; cf. C. IX.
[367] 2. *De Civ. Dei*, L. XII, C. II, n. 1.

– leur conversion vers Celui qui est souverainement manifeste que toute volonté, si bonne qu'elle soit, demeure stérile dans un désir solitaire, si Celui qui, du néant, a fait leur bonne nature capable de Lui n'achève, de sa propre initiative, leur bonne volonté, en la rendant meilleure et plus avide par ses excitations[368]. »

Il y a donc eu pour les bons anges un supplément de grâce efficace, qui a définitivement mis à hauteur de conversion complète vers Dieu leur intelligence et leur amour, par la vision matinale. Mais les démons en auraient reçu autant, s'ils n'avaient pas péché puisqu'ils étaient créés sinon égaux en degré, du moins dans le degré suffisant pour se convertir à Dieu. « Les démons étant tombés par leur mauvaise volonté, les bons anges *amplius adjuti ad eam beatitudinis plenitudinem... pervenerunt*[369]. »

[198]

L'AME

En terminant son exposé de l'état de grâce chez les anges, saint Augustin rappelle ce qu'il avait déjà dit en termes généraux, à savoir que la formation de l'âme du premier homme s'opère de la même façon que la formation de l'ange : et *hoc in hominis conditione servatur*[370].

Mais, ici, il l'entend formellement de la création du premier homme dans l'état de grâce.

De cette Cité de Dieu bienheureuse du Ciel, « une partie est formée par les hommes mortels qui doivent être réunis aux anges immortels ; actuellement (cette partie de la Cité de Dieu) pérégrine sur la terre, ou repose dans les demeures secrètes des âmes des morts. Quelle fut donc son histoire, lors de sa création par le même Dieu ? Il me semble qu'elle est la même que celle des anges, puisque c'est d'un seul homme, que Dieu a d'abord créé, que le genre humain tire son origine[371]. » La cité céleste a débuté de même chez les anges et

---

[368] 3. *De Civ. Dei*, L. XII, C. IX, n. 1.
[369] 4. *De Civ. Dei*, L. XII, C. IX, n. 2.
[370] 1. *De Gen. ad litt.*, L. III, n. 31.
[371] 2. *De Civ. Dei*, L. XII, C. IX, n. 2.

chez les hommes : n'est-ce pas dire qu'ils ont reçu une même formation de nature et de grâce dès la création, un péché analogue interrompant leur formation définitive chez l'ange pécheur et chez l'homme ; enfin une grâce plus efficace, victorieuse, pour l'ange qui persévère et pour l'homme déchu qui se relève ?

La ressemblance entre les deux formations est telle que, par une inversion surprenante, pour exprimer l'état de grâce angélique, saint Augustin usurpera le mot de saint Paul qui exprime l'état [199] de grâce chez l'homme : *Caritas Dei diffusa est in eis per Spiritum sanctum qui datus est eis.* Et il s'en excusera en déclarant que : Ce n'est pas seulement le bien des hommes, ce fut aussi primitivement le bien des anges que l'état désigné par ce *mot : Mihi adhaerere Deo bonum est* [372]. Singulier retournement des valeurs que celle qui consiste à signifier l'état de grâce angélique, en fonction de l'état de grâce humain, preuve évidente de la parité de situation que reconnaissait Augustin chez l'ange et chez l'homme.

Évidemment cette parité de formation ne concerne que le fond des choses, la création *in gratiâ* et la conversion qui la suit. Les modalités de la formation restent en dehors du parallélisme. La connaissance du soir et celle du matin ne conviennent, en ce qui concerne du moins l'ouvre de la création, qu'à l'ange créé le premier jour. L'âme formée le sixième jour ne pouvait y participer. Peut-être, néanmoins, peut-on prêter à l'âme d'Adam une connaissance du soir et une connaissance du matin limitées, pour autant qu'Adam aurait, comme l'ange, fixé son premier regard sur lui-même, reconnu sa contingence, et, fidèle, aurait accompli sa conversion, aussi parfaitement qu'une nature humaine, qui agit dans le temps, pouvait l'accomplir. Il en serait résulté l'état relatif et d'attente de la grâce originelle, engageant pour plus tard la béatitude définitive. Mais, que je sache, saint Augustin ne s'est pas risqué sur ce terrain.

Il reste que l'âme d'Adam, le sixième jour, a été formée, comme l'ange au premier jour, à la fois en [200] nature et en grâce, par l'illumination divine. La formation de l'âme comprend donc son élévation au surnaturel.

---

[372] 1. *De Civ. Dei*, L. XII, C. IX, n. 11, § *Confitendum est.*

ARTICLE V
La relation précise anse l'âme informe et l'âme formée.

Puisque la formation de l'âme informe par l'illumination divine comprend son élévation à l'ordre surnaturel, il est possible de porter sur ce terrain la question de la capacité de la nature vis-à-vis de la grâce. L'âme informe représentera la nature, sa formation représentera la sanctification par la grâce.

Nous l'avons déclaré, ce terrain n'est pas le nôtre. Même chez saint Augustin, la question de la relation entre la nature et la grâce se pose entre l'âme déjà formée, *imago creationis,* telle qu'elle persévère chez le pécheur par exemple, et l'âme surnaturalisée, *imago recreationis*. C'est la question du rapport qui existe entre *deux images* de Dieu [373]. Or, nous l'avons constaté, pour saint Augustin, l'âme informe, simple matière d'âme, n'est pas encore image de Dieu.

Cependant, puisque l'on a porté la question sur ce terrain, et puisque cette imagination est à l'origine de ces longues excursions que nous venons d'entreprendre à travers les œuvres de saint Augustin, il nous semble tout indiqué, pour n'en pas perdre le bénéfice, de les clore en nous plaçant an point de vue précité. La détermination qui en ressortira ne [201] sera sans doute pas catégorique et définitive en la matière, mais elle vaudra dans l'hypothèse faite : elle sera, si l'on veut, apologétique.

Les termes en présence sont donc l'âme informe d'une part, et de l'autre la création de l'âme d'Adam dans la grâce, en même temps que selon sa nature définitive. Nous laissons de côté la formation par la béatitude parfaite du ciel, parce que, tant chez l'ange que pour l'âme, elle ne soulève plus la question de la puissance obédientielle. La gloire est l'effet d'une grâce première, déjà reçue, et qui lui est adéquatement proportionnée, moyennant le concours assuré, sauf intervention du péché, d'une grâce efficace ultérieure.

---

[373] 1. Cf. la Question suivante.

Rappelons que saint Augustin élimine de la nature spirituelle informe, ange et homme, toute raison séminale ou causale. Celles-ci ne concernent que la nature formée. Il n'y a en présence que la pure *formabilitas* de la matière de l'âme, *materia qualiscumque quam illuminares,* et l'illumination divine génératrice de la grâce.

Dans ces conditions, la solution est obvie. Saint Augustin l'a donnée dans ces termes catégoriques : *Nulla res potest formare seipsam, quia nulla res potest sibi dare quod non habet* [374]. La matière spirituelle est capable d'illumination, mais sa puissance est entièrement passive : c'est sans distinction que saint Augustin affirme qu'elle n'a pas en son pouvoir sa formation.

Ce principe général n'est qu'une entrée en matière que saint Augustin se charge de développer avec [202] un absolutisme de formules qui ne laissent prise, ce me semble, à aucune instance. Citons quelques passages. Dans celui-ci le saint Docteur s'adresse à Dieu :

« Quand, dans la première création, tu as dit : Que la lumière soit, et que la lumière fut, il s'agit de la créature spirituelle, déjà en possession d'une vie quelconque, *qualiscumque,* que tu pouvais illuminer. Mais, de même que la créature spirituelle n'avait pas mérité de toi pour qu'elle fût cette vie qui *pouvait* être illuminée *(qualiscumque vita quam illuminares),* ainsi, quand elle fut devenue *cette* vie quelconque, n'a-t-elle pas mérité d'être Cu-minée. Car son informité ne te plaît que quand elle devient lumière [375], ce qui signifie qu'alors non seulement elle existe, mais qu'elle fixe la lumière qui l'illumine et s'attache à elle. De telle sorte que, soit qu'elle vive (de sa vie informe *qualiscumque quam illuminares),* soit qu'elle vive bienheureusement (de la vie formée par la lumière éternelle), elle ne le doit qu'à ta grâce [376]. »

Ce passage est, chez saint Augustin, le résumé des deux chapitres précédents, où la même doctrine est plus longuement exposée. Il est formel pour notre sujet, puisqu'il ne s'agit pas de la conversion du pécheur et de la grâce qui le sauve, *salvifica,* mais de l'âme informe et de la nature complétée par la grâce

---

[374] 1. *De libero arbitrio,* L. II, n. 45.
[375] 1. Cf. *Perfecto enim tibi displicet eorum imperfectio. Confess.,* L. XIII, C. IV.
[376] 2. *Confessions,* L. XIII, C. III ; cf. c. II et IV.

qui doit la former. Or, saint Augustin estime que la créature spirituelle n'est pas plus destinée à être formée, en dehors de la pensée et des desseins que peut avoir sur elle le Créateur [203] et qui lui sont extrinsèques, *qu'elle ne méritait d'être créée avant qu'elle n'existât.* C'est donc un néant absolu vis-à-vis de toute formation, y compris la formation surnaturelle. Poursuivons notre lecture.

« Qu'elles disent donc en quoi elles t'ont mérité les natures spirituelles et corporelles que tu as faites dans ta sagesse en tel état qu'elles demeuraient suspendues ébauchées et informes... si par le même Verbe (qui les avait créées) elles n'avaient été rappelées à ton unité, formées, et n'étaient devenues de par Toi, souverain Bien, un univers parfaitement bon ? En quoi t'a mérité l'ébauche de la créature spirituelle qui s'écoulait dans une déliquescence ténébreuse, semblable à un gouffre, si elle n'avait pas été tournée par le même Verbe vers Celui-là même par lequel elle avait été faite, – si elle n'avait pas été illuminée par lui et n'était devenue lumière, inadéquate sans doute, et cependant conforme à la forme qui t'égale [377] ? »

Penderent informia, tenebrosa fluitaret nisi per Verbum converteretur..., tels sont les termes énergiques par lesquels saint Augustin décrit ce qu'apporte à sa formation la nature spirituelle informe. Serait-ce donc ici la puissance obédientielle positive et quelque peu active de l'âme informe au surnaturel... ?

Mais quittons, avec saint Augustin lui-même, les métaphores. Voici la formule décisive. Il s'agit de la matière informe universelle, *caelum et terram,* au moment où « la couvait » l'Esprit de Dieu : « Était soumis *(subjacebat)* à la bonne volonté du [204] Créateur tout ce qu'il avait commencé dans le but de le former et de l'achever, de telle sorte que, Dieu disant dans son Verbe : *Fiat lux,* ce fut dans sa bonne volonté, c'est-à-dire dans son bon plaisir, que, selon la mesure de son genre propre, demeura ce qui fut fait [378].

SUBJACEBAT, telle est l'unique attitude que saint Augustin reconnaisse en *tout* ce que Dieu a commencé dans le but de l'achever, et donc à la matière spirituelle informe de l'âme ou de l'ange, aussi bien qu'a la matière corporelle :

---

[377] 1. *Confessions,* L. XIII, C. II.
[378] 1. *De Gen. ad litt.,* L. I, C. V, n. 11.

subjacebat bona voluntati Creatoris, quidquid illud erat quod formandum perficiendumque inchoaverat. SUBJACEBAT, tel est le mot qui caractérise finalement la puissance obédientielle de l'âme informe vis-à-vis de sa formation simultanément par la nature et par la grâce. C'est, me semble-t-il, le dernier mot de saint Augustin sur cette question.

La capacité de l'âme informe vis-à-vis de sa formation, tant en nature qu'en grâce, est selon saint Augustin une puissance de *soumission* purement passive à la volonté absolument libre de Dieu : SUBJACEBAT !

QUESTION II
COMMENT SAINT AUGUSTIN CONÇOIT LA « PUISSANCE OBEDIENTIELLE » DE L'ÂME AU SURNATUREL.

PROLOGUE

Selon saint Augustin, le *Mens,* capable de « se tourner » vers Dieu, du fait qu'il voit en soi-même l'image de la Trinité, ou encore du fait qu'il a dans sa nature de quoi devenir « conforme » aux Idées éternelles, ne saurait actualiser jusqu'au bout, jusqu'à la vision de Dieu, cette capacité : la grâce divine lui est absolument nécessaire pour cela [379].

D'où vient cette impuissance ? Pourquoi le *Mens,* à qui Dieu apparaît comme un élément complémentaire de sa vie d'image, ne peut-il, par soi-même, effectuer sa jonction totale avec Celui qui a imprimé en lui sa double ressemblance, la ressemblance ontologique et la ressemblance objective ?

C'est là une grande énigme : *Et hoc est grandius enigma ut non videamus quod non videre non possumus*[380].

Trois réponses principales ont été données à cette question.

1. – Cette impuissance ne se trouve que dans le pécheur. Le péché détruit dans l'âme l'image de Dieu, et par suite toute capacité de l'âme l'ordonnant à Dieu.

2. – L'âme, par sa nature, est une image de Dieu, positivement capable d'être ordonnée à la vision directe de Dieu et à la vie surnaturelle qui la prépare, mais cette capacité est inefficace de soi : elle a besoin d'être élevée et actualisée par la grâce.

---

[379] 1. Cf. *supra,* L. II, Q. III, a. 1, p. 110 sq.
[380] 2. *De Trinit.,* L. XV, n. 16.

3. – L'âme, image de Dieu par sa nature n'a pas en soi de capacité positive qui la destine, même initialement, à la vision divine comme telle ; mais elle est capable de *recevoir,* par la grâce, le don divin qui la proportionne et qui l'ordonne efficacement à cette vision.

Quelle est, de ces trois réponses, celle qu'aurait choisie saint Augustin ? C'est tout l'objet de la présente Question.

Nous la partagerons en cinq articles :
I. – Le péché détruit-il dans l'âme toute capacité du Surnaturel ?
II. – Si saint Augustin se prête à ce que le problème de la capacité de l'âme au Surnaturel soit posé sur le terrain de la nature pure ?
III. – Travaux d'approche : Des images de Dieu dans l'âme et des raisons séminales selon saint Augustin.
IV. – La puissance obédientielle de l'âme, en *tant qu'image analogique de Dieu.*
V. – La puissance obédientielle de l'âme, *en tant qu'image de Dieu par conformité.*

[207]

ARTICLE I
Le péché détruit-il dans l'âme toute capacité du Surnaturel ?

Saint Augustin n'a jamais envisagé *ex professo* l'âme à l'état de pure nature. Pour lui, la nature de l'âme, c'est l'âme dans l'état d'intégrité et de justice originelle, telle qu'elle est sortie, en fait, de la volonté de son Créateur : c'est encore l'âme pécheresse, dépouillée de ce don de la justice, et, par suite, blessée dans l'intégrité de sa nature [381].

---

[381] 1. *De Gen. ad litt.*, L. III, C. xx ; L. VI, C. XXIV, XXVII, L. XI, C. XVIII. Cf. KORS, *La justice primitive et le péché originel*, I P., C. I, p. 11.

Luther et Calvin, exagérant ces données, ont vu dans la vie surnaturelle la nature même du premier homme. Croire en Dieu, L'aimer par-dessus tout, auraient été aussi *naturels* pour Adam « que voir la lumière avec ses yeux ». Baïus et, avec des nuances, Jansénius et Quesnel, sans aller jusqu'à cet excès, ont pensé que le surnaturel était *chose due à la nature* du premier homme, œuvre d'un Dieu juste, bon, tout-puissant. Ils ont cru rendre ainsi la pensée de saint Augustin.

Dans ces systèmes, le péché, détruisant la capacité efficace de tendre à la vision divine, détruit l'image de Dieu dans l'âme. Il y a corruption ou, tout au moins, modification essentielle de l'être humain. La grâce est nécessaire pour *restituer* à l'âme sa nature originelle.

Les théologiens catholiques n'ont pas manqué de manifester combien ces idées, d'ailleurs condamnées par l'Église, sont étrangères à saint Augustin. On [208] peut lire, en particulier, cher l'un des plus récents théologiens de la bonne époque, Billuart, un résumé très éclairant de ces discussions sur l'interprétation de saint Augustin [382]. Nous n'avons pas l'intention de nous appesantir sur cette position désormais classée et finie.

Cependant, la question demeure. Le péché est certainement, pour saint Augustin, un obstacle à l'illumination de l'âme par « la Sagesse ». Quel est, au juste, le caractère de cet obstacle ?

Saint Augustin a toujours affirmé avec la plus grande énergie la persistance de l'image de Dieu dans l'âme pécheresse, qu'il s'agisse du péché originel ou des péchés personnels. Sans doute il représente cette image comme effacée par le péché, *obsoleta,* difforme, *deformis,* viciée, *vitiata,* infirme, ténébreuse, décolorée, misérable, etc.[383], mais, en dépit de ces accidents, il tient qu'elle demeure image de Dieu : « *nec tantum valere istam deformitatem ut auferat quod imago est*[384] ». Il regarde l'âme du pécheur, malgré sa déchéance, comme une grande et merveilleuse nature, toujours rationnelle et intellectuelle.

---

[382] 1. BILLUART, *Tract. de gratia*, Dissert, praeamb., II, a. 2.
[383] 2. *De Trinit.*, L. XIV, n. 6 et suivants.
[384] 3. *Ibid.*, n. 6 ; cf. n. 11, etc.

« Si l'âme humaine a été faite à l'image de Dieu en ceci, qu'elle *peut* se servir de la raison et de l'intellect pour avoir l'intelligence de Dieu, et le fixer, – assurément, dès le premier moment où a commencé d'exister cette grande et admirable nature, – que cette image soit effacée, *obsoleta,* au point d'être presque nulle, ou obscurcie et difforme, [209] ou nette et belle, – elle, ne laisse pas toujours d'exister... Aussi pourrait-on intervertir l'ordre de cette sentence du psaume : *Bien que l'homme se meuve (ambulat) dans l'Image, il ne laisse pas d'être troublé par la vanité,* et dire : Bien que l'homme soit troublé par la vanité, il ne laisse pas de se mouvoir dans l'Image, *ambulant in Imagine...* Si grande nature soit-elle, l'âme a pu être altérée, parce qu'elle n'est pas (la nature) souveraine ; mais tout altérée qu'elle soit, – parce qu'elle est capable de la nature souveraine et peut en devenir participante, – n'est une grande nature [385]. »

Et il la traite en conséquence. D'un bout à l'autre du livre VIIIe du *De Trinitate,* saint Augustin provoque son interlocuteur, c'est-à-dire « l'âme appesantie par un corps corruptible et chargée de pensées terrestres », le pécheur donc, à fixer la Vérité (n° 3), le Bien (n° 4), la Nature idéale (n° 7), le type d'un apôtre, d'un juste (n° 8). Plus loin, an livre IXe, après avoir défini le *Mens* humain par sa relation aux raisons éternelles, dont il peut fixer l'inviolable vérité[386], il montre l'impie lui-même *heurté* par cette lumière dont il détourne cependant son regard, *ab illa luce avertitur, a qua tamen tangitur*[387].

[210] Il suit de là que la grâce n'aura pas à *restituer* au pécheur l'imago naturelle de Dieu imprimée dans son âme, mais à la réparer. Saint Augustin le dit sans réticence, en mettant au point dans ses *Rétractations* ce mot qui lui avait

---

[385] 1. *De Trinit.,* L. XIV, n. 6. — Je pense que par « l'image effacée au point d'être presque nulle », est désignée l'âme des enfants dont il est question dans le morceau immédiatement suivant, n. 7, dont la description à cet endroit correspond bien à ce signalement : *in tam magna demersi ignorantia ut illius mentis tenebras mens hominis exhorreat.* Du reste, les deux autres membres de la division tripartite de l'image : obscurcie et difforme, nette et belle se réfèrent certainement l'un à l'âme pécheresse, l'autre à l'âme juste. Il faut trouver un sujet pour le troisième membre, et ce ne peut être que l'enfant, décrit en termes analogues, aussitôt après, au n. 7.
[386] 2. *De Trinit.,* L. IX, n. 9 ; cf. n. 7-12.
[387] 3. *De Trinit.,* L. XIV, n. 21. — On peut rapprocher de l'ensemble de cette description certains traits du *De Libero arbitrio,* L. III, n. 56, 65, 71, 72.

échappé dans le *De Genesi ad litteram* : *Hanc imaginem in spiritu mentis impressam* PERDIDIT *Adam*[388]. Il l'explique ainsi : *Non sic accipiendum est ut tanquam in eo nulla remanserit, sed quod tam deformis ut reformationis opus haberet*[389]. En quoi consiste cette réparation ? C'est toute la question.

La réparation de l'âme ne crée pas une image tout à fait nouvelle. C'est l'image primitive demeurée sous le péché, qui est restaurée. « L'Apôtre dit que l'homme nouveau est restauré selon l'image de Celui qui l'a créé, pour que nous comprenions que ce renouvellement se fait dans cette réalité, où se trouve l'image de Dieu, c'est-à-dire dans le *Mens*... *Ne* comprenons donc pas ce : *secundum imaginem Dei qui creavit eum,* comme si l'image en laquelle l'âme est renouvelée était une autre image, comme si ce n'était pas la même image qui est remise à neuf[390]. »

La même conclusion ressort des termes par lesquels saint Augustin décrit cette rénovation de l'image par la grâce. En quoi consiste-t-elle ? En ceci que, « par la participation de Dieu, cette image, non plus seulement existe, *imago illa non solum est*[391], mais se trouve rajeunie, *et vetustate renovatur,* [211] que sa difformité disparaît, *ex deformitate reformatur,* que son malheur fait place au bonheur, *ex infelicitate beatificatur* [392] ». C'est une guérison, qui s'opère d'abord par la suppression dans le baptême de la cause de la maladie : *prima curatio est causam removere languoris, quod per omnium fit indulgentiam peccatorum*[393] ; ensuite, par la collation à l'âme, par la grâce, de l'énergie qu'elle possédait, dans son état originel, pour s'ordonner à la vision divine.

Serait-ce la « restitution » de l'image *naturelle* de Dieu qui réapparaîtrait subrepticement dans ces dernières expressions ? Non, car saint Augustin tient que cette efficacité pour s'ordonner à Dieu était déjà, dans l'état de justice originelle, un don spécial de Dieu : « Le mérite de l'âme est une grâce dont la récompense sera la béatitude. L'homme ne peut se donner la justice qui, étant

---

[388] 1. *De Gen. ad litt.*, L. VI, C. XXVII.
[389] 2. *Retractationes*, L. II, C. XXIV, n. 2.
[390] 3. *De Trinit.*, L. XIV, n. 22, fin ; *Non itaque sic intelligamus... qua si alia sit imago secundum quam renovatur : non ipsa quae renovatur.*
[391] 4. Elle existait donc.
[392] 1. *De Trinit.*, L. XIV, n. 18.
[393] 2. *Ibid.*, n. 23.

perdue, n'est plus en sa possession, *quam perditam, non habet.* Sans doute, lorsqu'il fut *créé,* il l'a reçue ; mais, en péchant, il l'a perdue. Il reçoit donc (de nouveau) la justice, en vertu de laquelle il méritera la béatitude[394]. » Constatons ici, que la justice, celle qui mérite la béatitude, est *reçue,* selon saint Augustin, aussi bien dans l'état primitif que dans la rénovation conséquente au baptême : le mot est le même : *recipit.* Puis donc que « le mérite de l'âme dont la récompense est la béatitude, est une grâce de Dieu », il l'était déjà dans l'état originel, et, par conséquent, la puissance de s'ordonner à Dieu par un mérite efficace ne fait pas partie essentielle de l'image naturelle [212] de Dieu, encore qu'elle ait été concédée à cette image dès l'origine.

Dans l'état du péché la grâce doit donc intervenir de deux manières : pour faire disparaître l'obstacle qui rend l'âme justiciable « de la justice vindicative de son Seigneur » ; pour lui communiquer un complément d'énergie surnaturelle qui la fasse passer de l'état d'image imparfaite, demeurée sous le péché, à l'état d'image parfaite, caractérisée par la *Sagesse* et le mérite efficace de la Béatitude [395].

En regard de la première de ces interventions de la grâce, l'image naturelle de Dieu dans l'âme ne peut exciper d'aucun pouvoir : c'est affaire à la pure miséricorde de Dieu, *ut qui revertitur non sibi tribuat, sed gratiae Dei*[396]. En regard de la seconde, l'image possède un certain pouvoir, le pouvoir de *recevoir* par grâce l'énergie élévatrice, qui la transforme en image parfaite, aussi bien au sortir de l'état de péché que lorsqu'elle a reçu la justice originelle[397].

L'obstacle que met le péché à la conversion totale de l'âme vers Dieu n'est donc pas absolument insurmontable. Il l'est cependant au point de vue de l'offense, et c'est sans doute la raison *omni exceptione major,* qui a porté saint Augustin à classer explicitement la grâce *salvifique,* celle qui justifie l'impie, au premier rang de ces raisons séminales que Dieu n'a pas insérées à la création,

---

[394] 3. *De Trinit.,* L. XIV, n. 21. Cf. KORS, *op.* et *loc. cit.*
[395] 1. *De Trinit.,* L. XIV, n. 21, 23.
[396] 2. *De Gen. ad litt.,* L. IX, n. 33.
[397] 3. « *Peccando, justitiam et sanctitatem vetilatis amisit... hanc recipitcum reformatur et renovatur ». De Trinit.,* L. XVI, n. 22.

mais a cachées dans sa volonté[398]. Mais nonobstant l'impossibilité [213] de conversion qui résulte de cette cause, la possibilité de se tourner vers Dieu n'est pas absente, même du pécheur, et la grâce, non plus *sanans*, mais *elevans*, trouvera dans sa nature conservée sous sa faute, une *amorce pour sa conversion*.

Et donc, pour saint Augustin, la puissance obédientielle au Surnaturel existe dans la nature de l'âme demeurée dans le pécheur.

Telle est notre réponse à la question posée : Quel est, an juste, le caractère de l'obstacle mis par le péché à l'illumination de l'âme par la *Sagesse* ?
Mais ici une question préjudicielle nous arrête.

ARTICLE II
Si saint Augustin se prête à ce que l'on pose le problème de la capacité de l'âme au Surnaturel sur le terrain de la nature pure ?

Nous l'avons dit, nous le maintenons, saint Augustin n'a jamais envisagé *ex professo* l'âme à l'état de pure nature. Le caractère concret de sa théologie, dont le donné est littéralement scripturaire, ferme la voie à ce genre d'abstraction philosophique.

Suit-il de là que l'on ne puisse extraire de sa doctrine cette notion de la nature pure, indispensable à qui entend généraliser le problème de la nature et de la grâce ? La solution que l'on obtiendrait ne serait plus sans doute une doctrine formellement professée par le saint Docteur, mais ce serait la solution, selon ses principes et son esprit, d'un problème qui a échappé et devait échapper à son [214] réalisme scripturaire et au caractère concret de ce génie, avant tout chrétien.

Il semble que saint Augustin s'y prête, et nous allons avancer les raisons de notre opinion.

---

[398] 4. Nous examinons plus loin, article III, la question des *Raisons séminales*.

a) La première s'origine tout droit aux constatations qui précèdent, à savoir que la nature rationnelle, si « alanguie » soit-elle, n'en existe pas moins, pour saint Augustin, dans le pécheur, en qui, certes, elle n'est pas mélangée de surnaturel.

Même chez le pécheur, l'image de Dieu subsiste, non seulement l'image par analogie des trinités psychologiques, *mens, notitia, amor,* etc., mais aussi l'image de similitude, l'image par puissance de conformation objective aux idées divines, rendant l'âme capable de participer intellectuellement à la nature souveraine.

De cette constatation il n'y a qu'un pas à faire pour concevoir cette nature rationnelle, image de Dieu, dégagée des tares du péché, reportée à l'origine des choses, lors de la création de l'âme. Elle existait au fond de l'âme originelle, toute créée dans l'état de justice qu'elle ait été, puisque saint Augustin nous assure que lorsqu'elle est restaurée par la grâce, il n'y a pas production d'une nouvelle image, mais réparation de l'image primitive.

Mais, dira-t-on, il y a là une abstraction que saint Augustin n'a pas envisagée. Sans doute ! Mais cela tenait à ce que l'âme ayant été simultanément formée à l'origine en nature et en grâce, il ne s'est pas cru en droit de sortir des termes concrets dans lesquels le présent problème se posait dans la Révélation et qui constituaient pour lui le *donné* de ce problème. Mais y est-il été opposé ? Il ne le semble pas. Et ce sera notre seconde raison.

[215] *b)* D'abord, lui-même, inconsciemment peut-être, n'a-t-il pas insinué cette « abstraction » lorsqu'il a distingué, dans la création de l'ange, la nature et la grâce : *simul in eis condens* NATURAM *et largiens gratiam,* – ce qui, ajoute-t-il, « fut aussi observé dans la création de l'homme » ?

Ne serait-il pas coutumier, sans toujours s'en rendre compte, d'abstractions analogues ? N'a-t-il pas déclaré, en abordant l'étude du « principal du *mens* humain, c'est-à-dire ce par quoi il connaît Dieu ou peut le connaître », qu'il allait examiner. le *Mens* en lui-même, avant qu'il soit participant de Dieu ? Or c'est dans ce *Mens,* ainsi stérilisé, qu'il cherche et trouve l'image de Dieu, qui le rend capable de participer à Dieu [399].

---

[399] 1. *De Trinit.,* L. XIV, n. 11. Cf. n. 15.

Qu'une abstraction semblable puisse être transportée à l'origine des choses, quand l'âme fut créée *simultanément* quant à sa nature, et en justice et grâce, c'est ce qui est rendu vraisemblable par la théorie de la non-contradiction entre simultanéité temporaire et priorité de nature, que saint Augustin professe énergiquement. Donnons que, simultanément, Dieu a établi l'âme dans sa nature et daim la grâce : grâce et nature, d'après ce principe de saint Augustin, n'en pourront pas moins constituer deux dons distincts, le second formant comme la base et le sujet du premier.

De même que la matière informe de la nature spirituelle n'a jamais existé en fait sans être formée, et cependant est regardée par saint Augustin comme antérieure, dans l'ordre des natures et des causes, à sa formation, de même peut-on penser, sans infidélité [216] au saint Docteur, que la nature, n'ayant jamais existé sans la grâce, fut à "origine le terme d'une illumination formatrice de Dieu, distincte de celle que lui concède la grâce, et antérieure à celle-ci dans l'ordre de causalité. Et de même, aussi, que la « *formabilité* » de la nature spirituelle informe possédait en soi ce qui la rendait capable de recevoir sa forme, forme de l'ange ou de l'âme, de même la nature, antérieurement à la grâce (d'une priorité causale), peut et doit être conçue comme capable de la grâce et, partant, de la vision à laquelle la grâce achemine [400].

A ce point de vue, création de la matière informe, corporelle et spirituelle, formation de cette matière par ses formes spécifiques (ou par leurs raisons séminales [401]), don de la grâce à l'ange et à l'âme, glorification des bons anges, sont comme autant de déclenchements, non pas successifs puisque simultanément effectués, mais progressifs d'une même plénitude créatrice des Idées divines. Il est clair que le premier est ordonné au second, le second au troisième, le troisième au quatrième ; il est clair que la « formabilité » de la matière spirituelle est faite immédiatement en vue de sa formation comme nature, celle-ci en vue de sa formation par la grâce, cette dernière enfin en vue de sa formation par la gloire, quelle qu'ait pu être la simultanéité temporaire de ces quatre productions, du moins chez les anges, des trois premières pour l'âme. Sans doute,

---

[400] 1. *De Gen. ad litt.*, L. V, n. 13, 16 ; L. IV, C. 33, 34 ; L. VII, n. 39.
[401] 2. Cf. *supra*, Question I, pp. 163-200.

la raison qui les destine l'une à l'autre se prend toute des Idées divines, réalisées par la volonté libre de Dieu : mais, quelque [217] extrinsèques aux réalités créées que soient ces Idées et cette volonté, il résulte cependant, de leur déclenchement progressif, que chacun des degrés de leur participation, étant établi par Dieu en vue du suivant, est capable d'être perfectionné par celui-ci, capacité et pouvoir soumis, bien entendu, quant à leur réalisation, à la volonté divine, capacité obédientielle, diront les théologiens. On voit ainsi que le pouvoir que posséderait la nature en regard de la grâce n'offre rien d'insolite dans la doctrine de saint Augustin, et que les cadres généraux de celle-ci lui sont hospitaliers [402].

c) Il est donc possible, sans s'écarter de l'esprit de saint Augustin, de poser le problème de la relation de l'image naturelle de Dieu dans l'âme formée, à l'image surnaturelle caractérisée par la Sagesse. Aussi bien, troisième motif en faveur de notre opinion, c'est ce qu'ont fait sans hésiter les [218] docteurs scolastiques. La doctrine des raisons causales et séminales de saint Augustin [403], qui pour celui-ci, nous le verrons, est le grand moyen de solution du problème de la capacité de l'âme, a été *proportionnellement* appliquée et étendue par les docteurs scolastiques à la détermination de la puissance obédientielle de l'âme

---

[402] 1. En faveur de l'abstraction de la nature pure, militent encore un certain nombre de données augustiniennes. Saint Augustin, par exemple, n'a pas laissé d'avoir une conception nette et distincte de l'homme philosophique, c'est-à-dire de la nature humaine, telle qu'elle est constituée dans ses éléments essentiels. Citons la définition simili-aristotélicienne de l'homme, *substantia rationalis constans ex anima et corpore, De Trinit.,* L. XV, n. 11 ; la thèse néoplatonicienne de l'esprit coordonné directement, de par sa nature, aux Idées divines, *De Trinit.,* L. IX, n. 10-12 ; L. XII, n. 24, etc. ; — la théorie de la conscience psychologique, *De Trinit.,* L. X, n. 6-16 ; — celle du jugement exercé par l'esprit sur les apports des sensations, par le procédé' psychologique de leur confrontation avec les Idées divines imprimées dans le *mens, De Trinit.,* L. IX, n. 10-12, L. XV, n. 49 ; — les thèses de la science, *De Trinit.,* L. XII ; – du désir naturel du bonheur, *Confess.,* L. X, n. 20 sq. etc. — Toutes ces thèses et d'autres encore, d'origine et de caractère philosophiques, forment un ensemble lié, qui ne comporte, que je sache, aucun élément surnaturel. C'est bien là, chez saint Augustin, latente il est vrai, une équivalence de la nature pure : *Habemus etiam, quasi regulariter infixam, humanae naturae notitiam... Secundum hanc notitiam cogitatio nostra informatur, cum credimus pro nobis Deum hominem factum... De Trinit.,* L. VIII, n. 7.

[403] Abstraction faite, bien entendu, de la question de leur présence dans la matière originelle, créée *in principio.* Cf. *Supra,* L. III, Q. I, p. 164.

en regard du surnaturel. Pour n'en rapporter que l'exemple le plus illustre, saint Thomas d'Aquin, quand il parle de cette puissance obédientielle, se réfère maintes fois aux raisons causales de saint Augustin. La raison en est obvie, à savoir qu'un concept commun, d'une communauté d'analogie s'entend, se rencontre dans les unes et dans l'autre, à savoir la soumission totale de la nature créée au Créateur.

Mais il y a sans doute plusieurs manières d'interpréter cette soumission totale, en relation avec les diverses espèces d'images naturelles de Dieu dans l'âme et les différents genres de raisons séminales, qu'a connus et décrits saint Augustin. Et avant d'aborder la solution définitive de notre problème, il est urgent de s'enquérir de sa doctrine sur ce sujet.

[219]

ARTICLE III
Des images de Dieu dans l'âme et des Raisons séminales, d'après saint Augustin

I
Les images psychologiques de la Trinité [404].

Saint Augustin, c'est chose admise, déclare et répète à satiété que le *Mens* est naturellement capable d'une certaine vision de Dieu, qui d'ailleurs, rendue à son terme dernier, ne peut être que l'œuvre de la grâce. Cette capacité lui appartient du fait qu'il est l'image de Dieu.

Image analogique d'abord, pour autant que la vue de cette image, qu'il trouve en soi et qui est lui-même, le rend capable de s'élever jusqu'à Dieu :

« *In se, imagine Dei, (mens) tam potens est ut Ei, cujus imago est, valeat inhaerere*[405]. »

---

[404] 1. Cette section est un bref rappel des idées exposées dans la Question III du Livre II de cette *Première partie*. Ce rappel nous a paru indispensable pour que la présente *Question* formât un tout complet.

[405] 2. *De Trinit.*, L. XIV, n. 20. Cf. SAINT THOMAS, *De Verit.*, Q. X, a. 7.

Image ensuite par puissance de conformité à l'objet divin : « *Eo quippe ipso imago (Dei) est (mens), quo ejus capax est, ejusque particeps esse potest*[406]. » *Sapientia* « *quidem illi (homini) non est, nisi ab Illo cujus participatione vere sapiens fieri mens rationalis et intellectualis potest*[407] ».

Que signifient, au juste, ces expressions et mille autres analogues qui remplissent le *De Trinitate* ?

Après mûr examen, nous croyons pouvoir répondre, [220] et l'on pouvait le prévoir *a priori* qu'il n'y a rien de plus ni de moins dans ces expressions, et dans le pouvoir de vision divine qu'elles impliquent, que la pure et simple traduction de la doctrine, perpétuellement sous-entendue d'un bout à l'autre de l'œuvre de saint Augustin, l'*Illuminisme*.

L'Illuminisme est la doctrine de la subordination immédiate des êtres et spécialement des esprits à l'illumination des Idées divines, illumination formatrice lorsqu'il s'agit des êtres, illumination objective quand il s'agit des intelligences. Saint Augustin professe d'ailleurs que, s'il s'agit des esprits, *anges* ou *mens*, la même illumination les crée dans leur être et dans leur valeur intellectuelle propre. Nous nous étendons ailleurs longuement sur cette théorie [408] qui n'est pas de conséquence pour la présente question.

C'est cette double irradiation des Idées, l'une aboutissant à l'*être* des choses, l'autre à leur *connaître*, qui est représentée dans le présent problème par la double image de Dieu qui se rencontre dans le *Mens*, l'image analogique et l'image par conformité.

D'une manière générale, la ressemblance analogique est d'ordre ontologique. C'est une ressemblance entre deux êtres. C'est ainsi que les perfections pures et simples, bonté, vérité, unité, etc., sont des ressemblances analogiques de l'être créé avec l'Être divin. La ressemblance par conformité, au contraire, s'établit entre une puissance de connaître ou d'aimer et l'objet qui se l'assimile en la [221] configurant à soi. Elle est d'ordre dynamique, et objective.

---

[406] 3. *De Trinit.*, L. XIV, n. 11.
[407] 4. *De Trinit.*, L. XIV, n. 26. Cf. SAINT THOMAS, *loc. cit.*
[408] 1. Voir la *Question* précédente : *La nature rationnelle informe*, etc., pp. 156-180.

I. L'IMAGE DE DIEU PAR ANALOGIE.

C'est l'image que constate le *Mens,* lorsqu'il se regarde lui-même, et voit en soi l'une de ces trois « trinités » principales : *Mens, notitia, amor ; memoria, intelligentia, voluntas, suî ; memoria, intelligentia, amor, Dei* [409], dans lesquelles rentre la quatrième trinité : *Esse, fosse, selle, des Confes*sions[410].

Que l'âme prenne conscience de cette valeur d'image de la Trinité, qui est sienne, et aussitôt, quoique indirectement, *in speculo,* elle possède en soi de quoi se faire une idée du Dieu Trinité ; elle *peut* le connaître. Rappelons ce passage déjà cité : « Voici que l'âme se souvient de soi, se saisit intellectuellement, s'aime : cela, si nous le voyons, nous avons vu la Trinité : ah ! non pas Dieu certes ! mais l'image de Dieu[411]. » Elle n'a plus, dès lors, qu'à ne pas s'arrêter en soi et à passer à Dieu, *ut sic ejus consideratio non sistat in se sed procedat usque ad Deum*[412]. *Elle le peut,* puisque cette image est à la portée de son activité connaissante naturelle. Cependant, pour que ce pouvoir s'actualise jusqu'au terme dernier qu'elle comporte et fait entrevoir, saint Augustin exigera la grâce.

Ces quelques idées suffiront ici. Nous renvoyons, [222] pour leur justification, à ce que nous disions ailleurs de l'image par analogie [413].

II. L'IMAGE DE DIEU PAR CONFORMITE.

« On doit admettre que la nature du *Mens* a été constituée de telle sorte que, subordonné par une disposition naturelle du Créateur aux choses intelligibles, il voie celles-ci dans une certaine lumière incorporelle *suî generis,* comme l'œil corporel voit ce qui l'entoure dans la lumière corporelle : de cette lumière (spirituelle) le *mens* a été créé capable et il lui est adapté *(congruens)*[414].

---

[409] 1. *De Trinit.*, L. IX et X, XIII et XIV.
[410] 2. *Confess.*, L. XIII, C. XI. — Cf. pour la réduction de cette trinité aux précédentes, SAINT THOMAS, *Summa theol.*, I P., Q. XCIII, a. 7, ad 1m.
[411] 3. *De Trinit.*, L. XIV, n. 11.
[412] 4. Saint Thomas, *De Verit.*, Q. X, a. 7, c. Cf. SAINT AUGUSTIN, *De Trinit.*, L. XV, n. 39.
[413] 1. *Supra*, L. II, Q. III.
[414] 2. *De Trinit.*, L. XII, n. 24. Cf. L. IX, début et fin du n. 11, n. 12.

Cette lumière émane directement des Idées éternelles, qui sont, selon saint Augustin, les Idées de Dieu même. C'est le rapport direct à ces Idées, par l'intermédiaire de la lumière qu'elles répandent dans le *Mens,* qui fait de celui-ci une image par conformité. On saisit ici, sur le fait, la différence de l'image par conformité et de l'image analogique. Celle-ci est un être, l'être même du *Mens,* en qui se reflète la Trinité comme dans un miroir. L'image par conformité suppose sans doute l'être du *Mens,* mais ne s'établit que par la mise en relation de sa connaissance avec les intelligibles irradiés en lui par les Idées, qui le rendent conforme à eux-mêmes et aux Idées dont ils émanent : il y a ainsi participation directe par le *Mens* de la ressemblance aux Idées.

Que sont donc les Idées divines ? – Ce sont, répond saint Augustin, les formes principales, les raisons stables et immuables des choses. Elles ne sont pas *formées* par des Formes antécédentes, et [223] par suite, elles sont éternelles et toujours existant de la même manière ; contenues dans la divine intelligence, elles n'ont comme elle ni commencement ni fin : par elles, cependant, est *formé* tout ce qui peut naître *et* mourir, tout ce qui naît et meurt [415].

Pourquoi donc ces Idées ? – Nous ne pouvons nier que toutes les réalités, c'est-à-dire tout ce qui, pour exister, est contenu dans sa nature propre, aient été créées par Dieu ; que leur vie, leur conservation, l'ordonnance de leurs mouvements, et leur cours mesuré dans le temps, ne soient contenus et gouvernés par les lois du Dieu souverain[416]. Or, Dieu n'a pu établir toutes ces choses irrationnellement. Tout donc est gouverné par la raison, et chaque chose par ses raisons propres. Or, ces raisons des choses, où sont-elles sinon dans l'intelligence du Créateur ? Imaginer que, pour constituer ce qu'il faisait, Dieu devait regarder (un modèle) hors de soi, c'est un sacrilège. En Dieu sont donc des Idées, vraies, éternelles, immuables ; et c'est de ces Idées que participent, pour exister, toutes choses quelles qu'elles soient et de quelque façon qu'elles soient.

Mais, parmi les créatures, l'âme raisonnable dépasse tout le reste : elle est proche de Dieu, quand elle est pure. Autant elle adhère à lui par la charité, autant elle est inondée et éclairée par cette lumière intelligible, et voit, non par ses

---

[415] 1. *Liber LXXXIII Quaestionum,* Q. XLVI.
[416] 2. *Ibid.* Cf. *De libero arbitrio,* L. II, n. 42-44.

yeux corporels, mais par cette partie principale et excellente d'elle-même, [intelligence, toutes ces Idées dont la vision la rend bienheureuse[417].

[224] Tel est le résumé le plus synthétique que saint Augustin nous ait laissé de son *Illuminisme*. Il ne nous échappe pas que la finale de ce morceau décrit l'image de conformité telle qu'elle se rencontre dans l'état de perfection que lui donnent la grâce ou la vision béatifique[418]. Mais, comme on l'a vu au début de ce paragraphe, l'impressionnabilité du *Mens* à l'irradiation illuminatrice des idées appartient par droit de première mainmise à la nature : les impies eux-mêmes sont en contact avec elle[419]. Et donc, par l'image de conformité, la nature de l'âme est nantie d'un véritable pouvoir pour orienter son regard vers Dieu.

II
La théorie des raisons causales ou séminales chez saint Augustin[420].

Cette théorie est sans nul doute d'origine néoplatonicienne[421]. Mais chez saint Augustin, elle se [225] présente comme une interprétation *ad litteram* de la Genèse. L'occasion qui semble l'avoir fait naître est un texte de la Genèse, où l'auteur sacré, résumant l'œuvre des six jours, montre les végétaux dans un état très spécial qui ne comporte ni leur développement adulte, ni même leur

---

[417] 3. *Liber LXXXIII Quaestionum*, Q. XLVI. — Cf. les passages parallèles, *De Trinitate*, L. XII, n. 24 ; L. VIII, n. 3-6 ; L. XIV, n. 15-23, 28. *De Genesi ad litt. imperfectus liber*, n. 60, où se trouve un doublet : *quod non sentit, nisi cum purissima et beatissima est* ; *De Gen. ad litt.*, L. V, n. 29, etc.

[418] 1. Cela n'a pas échappé à saint Thomas, *Summa theol.*, I^a P., Q. LXXXIV, a. 6, c, fin.

[419] 2. *De Trinit.*, L. XIV, n. 21.

[420] 3. Nous ne faisons pas ici de distinction entre raison *causale* et raison *séminale*, les raisons séminales étant causales à leur manière. On devra cependant noter que les raisons séminales du second genre sont par excellence des raisons causales, puisqu'elles demeurent à l'état d'Idées divines Cf. SAINT THOMAS, *Summa theol.*, I^a Q. CXV, n. 2, ad 4^m.

[421] 4. Cf. PLOTIN, *Enn.* IV, L. III, n. 11, passage le plus formel sur ce sujet. Cf. *Enn.* I, L. VI, n. 2 ; *Enn.* II, L. III, n. 13-18 ; *Enn.* II, L. VII, n. 14, etc. Cf. Trad. BREHIER, Paris, 1924, t. II, p. 43-44 ; Cf. *Notice*, p. 27. Voir aussi la note de l'édition des *Ennéades* de M. N. BOUILLET, 1. 1, p. loi, où la raison séminale est mise à sa place dans la synthèse plotinienne. On trouvera une synthèse analogue dans SAINT THOMAS, *Summa theol.*, I°. Q. LXV, a. 2, c.

germination effective : *Omne virgultum agri, antequam oriretur de terra, omnemque herbam regionis priusquam germinaret*[422]. Le motif donné par l'auteur sacré de cet état singulier, à savoir qu'il n'était pas encore tombé de pluie sur la terre, ne laisse aucun doute dans l'esprit d'Augustin : les végétaux n'ont été créés durant les six jours qu'à l'état de pure semence. Et c'est ce qui permet à la Genèse de narrer la plantation du Paradis terrestre, en montrant Dieu faisant sortir les arbres adultes de l'humus qui en était comme ensemencé : *produxit Dominus de homo lignum*[423]. Et donc, le texte : *germinet terra herbam virentem et facientem semen et lignant*[424], ne désignait la création des végétaux et des arbres qu'à l'état de semences.

Ces semences, par ailleurs, ne sont pas ce que nom entendons communément par ce mot. Ce sont des causes invisibles, des raisons causales ou séminales. Saint Augustin ne s'illusionne pas sur l'étrangeté pour le sens commun de sa conception. « Si l'on me demande comment elles existent, je répondrai : invisiblement, potentiellement, causalement, ce qui, je le sais, déconcertera celui qui me questionne. On lui enlève, en effet, tous les éléments de sa connaissance coutumière, jusques et y compris la [226] corporéité *(corpulentiam)* de la semence… Je ne nie pas qu'il y ait une certaine analogie entre la semence et les causes dont je parle : mars celles-ci précèdent tout ce qui est visible [425]. » Le développement de ces raisons séminales n'appartient pas, nous l'avons dit, à l'œuvre proprement dite de la création, mais à l'administration future des choses créées par la Providence[426].

Précisément le récit dans la *Genèse* de l'un de ces développements, à savoir non pas la création mais, – parlons augustinien, – la « formation » merveilleuse de l'homme et de la femme[427], fournit à saint Augustin une nouvelle confirmation de sa théorie, et l'occasion de la préciser par la division des raisons causales en deux ordres bien distincts.

---

[422] 1. *Gen.*, II, 5.
[423] 2. *Gen.*, II, 9.
[424] 3. *Gen.*, I, 11.
[425] 1. *De Gen. ad litt.*, L VI, n. 11.
[426] 2. *De Gen. ad litt.*, L. V, C. IV-VI, et XI, n. 27 ; L. VI, C. XI, n. 1819. Cf. L. VII, n. 42.
[427] 3. Il s'agit, non pas de la création de lame, créée *ipsa* le sixième jour, ni du corps d'Adam créé le sixième jour dans sa raison causale, ainsi que nous l'avons vu, p. 160,

Il y a d'abord des raisons causales communes insérées *dans* les choses lors de leur création et qui par leur activité naturelle, *motu suo naturali,* se développent et produisent l'être formé, complet, dont elles constituent le germe invisible. Leur type se rencontre dans les végétaux et les animaux [428]. Quand saint Augustin dit qu'elles se développent par leur mouvement naturel, il n'exclut pas l'intervention divine. Il est dans la nature d'un jeune homme qu'il devienne vieux, c'est dire qu'il y a dans un jeune homme une raison cachée de sa vieillesse : [227] s'il est nécessaire que cette raison atteigne son terme, nous n'en savons rien [429]. Les vrais futurs sont ceux que Dieu a prévus[430]. C'est réserver l'intervention des raisons causales du second ordre, même pour le développement des premières. Mais cette intervention ne regardera que l'efficacité de celles-ci. La raison séminale du premier ordre possède en soi le pouvoir intrinsèque de produire naturellement son développement total.

Tout autres sont les raisons causales du second ordre. Elles ne sont pas insérées dans la nature créée. Elles sont pourtant contemporaines de la création, dont elles constituent comme une partie ou contrepartie extrinsèque. C'est dans la volonté divine qu'elles existent. Aucun pouvoir positif ne leur correspond *dans* la création. Cependant elles ne peuvent être contraires aux raisons séminales intrinsèques, que Dieu a établies lors de la constitution des choses ; mais c'est uniquement parce que la volonté de Dieu ne peut se contredire[431].

Ces raisons causales réservées dans la volonté divine sont à double effet :

D'abord, comme nous l'avons insinué, à l'effet de permettre aux raisons séminales, primitivement insérées *dans* la création, d'atteindre effectivement leur développement complet. – Dieu a établi les raisons séminales intrinsèques aux choses créées, afin que d'elles *puisse* sortir ce dont elles sont causes, en la manière susdite, c'est-à-dire sans que cela, soit nécessaire ; il a caché, au contraire,

---

mais de la formation de l'homme visible, à l'âge adulte, après les six jours, *de limo terrae* qui en recélait, dès le sixième jour, la raison séminale. Semblablement, il s'agit du mode merveilleux de la création de la femme, à l'âge adulte, *ex costâ Adami*.

[428] 4. *De Gen. ad litt.*, L. V, n. 27.
[429] 1. *Ibid.*, L. VI, n. 27.
[430] 2. *Ibid.*, n. 28.
[431] 3. *De Gen. ad litt.*, L. VI, C. XVIII, N. 29.

les antres en soi-même, afin de rendre nécessaire ce [228] que les premières ne rendaient que possible [432].

Ensuite, elles ont pour but de procurer certains effets qui n'ont aucun fondement dans les raisons séminales du premier ordre inoculées au monde, sans cependant leur être contraires, sinon pour nous qui avons une conception de la nature autre que Dieu. Pour Dieu, en effet, la nature c'est ce qu'Il aura fait : *non autem Deo, cui hoc est natura quod fecerit*[433].

Un exemple de saint Augustin va mettre en scène ces deux modes d'opération des raisons causales conservées en Dieu : Si, dit-il, on admet que dans ces raisons séminales primitives que Dieu a inoculées au monde en le créant, il a mis non seulement qu'il formerait l'homme du limon, mais comment il le formerait, à savoir en se passant d'un sein maternel, à l'âge adulte, etc., sans aucun doute, quand il l'a fait, les choses se sont passées comme il l'avait prédisposé, car il n'agit pas contre ses propres dispositions. Mais, si l'on admet, à l'opposé, qu'il n'a mis dans les choses qu'une simple possibilité pour l'homme de devenir, sans engager dans cette possibilité les modalités de sa formation future, de telle sorte enfin qu'elle pût se réaliser d'une manière ou d'une autre ; et que, dans sa volonté, il a réservé le mode selon lequel il ferait l'homme, sans insérer ce mode à la contexture du monde, il est manifeste que dans ce cas, comme dans le précédent, l'homme n'a pas été fait contre la volonté qui présidait à la première constitution des choses. Dans la création [229] il y avait la possibilité de ce qui est arrivé, sans d'ailleurs aucune nécessité : celle-ci résidait uniquement dans le bon plaisir du Créateur, dont la volonté est, pour les choses, nécessité [434].

Il va de soi que la possibilité qui correspond, du côté de la nature créée, an second mode d'opérer de la raison causale conservée en Dieu n'est pas la même que la possibilité positive intrinsèque et naturelle qui correspond au premier mode. C'est ce que saint Augustin va mettre dans tout son relief, en cette ma-

---

[432] 1. *Ibidem*. Cf *De Trinit.*, L. III, n. 13, § *Omnium quippe*, où ce premier rôle des raisons séminales conservées en Dieu, *apud se*, est formellement traité.
[433] 2. *De Gen. ad litt.*, L, VI, n. 24, fin.
[434] 1. *De Gen. ad litt.*, L. VI, n. 26, fin.

gnifique synthèse : « Le cours accoutumé *(usitatissimus)* des choses, dit-il, possède certaines lois naturelles, auxquelles n'échappe pas l'esprit de vie créé lui-même : car certains de ses appétits sont déterminés, au point que la volonté mauvaise elle-même n'y peut rien. De même, les éléments du monde corporel possèdent une énergie et une qualité fixes, qui définissent ce que chaque chose peut ou ne peut pas, de quelle chose telle autre chose peut sortir ou ne le peut pas. De ces éléments primordiaux des choses, tout ce qui est engendré tire en son temps son origine, son développement, sa dégénérescence et sa fin. D'un grain de blé ne naît point une fève, non plus qu'un homme d'un animal ou un animal d'un homme. Mais, au-dessus de ce mouvement et de ce cours naturel des choses, la puissance du Créateur a en soi, *apud se,* le pouvoir de faire de toutes choses autre chose que ce à quoi les destinent leurs raisons séminales, non pas cependant ce dont il n'a pas mis dans les choses la possibilité d'être fait d'elles tout au moine par Lui-même[435]. Car sa puissance [230] n'est pas téméraire : il est tout-puissant dans la Sagesse, et il ne fait en son temps de chaque chose que ce dont il a posé antérieurement en elle la possibilité d'être réalisé par lui Cette possibilité est donc double. Il y a la possibilité qui permet à une plante de germer de cette manière et à sa voisine de germer autrement, à cet âge ou. à cet autre âge d'être l'âge de la génération, à l'homme de parler tandis que l'animal ne parle point. Ce sont ici des faits dont les modalités trouvent la raison de leur possibilité non seulement en Dieu, mais dans les choses créées, lesquelles elle est insérée. Il y a aussi la possibilité qui permet à un bâton coupé, sec, raboté, n'ayant aucune racine, de se passer de terre et d'eau pour fleurir et porter des fruits, à une femme d'engendrer alors qu'elle est stérile et avancée en âge, à une ânesse de parler, etc. ; si *ces* choses arrivent, c'est évidemment que Dieu avait donné aux natures qu'il a créées de quoi les rendre possibles (car il ne les tirerait pas d'elles s'il avait disposé qu'elles ne pourraient pas en être

---

[435] 2. *Non tamen id quod non in eis posuit ut de his fieri vel ab Ipso possit.* Ce membre de phrase est d'un laconisme extrême. Le sens s'éclaire au contexte. Le pouvoir du Créateur ne s'étend pas à des choses dont il n'a pas mis dans les raisons séminales la possibilité d'être tirées de celles-ci, tout au moins par Lui-même, c'est-à-dire à des choses qui seraient en contradiction avec les raisons séminales positives et actives qui sont l'œuvre de sa Sagesse.

tirées, sa puissance n'étant pas supérieure à sa puissance). Mais cependant, il leur a donné cette possibilité d'une autre manière, à savoir qu'elles ne pourraient atteindre ce résultat par leur mouvement naturel, mais uniquement parce qu'elles furent créées de telle sorte que leur nature serait ultérieurement soumise à une intervention plus puissante de sa volonté [436]. »

[231] Cette fois nous saisissons la pensée totale de saint Augustin. Il y a deux ordres de raisons séminales : les unes insérées dans la création, les autres réservées dans la volonté de Dieu.

Les premières contiennent la possibilité *positive* et *naturelle* de leur développement jusqu'à son terme. Sans doute, le seul bon plaisir de Dieu donne à ce développement de se produire, mais lorsqu'il se produit, c'est en vertu des énergies et qualités naturelles fixées dans la nature des choses. Si une raison causale conservée en Dieu intervient, ce n'est pas pour spécifier de nouveau leur mouvement naturel, mais uniquement pour lui attribuer dans tel cas, et non dans tel autre, le complément d'efficacité qui rendra ce développement nécessaire, de simplement possible qu'il était de par la vertu naturelle de sa raison séminale.

Les secondes, au contraire, ne sont représentées au sein *de* la nature créée que par une *pure possibilité,* une non-contradiction à un développement ultérieur dont toute la raison causale est gardée dans la volonté de Dieu, pour qui est naturel dans la nature ce qu'il y opère lui-même.

Ainsi la raison causale conservée en Dieu, tantôt s'accorde avec une capacité naturelle intrinsèque aux choses, comme lorsque tel adolescent devient effectivement vieillard, tantôt elle ne trouve rien dans la nature à quoi se raccorder, sinon une pure possibilité regardant uniquement la toute-puissance de Dieu. Dans le premier cas, la nature constitue un sujet *duquel (ex quo) est* tiré son développement ; dans le second cas, la nature constitue un sujet dans lequel *(in quo)* Dieu insère les principes d'un développement nouveau. Dans les deux cas, il y a puissance [232] obédientielle du côté de la nature créée en regard de la volonté toute-puissante de Dieu. Mais dans le premier cas, où il n'y a qu'à développer, dans une circonstance donnée, une raison séminale active, la puissance obédientielle n'est passive vis-à-vis de Dieu qu'en ce qui regarde le mode

---

[436] 1. *De Gen. ad litt.*, L. IX, n. 32.

de l'efficacité. Dans le second cas, au contraire, la nature n'offrant aucune puissance positive pour réaliser un but déterminé, puisqu'il peut en être ainsi et ainsi, en puissance obédientielle n'est qu'une passivité totale vis-à-vis de la puissance de Dieu qui, sans la contredire, fera d'elle ce qui lui plaira.

*
* *

Nos travaux d'approche sont terminés, et nous pouvons maintenant aborder directement la question de la puissance obédientielle de l'âme chez saint Augustin.

Elle se partage naturellement elle-même en deux questions, selon qu'il s'agira de la capacité qui se dégage de l'âme, *image analogique* de Dieu, ou de l'âme, *image* de Dieu *par conformité*.

Au sujet de chacune de ces deux images nous demanderons à saint Augustin :

1° Ce qu'il pense de la capacité de vision divine qu'elle développe.

2° A quel genre de raison séminale il rattache cette capacité.

[233]

ARTICLE IV
La puissance obédientielle de l'âme image analogique de Dieu.

I. – QUE PENSE SAINT AUGUSTIN DE LA CAPACITE DE « VISION DIVINE » QUI RESSORTIT A L'IMAGE DE DIEU PAR ANALOGIE ?

Les trinités psychologiques constituent le *Mens* lui-même, qu'elles frappent, pour ainsi dire, à la ressemblance de la Trinité. Celle-ci se comporte, en ce cas, comme une Idée divine excellente. En fixant en soi cette image de Dieu, le *Mens* entre en rapport avec l'Idée divine qui l'a produite et l'illumine. La vision du Dieu trine, qui est ainsi donnée, est indirecte et spéculaire, tant qu'elle se maintient dans la vue de Dieu par son image. Elle invite d'ailleurs à la vision directe de son exemplaire divin. Il n'y a donc, à tout prendre, dans la vue de l'image de la Trinité naturelle au *Mens,* qu'une vision de Dieu par son effet.

Saint Augustin le proclame à qui veut l'entendre. Opposant par exemple la connaissance de Dieu que donne l'Écriture sainte à celle que l'on peut avoir par cette créature qui est le *Mens,* il dit : « Quant à la créature que Dieu a faite, nous avons exhorté, autant que nous l'avons pu, ceux qui cherchent la raison de telles choses (la Trinité), en partant de la réature *(de creatura)* que Dieu a faite, à voir Intellectuellement ce qui est invisible en Dieu, comme ils le pourront, *sicut possent,* par les *effets* de Dieu, principalement par la créature rationnelle et intellectuelle qui a été faite à l'image de Dieu, par laquelle, comme par un miroir, autant qu'ils pourront, [234] s'ils peuvent, ils verront le Dieu Trinité, dans notre mémoire, notre intelligence, notre volonté. Quiconque perçoit avec vivacité ces trois choses, divinement établies dans son *Mens,* voit combien grande est en lui cette réalité à partir de laquelle *(unde)* l'éternelle et immuable nature elle-même peut être méditée, vue, aimée. (Quiconque donc) se ressouvient d'elles par la mémoire, les fixe par l'intelligence, les embrasse par la dilection, a trouvé, à n'en pas douter, l'image de nette souveraine Trinité… à laquelle il doit rapporter toute sa vie. Mais qu'il se garde de comparer cette image faite par la même Trinité, et que sa faute a détériorée, à la Trinité elle-même, jusqu'à croire que la Trinité lui est de toute façon semblable, mais plutôt qu'il considère dans cette similitude une grande dissimilitude : c'est ce dont il me semble l'avoir averti jusqu'à la satiété, *quantum esse salis videbatur admonui* [437]. »

Chercher à voir intellectuellement, autant qu'on le peut, ce qu'il y a d'invisible en Dieu, par le moyen de la créature raisonnable, image de Dieu, ne dépasse pas, que nous sachions, la connaissance analogique de Dieu que nous donnent les créatures. C'en est un cas particulier, à base excellente, quoique limitée. C'est assez pour intimer le devoir naturel de conversion morale religieuse désignée par ces mots *totum debet referre quod vivit.* Mais ce n'est pas assez pour que nous puissions découvrir, dans le mouvement naturel de l'âme ainsi déclenché, la moindre ordination positive et directe à la vision du Dieu Trinité.

---

[437] 1. *De Trinit.,* L. XV, n. 39.

[235] Sans doute, trinités psychologiques, et, par elles, perspective de la Trinité souveraine, vie pour Dieu, vision béatifique, constituent pour saint Augustin les quatre moments de la vie spirituelle complète. Mais rien n'autorise à penser qu'il y ait là une sorte d'engrenage, tel que la vue naturelle du premier terme oriente positivement, de soi, notre esprit vers le dernier. Tout au contraire, la finale du morceau que l'on vient de lire insiste avec force sur la dissemblance entre les deux extrêmes de la progression, et, par suite, refuse toute continuité au mouvement qui va de l'un à l'autre.

Les derniers mots : *quantum esse amis videbatur admonui* font allusion à ce qui est la préoccupation, jusqu'à l'obsession, de saint Augustin, dans ce livre XVe, à savoir la dénonciation, comme acharnée, de la disproportion absolue entre la Trinité elle-même, et ses images psychologiques [438], accumulées avec tant de complaisance du livre IXe au livre XIVe. On sent que saint Augustin craint une méprise touchant la portée de ces dernières, et qu'en lui le scrupule du théologien se réveillant, cherche à refroidir l'enthousiasme excessif que pourraient susciter chez son lecteur ses analyses de philosophe.

Notre conclusion sera donc que l'image de la Trinité dans le *Mens*, à supposer qu'elle ait pu être découverte par la seule raison naturelle, et que sa trouvaille ne soit pas plutôt suggérée par la *fides quaerens intellectum*[439], peut engendrer une certaine curiosité et comme un désir de voir la Trinité en [236] elle-même. Mais elle n'offre aucune base d'élan pour réaliser ce désir. La grâce de Dieu survenante ne rencontre dans le *Mens,* qui a contemplé en soi l'image de la Trinité, aucune capacitépositive, qu'elle n'ait qu'à renforcer pour la faire s'actualiser dans une tendance efficace à la vision de la Trinité.

Et c'est, aussi bien, la conclusion de saint Augustin, lorsqu'au terme de ses considérations sur l'impuissance de l'image analogique, parlant de la génération du Verbe et de la procession du Saint-Esprit, il fait cette déclaration : « Mais pour voir cela clairement et lucidement, tu ne peux fixer la cime de ton esprit : je le sais, tu ne le peux pas. Je te le dis, comme je me le dis à moi-même, car je

---

[438] 1. *De Trinit.*, L. XV, n. 8, 10-14, 22-25, 28, 40-44, etc.
[439] 2. Notons que c'est manifestement de cette manière que sa découverte est présentée par saint Augustin ; cf. *De Trinit.*, L. XV, n. 10, § *Sed quia lux.* Cf. L. VIII, n. 14 ; L. IX, n. 1.— Cf. SANSEVERINO, *Dynamilogia*, III P., p. 884-885.

sais ce que je ne peux pas. Et cependant, il t'est montré en toi trois choses dans lesquelles tu reconnais l'image de cette souveraine Trinité, que tu ne peux encore contempler en la fixant de tee yeux [440]. »

Je n'ignore pas sans doute qu'un certain nombre des preuves de l'impuissance de l'image analogique de la Trinité pour *amorcer dans le Mens* qui la contemple un mouvement vers le surnaturel, font allusion à l'obstacle constitué par le péché. Il y a là une difficulté d'exégèse, fréquente chez saint Augustin, plus psychologue concret que métaphysicien formel. Il n'en reste pas moins qu'un grand nombre de passages, du livre XVe en particulier, font valoir uniquement la disproportion entre la Trinité et ses images, et exigent donc une autre cause, celle-là même que notre Docteur a dénoncée dans ce mot lapidaire : *Se ipsam vero (mens) nunc quando videt,* [237] *non aliquid incommutabile videt* [441], mot que saint Augustin, d'ailleurs, a magnifiquement développé dans un passage des *Confessions,* sur lequel il nous plaît de clore cette recherche :

« Trinité toute-puissante, qui te comprend ? Et qui cependant ne parle d'elle, si cependant c'est elle ? Rare l'âme qui, lorsqu'elle parle d'elle, sait ce dont elle parle. Ils se disputent et se battent : et personne ne voit sans paix cette vision (la Trinité).

« Je voudrais que les hommes pensent à ces trois choses qui sont en eux-mêmes. Bien différentes de la Trinité *(longe aliud quam Trinitas)* sont *ces* trois choses ; je les leur recommande précisément pour qu'ils s'exercent à éprouver et sentir combien ils en sont loin.

« Ces trois choses sont : *être, connaître, vouloir.* Car je suis, et je connais, et je veux ; je suis, connaissant et voulant ; et je sais que je suis et que je veux ; et je veux être et le savoir. En ces trois choses, quelle vie inséparable : une seule vie, une seule âme, une seule essence ! et quelle distinction dans cette inséparabilité ! et pourtant distinction il y a. Le voie qui peut ! (Il le peut), car il est en présence de soi-même : il n'a qu'à porter son attention sur soi, à voir, et à me répondre.

---

[440] 1. *De Trinit.,* L. XV, n. 50.
[441] 1. *De Trinit.,* L. XIV, n. 20: cf. L. IX, n. 9.

« Mais quand il y aura trouvé quelque chose dans ces (trois choses), et me l'aura dit, *qu'il ne se figure pas avoir trouvé* ce *qui, au-dessus de ces choses, est immuable, connaît immuablement, et veut immuablement !* Car, est-ce en raison de cette triplicité que Dieu est Trinité ? *Ces* trois choses résident-elles en chacune des personnes divines, de telle sorte que [238] chacune soit trine ? On bien, dans l'entrelacement infini des multiples relations, où Dieu trouve en soi le principe *(quo est),* la fin et la connaissance de soi-même, la riche unité de Dieu se suffit-elle immuablement de par sa grandeur même ?

« Qui dira (de ces mystères) la moindre chose ? Qui aura la témérité de prétendre dégager, de quelque façon que ce soit, une pareille inconnue [442] ? »

II. – À QUEL GENRE DE RAISONS SEMINALES SE RATTACHE, D'APRES SAINT AUGUSTIN, LA CAPACITE DE VISION DIVINE QUE DENONCE DANS LE *MENS* LA VUE, EN SOI, DE L'IMAGE ANALOGIQUE DE DIEU ?

a) Faisons d'abord l'essai des raisons séminales du premier genre.

Elles *peuvent,* disions-nous, par leur mouvement naturel réaliser tout le développement inscrit dans leur nature. Ce pouvoir, cependant, n'atteint effectivement son terme que si Dieu lui donne l'efficacité. Ce faisant, Dieu ne modifie pas, par une spécification nouvelle, le cours du mouvement qui s'amorce aux virtualités déterminées des raisons séminales. Simplement, ce qui était positivement possible à la nature devient, de par l'intervention divine, nécessaire.

Est-ce de cette manière que le *Mens,* considérant en soi-même l'Image de la Trinité, peut s'élever, je ne dirai pas à la vision intuitive, prétention de toute évidence excessive, mais à une connaissance formelle et certaine de la Trinité, engageant la vision intuitive (comme est la connaissance de la foi), sous [239] réserve de l'intervention divine qui donne aux raisons séminales du premier genre efficacité et nécessité ?

Saint Augustin, assurément, protesterait contre une telle pensée. La connaissance certaine et formelle de la Trinité est pour lui affaire de révélation divine

---

[442] 1. *Confess.*, L. XIII, C. XI.

et de foi surnaturelle à cette révélation. Parmi d'innombrables témoignages de sa pensée sur ce point, il nous suffira de choisir, et de citer intégralement ici un passage du *De Trinitate,* qui a le mérite d'englober, sans en excepter une seule, toutes les images de la Trinité, même les moins expressives, que saint Augustin a pu découvrir en l'âme, dans un même jugement et arrêt d'incapacité à nous donner une vue tant soit peu adéquate, certaine et formelle de la Trinité.

« Lorsque nous voyons, comme nous le voyons très certainement, des trinités, soit celles qui résultent, au dehors, des choses corporelles [443] ; soit ces mêmes trinités, mais appréhendées par la sensation et devenues objets intérieurs de pensée[444] ; soit encore celles qui naissent dans l'âme, sans avoir passé par la sensation, comme la foi[445], les vertus, ces arts de bien conduire sa vie[446], tout ce qui manifestement est discerné par la raison et la science[447] ; soit encore ces trinités qui s'établissent dans le *Mens* (ce *Mens* par lequel nous connaissons tout ce que nous affirmons connaître avec vérité), lorsqu'il est connu par lui-même, et se pense actuellement[448], ou encore quand il [240] contemple *(conspicit)* quelque chose d'éternel et d'immuable qui n'est pas lui-même [449], – lorsque, dis-je, nous voyons en toutes ces choses des trinités, trinités très certaines puisque c'est en nous qu'elles se réalisent, ou en nous qu'elles sont immanentes, lorsque nous en prenons mémoire, les fixons, les aimons, – aurions-nous atteint, de ce fait, le Dieu Trinité ? Avons-nous vu, en saisissant ces choses *(illic)*, le Dieu qui se dit et son Verbe, le Père et le Fils, et l'amour procédant qui leur est commun, le Saint-Esprit ? N'est-il pas évident que toutes ces trinités qui relèvent des sens ou de l'âme, nous les voyons plutôt que nous les croyons, – que Dieu, au contraire, soit Trinité, nous le croyons plutôt que nous le voyons ? S'il en est ainsi, assurément, ou nous n'avons rien contemplé de l'Invisible divin

---

[443] 1. *De Trinit.,* L. XI, n. 1-10.
[444] 2. *Ibid.*, L. XI, n. 11 sq.
[445] 3. *Ibid.*, L. XIII, n. 3 sq ; L. XIV, n. 4.
[446] 4. *Ibid.*, L. XIV, n. 12.
[447] 5. *Ibid.*, L. XII.
[448] 6. *Ibid.*, L. IX, X.
[449] 1. *De Trinit.*, L. VIII ; L. XIV, n. 14 sq. C'est ici l'image par conformité, mais envisagée en tant que mémoire de Dieu, connaissance de Dieu, amour de Dieu, et, pour autant, image psychologique de la Trinité dans l'âme.

par sa créature ; ou, si nous en avons vu quelque chose, ce n'était pas la Trinité : et, donc, s'il y a dans ces images de Dieu *(illic)* quelque chose à voir, il y a autant à croire sans voir[450]. »

Il y a donc, pour saint Augustin, indépendamment de la disproportion analogique qui existe entre toute cause divine et ses effets, une disproportion majeure entre la sainte Trinité et son image dans le *Mens*. Par les effets, on peut connaître la Cause, son existence, ses attributs, sans faire appel à la foi. Ici rien de pareil. C'est la foi seule qui nous fait connaître la Trinité : « Si (par les images de la Trinité), nous avons vu quelque chose de l'invisible divin, ce n'était pas la Trinité. » Ce n'est pas que les images soient [241] inutiles pour la connaissance de la Trinité. Nous pouvons trouver en elles l'intelligence de ce que nous croyons déjà en le considérant non plus en soi, ou dans les révélations de l'Écriture, mais dans des analogies qui sont à notre portée, et qui, dit saint Augustin, ont l'avantage de nous être familières : « *sed quia lux illa ineffabilis (Trinitatis) nostrum reverberabat obtutum... ad ipsius nostrae mentis, secundum quam factus est homo ad imaginem Dei, velut familiariorem considerationem, reficiendae laborantis intentionis causâ... reflexismus* [451]. » Mais ce n'est plus qu'un cas de *fides quaerens intellectum*.

Entre l'image de la Trinité dans le *Mens et* la Trinité elle-même, il y a donc un *hiatus*, que seule peut combler la foi. Sans elle nous n'aurions jamais su que « ce ces trois choses » que nous voyons en nous étaient l'image d'une Trinité souveraine. Avec la foi, nous pouvons nous faire de la Trinité une idée analogique, infiniment distante de la réalité, mais qui tout de même nous permettra de faire autre chose que de croire sans voir. Reproduisons ici ce passage, déjà cité, mais si caractéristique : A Pour voir ces choses lucidement, clairement, tu ne peux fixer la pointe de ton esprit : je le sais, tu ne le peux. Je dis la vérité, je me le dis à moi-même, je sais ce que je ne puis faire. Et cependant ton *Mens* t'a montré en toi ces trois choses dans lesquelles tu reconnaîtrais l'image de cette souveraine Trinité que tu ne peux encore fixer de tes yeux[452]. »

---

[450] 2. *Ibid.*, L. XV, n. 10.
[451] 1. *De Trinit.*, ibid. C'est le procédé signalé par le *Concile du Vatican, Constit. dogm. De Fide*, C. IV, § *Et ratio quidem*.
[452] 2. *De Trinit.*, L. XV, n. 50.

Puisqu'il y a un hiatus, non seulement entre [242] l'Image de la Trinité dans le *Mens* et sa vision bienheureuse, mais aussi entre cette image et la connaissance formelle, certaine, par la foi, de la Trinité, le pouvoir de vision divine, afférent au *Mens,* du fait qu'il voit en soi-même l'image de la Trinité, ne saurait être regardé comme une raison séminale du premier genre. Dieu, en insérant dans le *Mens* qu'il créait l'image naturelle de Lui-même et de sa Trinité, ne lui a pas donné la capacité, *in motu suo naturali,* de s'élever par une connaissance assurée, jusqu'à la Trinité. Il est inutile de s'attarder à une supposition aussi dénuée *de* fondement. Bien plutôt, relisons cette déclaration, en laquelle la pensée définitive d'Augustin se livre tout entière : « Et voici que, nous étant exercé intellectuellement, autant qu'il était nécessaire, dans ces choses inférieures, nous voulons nous redresser pour voir la Souveraine Trinité qui est Dieu, – NEC VALEMUS [453] ! »

b) Serons-nous plus heureux avec les raisons séminales du second genre ?

A première vue, il est permis de l'augurer. Puisque non seulement la vision intuitive de la sainte Trinité, mais sa connaissance formelle et certaine sont données, c'est donc qu'en notre *Mens* il y a une possibilité d'y parvenir. Et puisque, d'autre part, cette possibilité n'est pas donnée en nous comme une raison séminale du premier genre, pouvant *se* développer jusqu'à la vision divine, *in motu suo naturali,* il faut bien que la vision ou la connaissance certaine de la Trinité soit comprise parmi ces raisons causales que Dieu n'a pas insérées dans [243] la création, mais qu'il s'est réservées, qu'il a cachées dans sa volonté.

Cependant, ici encore il nous faut faire une réserve. Cette réserve ne tombe pas sur l'affirmation que nous venons d'émettre, de la convenance de la raison séminale du second genre avec la vision divine, non plus que sur la non-contradiction du *Mens* à cette vision de la Trinité, en d'autres termes, la possibilité de celle-ci.

Elle regarde uniquement la valeur de la *preuve* de cette non-contradiction, pour autant que celle-ci résulte de la vue quelconque de l'Image de la Trinité, que le *Mens* peut naturellement avoir, en se regardant lui-même.

---

[453] 1. *De Trinit., ibid.,* n. 10.

Comme nous le verrons lorsqu'il sera question de l'image par conformité, on peut prouver efficacement la non-contradiction de cette sorte d'image à la vision divine, en considérant que l'objet adéquat de l'esprit humain c'est l'intelligible dans toute sa compréhension, et en se rendant compte qu'il est impossible que répugne à un semblable esprit la vision du premier intelligible.

Peut-on en dire autant du *Mens* lorsqu'il découvre en soi l'image de la Trinité ? Peut-on dire que, du fait que cet objet est proposé à son regard intellectuel, il est impossible que la vision de la Trinité lui répugne ?

Nous ne le pensons pas, et c'est la différence faire. Quand il s'agit de constater l'ordre naturel du *Mens* à l'intelligible universel, l'évidence absolue de cette ordination s'impose. Il n'y a pas à faire appel à des éléments de conviction étrangers.

Quand il s'agit, au contraire, de constater en soi des images de la Trinité, il y a concours de deux [244] lumières. Et, sans doute, la raison naturelle toute seule sait voir en soi *ces* trois choses : *mens, notitia, amor,* – *memoria suî, intelligentia suî, voluntas suî,* etc. Mais, par elle-même, saurait-elle les interpréter et prononcer avec assurance que ce sont là autant d'images de la souveraine Trinité ? Nous avons délit répondu, et nous avons démontré que la reconnaissance des images de la Trinité comme telles était l'œuvre de la raison naturelle sans doute, mais sons la lumière de la foi, cherchant ainsi l'intelligence de ce qu'elle croit.

Il faut donc avouer que le *Mens,* du fait qu'il voit en soi l'image de la Trinité, non seulement n'a pas le pouvoir *in motu suo naturali* de voir ou de connaître formellement l'exemplaire de cette image, l'Idée qui l'a déposée en lui, mais qu'il ne disposa pas même des éléments nécessaires pour prouver *a priori* qu'une telle vision ne lui est pas impossible. L'image de la Trinité dans le *Mens* n'a pas cette efficace, parce que, pour discerner cette image, l'intelligence naturelle ne suffit pas sans les suggestions de la foi.

Il est clair que, si la foi est donnée, et si c'est elle qui utilise le *Mens* pour se donner et lui donner, grâce à cette considération de l'Image de la Trinité en lui, une intelligence de la Trinité même, plus proportionnée à ses habitudes de *Mens* humain, *familiariorem considerationem,* le résultat de cette collaboration sera une certaine vue de la possibilité qu'il en soit ainsi dans la Trinité souveraine, et, pour autant, un mouvement de retour du *Mens,* s'élevant vers cette Trinité dont la considération directe lui apparaît désormais plus en harmonie avec ses forces naturelles. Mais il est clair aussi que [245] cette vue procédera de la foi plus encore que de la nature, et que la possibilité de vision de la Trinité qu'elle établit sera, comme dit Cajetan, dans la question analogue du désir naturel de voir Dieu, fondée sur la supposition que l'élévation du *Mens* à l'ordre surnaturel est déjà effectuée.

Il y a possibilité, c'est-à-dire non-contradiction, de la vision de la Trinité par le *Mens,* c'est chose entendue, puisque le fait de cette vision est donné. Cette vision est contenue parmi les raisons séminales du second ordre, réservées dans la volonté de Dieu, c'est encore chose entendue pour la même raison, et parce qu'il le faut bien, les raisons séminales intrinsèques à la nature ayant dû être écartées. Mais les images de la Trinité que constate en soi le *Mens* ne peuvent fournir la *preuve* de ces deux choses, qu'autant qu'interprétées par la foi, elles en deviennent le signe analogique, non pas démonstratif, mais simplement plausible [454].

ARTICLE V
La puissance obédientielle de l'âme, image de Dieu par conformité.

I. – QUE PENSE SAINT AUGUSTIN DE LA CAPACITE DE VISION DIVINE QUE DEVELOPPE L'IMAGE DE DIEU PAR CONFORMITE ?

Saint Augustin, ayant constaté la subordination naturelle du *Mens* aux choses intelligibles et à la lumière incorporelle qui les irradie, déclare le *Mens* capable de cette lumière, *hujus lucis capax* [455]. Que signifie cette expression ?

[246] La capacité du *Mens,* le pouvoir natif qui lui est donné par la création regarderait-il directement le foyer de la lumière divine, ce Verbe divin, lumière vraie qui éclaire tout homme venant en ce monde ? Est-ce à Dieu que le *Mens*

---

[454] 1. Cf. *Concil. Vatic., loc. cit.*
[455] 2. *De Trinit.,* L. XII, n. 24. Texte cité en entier, *supra,* p. 222.

est directement coordonné et subordonné comme au terme objectif de sa vision intellectuelle ? Est-ce là le sens de l'Illuminisme augustinien ?

L'analogie fondamentale de tout Platonisme depuis l'allégorie *de la Caverne*, la comparaison de l'illumination intellectuelle avec celle que produit le soleil visible, nous dissuade déjà d'accepter d'emblée une telle interprétation. Ce que l'on voit, ce n'est pas le soleil, ce sont les choses éclairées par le soleil, tout au plus son rayonnement lumineux.

Mais saint Augustin n'a rien de plus cher que de nous le faire explicitement entendre.

Lisons ce passage si expressif, où, après avoir accumulé devant son interlocuteur toutes les sortes de biens créés qui peuvent lui revenir en mémoire, notre Docteur s'écrie : « A quoi bon en ajouter encore ? Ceci est bon et cela est bon. Ôtez *ceci* et *cela*, et, si vous le pouvez, regardez le Bien lui-même : ainsi vous verrez Dieu, bon, non par un autre bien, mais bonté de tout bien[456]. »

Verrions-nous donc Dieu ? Nullement, car il ajoute : « De tous ces biens nous ne pourrions dire que l'un est meilleur que l'autre, si nous ne portions *imprimée en nous* la notion du Bien lui-même[457]. »

L'impression en nous du Bien, ce n'est pas le Bien en soi, ce n'est pas Dieu. Tel est cependant le terme immédiat de la capacité de vision du *Mens* [247] d'après saint Augustin. Que ce terme en appelle un autre, cela va de soi : « *Nulla essent mutabilia bona nisi esset incommutabile bonum* [458]. » Qu'il y ait même, pour passer de la notion du Bien, imprimée en nous, que nous saisissons, à la pensée du Bien en soi, un procédé intellectuel dont la rapidité donne l'impression d'une sorte d'intuition de l'un dans l'autre, un mouvement dialectique qui s'élève *a simultaneo* de l'un à l'autre, sans éprouver les lenteurs du syllogisme régulier, c'est sans nul doute l'idée d'Augustin : « Quand tu entends : Ceci ou cela est bon, simultanément tu saisis intellectuellement le Bien même par la participation duquel le bien est bon ; tu n'as qu'il abstraire de ces biens, pour

---

[456] 1. *De Trinit.*, L. VIII, n. 4.
[457] 2. *Ibid.*
[458] 1. *De Trinit.*, n. 5.

percevoir le Bien qui est par soi, pour percevoir Dieu, *perspexeris Deum*, et si tu adhères à lui par l'amour, aussitôt te voilà bienheureux[459]. »

Voilà qui est clair : je perçois Dieu, mais tout de même dans et par l'impression de la notion du Bien en soi, reçue en moi[460], de la même manière que je perçois le soleil par la réfraction diversifiée de sa lumière sur les objets qui m'entourent. Y a-t-il là un pouvoir direct de vision intuitive de Dieu ? Non pas ! Il y a simplement connaissance d'une cause de l'ordre exemplaire, dans et par la relation nécessaire qui unit mon idée reçue et participée à l'Idée première dont elle participe.

[248] Lisons maintenant ce passage également célèbre, dans lequel saint Augustin se demande où sont écrites ces règles par lesquelles l'impie lui-même se rend compte de ce qui est juste ou injuste, et déclare que l'on devrait être ce que lui-même n'est pas : « Où sont-elles écrites, sinon dans le livre de code lumière qui a nom Vérité ? C'est de la que toute loi juste est transcrite et qu'elle est transférée dans le cœur de l'homme qui pratique la justice, non par migration, mais par manière d'impression, comme l'image, sans quitter le sceau, passe du sceau dans la cire. Celui qui ne pratique pas la justice, et voit cependant ce qu'il devrait faire, celui-là se détourne de cette lumière par laquelle cependant il est touché [461]. »

Cette fois, la causalité exemplaire est ouvertement désignée. L'image qui, sans quitter le sceau, passe dans la cire, met toutes choses à leur place, aussi bien l'impression en nous des Idées que la cause, immuable en soi, qui l'imprime. Mais l'impression, tout en étant de forme semblable an sceau qui l'imprime, ne laisse pas de lui être inférieure dans la hiérarchie des êtres. Elle est d'une autre matière, ou plutôt elle a une matière qui la limite à la participation

---

[459] 2. *Ibid.*, L. VIII, n. 5.
[460] 3. Comparez : « *Habemus enim quasi regulariter infixam humanae naturae notitiam, secundum quam, etc.* » *De Trin.*, L. VIII, n. 7. « *Secundum specialem generalemque notitiam, quae certa est nobis, judicamus* » (*Ibid.*). « *Cum dico et sciens dico : Justus est animus qui scientia atque ratione sua cuique distribuit, — non aliquem rem absentem cogito, sicut Carthaginem... sed praesens quiddam cerno, et cerno apud me, etsi non sum id quod cerno.* » *De Trin.*, L. VIII, n. 9.
[461] 1. *De Trinit.*, L. XIV, n. 21.

qu'elle reçoit, tandis que le sceau, l'Idéal, est subsistant et indéfiniment participable. C'est assez, cependant, pour que, par une inférence instantanée, l'âme qui voit en soi, *apud se,* les impressions de l'éternelle Vérité qu'elle n'est pas, se sente reportée « au livre de cette lumière qui a nom Vérité[462]. » Ce n'est pas assez pour qu'elle [249] puisse voir la Vérité première elle-même. Pour la fixer, il faudra la grâce.

Bref, Dieu et les Idées divines sont perçus par celui qui fixe en soi l'impression de la Vérité éternelle, exactement de la même manière que la Trinité est perçue par celui qui regarde en soi les images psychologiques de la Trinité, c'est-à-dire comme une cause est perçue dans ses effets. La seule différence, c'est qu'ici il n'y a pas besoin de la foi pour suggérer la ressemblance : les notions premières parlent d'elles-mêmes [463].

Saint Augustin aboutit ainsi, quant au fond, à un résultat semblable à celui qu'obtient saint Thomas d'Aquin en considérant le *Mens* humain aux prises avec des effets quelconques de Dieu. Et saint Augustin l'a avoué d'avance, quand, pour caractériser les recherches touchent les deux genres d'images de Dieu, l'image analogique et l'image par conformité, qu'il a conduites du IXe au XIVe livre *De la Trinité,* il a déclaré qu'il n'avait rien voulu d'autre que de nous faire voir ce qui est invisible en Dieu par les choses créées : « ... *Ut invisibilia Dei, per ea quae facta sunt conspicere intellecta possemus, immorati sumus a* NONO USQUE AD QUARTUM DECIMUM LIBRUM[464]. »

Saint Augustin diffère de saint Thomas en ce qu'il [250] est principalement attentif à la causalité exemplaire, qui se ramène à la causalité formelle extrinsèque, et ne s'occupe pas, sans la nier d'ailleurs, de la causalité efficiente. Je

---

[462] 2. Cf. la mise en œuvre de ce procédé dans la conversion des anges, qui débute par la vue d'eux-mêmes, *cognitio suae propriae naturae qua non est Deus,* et se poursuit (avec l'aide de la grâce) par un retour vers le Verbe de Dieu, *cujus contemplatione formatur. De Gen. ad litt.,* L. IV, c. XXII ; Cf. *De Civ. Dei,* L. XII, C. VI, IX, n. 1. Cf. *Supra,* pp. 194 sq.
[463] 1. *De Trinit.,* L. XV, n. 44. Cf. SAINT THOMAS, *De Verit.,* Q. XVIII, a. 1, ad 10^m : *Non est necessarium quod qui cognoscit aliquod intelligibile videat essentiam divinam, sed quod percipiat lumen intelligibile quod a Deo originaliter manat.*
[464] 2. *De Trinit.,* L. XV, n. 10,

dis qu'il ne la nie pas, puisque c'est à elle qu'il lui faut bien attribuer la création de la matière tant corporelle que spirituelle, qu'il place antérieurement (dans l'ordre de causalité) à sa formation par les Idées. Platon, plus strictement forma avait dit la matière éternelle [465], précisément parce qu'elle était informe, c'est-à-dire sans εἰδή Saint Augustin, avant tout chrétien, doit admettre la création de la matière par Dieu ; pour lui comme pour Platon, elle ne saurait être le terme d'une illumination des Idées divines, étant informe ; il faut donc qu'il la conçoive comme le terme d'une action divine *efficiente*. Je dirai plus : même dans l'illumination par les Idées, il sous-entend l'efficience, car, comment concevoir, je ne dis pas imaginer, une illumination formatrice autrement que comme une action divine efficiente ? Seulement, cet aspect de la causalité divine passe pour lui au second plan. Dans le sceau qui imprime sa ressemblance, il ne pense pas à la main qui manie le sceau, et ne voit que la forme qui imprime sa ressemblance. Dans le soleil qui produit son rayonnement, il n'est attentif qu'à la féerie des réfractions variées de la lumière, faisant surgir de la nuit tout un monde de couleurs.

Saint Thomas, lui, substituant à la belle mais métaphorique image de l'illumination spirituelle, transposée de l'irradiation solaire, une plate-forme moins étroite, *large comme l'être,* institue une [251] analyse sévère de la causalité universelle dans laquelle la causalité exemplaire aura sa place (4ª *via),* mais sur le même plan que la causalité efficiente (1ª *et* 2ª *via),* et la causalité finale (5ª *via*), toutes synthétisées dans l'argument par la contingence (3a *via)* [466]. C'est plus complet. Mais le résultat est de même ordre. C'est par et dans les effets analogiques de Dieu, que le *Mens* voit Dieu, comme leur cause. Et donc, chez saint Augustin comme chez saint Thomas, la capacité naturelle du *Mens*, en fait de vision divine, regarde directement, non pas Dieu en soi, mais le Dieu cause, cause d'effets de tout ordre pour saint Thomas, cause d'effets intelligibles pour saint Augustine[467].

---

[465] Cf. B. OMEZ, « La notion platonicienne de χώρα », *Revue des Sciences philos. Et théol.*, 1925, p. 448-449. – Cf. l'apostille du P. Lagrange sur ce point, *supra*, p. 158, note 2.
[466] 1. *Summa theol.*, Iª, Q. II, a. 3.
[467] 2. Cf. *Appendice* II.

Telle est, ce nous semble, la juste portée de l'*Illuminisme* augustinien. C'est avec cette clé qu'il faut interpréter les expressions imagées auxquelles se prêtent l'Exemplarisme et l'Illuminisme.

Sachons par exemple ne pas prendre à la lettre Augustin lorsqu'il nous dit que le *Mens* « *aeternis rationibus conspiciendis vel consulendis adhaerescit* » ; que c'est « *en Dieu* que nous voyons la forme immuable de la Justice selon laquelle nous jugeons comment l'homme doit vivre[468] » ; que « dans l'Éternelle Vérité » le *Mens* voit, de ses propres yeux, *visu mentis,* la forme qui nous constitue[469] ; que « nous voyons l'inviolable Vérité par laquelle, autant que nous le pouvons, nous définissons ce que doit être un *Mens* selon les raisons éternelles[470] », et mille autres affirmations semblables.

[252] Entendons, d'après les corrections que notre Docteur inflige sans cesse lui-même à sa pensée, que c'est dans les notions imprimées en lui, sortes de raisons terminales, reçues en lui, de l'illumination intellectuelle opérée par le Verbe de Dieu, que le *Mens,* envisagé dans sa pure nature, voit ou perçoit toutes ces belles choses « autant qu'il le peut », « s'il le peut », répète inlassablement le saint Docteur, – soulignant ainsi, tantôt les limites de sa capacité de voir Dieu, renfermée dans les cadres de la connaissance analogique, tantôt la nécessité de la grâce pour briser le cercle dans lequel la création, même intelligible, enferme l'esprit humain et pour lui ouvrir l'accès à une connaissance plus parfaite, directe, intuitive de la Divinité [471].

II. – À QUEL GENRE DE RAISONS SEMINALES SE RAPPORTE, D'APRES SAINT AUGUSTIN, LA CAPACITE DE VISION DIVINE QUE DENONCE DANS LE *MENS* L'IMAGE PAR PUISSANCE DE CONFORMATION AUX IDEES ETERNELLES ?

a) Faisons d'abord l'essai des raisons séminales du premier genre.

---

[468] 3. *De Trinit.*, L. VIII, n. 13.
[469] 4. *Ibid.*, L. IX, n. 12.
[470] 5. *Ibid.*, L. XII, n. 9.
[471] 1. Saint Thomas a fait la synthèse de la position augustinienne, Iª P., Q. LXXXIV, a. 5. – Cf. : *In veritate increata aliquid videre dicimur secundum quod per ejus similitudinem resultantem*, etc. Quaest. X, *De Verit.*, a. 11, ad 12ᵐ.

Nous l'avons entendu de la bouche de saint Augustin, ce n'est pas au Verbe divin, considéré en soi, que le *Mens* est ordonné comme à *son objet direct :* c'est aux impressions intelligibles, causées par l'illumination active du Verbe divin. Le *Mens* peut, par son mouvement naturel, voir la notion [253] première imprimée en lui, du Bien-en-soi par exemple, *impressa notio Ipsius Boni* [472], et, se rendant compte que, tout en lui étant inéluctablement présente, cette impression intelligible n'est pas lui-même, *percevoir* derrière elle, comme il le peut, « comme dans une énigme », la cause de cette lumière qui le frappe, « percevoir » donc le Bien en soi, sans cependant le voir.

Je ne vois, dans le pouvoir de *voir* Dieu qui ressortit à une telle connaissance du Bien en soi, rien qui ressemble aux raisons séminales du premier genre, lesquelles par leur mouvement naturel *peuvent* se développer pleinement jusqu'à leur terme dernier. Je ne vote pas, dis-je, que ce terme dernier, en l'espèce la vision même de Dieu, soit impliqué de quelque manière que ce soit dans ce pouvoir, ni que la vision de Dieu en soi rentre dans la perspective naturelle de l'image par puissance de conformation. Mais laissons la parole à saint Augustin :

« Non seulement les saints Livres, mais tout ce qui nous entoure et la nature universelle dont nous faisons partie, proclament que celle-ci a un très excellent auteur. C'est lui qui nous a donné le *Mens* et la raison naturelle par laquelle nous croyons qu'il faut préférer la vie à ce qui ne vit pas, le sens à ce qui ne sent pas, l'intelligence à ce qui n'est pas intelligent, l'immortel au mortel, la puissance l'impuissance, le juste à l'injuste, le beau au laid, le bien au mal, l'incorruptible au corruptible, l'immuable à ce qui change, l'invisible au visible, l'incorporel au corporel, le bonheur à la misère. Et, par là, comme sans hésitation, nous plaçons le Créateur [254] au-dessus des choses créées, obligés que nous sommes d'avouer qu'il vit souverainement, qu'Il sent et comprend tout, qu'Il ne peut mourir, se corrompre, changer, qu'Il n'est pas corps, mais esprit, le plus puissant de tous les esprits, très juste, très beau, très bon, très heureux [473]. »

Voit-on se dessiner ici le mouvement naturel du *Mens* dans toute sa trajectoire,

---

[472] 1. *De Trinit.,* L. VIII, n. 4, 9.
[473] 1. *De Trinit.,* L. XV, n. 6.

de sa sortie de Dieu à son retour à Dieu en passant par tes notions qui sont l'objet de sa raison naturelle pour s'élever, toujours par un mouvement dialectique de cette même raison, jusqu'aux Idées en Dieu, jusqu'aux perfections divines ? Saint Augustin poursuit en recherchant, parmi ces idées, celles qui tiennent le haut de l'échelle, éternité, sagesse, béatitude, et finit par choisir la *Sagesse*.

Mais lorsqu'il est en face de cette notion suprême, il remarque tout aussitôt que l'idée de la sagesse à laquelle nous parvenons ainsi n'est pas la Sagesse divine, celle qui est Dieu : « Ne que enim sicut nos de illo percipimus sapientiam, ita Deus de aliquo, *sed sua est Ipse sapientia, quia non est aliud sapientia ejus, aliud essentia, cui hoc est esse quod sapientem esse*[474]. »

Mettre en pleine lumière celle « distance[475] », cette grande « dissimilitude[476] », entre les plus nobles, parmi les notions qui forment la perspective du *Mens,* et les attributs de Dieu ou les Personnes divines, ce fut, comme nous l'avons déjà noté, la grande préoccupation d'Augustin dans le XVe livre du *De Trinitate*. A chaque instant on y voit affleurer la distinction [255] entre ce que peut le *Mens* par son mouvement naturel, et la vision de Dieu en soi qui est réservée à la gloire ou son anticipation formelle, la grâce de la foi. Citons ce passage topique : « Je sais que la sagesse est substance incorporelle, et qu'elle est la lumière dans laquelle se voit ce qui ne se voit pas avec les yeux de chair. Et cependant, ce si grand homme en spiritualité (saint Paul) [477] : « Ce que tu vois maintenant, ta le vois par reflet et énigme ; alors, ce sera face à face... ». Alors « nous serons transformés, ajoute-t-il, d'une forme en une autre, nous passerons... de gloire en gloire, – soit qu'il veuille dire de *la gloire de la création à la gloire de la justification,* ou de la gloire de la foi à la gloire de la vision... – par laquelle nous lui serons définitivement semblables puisque nous Le verrons comme il est. » L'Apôtre termine enfin par ces mots : *Tanquam a Domino Spiritu,* marquant ainsi que c'est par la grâce de Dieu que nous sera conféré le bien d'une transformation si désirable[478]. »

---

[474] 2. *Ibid.*, L. XV, n. 9.
[475] 3. *Ibid.*, n. 12.
[476] 4. *Ibid.*, n. 26.
[477] 1. *Vir tantus tanquam spiritalis.*
[478] 2. *De Trinit.*, L. XV, n. 14.

On distingue clairement dans ce passage la part que saint Augustin entend faire à l'activité naturelle du *Mens* et la part qu'il destine à la grâce. Tout puissant pour reconnaître que la sagesse est substance incorporelle et lumière qui transparaît, par reflet et énigme, dans ce que nous voyons, dans nos idées, – ce qui fait de notre esprit une image par conformité en puissance, – le *Mens* est, de soi, impuissant pour susciter les diverses transformations qui l'achemineraient jusqu'à la gloire. Nous sommes transformés *tanquam a Domino Spiritu,* par l'intervention de la cause divine, dont la grâce, et [256] non pas l'image de Dieu en nous, contient la raison séminale positive et active.

C'est donc que, pour saint Augustin, rien ne destine intrinsèquement et positivement la nature du *Mens,* image de Dieu par conformité, à entrer en relation avec Dieu vu face à face ; son mouvement naturel s'arrête aux intelligibles divins imprimés en lui et à travers lesquels il perçoit, sans le voir, leur divin exemplaire. C'est là assurément un grand mystère : *Et hoc est grandius enigma ut non videamus qua non videre non possumus.* Mais c'est le mystère de notre élévation au surnaturel. La part de la nature c'est de reconnaître Dieu dans ses effets à notre portée, et, l'ayant reconnu, de l'honorer comme tel, autant qu'on le peut, laissant Dieu faire le reste : « *Colat Deum non factum cujus capax facta est, et cujus particeps esse potest... et non sua luce, sed summae illius lucis participatione sapiens erit, et ubi aeterna, ibi beata regnabit* [479]. » Tout cela n'a rien de commun avec une vertu séminale du premier ordre qui viserait Dieu d'emblée, comme objet à conquérir par son mouvement naturel, avec le secours, qui ne pourrait être qu'un concours, de Dieu. Ce n'est pas seulement l'efficacité qui manque au *Mens,* c'est la destination intrinsèque et positive de sa nature au surnaturel.

Alors, dira-t-on, l'âme n'est pas vraiment démontrée *capable de Dieu* par la connaissance qu'elle prend de lui par ses effets intelligibles, et saint Augustin nous trompe lorsqu'il insiste avec tant d'énergie sur la capacité de Dieu et de sa vision, qui ressortit à l'image par conformité.

---

[479] 1. *De Trinit.*, L. XIV, n. 15.

Cette instance nous conduit directement à rechercher [257] si cette capacité de Dieu ne pourrait pas être entendue dans le sens que comportent les raisons séminales du second genre.

b) Mais, au moment de toucher le port, une grave difficulté nous arrête. Saint Augustin, sans doute, a classé la grâce de la justification, qui ouvre l'accès à la vision divine, parmi les raisons séminales du second ordre [480], celles que Dieu n'a pas insérées dans la contexture du monde naturel, et qu'il a réservées dans sa volonté. Mais il semble bien que cette grâce, qu'il nomme *salvifique,* soit réservée au pécheur, à l'impie, chez qui elle semble constituer une sorte de miracle, puisque aussi bien, et sans exception, tous les autres exemples qu'il donne de cette sorte de raison causale concernent des faits miraculeux. Et donc n'est-ce pas aller contre sa pensée que de tenter de faire rentrer la justification, non plus de l'impie, mais de la nature pure, parmi les raisons séminales du second ordre ?

Voyons d'abord le texte même où notre Docteur se prononce pour la limitation au cas de la justification de l'impie, de ces raisons séminales :

« Dieu a en soi, cachées, les causes de certains faits, qu'il n'a pas insérées dans les choses qu'il créait, et qu'il met en œuvre non par cette partie de sa providence qui regarde la constitution des natures, mais par celle qui administre, comme il le veut, les choses qu'il a constituées comme il l'a voulu. Là est aussi la grâce par laquelle sont sauvés les pécheurs. Car, *en* ce *qui regarde la nature dépravée* par son inique volonté, *celle-ci n'a pas de recours par* [258] *elle-même,* mais par la grâce de Dieu, qui l'aide et la restaure… C'est pourquoi l'Apôtre dit que le mystère de *cette* grâce (qui sauve les pécheurs) est caché, non dans le monde [481], dans lequel sont cachées les raisons causales de toutes les choses qui doivent apparaître naturellement (les raisons séminales actives)…, mais dans le Dieu qui a créé toutes choses. C'est pourquoi tout ce qui a été fait pour signifier *cette* grâce, non par le développement naturel des choses, mais miraculeusement *(mirabiliter),* a ses causes cachées en Dieu…, et n'a pour

---

[480] 1. *De Gen. ad litt.*, L. IX, C. XVIII, N. 33.
[481] 1. *Coloss.*, 1, 26. *Ephes.*, III, 9.

soi, puisque aussi bien cela pouvait arriver, que de n'être pas *contre* ces causes que Dieu a instituées par sa volonté, afin que rien ne soit l'effet d'une volonté changeante[482]. »

« En ce qui concerne la nature dépravée par son inique volonté, *celle-ci n'a pas de recours par elle-même,* mais par la grâce de Dieu, par laquelle elle est aidée et restaurée. C'est pourquoi l'Apôtre dit que le mystère de cette grâce... est caché en Dieu... », cette phrase ne semble-t-elle pas impliquer, *per locum a contrario,* que la nature non dépravée « a *recours par elle-même »,* et non par une raison causale demeurée cachée en Dieu, pour réaliser ce que la grâce réalise dans le pécheur, non pas sans doute la rémission d'une faute qui n'existe pas en elle, mais du moins l'élévation au surnaturel ? Telle est la difficulté.

Cette difficulté n'existe pas si nous nous plaçons strictement au point de vue de saint Augustin, car, pour lui, *il n'y a pas de nature pure.* En dehors de l'âme pécheresse, il n'a explicitement reconnu [259] que l'âme créée dans l'état de justice originelle, à laquelle Dieu simultanément a donné sa nature et élargi la grâce. Cette âme, ainsi justifiée dès sa création, a certainement *recours par elle-même* pour obtenir le développement en soi du surnaturel jusqu'à la divine union [483]. C'est à elle, puisque aussi bien il n'y a qu'elle en face de l'âme pécheresse, quo saint Augustin oppose celle-ci, c'est en regard d'elle qu'il prononce : *Recursum per semetipsam non habet :* J'estime cette exégèse absolument certaine pour quiconque aura pris possession, par une étude approfondie, des données augustiniennes et des exigences de sa théologie *concrète.* Le passage qui nous a arrêtés ne doit donc pas nous retenir plus longtemps, parce qu'il ne saurait concerner, *per locum a contrario,* la nature pure, que saint Augustin ne pouvait avoir en vue, et dont nous cherchons, nous, à déterminer la relation avec la grâce, selon les *principes* de saint Augustin.

Nous sommes donc en présence d'une question neuve, – non traitée par saint Augustin, – et qui est à résoudre à nouveaux frais, en nous fondant cependant

---

[482] 2. *De Gen. ad litt.*, L. IX, C. XVIII, n. 33, 34.
[483] 1. Cf. le passage où saint Thomas regarde la grâce sanctifiante comme une raison séminale du premier genre, *sicut ratio seminalis in natura, ad effectum naturalem.* Summa theol., Iᵃ P., Q. LXII, a. 3, c.

sur les données augustiniennes touchant les raisons séminales du deuxième genre.

Or données fondamentales des deux problèmes : justification de l'impie et justification de la pure nature, en dépit d'une divergence accidentelle[484], l'aversion positive de Dieu dans le pécheur qui ne se [260] retrouve pas dans la nature pure, ont des éléments assez convergents : surnaturalité du but et capacité naturelle de l'atteindre, pour que l'on ne doive pas désespérer *a priori* de les résoudre par le même moyen de solution.

Le premier caractère de la raison causale du second ordre est de n'être pas insérée dans les choses à l'état de puissance de réalisation positive ou de virtualité active vis-à-vis de la forme à laquelle elle tend. Or, tel se présente, devant le *Mens* humain, le Verbe divin qui l'illumine : aucun pouvoir direct dans le *Mens* pour se conformer à lui dans une vision intuitive, qui le rendrait semblable à lui. Ce n'est pas manque d'efficacité seulement, c'est manque d'ordination intrinsèque à cette forme divine et à l'acte par lequel il l'assimilerait ou serait assimilé par elle. Il faut donc dire que ce pouvoir n'a pas été mis dans *le Mens* lors de sa création, mais constitue une raison séminale conservée en Dieu.

Le second caractère de cette même raison causale est de ne pas être contraire aux raisons séminales naturelles du premier ordre, sinon pour nous, comme dit saint Augustin, qui n'avons pas la même conception que Dieu de la nature. Le fondement de cette non-contradiction est uniquement la Sagesse du Créateur qui ne saurait se contredire elle-même, et qui donc ayant résolu d'établir dans le *Mens* la vie surnaturelle, jusqu'à la vision de Dieu inclusivement, a mis dans la nature la possibilité de la recevoir. Or, cette non-contradiction est bien le fait de l'image de Dieu qu'est le *Mens*. Par la capacité positive dont il excipe, pour s'élever tant par l'image psychologique de la Trinité qui est lui-même, que par les intelligibles imprimés dans sa connaissance naturelle [261] par le Verbe divin, jusqu'à percevoir au-dessus d'eux, *sicut potest,* le D'eu dont il est l'image, le *Mens* manifeste, *autant* qu'il est en lui, que la vision de Dieu lui-même n'est pas en contradiction avec ses raisons séminales intrinsèques. Il ne saurait faire

---

[484] 2. *Quod justum faciat (gratia) ex impio, hoc accidit et ex parte subjecti.* SAINT THOMAS, *Summa theol.*, III^a P., Q. VII, a, 9, ad 2^m.

sortir de soi la vision divine, il n'est pas le sujet *duquel* elle peut être tirée, *subjectum ex quo ; mais* il peut recevoir, n'offrant aucune contradiction avec elle, et étant entièrement soumis au Créateur, les principes surnaturels desquels elle résultera ; il est le sujet *dans lequel* elle peut être réalisée : *subjectum in quo* [485]. Et c'est assez pour le mettre à part de toutes les créatures corporelles en qui l'image, et par suite la non-contradiction avec la vision divine, n'est pas donnée : c'est assez pour qu'il soit *capax Dei,* sous-entendu, *per gratiam.*

Le troisième caractère de la raison causale conservée en Dieu, c'est que, ne rencontrant dans la créature aucun pouvoir, aucune capacité, aucune raison séminale intrinsèque, qui puisse tendre positivement vers elle comme vers un terme déterminé, cette raison causale doit avoir l'initiative *absolue* pour communiquer au *Mens* toute participation d'elle-même. Le *Mens* ne saurait donc avoir d'autre relation avec la raison causale conservée dans la volonté divine, que celle de la dépendance absolue vis-à-vis du bon plaisir divin. Tout son pouvoir est d'offrir une entière passivité en regard de la cause efficiente souveraine, détentrice de la raison causale qui peut l'illuminer et la configurer à soi. Son pouvoir n'est donc à aucun titre un pouvoir directement [262] ordonné *ad actant divini ordinis :* c'est un pouvoir ordonné tout entier à recevoir, *ad agens*. Il est clair que, si la volonté divine s'exerce en sa faveur et le rend capable, en l'illuminant par la grâce, de s'ordonner directement à la vision divine, la capacité du *Mens* perfectionné par la grâce, et formant avec celle-ci un être vivant divinisé, deviendra, du coup, une capacité *ad actum divini ordinis*. Mais ce ne sera plus la capacité naturelle de l'image par conformité. Celle-ci, premièrement et uniquement, regarde Dieu comme une *cause souveraine* qui peut à son gré la rendre ou ne pas la rendre participante de la raison causale du surnaturel, conservée dans la volonté divine.

On dira : Mais ce pouvoir que vous concédez au *Mens* n'est que le pouvoir *général* de soumission de toute nature créée à son Créateur. Ce n'est pas un pouvoir *spécial* du *Mens* vis-à-vis de la divine vision. A ce titre, une nature quelconque, un chien par exemple, peut aussi bien que le *Mens* s'attendre à la

---

[485] 1. CAJETAN, *in Summam th.*, 1ª IIae, Q. CXIII, a. 9. Cf. *supra*, pp. 231 et 17-19.

vision béatifique. Il faut tout de même qu'il y ait dans le *Mens,* puisque lui seul, avec l'ange, est capable de voir Dieu, une détermination qui lui soit propre, du pouvoir universel de soumission de la créature au Créateur.

Il n'est pas difficile, du point de vue des données augustiniennes, de faire droit à cette objection. Saint Augustin ne tient-il pas que Dieu, de par sa volonté ordonnée par sa Sagesse, ne peut rien faire dans la créature qui aille contre les raisons séminales naturelles du premier genre possédées par cette créature ? Ne dit-il pas que c'est cette non-contradiction à ses raisons séminales intrinsèques qui constitue, [263] dans la nature, la possibilité d'être rendue participante des raisons causales du second genre ? Or, seules, parmi tous les êtres, les raisons séminales intrinsèques, naturelles et actives, d'une *nature spirituelle* ne sont pas contraires à la vision béatifique. La preuve en est, pour ce qui concerne le *Mens,* le pouvoir qu'il possède de percevoir Dieu dans l'image de Dieu qu'il constitue lui-même ou dans les intelligibles imprimés en lui par le Verbe divin, auquel il faut ajouter le culte naturel qu'il peut rendre et rend effectivement au Dieu ainsi perçu. Un « chien » n'offre rien de pareil.

Si le mouvement naturel et spontané de l'image de Dieu vers Dieu, que possède ainsi le *Mens,* ne préjuge ni ne *prouve* en rien sa capacité directe de la vision béatifique, il exerce cependant une influence *réductrice* sur la généralité de la soumission à Dieu que présente toute créature ; il en rétrécit l'universalité sans changer son caractère de possibilité passive *ad agens,* jusqu'à l'approprier à la seule nature dont les raisons séminales intrinsèques ne sont pas *contraires* à la vision bienheureuse. Il y a donc bien dans le *Mens* et dans l'ange, qui seuls sont dans ce cas, un pouvoir *spécial* vis-à-vis de la vision divine. La puissance obédientielle du *Mens* n'est pas la même que la puissance obédientielle de n'importe quelle créature. Et ce pouvoir spécial est fondé sur sa nature, non parce qu'il en émane, mais parce que cette nature, SEULE, n'est pas en contradiction avec le don de la vision de Dieu, s'il plaît à Dieu de l'en rendre participant. *Potestas Creatoris habet apud se posse de his omnibus facere aliud quam eorum quasi-seminales rationes habent,* NON TAMEN QUOD NON IN HIS POSUIT

[264] UT DE HIS FIERI⁴⁸⁶, *vel ab Ipso, possit... Verumtamen alio modo dedit, ut non haec haberent in motu naturali, sed in eo quo ita creata essent, ut eorum natura* VOLUNTATI POTENTIORI AMPLIUS SUBJACERET⁴⁸⁷.

SUBJACERET ! c'était déjà le mot final de la Question précédente : SUBJACEBAT ! Quel terme pourrait exprimer plus topiquement que ce mot, décidément cher à saint Augustin, ce qui constitue dans son fond un SUJET récepteur de la vie divine, à savoir, et uniquement, sa dépendance, sa SUJÉTION, vis-à-vis de la toute-puissante volonté de Dieu !

CONCLUSION

A la question posée en tête de cette étude nous pouvons maintenant répondre. Si le *Mens,* image naturelle de Dieu, est impuissant à se transformer par lui-même, sans la grâce divine, en un *Mens* illuminé par la *Sagesse,* la cause n'en est pas uniquement le péché. La nature pure connaît une incapacité analogue. La vraie cause de *cette* impuissance est que dans le *Mens* il n'y a aucun pouvoir réel et positif, faisant partie de sa nature, qui regarde directement la vision béatifique et ses anticipations efficaces de l'ordre surnaturel. Il n'y a [265] même pas de puissance passive déterminée positivement à la réception des dons surnaturels. La possibilité passive, chez saint Augustin, n'a pas d'antre agent corrélatif que le bon plaisir de Dieu.

Il y a tout simplement dans le *Mens* l'ordination à connaître Dieu par ses effets : Image analogique ou Intelligibles. *Secundum hoc facta est ad imaginem Dei quod uti ratione atque intellectu ad intelligendum et conspiciendum Deum* POTEST, dit saint Augustin : ce qui veut dire que le *Mens* peut, soit prouver

---

⁴⁸⁶ 1. Cf. : « *Non sunt quidem illae quas in sua voluntate servavit ex istarum quas creavit* (raisons séminales intrinsèques) *necessitate pendentes : non tamen possunt esse contrariae quas in sua voluntate servavit, illis quas sua voluntate instituit : quia Dei voluntas non potest sibi esse contraria.* » *De Gen. ad litt.*, L. VI, C. XVIII. Cf. L. IX, C. XVIII : « *sed tantum hoc habuit, quia et sic fieri posset, ne contra causas quas voluntate instituit, mutabili voluntate aliquid fieret* ».
⁴⁸⁷ 2. *De Gen. ad litt.*, L. IX, C. XVII, n. 32.

l'existence de Dieu et percevoir le Dieu cause, par ses effets intelligibles, soit éclairer, l'aide de l'analogie de l'image, le dogme de la Trinité. Nous n'avons rien trouvé d'autre dans les livres De la Trinité où saint Augustin, développe d'une manière si étendue le pouvoir du *Mens*. Selon saint Augustin, donc, le *Mens,* considéré dans sa nature, ne contient aucune virtualité regardant la vision divine ; non plus que le surnaturel proprement dit.

Mais, s'il ne renferme aucune capacité naturelle, positive, même inefficace, à l'endroit du Surnaturel, le *Mens* n'en est pas moins, de par sa nature même, le seul être, parmi tous les êtres de la nature (l'ange, bien entendu, mis à part), qui soit, si je puis ainsi parler, *candidat* à la vision divine et à ses succédanés d'attente.

D'une part, il est soumis, comme tous les êtres créés, à la volonté de la divine Sagesse pour tout ce qui n'implique pas contradiction avec sa nature, avec « les raisons séminales insérées en lui », dirait saint Augustin. D'autre part, son mouvement naturel propre, – en s'orientant vers la connaissance de Dieu, à travers l'image de Dieu qu'il est lui-même ou à travers les intelligibles imprimés en lui par le Verbe, dont ils portent la ressemblance, manifeste, autant qu'il le peut, que ses « raisons séminales intrinsèques » ne répugnent pas à l'Idéal de la vision divine [488].

Les deux conditions conjointement exigées par saint Augustin pour être le sujet récepteur d'une raison causale non insérée au monde, et demeurée dans la divine volonté, sont ainsi réalisées par le *Mens,* et par lui seul, à l'exclusion de tous les êtres de la nature matérielle : soumission totale au Créateur, non-contradiction à la vision divine.

Si la réalisation de ces deux conditions dans l'âme pécheresse, en dépit de l'obstacle du péché, a suffi pour que saint Augustin classât la grâce rédemptrice parmi les raisons causales que Dieu destinait à cette âme, à plus forte raison la

---

[488] 1. Cf. SAINT THOMAS, *Summa theol.*, II^a II^{ae}, Q. II, a. 3, § « *Sola autem rationalis natura* ».

nature pure, qui ne présente pas la même difficulté, peut-elle prétendre être illuminée de la même sorte par la *Sagesse* divine, anticipatrice de la vision face à face[489].

Et donc, véritablement et effectivement, la nature pure est candidate au surnaturel. Ce n'est en elle qu'une pure possibilité, mais possibilité fondée en nature, non pas, il est vrai, selon la conception naïve et contradictoire d'une *nature* qui, de soi, aurait une puissance obédientielle positive au *Surnaturel*, mais en ce sens que la capacité de Dieu que manifeste la nature humaine, toute relative qu'elle soit, montre, autant qu'elle le peut, que cette nature n'est pas opposée à un complément et à un achèvement que Dieu seul peut lui donner ; et que le [267] *Mens,* de par sa pure nature, est dans un état très réel et très spécial, – étant réservé à lui seul, de puissance obédientielle entièrement passive vis-à-vis du Surnaturel.

Telle est la solution génuine qui nous semble résulter des données augustiniennes, si longuement exposées, et résoudre, d'après saint Augustin, l'énigme que nous avons reconnue avec lui au début de cette *Question* : *Et hoc est grandius enigma ut non videamus quod non videre non possumus* !

---

[489] 2. SAINT THOMAS, *Summa theol.*, I^a II^{ae}, Q. CIX, a. 7, ad 3^m.

QUESTION III
LA PUISSANCE OBÉDIENTIELLE AU SURNATUREL SELON SAINT THOMAS

PROLOGUE

Nous avons essayé de déterminer, d'après saint Augustin, ce qu'apporte la nature du *Mens,* connaissant et aimant, à cette « vie éternelle » participée qui constitue la vie de la grâce. La capacité de Ume en regard du Surnaturel se trouve ainsi dégagée d'un nombre important d'idées inexactes, qui s'abritaient sous le patronage de ce grand docteur.

Maintenant, il nous faut reprendre le problème, non plus en fonction d'une autorité théologique de premier rang, mais pour lui-même, et avec toutes les ressources que mettent à notre disposition les discussions approfondies autant qu'ardentes qui, surtout depuis saint Thomas, se sont produites autour de cette question.

Deux faits dominent tout le débat.

La vie éternelle du ciel, si surnaturelle qu'elle soit, a pour sujet la nature humaine : c'est NOUS qui verrons Dieu. Et, d'autre part, idée voisine de la précédente, mais cependant distincte, c'est VITALEMENT que nous verrons Dieu, c'est-à-dire par épanchement d'un principe intérieur bien nôtre, dont l'activité formera la substance, le corps de notre vision divine.

Toutes proportions gardées, ces deux faits se retrouvent dans la vie de la grâce. Si la vie de la grâce est vraiment la vie éternelle commencée, *inchoatio beatitudinis,* c'est donc que notre nature a quelque chose en soi, non seulement pour la vision bienheureuse, mais aussi pour la vie surnaturelle qui la prépare efficacement. Au surplus, les théologiens ont unanimement constaté, dans notre nature, un désir de voir Dieu tel qu'Il est en Lui-même, et ont regardé ce désir naturel comme un effet et comme un signe non-équivoque de sa destination surnaturelle.

Si, d'autre part, c'est vitalement que nous venons Dieu, c'est donc que notre nature concourt, d'une manière sans doute partielle, mais tout de même effective, aux actes de la vie surnaturelle qui inaugurent sur terre la vie éternelle : c'est qu'elle fournit sa sève propre à l'œuvre de la *grâce*.

Inclination de nature, se traduisant par le désir naturel de voir Dieu, collaboration vitale aux opérations surnaturelles, tels sont les deux faits qui s'imposent à quiconque aborde le problème de la capacité de la nature au surnaturel.

Mais alors, cette capacité ne devra-t-elle pas être conçue comme une puissance naturelle de l'âme, soumise sans doute, au Dieu tout-puissant qui seul ordonne efficacement un être à une vie proprement divine, mais tout de même puissance active, prenant sa part d'influence dans des opérations qui, si hors de ses prises soient-elles, n'en sont pas moins *ses opérations et ses opérations vitales* ?

[270] Une puissance obédientielle active, tel semble donc, de prime abord, le point de départ imposé, du côté du sujet vivant, à toutes les théories qui entreprendront de définir la relation fondamentale et première de la nature humaine au surnaturel.

CEPENDANT, – si l'on regarde la question non plus du côté du sujet mais de l'objet, – qui donc, ayant conscience de la transcendance de Dieu, osera poser dans une nature créée le moindre proportionnément à un objet qui dépasse infiniment, non seulement ses énergies actives, mais même ses possibilités passives positives, exigeantes d'une motion corrélative, comme est l'objet propre de le vie de Dieu Lui-même, sans s'exposer à un reproche analogue à celui que faisait entendre saint Paul : *Si autem gratia, jam non ex operibus ; alioquin gratia jam non est gratia* [490]. Si la vision divine nous est donnée, elle ne peut être qu'absolument surnaturelle, en elle-même et dans ces anticipations effectives, étant, comme Dieu lui-même, totalement hors de proportion avec le sujet créé, et nullement divin, que nous sommes.

On saisit le problème.

---

[490] 1. *Rom.*, XI, 6.

Nous diviserons cette Question en quatre articles :

1. – Existe-t-il dans l'âme une inclination naturelle *innée* vers le Surnaturel ?
2. – Que prouve le désir naturel « *élicite* » de voir Dieu ?
3. – Comment s'accordent le Surnaturel et la vitalité naturelle de nos actes surnaturels ?
4. – Le fond du problème : la structure analogique de l'intellect créé.

[271]

ARTICLE I
Existe-t-il dans l'âme une Inclination naturelle innée vers le Surnaturel ?

L'explication la plus facile, en apparence, celle qui paraît davantage de plain-pied au sens commun non-averti des difficultés de la question, admet, dans la nature même de l'âme, une inclination innée, quoique inefficace, au surnaturel.

Cette explication se réclame de saint Augustin qu'elle croit simplement traduire : « Vous nous avez faits pour vous, Seigneur, et notre cœur est inquiet jusqu'à ce qu'il se repose en vous. » Cette prière de saint Augustin trouve son complément dans cette sentence du môme Père Notre cœur, « notre amour est en nous comme un poids », *Amor meus pondus meum*, et par ce poids « nous sommes entraînés partout où nous allons ». Mais nous avons vu plus haut que la doctrine de saint Augustin ne se contente pas de ces énoncés généraux, que ce poids, pour autant qu'il est poids de nature, elle l'analyse et lui reconnaît son véritable terme immédiat, Dieu sans doute, mais tout de même d'abord le Dieu connaissable par ses effets en nous, et, seulement par l'effet de la grâce, le Dieu vu face à face. La doctrine de saint Augustin, très étudiée, tient compte de tout, et quand il s'agit de voir Dieu tel qu'Il est, elle sait donner place, grâce aux raisons séminales du second ordre, aux exigences majeures du Surnaturel aussi bien qu'a nos possibilités [491].

Quoi qu'il en soit, dans l'opinion que nous examinons, [272] on pense pouvoir expliquer par une inclination naturelle innée l'appartenance à l'âme de sa vie surnaturelle, ainsi que la vitalité de celle-ci : l'inefficacité y réserve le droit majeur de la grâce. Par le concours amical et le jeu conjugué de ces deux facteurs, appétit inné et grâce de Dieu, l'âme, d'un mouvement continu et harmonieux, pénètre dans le domaine de la vie surnaturelle et s'élève jusqu'aux hauteurs de la vision divine. Ainsi, l'on pense éviter le scandale intellectuel d'une nature, totalement stérilisée au point de vue surnaturel, véritablement laïcisée, et qui, cependant, par l'apport, forcément extérieur, d'un secours divin, opérerait elle-même, et vitalement, les actes de la vie divine.

Duns Scot est cité, comme le mainteneur, en face des idées nouvelles introduites par la découverte de l'homme philosophique d'Aristote, de cette conception dite chrétienne, et qui appartient, en effet, à la préhistoire de la théologie scolastique. Cette conception ne s'accorderait-elle pas bien plutôt avec une certaine conception dynamiste de la nature, sorte de *nisus,* d'effort impuissant mais inné, impénétrable à toute action extérieure, mais qui, par un mouvement autonome, se met à l'unisson et entre en sympathie avec la volonté de la cause divine, en vertu d'une harmonie préétablie ? Rappelons que ce n'est pas seulement vers la vision divine que, chez son auteur, tend cet appétit naturel inné, c'est aussi vers l'union hypostatique, faisant ainsi de l'Homme-Dieu, non plus le chef-d'œuvre de la miséricorde rédemptrice, mais comme le couronnement de tout l'univers.

Cet appétit du surnaturel, selon Scot, est, dans la [273] nature, comme un poids, une pesanteur interne, analogue à celle qui fait tendre vers un même centre tous les corps lourds. C'est encore, si l'on peut ainsi dire, une attraction passive, naissant en l'âme sous l'influence de son centre d'attirance, c'est-à-dire de la fin qui lui est prédestinée. Cet appétit est inné : c'est dire qu'en vertu d'une harmonie préétablie par le Créateur, il forme l'une des pièces constitu-

---

[491] 1. Cf. *supra, Question* II.

tives de la nature. Il est cependant totalement inopérant quant à la réunion effective des deux pôles qu'il met en présence, nature et surnaturel. Il est de soi « stérile », dira Scot. A la grâce de rompre ses liens et de le féconder, en le renforçant, en vue de sa destination finale. Mais tout de même, la grâce étant intervenue, on saura pourquoi c'est bien *notre* nature qui voit Dieu.

Quelles preuves spéciales donnera Scot de l'existence de cet appétit inné du Surnaturel dans la nature intellectuelle ? Toutes les preuves qu'il en apporte se ramènent à deux arguments convergents, l'un tiré du sujet, l'autre de l'objet ; le premier constate que Dieu est la fin en laquelle nous expérimentons que se repose notre nature ; l'autre excipe de ce que Dieu vu face à face est, d'après la foi, l'objet spécificateur suprême de la nature intellectuelle.

1. N'est-il pas évident, pense Scot, que toutes choses, et la nature humaine parmi elles, ont un appétit naturel pour leur fin ultime et leur béatitude ? Puis donc que la fin ultime de l'homme et son bonheur ne se réalisent que dans la vision béatifique, ne faut-il pas qu'il y ait, dans la nature humaine, un appétit naturel de cette divine vision ? C'est, aussi [274] bien, ce que l'on constate expérimentalement. La nature de la créature intellectuelle est ainsi faite, qu'elle ne peut se reposer que dans la vision de Dieu. C'est donc que la vision de Dieu est pour notre nature une fin de nature. Mais la vision faciale de Dieu ne peut être la fin de notre nature que si celle-ci se porte vers elle comme par un poids naturel, que si son appétit est une pièce de notre nature, et donc inné.

2. Il n'y a pas deux natures intellectuelles dans l'homme, mais une seule. Donnons que Dieu, tel qu'Il est en Lui-même, soit pour notre intelligence naturelle un objet disproportionné à l'excès, il n'en reste pas moins que ce Dieu un et trine sera dans la béatitude pour notre intelligence un objet spécificateur. C'est donc que se rencontre en Dieu, tel qu'Il est on soi, la raison objective commune à tous les objets matériels de notre intelligence naturelle et qui assure l'unité spécifique de celle-ci, comme la raison de visibilité commune à tous les objets du sens de la vue assure et fonde l'unité spécifique de ce sens. Or l'inclination d'une nature vers la raison commune qui unifie tous ses objets constitue dans cette nature un appétit naturel inné. Et donc notre intelligence est naturellement inclinée par un appétit inné vers la vision divine. S'il n'en était pas ainsi,

l'intelligence avec laquelle nous verrons Dieu ne serait pu de la même espèce que notre intelligence naturelle [492].

[275] Pour simplifier notre réponse à ces arguments nous ferons d'abord remarquer qu'il n'est pas question de nier que la nature humaine, comme toute nature, n'ait un appétit naturel pour Dieu en tant qu'Il est sa béatitude, pas plus que d'affirmer que l'intelligence avec laquelle nous verrons Dieu est spécifiquement différente de notre intelligence naturelle : ce sont là des propos... hors de propos.

La seule question est celle-ci De ce que Dieu tel qu'Il est en lui-même est la fin ultime de la nature humaine et sa béatitude, ou encore, ce qui revient au même pour le présent, l'objet spécificateur de notre intelligence naturelle, surélevée, il est vrai, dans la vision béatifique, – toutes choses que la foi nous enseigne, – a-t-on le droit de conclure à un appétit naturel inné de la divine vision ?

Quelle preuve en donne-t-on ? Une seule en réalité : c'est que Dieu *prout in se est* perfectionne notre nature intellectuelle dans la béatitude céleste : c'est de foi. Or, cela ne suffit pas pour conclure à l'appétit naturel inné de cette perfection souveraine. Il ne suffit pas, en effet, de constater absolument et comme un fait le perfectionnement qu'elle donne la nature, il faut montrer que cette perfection est vraiment proportionnée à la nature, qu'elle convient à cette nature, parce qu'elle est *cette* nature. L'appétit naturel, en effet, jaillit, comme d'une racine, de la forme de l'être dont il émane. L'appétit naturel met donc en présence la forme de l'être dont il émane et la forme de l'être qui est son objet, [276] c'est-à-dire, dans notre cas, la réalité de l'âme et la réalité divine. On ne saurait échapper à cela. Or, quelle proportion peut-on trouver entre ces deux réalités, la divine et l'humaine ? Si on les considère dans la forme constitutive

---

[492] i. SCOTUS, in I^m *Sent.*, q. I, *Prologus* ; in IV^m *Sent.*, Dist. 49, Q. X. — Cf. *in hunc ult. locum*, DURANDUM, Q. VIII ; PALUDANUM, Q. XLVII ; CAPREOLUM, IV *Sent.*, Dist. 49 ; SOTO, *Ibid.*, Q. II, a. 1 ; — SOTO, *De natura et gratia*, L. I, C. IV.

Pour la discussion de l'opinion de Scot, on peut voir spécialement JEAN DE SAINT-THOMAS, *Cursus theologicus*, in I^m P. divi Thomae, Q. XII, disp. 12, a. 3, n. 5-9 ; et les SALMANTICENSES, *Ibidem*, *De Visione Dei*, tract. II, disp. 1, dub. 4 ; Cf. dub. 3, n. 38 : le premier plus bref, mais allant directement au fond de la question ; les seconds plus circonstanciés et qui suivent dans tous ses replis l'argumentation de Scot et de ses défenseurs.

de leur être, aucune : l'une est infinie, inconditionnée, par soi, etc. ; l'autre finie, conditionnée, contingente.

Il y a cependant un rapport entre ces deux êtres, mais ce n'est pas un proportionnément direct. Ce rapport consiste en ceci que la nature créée dépend essentiellement de son Créateur, tant dans son être foncier, que dans tout ce qui s'ensuit on en résulte. Une relation de dépendance absolue, affectant essentiellement l'être créé, voilà tout ce qui relie cet être à l'être Incréé. Or cela ne fonde pas un proportionnément à Dieu tel qu'il est en soi, considéré comme une réalité déterminée, ni un appétit naturellement inné du perfectionnement de l'intelligence naturelle par l'Objet divin. La relation dont il s'agit peut seulement fonder une possibilité de reprise de son œuvre par son Créateur, étant essentiellement relation de dépendance vis-à-vis de lui ; une capacité donc simplement obédientielle, regardant directement non pas l'objet divin, mais le Dieu cause, mais la Toute-puissance divine. Cette capacité, réduite à ces termes, est naturelle puisqu'elle est fondée sur la nature même de l'être créé, dépendant comme tel de Dieu. Et, comme rien ne limite la Toute-puissance de Dieu, sinon la réalisation effective et simultanée des contradictoires, la vision divine pourra rentrer dans la capacité naturelle de la nature intellectuelle, s'il est prouvé qu'elle ne lui est pas contradictoire. C'est là une capacité passive, vis-à-vis de la Toute-puissance agissante de Dieu, [277] et qui n'a rien d'un appétit naturel d'un objet, lequel est fondé directement sur la forme naturelle dont il émane, et directement et de soi vise, comme son terme, un objet proportionné à cette forme.

A cette considération qui est fondamentale on ajoutera les deux suivantes :

Toute puissance passive positive, fondée donc sur une nature, suppose et exige dans la nature, comme son corrélatif, une puissance active du même ordre, qui la fait passer à l'acte. Sans cela, ce serait une réalité vaine, inutile, étant éternellement stérile. La nature ne connaît rien de pareil. Or, quelle puissance active est coordonnée à un appétit *naturel* de voir Dieu, sinon le Dieu créateur de la nature ? Mais voit Dieu tel qu'il est en soi est une fin surnaturelle. L'objet de cette vision c'est Dieu lui-même, conçu dans toute son éminente élévation au-dessus de toute nature créée et contingente. Si l'on admet, comme on doit le faire, que la vision que Dieu a de soi-même a été vraiment concédée comme fin à une nature créée, ce ne peut être qu'à la condition que la vision divine conservera, dans sa participation ainsi octroyée, la qualité éminente, qui la met hors des atteintes de la nature créée. Mais une telle participation ne saurait être communiquée par le Dieu auteur de la nature. Et donc la puissance passive, coordonnée à la vision béatifique que l'on a supposée, ne rencontre aucune puissance corrélative pour l'actualiser : c'est une entité vide, un organe rudimentaire sans aucune utilité, et qui, d'aucune façon, ne peut servir à réaliser l'acte souverain auquel on le prétend coordonné et destiné. Premier argument.

[278] Et voici le second. Il n'y a pas d'exemple d'un appétit naturel qui ne soit accompagné de ses moyens actifs de réalisation. La faim tend à l'aliment, l'œil appelle la lumière, mais aussi possèdent-ils, de par eux-mêmes, un organisme de moyens qui leur donnent de s'en saisir. Mais nous ne voyons pas que la nature intellectuelle ait à sa disposition des énergies et des instruments naturels, capables de se saisir de Dieu, tel qu'il est en soi, par la vision divine.

Que l'on n'objecte pas, avec Scot, que l'âme humaine, dans son état de séparation d'avec le corps après la mort, garde son appétit inné d'union à son corps, bien qu'elle ne puisse la réaliser par soi, ou encore que la nature rationnelle possède un appétit inné pour la moralité parfaite bien que, sans un secours spécial de Dieu, elle ne puisse parvenir &cette perfection morale absolue. – Que l'âme possède cet appétit inné de réunion à *son* corps, c'est une survivance de son état ancien, où elle formait avec le corps une seule essence naturelle complète, l'homme, le composé humain ; c'est, en outre, l'effet d'une relation très spéciale, la relation d'une partie essentielle à son tout substantiel, qui ne s'applique pas à n'importe quel être de la nature, qui n'a rien à faire en particulier entre la nature de l'âme et Dieu tel qu'il est en lui-même. – Si, d'autre part, par sa forme rationnelle, l'homme est incliné vers la vie rationnelle, c'est là une inclination générale, indéterminée, qui se retrouvera sans doute comme un appoint et un stimulant rationnels à la tête de chacun de nos actes vraiment humains, mais qui n'a pas la prétention de viser d'emblée l'accomplissement en bloc de toute la loi morale parfaite, la perfection morale exhaustive. Nous ne portons dans la destination [279] de notre nature rien de pareil. Et c'est pourquoi il y faut une grâce spéciale, laquelle n'est nullement conjuguée à un appétit de ce genre. Cet appétit inexistant de la perfection morale n'est donc d'aucun secours pour rendre vraisemblable l'existence d'un appétit inné et inefficace de la vision béatifique.

Nous n'avons pas fait état, au cours de cette discussion de Scot, du désir naturel de voir Dieu dans lequel notre auteur voit la contre-épreuve expérimentale de son appétit inné de la béatitude et de la divine vision. C'est que nous regardons comme l'évidence même que ce désir n'est pas expérimenté comme inné, c'est-à-dire issu de la nature comme par une sorte d'instinct aveugle, imprimé qu'il serait par Dieu dans son être même. Il apparaît nettement comme un désir élicite, s'éveillant au cours de l'exercice de notre connaissance naturelle de Dieu par les effets créés, donc comme quelque chose d'adventice, qui vient se greffer sur nos tendances naturelles, mais n'en est pas issu comme de sa source unique.

Et c'est ce que nous allons constater, en examinant, pour lui-même, ce désir naturel de voir Dieu et en recherchant s'il établit, et comment il établit, l'existence en nous d'une puissance naturelle ou connaturelle vis-à-vis du surnaturel.

ARTICLE II
Que prouve le désir naturel « élicite » de voir Dieu ?

On connaît le célèbre *effatum* de saint Thomas touchant le désir naturel de voir Dieu. Il suffira, pour [280] notre intention présente, de reproduire le texte qui en est la plus explicite affirmation : « L'objet de l'intelligence est (de connaître) ce *que sont* les choses, c'est-à-dire leur essence (Cf. livre IIIe *De l'âme*). D'où il suit que l'intelligence n'a tonte sa perfection que lorsqu'elle connaît l'essence des réalités. Et c'est pourquoi subsiste naturellement en l'homme, qui connaît un effet, et sait que cet effet a une cause, le désir de savoir aussi ce qu'est cette cause. Ce désir de curiosité admirative engendre la recherche, comme il est dit au début de la *Métaphysique*. Ainsi, celui qui regarde une éclipse de soleil, se rendant compte que cette éclipse e une cause sans pouvoir trouver *ce qu'elle est,* s'étonne et, s'étonnant, se met à chercher : sa recherche ne s'arrêtera que lorsqu'il sera parvenu à connaître l'essence de la cause de l'éclipse. – Si donc l'intelligence humaine, connaissant l'essence de quelque effet créé, ne connaît de Dieu que son existence, elle n'a pas la perfection qu'elle aurait si elle atteignait purement et simplement la cause première : il subsiste en elle un désir naturel de voir cette cause à découvert ; elle n'est pas entièrement satisfaite. Et donc, pour sa parfaite béatitude, il est requis que l'intelligence pénètre jusqu'à l'essence de la première cause[493]. »

Plus nerveusement, et en dégageant la conclusion de la question de la béatitude : « Si l'intelligence de la créature rationnelle ne peut parvenir à (voir) la première cause des choses, un désir de nature sera vain : *remanebit inane desiderium naturae*[494]. » Que la nature intellectuelle n'obtienne par sa béatitude, [281] son achèvement naturel, ou encore qu'un désir naturel soit vain, ce sont là de graves inconvénients non seulement entre aristotéliciens, mais pour tout esprit conscient de ce qu'est une nature. Rien de naturel ne peut être vain : tout ce qui est naturel est fait pour atteindre sa fin. *Ce* sont ici, dans leur ordre, des principes premiers. Il y aurait donc scandale intellectuel, si le désir naturel de connaître l'essence de la cause divine pouvait être frustré. La nature ne réalise pas simultanément des contradictoires.

Avant de tirer de ce désir les conclusions touchant la puissance de voir Dieu, qu'il semble impliquer dans la nature de l'homme, il nous faut affirmer ce que nous disions à la fin de l'article précédent du caractère de ce désir. Ce n'est pas, comme chez Scot, un désir inné, un instinct aveugle, qui, par une relation transcendentale, immanente à l'être humain, destinerait celui-ci au surnaturel ; ce n'est pas « une soif de l'Infini ». Si ce désir est naturel, il ne fait pas corps avec la nature primordiale. Un élément étranger à la constitution de notre être, adventice donc, s'est introduit au cours du fonctionnement normal de nos puissances vitales, à savoir la connaissance des créatures comme effets de Dieu : et c'est en mettant en œuvre cette connaissance que nous sommes amenés à émettre ce désir, naturel donc seulement en ceci qu'il jaillit de l'usage normal

---

[493] 1. *Summa theol.*, I^a II^{ae}, Q. III, a. 8.
[494] a. *Summa theol.*, I^a, Q. XII, a. 1. Cf. *Compendium theologiae*, C. CIV ; *Contra Gentes*, L. III, C. L.

de nos facultés naturelles. Les théologiens nomment ce désir *élicite,* par opposition au désir *inné*. Ils entendent par là que, tout en sortant bien de nous, ce désir admet, comme son principe propre, quelque chose qui n'est pas imprimé d'avance dans la nature rationnelle même, comme le serait un désir inné.

[282] Ce désir n'a donc pas, *a priori*, à être efficace : *a priori,* c'est-à-dire en vertu des principes constitutifs de la nature. Au désir inné, disions-nous, correspond nécessairement dans la Nature la puissance efficace de le réaliser, puissance active, disposant de moyens naturels appropriés, tout au moins puissance passive, exigeant la puissance active corrélative qui l'actualisera. Ici rien de pareil, et tous les inconvénients de la position scotiste rendant le surnaturel directement solidaire de la nature sont évités.

Il reste que ce désir est un désir naturel. En quel sens et dans quelles limites ? Pour répondre, il faut analyser ce désir, ce qui ne peut se faire qu'en précisant son objet et en recherchant de quelle manière il tend à cet objet.

Une opinion célèbre propose de regarder ce désir, non pas comme efficace, ainsi qu'on le dit quelquefois, mais comme prouvant efficacement la possibilité pour l'homme -de voir Dieu. Répondant à la question posée dans l'article 1 de la Question XII de la *I^a Pars,* Cajetan restreint la base d'appui de l'argument par lequel saint Thomas la résout, et, se fondant sur ce que le saint docteur doit parler en théologien dans une question essentiellement théologique, suggère que le désir en question est celui qui naît chez l'homme, élevé à l'ordre surnaturel, de la vue ou de la révélation d'effets de Dieu proprement surnaturels. De tels effets ne peuvent avoir pour cause que le Dieu surnaturel, et cela peut être rationnellement conclu. D'autre part, le désir qu'ils engendrent n'a rien de chimérique : les faits qui l'occasionnent sont des plus réels. Il est, enfin, très [283] conforme à la nature humaine de chercher leur cause. Donc on peut conclure efficacement de ce désir la possibilité pour l'homme de voie Dieu. Je ne m'arrêterai pas à cette opinion singulière, qui ne laisse pas d'avoir sa valeur, comme l'a bien démontré Jean de Saint-Thomas [495], mais n'est certainement pas l'interprétation littérale de l'argument de saint Thomas, sans compter qu'elle passe

---

[495] t. Cf. JEAN DE SAINT-THOMAS, *Cursus theol.,* I^m, Q. xii, disp. 12, a. 3,

à côté de ta question intéressante, soulevée par cet argument[496]. Cette opinion trouve sans doute une base solide en ce que, parmi les effets de Dieu, des effets surnaturels ont leur place et sont naturellement constatables. Mais il est clair que saint Thomas n'a pas envisagé cette restriction, que son argument s'appuie sur la considération d'effets quelconques de Dieu, et que ce qui constitue son véritable intérêt, c'est l'effort que l'on croit y surprendre pour passer de la connaissance naturelle, simplement philosophique, c'est-à-dire allant jusqu'au bout d'elle-même, à une connaissance de Dieu qui ne peut être que surnaturelle.

Ainsi un autre grand commentateur de saint Thomas n'a-t-il pas hésité à s'écarter de Cajetan, et à restituer dans toute son universalité et sa littéralité la plate-forme sur laquelle saint Thomas a édifié son argument. De la démonstration de l'existence de Dieu par ses effets, pense Sylvestre de Ferrare[497], naît naturellement le désir de voir à découvert l'essence même de la *Cause divine,* c'est-à-dire la [284] nature de Dieu, fondement de tous les attributs que les Philosophes peuvent découvrir en partant des effets créés. La liaison qui unit normalement la préoccupation du *Quid est* à la découverte de l'*An est,* dans le fonctionnement de l'intelligence, et fait du terme de la première le complément indispensable du terme de la seconde, ne laisse pas prise d'autre issue que celle d'un désir naturel de voir la substance même du Dieu cause.

Il est bien entendu que, pour le Ferrerais, ce désir, étant naturel, ne porte que matériellement sur l'essence même de la cause première, laquelle dépasse toute nature créée et créable, et donc tout désir créé. C'est sous les espèces d'un complément et d'un achèvement de l'acte intellectuel, d'un bien naturel donc de l'esprit, que l'essence du Dieu cause se présente, et exerce son attrait sur le désir humain. Cependant, toute naturelle que soit la raison sous laquelle elle s'objective ainsi et l'aspect sous lequel elle se présente au désir naturel, c'est bien la réalité divine considérée dans sa substance même que vise le désir et qui est son objet formel.

---

n. 13-20.
[496] 2. Cf. GARRIGOU-LAGRANGE, *De Revelatione*, éd. 1918, t. I, p. 392.
[497] 3. Cf. *Comment. in* L. IV *Contra Gentes*, L. III, c. 1.

Et il semble bien que selon Sylvestre de Ferrare cette spécification surnaturelle ne soit pas libre : sans doute il admettra la liberté d'exercice de ce désir ; mais, une fois que l'engrenage psychologique qui veut que la connaissance de *l'an est* se consomme dans la connaissance du q*uid est* a produit son effet, qu'un désir en est résulté ; c'est nécessairement dans le sens de la vision quidditative qu'il se détend : la Cause première en elle-même est l'objet nécessaire et inévitable de tout esprit qui va jusqu'au bout de la connaissance de Dieu par ses effets.

[285] Il va sans dire que ce désir n'a rien de l'efficacité d'un désir naturel inné, qu'il est inefficace de soi, et réserve la question des moyens par lesquels il se réalisera, qu'il est donc conditionnel. Tel qu'il est, cependant, et étant donnée la manière toute naturelle dont il s'élève en nous, il semble bien ne pouvoir s'expliquer que s'il y a dans notre nature une possibilité, non pas active, non pas même passive, au sens de Scot, exigeant son corrélatif actif, mais tout au moins négative, une non-contradiction de la vision divine avec ce qu'il y a de plus foncier dans la vie même de l'esprit humain. Peut-être même, nous le disions à l'instant, la nécessité de spécification, si c'est bien là l'opinion du Ferrerais, postulerait-elle davantage.

Cette exégèse de l'argument thomiste a le double mérite de préciser, avec objectivité, tout à la fois le point de départ et le terme du désir naturel de voir Dieu, tels que les entend saint Thomas : d'une part, la vue de tous les effets créés, d'autre part Dieu, comme cause propre des effets créés. Elle est pour ainsi dire collée au texte [498]. Cependant elle veut être corrigée sur un point, si toutefois le Ferrerais a effectivement entendu parler d'un désir nécessaire quant à sa spécification. Il n'y a, en effet, de désir nécessaire dans une nature intellectuelle comme telle, que vis-à-vis de son objet adéquat. Or, quelle que soit la dignité de la Cause suprême des effets créés, celle-ci n'est, pour l'amplitude universelle de notre connaissance, qu'un objet parmi beaucoup d'autres ; elle est, comme disent ingénieusement le ; *Salmanticenses,* ce qu'est pour la vue la couleur blanche qui [286] renferme virtuellement toutes les autres, ce qui ne l'empêche

---

[498] 1. Spécialement du *Contra Gentes, loc.cit.*

pas de ne pas être l'objet adéquat du sens de la vue [499]. Et donc, l'intelligence humaine ne peut être spécifiée nécessairement et d'une manière déterminée par la quiddité même de la Cause première qui n'est pas son objet adéquat : et partant, le désir de la vision de cette quiddité divine, en laquelle se consomme et s'achève la connaissance de Dieu *ex effectibus,* n'est pas nécessairement spécifié par cette vision.

Si Sylvestre de Ferrare avait entendu réellement avancer que le désir naturel de voir le Dieu cause est nécessairement spécifié par l'essence de Dieu, il serait bien difficile de le disculper d'avoir admis l'existence d'une possibilité positive du surnaturel, dans le dispositif naturel de la connaissance humaine. Une telle position nous paraîtrait bien étrange chez un thomiste aussi avisé. Aussi préférons-nous penser qu'il s'en est tenu à la simple non-contradiction, constitutive de la puissance obédientielle *ad agens, et non ad actum et objectum divini ordinis,* telle que l'enseignent communément les thomistes.

Cette nécessité de spécification du désir naturel par la divine essence, une troisième opinion l'admet sans restriction. Elle ajoute même que l'objet de notre désir naturel ne doit pas se limiter à l'essence de la cause divine des effets créés, y compris les effets surnaturels, mais qu'il embrasse aussi la Déité dans tout ce qu'elle a de plus surnaturel, à savoir la Trinité. Mais comment la Trinité, considérée dans son unité substantielle et la distinction de ses personnes, [287] pourrait-elle être *in* via l'objet d'un désir naturel ? La liaison affirmée par saint Thomas entre la connaissance de l'essence divine et la connaissance de l'existence de Dieu par ses effets ne s'étend certainement par jusque-là. Aussi, on s'efforcera de l'*adapter* à cette extension à l'aide de divers arguments. Et pour le reste, on admettra que la Trinité, ayant été révélée, et étant, dès lors, tenue certaine par la foi, apparaîtrait désormais à la nature rationnelle comme son bien souverain. Il en résulterait que, collatéralement au désir surnaturel *de* voir le Dieu

---

[499] 1. *Salm., Curs. theol.*, I P., Q. XII, tr. 2, disp. 1, dub. 5, n. 81. Cf. SAINT THOMAS, IV *Sent.*, Dist. 49, Q. I, a. 3, *sol.* 1, ad 1^m.

Trinité qu'entraîne la foi, existe chez les croyants, et, par conséquent, peut exister, absolument parlant, un désir naturel portant sur l'appétibilité naturelle de la Trinité.

Par ailleurs, les partisans de cette opinion restent fidèles à l'évidence qui montre ce désir s'élevant au cours de la vie psychologique, que ce soit à la suite de la démonstration de Dieu par ses effets ou d'une révélation. Ils le tiennent donc pour *illicite,* c'est-à-dire émis par la nature rationnelle fonctionnant normalement, et nullement comme un instinct *Inné*. Ils ajoutent, se rendant bien compte de son improportion à son objet, qu'il est simple désir de complaisance, inefficace, et conditionné pour sa réalisation par la grâce divine. Mais ils le regardent néanmoins comme aboutissant nécessairement, toutes les fois que, librement, il s'actualise, à la vision de la *substance* du Dieu cause ou du Dieu un et trine, et donc comme spécifié indispensablement par un objet substantiellement divin.

Il leur semble que saint Thomas n'a rien voulu dire, s'il n'a pas dit que l'essence même de la cause première, dans ce qu'elle a de proprement divin, est [288] l'objet spécificateur de notre désir naturel ; que le raisonnement de saint Thomas prouve cela ou ne prouve rien.

Ils estiment que saint Augustin, lui-même, n'a pas dit autre chose, lorsqu'il a énoncé que tous les hommes veulent être heureux, c'est-à-dire non pas obtenir leur bien en général, ce qui n'est pas un objet pour une faculté réaliste comme la volonté, mais conquérir la réalité précise et déterminée dans laquelle se trouve la perfection de leur être. La divine essence est précisément cette réalité précise. Donc, c'est vers elle que tend le désir, c'est elle qui constitue sa spécification.

Ils ajoutent, reprenant un argument *de* Scot, que dans un tel objet, essence de Dieu ou Trinité, une fois qu'il s'est affirmé, par raison ou par révélation, devant une intelligence humaine, celle-ci ne peut surprendre la moindre trace de mal ; qu'il apparaît ainsi comme le Souverain Bien en personne ; qu'il a donc tout ce qu'il faut pour spécifier définitivement et adéquatement une volonté faite pour le Bien et pour déterminer en nous un amour de complaisance qui s'harmonise pleinement avec notre nature. Autre chose sera sa poursuite. L'objet divin ne nécessite pas l'exercice de ce désir qui reste inefficace et conditionnel. Mais tel qu'il est, ce désir, *étant* naturel, suffit à prouver que, dans notre nature, il y a une capacité naturelle, obédientielle sans doute, puisque dépendante essentiellement pour sa réalisation de la grâce divine, mais tout de même positive et déterminée, de voir Dieu tel qu'il est en soi, dans sa substance propre et la Trinité de ses personnes.

Que penser de cette nouvelle exégèse ?

[289] Nous pourrions discuter cette extension à la Trinité du désir naturel de voir Dieu, que saint Thomas n'a pas envisagée. Car si c'est la foi surnaturelle qui nous donne la certitude de cette extension de l'objet de notre désir, ce n'est plus un désir naturel, c'est le désir surnaturel conséquent à la foi, qui engendre une telle certitude. Mais, c'est sans doute ici qu'affleure le ressort secret de toute cette position, savoir la doctrine du surnaturel *quoad modam.* Selon cette doctrine la foi surnaturelle n'est qu'un *habitus* naturel de foi humaine, perfectionnée *radies* par la grâce, mais demeurant substantiellement ce qu'il est, sous le mode surnaturel qui modifie extrinsèquement sa tendance. Si l'on admet cette doctrine, on comprend qu'il la révélation de la Trinité corresponde en sourdine, en plus de l'assentiment de foi divine, un petit assentiment de foi humaine, d'où sortira logiquement un désir naturel positif de voir la Trinité face à face.

Jetons un voile sur les dessous de cette exégèse, sur cette alchimie théologique qui essaie de transmuer, en allongeant sa portée objective, le désir naturel de voir Dieu tel qu'il résulte de l'argument de saint Thomas. Aussi bien, il est oiseux d'épiloguer, car pour nos auteurs, c'est moins la manière dont la. chose peut arriver qui importe, que la chose elle-même : à savoir qu'un désir naturel et inefficace du Surnaturel concret, même de la vision de la Trinité peut exister.

Or, *cela nous l'accordons,* en harmonie avec ce qui a été accordé précédemment, à savoir que la réalité proprement divine que constitue la substance du Dieu cause des effets créés, pourvu qu'elle soit envisagée sous les espèces d'une perfection naturelle [290] de l'esprit de l'homme, peut être désirée naturellement, d'un désir élicite inefficace et conditionnel, entraînant l'existence en nous d'une puissance obédientielle relativement à la vision de Dieu. Substance du Dieu-cause ou Trinité, ce sont là des appartenances réelles d'une seule et indivisible Réalité, essentiellement divine.

Mais ce que nous nions, par contre, c'est que ce désir naturel de voir ainsi Dieu soit nécessairement spécifié par son objet. Car, tout en reconnaissant que c'est là une question secondaire par rapport à la question de l'innéité, de l'efficacité et de l'absolu du désir naturel, nous ne croyons pas que ce soit là une question *minoris momenti*. Si nous concédions ce point, tous les inconvénients du désir inné et efficace renaîtraient comme par enchantement. Reconnaître un désir naturel élicite dont la vision de l'essence divine ou de la Trinité, dès là qu'il s'élève, soit l'objet nécessaire, ne saurait se justifier que si l'on admet le désir inné de Scot ou tout au moins son diminutif larvé.

D'où viendrait, en effet, cette propension naturelle de notre volonté vers une fin déterminée comme est la vision divine ? Pas de l'extérieur évidemment : elle ne serait plus naturelle, mais violente. Donc de l'intérieur, donc d'une inclination naturelle et innée destinant la volonté humaine à se complaire dans cette fin déterminée qui s'appelle la vision béatifique. C'est l'appétit inné de Scot, tout simplement

Que l'on ne vienne pas dire que, ne se déclarant qu'au cours de la vie psychologique et à la suite de l'entrée dans la sphère de notre connaissance de l'essence divine, considérée comme bien perfectionnant notre nature intellectuelle, ce désir naturel de [291] la vision divine est élicite et libre dans son exercice ; que, partant, il n'a rien du désir inné et fatal de Scot. Il est libre sans doute, mais tout comme le désir de notre béatitude, à laquelle nous pouvons ne pas penser, et qu'ainsi nous pouvons ne pas vouloir effectivement à tout moment. Il est élicite évidemment puisqu'il suppose une connaissance adventice, de raison ou de foi. Mais la liberté d'exercice de la volonté humaine en regard de la béatitude empêche-t-elle que le désir de notre béatitude en général ne soit inscrit dans cette nature même, qu'il ne lui soit inné ? Mais le fait que ce désir est élicite empêche-t-il que, lorsqu'il existe, il ne puisse se détendre que vers cet :objet déterminé, qu'est la divine vision ? Or cela suppose qu'entre cet objet et le fond de nature où s'origine le désir élicite, il y a une harmonie préétablie, dont la cause, puisqu'il s'agit d'un désir naturel, ne saurait être qu'une orientation positive et déterminée de la volonté vers cette fin déterminée que représente la divine essence, telle qu'elle est en elle-même, une et trine. C'est là, si je ne me trompe, la caractéristique d'un désir inné de nature pour cette vision. C'est du

Scot, moins la franchise brutale de l'affirmation d'une nature, comme nature, aspirant positivement au Surnaturel par essence.

Saint Thomas avait fermé les issues à tout désir naturel de cette sorte. Dans l'exposition la plus complète peut-être qu'il nous ait laissée de l'appétit naturel de la béatitude, après avoir conclu d'une magnifique synthèse que toute créature rationnelle désire naturellement sa béatitude, il ajoute : Mais il faut bien distinguer, dans l'objet de cet appétit, ce qui lui appartient de par soi, et ce qui lui appartient [292] d'une manière accidentelle et contingente. L'objet qui, de par soi, est objet de la volonté, c'est le bien : que tel ou tel objet soit voulu, c'est accidentel. En ce qui regarde le souverain bien, même remarque : le souverain bien c'est la fin ultime : mais quand nous voulons tel ou tel bien, en lequel nous reconnaissons ou plaçons le souverain bien, cela ne va plus de soi, c'est accidentel. Tous connaissent leur souverain bien comme la perfection de leur être, et naturellement le désirent, ce qui est désirer la béatitude : mais désirer tel objet comme étant le souverain bien est quelque chose d'accidentel pour le désir du souverain bien... Et c'est pourquoi, encore que la vision divine soit la béatitude même, il ne s'ensuit pas que quiconque désire la béatitude désire la vision divine : car seule la béatitude comme telle, et non pas la vision divine, constitue l'objet qui, de soi, est l'objet de la volonté : le désir d'un aliment sucré n'est pas le désir du miel [500].

---

[500] 1. Résumé du texte du Commentaire In IV^m *Sent.*, Dist. 49, Q. I, a. 3, *sol.* 1, ad 1^m et 2^m. Cf. *Summa theol.*, I^a II^{ae}, Q. V, a. 8, l'objection 2, et la réponse. L'objection tendait, comme la précédente (IV *Sent.*, obj. 2), à identifier l'essence de la béatitude avec la vision divine. Réponse : « *Beatitudo potest considerari sub ratione finalis boni et perfecti... et sic naturaliter et ex necessitate voluntas in illud tendit, ut dictum est* (in corp. art., et I^m II^m, g. i, a. 5). *Potest etiam considerari secundum alias speciales considerationes... et sic non ex necessitate voluntas tendit in ipsum.* » Cette réponse, reportée à l'objection, énonce nettement la même conclusion que le passage des *Sentences* cité : pas de spécification nécessaire de la volonté parla vision divine. — La même conclusion est énoncée *obiter* dans le *De Veritate*, Q. XXII, a. 7 : « *Meretur (homo) non ex hoc quod appetit beatitudinem, quam naturaliter appetit : sed ex hoc quod appetit hoc speciale, quod non naturaliter appetit, ut visionem Dei, in quo tamen secundum rei veritatem, sua beatitudo consistit.* »

[293] Que l'on n'objecte pas que saint Thomas combat ici l'appétit naturel inné, et que le désir naturel, nécessairement spécifié par la vision de la divine essence, est un désir élicite. Je réponds qu'aucun désir élicite ne peut *dépasser* l'appétit naturel inné sur lequel il est fondé. Le désir élicite résulte du fonctionnement de la raison cherchant des issues concrètes au désir naturel. Il est donc destiné, non pas à dépasser le désir inné, mais à le fractionner, à le monnayer. Or, ce fractionnement lui fait perdre sa nécessité, en regard de l'objet spécial qu'il envisage. Car, « si la volonté, par une inclination naturelle, se porte vers la béatitude, en général, lorsqu'elle se porte (au contraire) vers telle ou telle béatitude, ce n'est plus inclination naturelle, mais l'effet d'un discernement rationnel, qui découvre que dans tel ou tel bien consiste le souverain bien de l'homme. Et donc quand on désire ainsi la béatitude, il y a là deux appétits actuellement réunis, l'appétit naturel et l'appétit rationnel (élicite). Le premier est toujours droit. Mais du côté de l'appétit rationnel, s'il y a parfois rectitude, quand on désire un objet dans lequel la béatitude se trouve vraiment, parfois aussi il y a perversité, quand on la cherche là où elle n'est pas [501]. » On ne peut énoncer plus clairement que tout appétit élicite est libre quant à sa spécification, et qu'à côté de l'appétit droit, tel qu'est le désir de la vision divine, il y a l'appétit élicite pervers, sous le même désir foncier et inné de la béatitude souveraine. Aucun désir élicite ne peut confisquer la tendance [294] nécessaire au bien souverain, qui est la propriété de la seule volonté naturelle. Si l'on accorde cette nécessité au désir élicite de la vision divine, c'est que, subrepticement, on a introduit dans ce désir élicite ce qui appartient en propre au désir inné de la béatitude ou de notre bien suprême en général. Seuls, la béatitude ou le bien universel sont l'objet adéquat de la volonté, seuls ces objets épuisent toute sa

---

D'où il suit que le désir de la béatitude ne se porte pas même implicitement sur la vision divine. Contenir implicitement un objet c'est le contenir confusément, mais réellement. Ainsi l'objet de la foi implicite confuse des simples est contenu réellement et distincte ment dans la foi de l'Eglise. Rien de semblable ici, quoi qu'il ait pu m'échapper, par inadvertance de la signification du mot implicite, il y a 24 ans, mot « Appétit », *Dict. de Théol. catholique*, t. I, col. 1698, § 4°, 4. Je rétracte ici ce mot *implicite*, qui d'ailleurs, pris dans le sens d'*indéterminé*, ne cadrait pas avec la doctrine exposée en cet endroit, laquelle demeure.

[501] 1. SAINT THOMAS, IV *Sent.*, Dist. 49, Q. I, a. 3, sol. 3, c.

virtualité et la rassasient pleinement : tout autre objet, par le fait même qu'il n'est pas tout l'objet de la volonté, et donc comporte d'autres objets de désir à côté de lui, ne peut s'affranchir de ce coin d'ombre qui permet à la volonté de choisir, sur la présence duquel saint Thomas a fondé la liberté de spécification [502].

On insistera peut-être et l'on dira que nous méconnaissons l'éminente, dignité objective de l'essence divine mi la comparant à des biens particuliers qui ne sont que des moyens vis-à-vis de la béatitude. L'essence divine, en effet, est non seulement adéquate au souverain Bien, objet de la béatitude et de son désir, mais le contient d'une manière infiniment supérieure : si bien qu'elle est aimée nécessairement par les bienheureux non seulement quant à la spécification, mais même quant à l'exercice de leur volonté, celle-ci étant pour ainsi dire vidée et épuisée, *exhausta,* par l'attrait du Bien infini. Donc, qui aime le souverain bien désire, de ce fait, Celui-là seul en qui le souverain bien se réalise.

Saint Thomas a connu cet argument et sa haute raison en a fait bonne justice. Après avoir montré [295] que la volonté n'est pas liée nécessairement par les biens particuliers qui n'ont pas de connexion nécessaire avec la béatitude, il a ajouté : « Il y a cependant des biens qui ont une connexion nécessaire avec la béatitude : ce sont ceux par lesquels l'homme est uni à Dieu [503] en qui seul se trouve le vrai bonheur. Mais cependant avant que, par la certitude de la divine vision, la nécessité de cette connexion soit devenue patente, ce &n'est pas nécessairement que la volonté est unie *(inhaeret)* à Dieu et à tout ce qui est de Dieu. A la volonté de celui-là seul qui voit Dieu par son essence, d'inhérer nécessairement à Dieu, tout comme actuellement nous voulons être heureux[504]. »

Sur quoi Cajetan remarque que l'objet de la volonté se compose de deux éléments : le bien et la connaissance de ce bien, *integratur ex duobus, bonitate et apparentia.* Un bien non connu n'est pas objet de volonté, car on n'aime que

---

[502] 1. *Summa theol.*, Iª IIae, Q. X, a. 2.
[503] 1. C'est-à-dire les opérations par lesquelles on est uni à Dieu, — conformément à la distinction de la fin, comme chose désirée, et comme acquisition *(adeptio, usus, fruitio), Summa theol.*, Iª IIae, Q. III, a. 1 ; *operatio, ibid.*, a. 2.
[504] 2. *Summa theol.*, Iª, Q. LXXXII, a. 2.

ce que l'on connaît. « Et c'est pourquoi continue le *Commentateur*, bien que Dieu soit en soi un bien universel plus grand et plus éminent que la béatitude en général, comme il n'est pas évident sous cet aspect et ne nous apparaît pas comme la béatitude, le Texte, tout en mettant Dieu sur le même rang que la fin (ultime) et la béatitude, note entre eux une différence, à savoir celle d'un bien non-apparent vis-à-vis d'un bien apparent : d'où il suit que (Dieu) se trouve relégué d'une certaine façon parmi les moyens de la Béatitude en général... non pas en ce sens (absurde), que Dieu lui-même soit [296] désigné comme moyen (de la béatitude), mais en ce sens que nous connaissons d'une manière imparfaite sa connexion nécessaire avec notre béatitude, et sa conjonction avec nous [505]. Et c'est pourquoi le Texte prend bien soin de noter que ce sont les choses par lesquelles nous « inhérons, à Dieu (la vision divine) qui ont avec la béatitude la connexion nécessaire qui existe entre les conclusions et leur principe, et non pas Dieu[506] ».

Il ne s'agit donc pas d'enlever à l'essence divine, telle qu'elle est en soi, son éminente dignité de Bien souverain réel, rassasiant pleinement la volonté de ceux qui le connaissent comme tel. On remarque seulement que, sur terre, Dieu n'est pas connu avec évidence en cette qualité, à savoir comme l'objet adéquat de la volonté. C'est là le partage des bienheureux. Et la preuve que Dieu n'est pas connu comme l'objet adéquat de la volonté, la spécifiant nécessairement, c'est que l'on peut se détourner de lui, préférer d'autres biens à la vision divine, et même aller jusqu'à la haine de Dieu[507]. Rien de semblable dans l'amour de la béatitude.

Ce ne sont certes pas les raisons qui démontrent l'existence de Dieu qui nous feront voir Dieu de telle façon qu'aucune ombre, aucune contradiction ne se projette sur sa Bonté, ombre de sa Justice par exemple, ombre de la difficulté que nous éprouvons à concilier les attributs divins, – plus simplement ombre du mystère dans lequel s'enveloppe, pour la [297] raison, le Dieu inconnu. Comment veut-on qu'avec une pareille insuffisance de renseignements rationnels sur

---

[505] 1. *Ibid. Comment. Cajetani* : « *Ita ut non Deus ipse numeretur inter ea quae sunt ad finem ; sed apparentia ejus, et conjunctio ejus nobiscum.* »
[506] 2. *Ibid.*, I^a, Q. LXXXII, a. 2. *Comment. Caj.*, n. 2. Tout ce commentaire est à lire.
[507] 3. *Summa theol.*, II^a II^{ae}, Q. XXXIV, a. 1. c. et ad 1^m.

Dieu, n'ayant de sa relation avec la béatitude qu'une telle « apparence », *apparenter ejus,* notre désir se porte vers le Bien divin comme vers son objet nécessaire ?

Et ce n'est pas non plus la foi. J'en parle, puisque l'on en a parlé comme d'une présentation très certaine de la bonté de la Trinité, suffisante pour engendrer une spécification nécessaire. Dans la foi la certitude qui est absolue du côté de son motif, la révélation divine, ne laisse pas de comporter du côté du croyant bien des ombres, engendrant des fluctuations, des mouvements d'inquiétude, etc., sur tout l'objet de la foi, y compris sur la plénitude de Bien divin qu'elle met en Dieu, ce par quoi Il s'égale à notre béatitude. D'où, peuvent survenir dans la pratique, et il n'en survient que trop, des actes où la volonté se comportera comme si Dieu n'était pas ce bien adéquat de la volonté que prêche la foi, blasphèmes, haine de Dieu.

Et donc, tant que nous sommes sur terre, la substance divine ne s'objective pas devant nous avec l'évidence qu'il faudrait pour qu'elle spécifie nécessairement notre désir à l'égal de la béatitude. Et partant, le désir nécessaire de la vision divine étant inexistant, aucune puissance obédientielle tendant positivement vers la Vision divine comme vers un terme déterminé et explicite, sous la condition du secours divin, ne se rencontre dans la nature rationnelle, pas plus à l'étage de la connaissance élicite qu'à l'étage de la nature foncière.

*
* *

[298] Ce que prouve l'argumentation de saint Thomas, nous allons essayer de le dire en exposant l'opinion thomiste.

Au moment d'aborder l'interprétation du désir naturel de voir Dieu à laquelle nous nous rallierons, le problème nous paraît se présenter ainsi. Ce désir n'est pas un désir inné, mais élicite. Il n'est pas efficace, mais conditionnel [508]. Il est libre, au point de vue de sou exercice, et à ce point de vue il n'est donc

---

[508] 1. C'est dire qu'il occupe la seconde place (n° 2) dans le tableau des douze actes qui intègrent un acte moral complet.

pas un désir nécessaire. Tout cela nous l'avons démontré. – Alors s'est présentée l'objection : mais si vous n'admettes pas que la vision divine spécifie nécessairement ce désir, comment se fait-il qu'il soit naturel ? Il n'y a que du côté de la spécification de ce désir par la divine vision que l'on peut attendre cette relation stable, permanente, foncière, *avec* la nature dont il sort, qui permettra de le dénommer désir naturel. Il semble bien d'ailleurs que ce soit de cette spécification que saint Thomas déduise son caractère naturel.

A cette objection nous avons répondu en concédant, équivalemment, que c'est, en effet, à sa spécification par la vision divine que le désir de voir Dieu doit son caractère de désir naturel. Mais nous avons distingué deux sortes de spécifications de la volonté : l'une, absolument nécessaire, qui, selon saint Thomas, est le partage du seul bien universel ou de la fin ultime ; l'autre, nécessaire *ut in pluribus, et qui* [299] est le fait des biens qui sont en connexion naturelle avec la béatitude et la fin ultime.

Cette distinction n'est pas inventée pour les besoins de la cause : elle est fondamentale dans la question du fonctionnement de la volonté. Il faut, dit saint Thomas, que (par analogie avec ce qui se passe dans le développement intellectuel) le principe (premier) des mouvements volontaires soit quelque chose de naturellement voulu. Ce quelque chose est le bien en général, vers lequel la volonté tend naturellement, comme toute puissance tend vers son objet : c'est encore la fin ultime, qui se comporte parmi les objets d'appétition, comme les premiers principes des démonstrations dans l'ordre intelligible. D'une façon générale, ce sont encore toutes les choses qui conviennent, en vertu de sa nature, au sujet qui fait acte de volonté ; car par la volonté, nous ne désirons pas seulement ce qui concerne la puissance même de la volonté, mais aussi ce qui concerne chacune des autres puissances et l'homme tout entier, et c'est pourquoi l'homme veut naturellement non seulement l'objet de la volonté (bien en général, fin ultime), mais encore le bien qui convient aux autres puissances, connaissance du vrai pour l'intelligence, exister, vivre et choses semblables qui regardent notre être constitutif naturel : toutes choses qui sont cependant comprises sous l'objet de la volonté comme des biens particuliers [509].

---

[509] 1. *Ibid.*, I^a, Q. LXXXII, a. 2.

Il y a donc trois sortes d'objets naturellement voulus : le bien, pris universellement, la fin ultime, certains biens particuliers en lesquels se réalise naturellement pour chacun le bien universel.

[300] Mais, comme nous l'avons noté avec Cajetan, dans le commentaire du texte de saint Thomas cité à l'instant, il y a une différence à faire entre ces biens particuliers nommée en troisième lieu et les deux premiers objets, bien universel, fin ultime.

Vis-à-vis du bien universel et de la fin ultime notre volonté est absolument nécessitée : nous ne pouvons pas, des lors que nous voulons, ne pas vouloir ces objets. Par contre, nous pouvons vouloir le contraire des biens particuliers, en connexion nécessaire cependant avec notre nature, science, vie, etc. Nous les voulons naturellement, parce que perfections de notre nature, mais leur influence n'est pas absolument déterminante, comme dans les autres cas La fréquence de notre désir de *ces* biens dénonce une inclination de nature, mais cette inclination n'est pas telle qu'elle soit nécessairement spécifiée par eux. C'est un cas semblable, dit Cajetan. au cas de l'habitude de la vertu : le juste est naturellement incliné aux choses justes, et cependant il lui échappera de vouloir des injustices. C'est une nécessité relative et de second degré [510].

Or, nous l'avons dit en discutant la troisième opinion, la vision divine qui, selon la vérité et la réalité des choses, s'identifie avec la béatitude et la fin ultime, doit cependant être assimilée, tant que nous vivons sur la terre, aux objets de la troisième catégorie, aux biens particuliers naturellement voulus, nécessairement voulus, mais non d'une nécessité absolue, donc d'une nécessité de convenance à notre nature[511].

La connexion entre Dieu et le bien universel n'est [301] pleinement manifeste que pour ceux qui voient Dieu face à face : elle ne l'est pas pour nous, encore que par nos démonstrations nous puissions, avec saint Thomas, prouver avec évidence qu'il en est ainsi.

C'est en raison de l'impuissance de nos évidences rationnelles à faire sur cette connexion la lumière qu'il faudrait, que beaucoup ne la voient point, et

---

[510] 1. *Summa theol.*, I^a II^{ae}, Q. X, a. 1 ; *Comment. Caj.*, n. 4.
[511] 2. *Ibid.*

placent béatitude et fin ultime en tout autre chose. Ce peut être dans certains cas perversité, mais cette perversité elle-même ne serait pas possible si nous voyions évidemment l'équation : béatitude = vision divine ; si, pour nous, le bien souverain, se contondant avec Dieu, captivait notre intelligence et notre volonté, comme le fait la fin ultime. Il faut donc concéder que, manque de nous être connue adéquatement, notre vision divine ne nous armerait que comme l'un de ces biens qui ont une connexion nécessaire avec notre nature, mais une connexion de pure convenance, se traduisant par un désir, *ut frequentius*. C'est assez pour que la tendance qu'ils provoquent dans la volonté soit considérée comme s'harmonisant avec la nature et, en ce sens, soit naturelle, pas assez pour qu'elle nécessite absolument la nature elle-même[512].

Le caractère de spécification facultative qui, absolument parlant, échoit au désir naturel de voir Dieu, du fait que la vision divine *ne nous apparaît pas* comme notre fin absolument nécessaire, montre avec évidence qu'il n'y a pas, dans les principes constitutifs de la nature, une puissance qui tende vers cette vision comme vers un terme déterminé. C'était là, on se le rappelle, l'objection que nous faisions à [302] l'opinion précédente : une spécification nécessaire, disions-nous, ne peut faire face qu'à un désir naturel inné, et en entraîne toutes les conséquences, puissance naturelle active ou tout au moins passive (avec exigence de son corrélatif actif), pour réaliser ce désir. Cet inconvénient n'a pas cours, dès lors que la spécification du désir naturel par la vision divine n'est pas absolument nécessaire.

Par contre, le caractère de convenance, d'harmonie de ce désir avec notre nature, fait valoir que la vision divine est pour celle-ci quelque chose de souhaitable, et que si Dieu, par une participation de ce pouvoir divin qui fait de cette vision, pour Lui, quelque chose d'absolument naturel, la réalisait en nous, le vœu normal de notre nature serait comblé. C'est donc que, dans la mesure où une telle convenance de la vision divine avec notre nature peut le prouver, notre nature se prête à ce don de surcroît, qu'à tout prendre la chose ne paraît pas absolument impossible. Et puisque la nature n'offre de soi aucune puissance positive, soit active, soit passive, qui en fonde la possibilité, il reste que la nature

---

[512] L. Cf. *Summa theol.*, V, Q. LXXXII, a. 2 ; *Comment. Cajetani*, n. 2-4.

intellectuelle n'est pas opposée à cet élargissement de son désir et que, autant que nos investigations sur ses tendances naturelles peuvent le démontrer [513], elle se présente à nous comme n'offrant aucune contradiction avec la vision divine. Nous pouvons ainsi admettre en elle une puissance obédientielle entièrement passive vis-à-vis du Dieu qui peut tout, sauf réaliser les contradictoires, pour recevoir une participation de la puissance divine avec laquelle Dieu se voit.

[303] Et cela suffit pour que le désir de voir la divine essence ne soit pas vain, qu'il ne puisse être frustré.

En effet, quand saint Thomas parle du désir naturel de voir Dieu, il ne sépare pas la nature créée de son auteur divin. Il sait que si Dieu a établi la nature humaine dans une telle dignité que, seule entre tous les êtres, elle s'élève naturellement jusqu'au désir de voir la divine essence, encore que ce ne soit là qu'un vœu, un optatif, c'est que sa Sagesse s'est réservé de pourvoir avec sa toute-puissance à l'exaucement de ce vœu. Mais, pour qu'il puisse le faire, que lui faut-il ? Simplement qu'il n'y ait pas impossibilité, contradiction de la nature aux intentions de sa Sagesse. Or cette non-contradiction, cette possibilité ouverte du côté de la toute-puissance de Dieu, le désir naturel de voir Dieu, tout en ne pouvant être qu'un optatif, la démontre autant que la nature peut démontrer. Dans la nature animale la plus perfectionnée on n'a jamais constaté un pareil désir ; *aussi* chez l'animal rien qui dénonce une possibilité s'ouvrant sur la toute-puissance de Dieu à l'endroit de la vision divine. Il y faut une nature intellectuelle. Et donc le désir naturel de voir Dieu ne sera pas frustré, de par la Sagesse de Dieu qui n'aurait pas créé une nature capable d'un tel désir, d'un désir qui démontre que la vision de Dieu ne lui est pas impossible, si cette Sagesse divine n'avait résolu, *dans* sa bonté, d'exaucer ce désir, et par sa toute-puissance, de conférer à la nature les principes efficaces de la divine vision. C'est en tenant compte de tous ces éléments hiérarchisés, et non pas en considérant la capacité positive nue et étriquée de la nature pure, que saint Thomas a

---

[513] 1. « *Ex desiderio videndi Deum inefficaci, necessario tamen necessitate praedicta, aliqualiter colligitur possibilitas rei desideratae.* » Salmanticenses, I^a P ., Q. XII, tract. II, disp. 1, dub. 6, n. 84.

pu prononcer [304] qu'en pareille matière, ah désir de nature ne pouvait être frustré.

Il rejoint ainsi saint Augustin, que nous avons entendu, parlant des raisons séminales que Dieu n'a pas insérées à la création, mais s'est réservées pour intervenir au cours du gouvernement du monde par sa providence, s'exprimer en ces termes : « Le cours habituel de la nature, y compris de l'esprit de vie (l'âme), renferme des appétits déterminés en relation avec leurs raisons séminales. Mais au-dessus de ce cours naturel des choses la puissance du Créateur garde auprès de soi, *apud se,* le pouvoir de faire de toutes les créatures autre chose que ne le comportent leurs raisons séminales : jamais cependant elle ne fait d'elles ce dont il n'a pas mis en elles une possibilité d'être réalisé tout au moins par Lui-même, *vel ab Ipso* [514] ». Car sa puissance n'est pas téméraire, mais c'est sous l'emprise de sa Sagesse qu'il est tout-puissant. Ce qu'il fait de toutes choses en son temps, il en a fait auparavant la possibilité… Mais cependant il leur a donné (cette possibilité) d'une autre manière (qu'il ne la leur donne par les raisons séminales actives), et savoir qu'elles ne tendraient pas à ce qu'il fait d'elles par leur mouvement naturel, mais uniquement parce qu'elles ont été créées de telle sorte que leur nature demeurerait soumise ultérieurement à sa plus puissante volonté [515]. »

*
* *

Pour tout résumer, voici dans quel ordre et avec quelle signification précise se présentent, dans notre [305] pensée, les divers éléments de la démonstration de saint Thomas :

1° Il s'élève au cours normal du fonctionnement des facultés naturelles humaines, s'appliquant à découvrir la cause divine des effets créés, un désir de

---

[514] 1. Cf. *De Genesi ad litt.*, L. IX, n. 34. Cf. p. 2-29.
[515] 2. *De Genesi ad litt.*, L. IX, C. XVII, n. 32. Cf. pp. 229-230 ; 263-264.

contempler à découvert l'essence même de cette cause [516]. Ce désir est naturel, mais non inné.

2° Ce désir, élicite donc, n'est qu'un désir de complaisance. Il ne saurait être efficace, comme une intention formelle, attendu que nous avons parfaitement conscience que nous manquons des moyens divins nécessaires pour le réaliser. Pour la même raison, il est conditionnel, c'est-à-dire qu'il est émis sous la réserve de la concession par Dieu des moyens surnaturels qui peuvent le rendre efficace.

3° Ce désir est libre dans son exercice, comme d'ailleurs le désir le plus naturel qui soit, le désir même de la béatitude. Ceci est admis par tous, Scot excepté.

4° Il est de plus spécifié facultativement par son objet, la vision divine, – en ce sens que la vision divine ne s'offre pas présentement à notre connaissance naturelle, comme s'identifiant clairement avec le bien universel, ou avec la fin ultime, objets nécessairement spécificateurs de notre volonté. La preuve décisive *a posteriori* de ce caractère facultatif de l'objet du désir naturel de voir Dieu est fournie par le fait que nombre d'hommes ne l'ont pas, et désirent tout autre chose, le contraire même, ce qu'ils ne peuvent faire en regard du Bien et de la fin ultime.

[306] 5° Tel qu'il est, ce désir facultatif, éventuel, *ut in pluribus, ut frequentius,* dénonce, du fait qu'il résulte du fonctionnement normal de nos facultés naturelles, une convenance de son objet avec notre nature, – du genre de la convenance entre la science et l'homme, résultant de ce que nombre d'hommes sont affectionnés à la science, encore que l'homme ne soit pas pour cela un être essentiellement savant, mais simplement raisonnable.

6° Cette convenance naturelle, si elle ne prouve pas que la vision divine soit un objet nécessaire pour la nature, prouve cependant qu'elle est un objet souhaitable par elle ; et que, partant, la nature, qui ne possède aucune virtualité qui

---

[516] 1. Ou, si l'on veut, la Trinité, à supposer que nous ayons dans la foi un moyen de la reconnaître comme un objet naturellement désirable, ainsi que le croit la troisième opinion.

y tende positivement, ne demande qu'à se prêter à l'action de Celui qui seul en possède les principes efficaces.

7° Dans la mesure de probabilité qui lui échoit, cette preuve établit l'existence dans la nature rationnelle d'une possibilité de la vision divine, du même ordre que la possibilité qui échoit à tout être dépendant de Dieu d'être soumis à des reprises de l'action créatrice, pour tout ce qui n'implique pas contradiction.

8° La capacité de la nature rationnelle, en fait de vision divine, n'est donc pas autre chose que la puissance, toute passive, par laquelle toute créature est en dépendance de Dieu pour tout ce qui n'implique pas contradiction. Le désir naturel de voir Dieu, tout facultatif qu'il soit, par le fait même qu'il établit une certaine convenance, nullement nécessitante, de la vision divine à la nature rationnelle, prouve du même coup, autant qu'il peut prouver, que cette nature n'est pas en contradiction avec la vision divine, comme le sont les natures non rationnelles incapables d'un tel désir.

[307] Ainsi se trouve définie la puissance obédientielle de la nature humaine au surnaturel, puissance en soi d'ordre universel et appartenant à toutes les créatures en vertu de leur dépendance de Dieu, puissance donc qui ne regarde directement aucun objet déterminé, mais seulement la Cause divine ; mais qui, tout de même, du fait du désir naturel de voir Dieu, et de la non-contradiction à la vision divine, dont excipe la seule nature humaine, se trouve réservée et appropriée à cette unique nature en regard de ce terme spécial, et devient *sa* capacité de voir la divine essence.

*
* *

Eh ! quoi ! dira-t-on : serait-ce donc là tout ce qu'apporte la nature à la vision divine : une simple dépendance, une simple non-contradiction ? Est-ce avec *cela* que NOUS verrons Dieu ? Dieu ferait-il pour ainsi dire tout dans *notre acte* de vision divine, dans l'acte où *notre* nature trouve son achèvement et sa perfection naturelle ? Et *notre* vie éternelle ne serait-elle donc qu'un divin placage, au lieu d'être, ce que dénomme une vie, un mouvement parti des racines de notre être ?

C'est la question de la vitalité de nos actes surnaturels qui s'engage. Il faut lui réserver un article spécial.

ARTICLE III
Comment s'accordent le surnaturel et la vitalité de nos actes surnaturels ?

La vision béatifique, ainsi que les opérations surnaturelles de toutes les vertus et des donc, [308] ordonnées efficacement à cette vision, sont des actes vitaux, procédant, comme de leur principe intérieur, de la substance de l'âme vivante. La vie n'est-elle pas essentiellement un mouvement jailli des profondeurs de la nature, *motus ab insinues* ?

S'il est un acte où cette vitalité doive s'affirmer, c'est bien l'acte en lequel se consomme notre béatitude, l'acte de la vision divine. En lui se concentre et s'achève toute cette vie multiple qui, surnaturalisant les aspirations foncières de la nature vers le bonheur, étreint enfin son bien saturant. Dans ce suprême épanouissement de notre vie, nous goûtons son *maximum* la chose la plus *nôtre* qui soit, notre bonheur parfait.

Nos actes surnaturels participent à cette *vitalité. Ce* que la béatitude consomme, ils le méritent. Qu'y a-t-il de plus inséparable de notre vie que notre mérite ? Quoi de plus personnel, et qui davantage doive sortir de nous, de notre nature humaine comme telle ? Et donc nos actes méritoires sont vivants de notre vie. D'ailleurs, s'ils ne l'étaient pas, comment expliquer leur diversité ? Le surnaturel, tel qu'il nous est donné dans la grâce sanctifiante, racine des vertus surnaturelles et des dons, est une qualité uniforme. C'est la nature divine participée nous rendant dignes et efficacement capables de vie éternelle. Qui donc donne à cette qualité fondamentale de se partager en actes surnaturels substantiellement distincts, sinon sa réception dans nos puissances vivantes, intelligence, volonté, etc., en lesquelles elle devient foi, espérance, amour de Dieu, et toutes ces vertus infuses que saint Augustin regardait comme autant d'actes d'amour ?

A la grâce de donner l'ordre efficace et la proportion [309] fondamentale de tous ces actes à leur fin et à leurs objets divins : à la nature foncière de l'âme de fournir leur vitalité substantielle.

Tel est le fait nouveau qui s'offre à nous et sur lequel on s'est fondé pour concevoir notre nature comme constituée dans son fond par une puissance obédientielle active, où l'activité réserverait les droits de la vitalité, tandis que le caractère obédientiel, c'est-à-dire de dépendance absolue vis-à-vis de Dieu, expliquerait la tendance efficace vers le but divin.

Dans ce système, la nature de l'âme avec toutes ses virtualités actives constitue le fonds, la substance vivante de nos actes surnaturels quels qu'ils soient. Ce fonds est donné et acquis avant toute intervention du surnaturel. Cependant, tout en tendant de soi et vitalement vers ces actes et ces objets divins qui lui sont, pour ainsi dire, connaturels, la nature de l'âme, comme toute créature, est essentiellement dépendante de son Créateur, pour tout ce qui lui plaira. Cette dépendance, bien entendu, intervient dans les lignes tracées d'avance par la vitalité déterminée de chaque nature. Le surnaturel quel qu'il soit, grâce ou gloire, suppose et accepte cette base déterminée et inévitable. Ainsi comprise, l'action divine surélève les actes naturels, en distendant, pour ainsi parler, leurs virtualités natives, en agrandissant et dilatant leur vitalité active originelle jusqu'aux proportions exigées par le but divin, par l'objet substantiellement surnaturel qu'il s'agit d'embrasser avec toute sa vie d'âme, d'intelligence, d'amour surnaturalisés.

Tel un instrument, en qui l'activité propre de la [310] *réalité* naturelle qui le constitue, grâce à sa subordination à la notion d'une cause supérieure produit un effet excellent, où reluisent bien reconnaissables les deux influences qui ont contribué à le former, celle de sa nature propre et celle de la cause qui le meut [517].

Tout devient intelligible dans l'acte surnaturel, une fois que l'esprit tient cette notion de la puissance obédientielle active... Que si l'on tient compte du

---

[517] 1. Cf. *Appendice* III.

désir naturel élicite de voir Dieu qui se manifeste dans sa vie, la nature intellectuelle contient déjà une tendance au surnaturel, tendance inefficace et conditionnelle imprégnant sa vitalité. Tout *se* suit ainsi d'un mouvement continu, dans sa marche vers la béatitude céleste, dont la cheville ouvrière est la puissance obédientielle active.

Quelle différence avec la puissance obédientielle passive dès thomistes, qui ne suppose dans la nature qu'une non-contradiction au bon plaisir divin, et laisse ainsi à la grâce et à la gloire, moteurs divins mais extrinsèques, la tâche impossible d'expliquer la vitalité de nos actes surnaturels !

Ainsi parlent et insistent les partisans de la puissance obédientielle active. Le désir naturel de voir Dieu leur avait paru ne s'expliquer que par un ordre très initial, mais déjà positivement déterminé à la vision divine et au surnaturel qui la *précède :* la vitalité des actes surnaturels, à son tour, leur révèle un second aspect de la participation de la nature à ces mêmes actes. L'analogie de l'activité instrumentale ne leur permet pas d'hésiter sur le bien-fondé de leurs vues, tandis que l'impossibilité d'amorcer [311] à une simple non-contradiction de la nature avec le surnaturel, l'acte le plus personnel et le plus vivant que notre nature puisse émettre, leur apparaît comme une sorte de repoussoir, sans réplique, interdisant la conception qu'on leur oppose.

Nous avons dit plus haut [518] ce qu'il fallait penser de ces prétendues capacités du désir naturel de voir Dieu. Nous n'avons donc à nous occuper présentement que de la vitalité de nos opérations surnaturelles, pour examiner si elle entrain effectivement la puissance obédientielle active, et si la puissance obédientielle passive, fondée sur la non-contradiction de notre nature au surnaturel, n'explique pas d'une manière bien• plus satisfaisante que la puissance obédientielle active la vitalité de nos opérations surnaturelles.

---

[518] 1. Cf. Article précédent.

I

Ce qu'il faut, avant tout, bien reconnaître, c'est le caractère propre de la vision divine et des actes surnaturels qui y acheminent efficacement.

La vision de Dieu tel qu'Il est en soi est un acte proprement réservé à la vie de Dieu lui-même, c'est la vie éternelle de Dieu dans tout ce qu'elle a de plus élevé, de plus au-dessus de toute énergie naturelle créée ou créable. Rien ne peut toucher, atteindre, et saisir l'essence divine que ce qui sort et jaillit de la nature divine. La vision de Dieu par Dieu, c'est du surnaturel et du divin substantiels. Pour qui connaît [312] seulement les termes de la question, cette assertion ne souffre aucune instance.

Nous savons, par la foi, que cette vision est communiquée par Dieu à la créature raisonnable. Ce ne peut être, évidemment, que par le don d'une participation à la nature divine, principe de la vision de Dieu. La loi de la vision divine participée ne saurait être différente de la loi de la vision divine en soi. Tous les actes qui toucheront et atteindront Dieu en lui-même, dans cette vie divine participée, ne pourront donc le faire que, purement et simplement, en vertu de la nature divine, participée par la lumière de gloire ou par la grâce sanctifiante. Aucun autre principe n'y peut être admis, sans violation de la loi fondamentale de toute vision de Dieu en lui-même. Aucune énergie naturelle créée n'a ses entrées, comme telle, dans ce sanctuaire de la vie divine participée.

Or c'est cette loi que viole la conception d'une vie divine participée, fondée sur la puissance obédientielle active.

En effet, la puissance obédientielle active n'est pas autre chose dans sa substance que la puissance native de la nature intellectuelle, considérée dans la vitalité active qui lui fait produire ses actes d'intelligence et de volonté, antérieurement à tout contact avec le surnaturel. Si, d'ailleurs, bien à tort, on lui concède un ordre initial à la béatitude surnaturelle, cette ordination, résultant d'un désir *naturel* de voir Dieu, appartient, elle aussi, logiquement, à l'ordre naturel. Il n'y a donc originellement, dans le sujet caractérisé par la puissance obédientielle active, que du naturel, naturel de substance, naturel de puissance active et vitale, naturel de destination.

Il y a, sans doute, une capacité de soumission [313] à l'intervention divine dans cette nature ainsi qualifiée, capacité qui résulte de ce qu'elle est créature de Dieu. Mais, dans le système que nous examinons, l'action divine, quand elle intervient, prend la nature dans l'état où elle la trouve : c'est sur les énergies vivantes, constitutives de la nature rationnelle, qu'elle s'exerce. Supposons qu'elle le fasse effectivement, qu'en résultera-t-il ? Une vie substantiellement humaine, surnaturalisée et divinisée du dehors, une juxtaposition de la nature et du divin, un agrégat vivant mais dont la vitalité n'a rien d'intrinsèquement surnaturel, ne lui étant qu'extrinsèquement subordonné, et dans lequel le surnaturel n'a rien de vital, encore qu'il se subordonne un vivant. Est-ce là le vivant de la vie éternelle que doit être le bienheureux ou le juste ? Mais non ! Le bienheureux le juste, tel qu'on nous le dépeint, vit, sous la gloire ou la grâce, sa propre vie qui est vie de nature ; et le surnaturel, est réduit à se plaquer sur cette vie substantielle, comme un secours, une motion qui se contente de la soulever et distendre vers la vision divine, comme mécaniquement, sans qu'il puisse y avoir fusion des deux vies.

Comment un élément naturel comme est l'énergie vitale de la nature intellectuelle, simplement surélevé, mais restant et persistant dans sa nature propre, pourrait-il avoir ses entrées dans le sanctuaire d'iulevie apparentée à la vie divine ? Comment la nature comme telle pourrait-elle approcher de la divine essence et participer à sa saisie, alors que seule une nature divine est digne de contempler *à* découvert et d'aimer la Divinité telle qu'elle est en soi ? N'est-ce pas à la table commune du Père de famille que ses enfants sont invités à manger et à [314] boire[519], n'est-ce pas de la même nourriture que Dieu qu'ils doivent s'y nourrir en« *dieux* » qu'ils sont par la gloire ou la grâce ? Qu'est-ce donc que *cette* petite table, à la taille d'un appétit humain simple. ment agrandi, que vous me mettez là, à côté de la grande table, de l'unique table du Père de famille ?

Il n'est donc pas possible de concevoir la puissance obédientielle comme un simple agrandissement, un allongement, grâce à un secours divin, de la puissance naturelle vitalement active de l'âme, comme sa simple extension à un objet qui dépasse et surpasse infiniment cette vitalité.

---

[519] 1. *Luc*, XXII, 30.

II

Mais alors, comment expliquer la vitalité de nos actes surnaturels ? Le voici.

Pour que la vision divine et les actes surnaturels qui la préparent soient émis vitalement, il faut et il suffit que la nature intellectuelle, laquelle est une nature vivante, demeurant le principe *radical* de la vie surnaturelle, le principe formel et immédiat de cette vie, soit cette même nature, non plus fruste et laissée dans son état natif, mais surnaturalisée à fond et comme refondue par la gloire et la grâce jusque dans sa vitalité.

Cette distinction du principe radical et du principe formel dos actes humains est courante en philosophie. Tout le monde sait que la *virtus, ultimium potentiae*, est distincte de la puissance pure et simple. La *virtus* suppose sans doute la puissance, [315] et, dans le concret de l'activité, elle ne forme qu'un seul être vivant avec elle : c'en est la perfection. L'être qui a la *vertu* est rendu au terme de tout ce que peut donner sa puissance, tant que celle-ci demeure dans ses lignes de *puissance* : il est habilité pour être le principe immédiat de l'activité qui le caractérise, tandis que, par sa puissance, il n'en a que le principe radical, fondamental mais éloigné, insuffisant pour réaliser comme il convient cette activité. Ainsi, ce n'est pas par sa raison seule, mais par son intelligence perfectionnée par la vertu de prudence, qu'un vertueux gouverne sa vie. C'est sa prudence, perfectionnant sa raison, et ne faisant avec elle qu'un seul tout vivant, qui est le principe immédiat de la vie morale comme telle, considérée dans son acte principal qui est le gouvernement de soi conformément aux principes de la droite raison.

Pour que le principe prochain de la vision béatifique et des actes surnaturels soit tout à la fois essentiellement divin et essentiellement vital, que faut-il ?

Simplement que la nature intellectuelle, avec sa puissance propre, active et *vitale,* soit reconnue, avant toute activité, dans tout son être (et donc dans cette partie de son être qui la constitue principe vivant d'opérations intellectuelles), comme étant en puissance obédientielle passive a tout ce que Dieu peut et veut opérer en elle. C'est la situation vis-à-vis de Dieu de tout être créé comme tel. Cette puissance obédientielle, étant propriété transcendantale de l'être créé comme tel, s'attache à toutes les modalités de l'être, y *compris la vitalité* ; elle n'a de limites que celles de la puissance de [316] Dieu, laquelle, étant sage, ne peut réaliser les contradictoires.

Or, le désir naturel de voir Dieu nous a manifesté, comme il a pu, et la foi achève sa démonstration, que la vision divine n'était pas en contradiction avec la nature intellectuelle[520]. En vertu donc de la puissance obédientielle de celle-ci, Dieu peut lui inoculer les principes essentiellement divins qui l'ordonneront à la divine vision, lumière de gloire ou grâce. De ce fait la nature intellectuelle vivante se trouve intrinsèquement divinisée, participante de la nature divine jusque dans sa vitalité, et c'est sous la raison propre de *vie divinisée, sub ratione vitae elevatae,* comme dit Jean de Saint-Thomas[521], et non plus sous la raison partielle de nature pure, qu'elle fera sortir d'elle-même ces mouvements d'intelligence et de volonté qui se porteront vers Dieu tel qu'Il est en soi, vu face à face dans la vision bienheureuse, ou déjà visé par la foi et la charité des justes de la terre.

L'intellect humain, cette énergie vitale qui s'ébranle vers les opérations de la vie éternelle, comme leur principe immédiat et proportionné, est élevable au surnaturel grâce à la puissance passive obédientielle imbibée en tout être créé. Quand la vertu divine, seule capable de l'élever jusque-là, et de l'y proportionner, lui a été infusée, cette même énergie, désormais surnaturalisée, se met en action d'un *seul bloc,* selon l'ordination qu'elle reçoit de cette vertu, et non pas partiellement sous l'influence de la vitalité naturelle, partiellement sous celle de [317] la grâce : « *posita virtute elevante et proportionante, se movet per illam totaliter, non partim per et partim per aliam naturalis ordinis* [522] ».

L'idée de la puissance obédientielle active est apparentée à l'atomisme nominaliste. C'est une conception, au fond, matérialiste. De ce que la vision de Dieu est à la fois surnaturelle et vitale, elle conclut que matériellement les deux principes de ces deux qualités de l'acte surnaturel subsistent et coexistent, l'un

---

[520] 1. Voir art. précédent. Cf. article suivant.
[521] 2. *Cursus theol.,* in Iᵃ P. *Summae theol.*, Q. XII, Disp. 14, a. 2, n 24 ; cf. n. 23.
[522] 1. JEAN DE SAINT-THOMAS, *Cursus theologicus, ibid.*, n. 25. Tout cet article II est à lire et à méditer, spécialement n. 21-37.

à côté de l'autre, dans le vivant qui contemple. Ainsi l'atomiste imagine que les éléments d'un composé substantiel demeurent en nature dans ce composé, et que leur liaison est tout extérieure. Nous avons une autre conception de l'unité de l'être et surtout de l'être vivant. Nous pensons que matière et forme y fusionnent pour constituer un troisième être spécifiquement défini par sa forme. Conformément à cette vue, nous pensons que, dans le vivant de la vie surnaturelle, la grâce est devenue vitale, et la vitalité divine. Toute la nature, avec tonte sa sève intellectuelle et volontaire, passe dans notre vie surnaturelle, mais seulement après avoir été refondue essentiellement par l'action divine et être devenue *une nature vivante divinisée*. *L'acte* surnaturel ne procède pas de deux causes partielles, mais selon le point de vue, on peut dire qu'il procède tout entier, soit de la nature, mais divinisée, soit de la grâce divine, mais devenue, par son insertion dans nos âmes, humanisée et vitale, *Non sic idem effectua causae naturali et divine attribuitur, quasi partim a Deo,* [318] *et partim a naturali agente fiat, sed totus ab utraque, secundum alium modum* [523].

Tel le point de suture d'une greffe, où s'opère la transformation de la sève native de l'arbuste sauvage. Est-ce cette sève qui fait vivre l'arbre greffé de sa vie meilleure ? C'est elle, mais transformée par l'action, qui l'imprègne, du bourgeon greffé. Au-dessous de la greffe c'est l'âcreté d'une sève sauvage ; au-dessus c'est la sève améliorée, produisant des fruits que l'arbuste ne se connaissait pas. Que faut-il pour que ce résultat soit possible ? Uniquement que la nature du sauvageon se prête à l'insertion de la greffe, qu'il n'y ait pas entre les deux natures, la nature greffée et la nature de la greffe, cette répugnance qui existe, par exemple, entre un arbre résineux et un arbre à fruits. Cela suffit pour que l'intervention du jardinier, qui ne fait qu'un seul agent avec sa greffe, soit couronnée de succès. Le principe immédiat de la qualité excellente des fruits cultivés, c'est le laboratoire vivant de la greffe : ce n'est pas la sève primitive, qui lui donne cependant sa vitalité, principe radical qui est antérieur à la production du fruit ; ce n'est pas non plus la qualité supérieure de la greffe, indépendamment de la sève de l'arbre. Tout sort de l'arbre greffé comme tel, par un jaillissement indivisiblement un, tiges, feuilles, fleurs, fruits ; tout cela sort du

---

[523] 1. Saint Thomas, III, *Contra Gentes*, c. lxx ; Jean de Saint-Thomas, *ibid.*, n. 30.

sauvageon, mais en tant que transformé intrinsèquement par la greffe : et tout cela Bort de la greffe insérée, mais vivante de la vie de l'arbre... *non partim per illam et partim per istam*. – Ceci n'est sans doute qu'une image, mais telle qu'elle est, et [319] sans aspirer à être une preuve, cette image illustre ce que nous voulons dire quand nous distinguons entre le principe fondamental, radical, de nos actes surnaturels et leur principe prochain, et aide à comprendre comment il se fait que ce dernier, en définitive, reste seul en ligne pour faire sourdre la vie surnaturelle.

III

Il ne reste plus qu'à faire droit aux objections que l'on oppose couramment à la conception thomiste de la puissance obédientielle.

Cette puissance obédientielle ne demande à la nature, qu'il s'agit d'élever au surnaturel, qu'une seule chose que cette nature ne répugne pas à cette élévation. Si cette non-contradiction au surnaturel est constatée dans une nature donnée, celle-ci, en vertu de la dépendance essentielle de toute nature créée vis-à-vis de la volonté du Créateur, est qualifiée pour recevoir de Dieu et la lumière de gloire, principe de la vision divine, et la grâce, principe des opérations surnaturelles. La seule limite, en effet, de la puissance de Dieu, dirigée par sa sagesse, est la réalisation simultanée des contradictoires. Et, nous l'avons montré, il n'y a pas de contradiction, dans la nature intellectuelle, à la vision divine.

Sur quoi, les tenants de la puissance obédientielle active *se lamentent* : « Se peut-il que cela soit tout ce qu'apporte la nature à ce qu'il y a de plus vital en nous, à la vie bienheureuse, à la vie surnaturelle ? Une simple non-répugnance, une non-contradiction quasi logique, c'est-à-dire, finalement, [320] une valeur négative ! Quoi encore ? Une attitude toute passive, toute de réception, alors qu'il s'agit de donner son activité *maxima* ? Et cette attitude n'est même pas spéciale à la nature rationnelle : c'est la propriété essentielle de dépendance vis-à-vis de Dieu, commune à tout être, du fait qu'il est créé. La dignité si hors cadre de la nature humaine n'entre même pas en considération. C'est « avec ça que nous verrions Dieu, que nous ferions l'acte souverainement vital, et les actes éminemment vivants qui le méritent ou le préparent ? La vie était, jusqu'ici, considérée comme le type du mouvement qui s'origine à la substance intime de l'être : pour les thomistes, ce n'est même pas un mouvement, c'est une pure passivité vis-à-vis de l'action divine, qui se charge de tout ; ce n'est pas, en tout cas, un mouvement qui parte de l'intime de notre nature, puisque celle-ci n'apporte que la valeur négative et quasi logique de sa non-contradiction avec le bon plaisir de Dieu... »

Ce que nous avons entendu de propos semblables, souvent ironiques, d'autres fois indignés, jusqu'au tragique, parfois, jusqu'à n'être simplement que comiques !

Bone Deus ! Que de choses embrouillées à plaisir ! Nous allons essayer de les débrouiller en énonçant les propositions suivantes, qui nous semblent constituer comme les *Canons* de la puissance obédientielle thomiste :

1° La puissance obédientielle passive des thomistes n'a aucunement la prétention d'être, pour nos actes surnaturels, un principe *positif,* comme prétend l'être la puissance obédientielle active, [321] laquelle n'est autre chose que la puissance active naturelle de l'âme, sous l'emprise de l'action divine.

De ce chef tombent toutes les objections qui lui reprochent de n'apporter à l'acte surnaturel que des valeurs, logiques ou négatives, de non-contradiction, ou encore une pure passivité. En réalité la puissance obédientielle n'apporte *rien* à l'acte surnaturel comme tel. Voilà, j'espère, qui est entendu.

2° La puissance obédientielle n'est pas autre chose que la propriété immanente à la substance de tout être, propriété transcendantale, – c'est-à-dire se confondant avec cette substance sans lui surajouter une modalité ou un prédicament nouveau, – en vertu de laquelle tout être créé, par cela seul qu'il est être *créé,* est et demeure soumis à la puissance du Créateur. C'est le stigmate de la dépendance essentielle originelle de tout être créé, lequel se prête ainsi naturellement à des reprises de l'action divine créatrice qui auraient pour fin de le perfectionner.

3° La puissance obédientielle n'existe, dans un être donné, vis-à-vis de perfectionnements déterminés, que s'il n'y a pas de contradiction entre la nature de cet être, principe de ses opérations, et la perfection déterminée qui est en vue. La raison de cette limitation est que la toute-puissance de Dieu, étant dirigée par sa Sagesse, ne fait rien contre ce que sa Sagesse, qui est une et toujours cohérente avec soi, a ordonné lorqu'elle a constitué la nature de chaque être. – De ce fait, la puissance obédientielle commune, propriété générale de dépendance vis-à-vis de la cause divine, se trouve réduite et spécialisée, pour chaque nature, selon la répugnance ou la non-répugnance qu'offre celle-ci [322] recevoir de Dieu tel perfectionnement. C'est en ce sens, et en ce sens seulement, que l'on peut parler de capacité obédientielle *spéciale* de l'âme vis-à-vis du surnaturel.

4° La puissance obédientielle spéciale à l'âme humaine résulte de ce que l'âme humaine étant intellectuelle, et l'essence de Dieu absolument intelligible, il n'apparaît pas, malgré la disproportion des deux termes en présence, qu'il y ait une répugnance absolue de l'âme à la vision divine. Cette répugnance au contraire éclate chez les plus parfaits des animaux, dont la nature n'est pas intellectuelle. Cette raison vaut surtout par ce qu'elle nie, à savoir la possibilité pour un être non-intelligent de voir Dieu. Quant à la non-contradiction qu'elle affirme, elle peut d'abord être appuyée sur ce fait que, selon la foi, notre intelligence verra Dieu, ce qui ne pourrait avoir lieu si un tel perfectionnement répugnait à la nature intellectuelle. De plus, elle ressort positivement du fait que, dans la nature intellectuelle, se rencontre un désir naturel de voir la divine essence, ce qui prouve, dans la mesure que nous avons dite [524], que la vision de la divine essence n'est pas contradictoire à cette nature[525].

5° En raison de cette non-contradiction qui est sienne, l'âme est qualifiée comme étant très spécialement en puissance obédientielle passive, vis-à-vis du Dieu Cause première de sa nature, pour recevoir de Lui, s'il Lui plaît, son perfectionnement par la vision divine et, partant, toutes les perfections surnaturelles qui l'habiliteront à cette vision ou lui seront [323] ordonnées efficacement, – donc gloire et grâce.

Rendue à ce moment, l'âme n'offre encore rien de positif, et à plus forte raison d'actif, qui concerne directement la vision divine. Elle ne regarde que le

---

[524] 1. Cf. Article précédent.
[525] 2. Ajouter la raison fondamentale qui se tire du caractère analogique de l'intellect. Cf. article suivant.

Dieu cause. Sa puissance obédientielle, faisant corps avec sa substance, est purement passive, et cela, non pas vis-à-vis d'un objet ou d'un acte divin positivement et déterminément visé, mais vis-à-vis de Dieu comme cause première et toute-puissante : *potentia ad agens, non ad objectum vel actum divini ordinis.* Une simple non-répugnance à cet objet ou à cet acte ne permet pas davantage.

8° Qu'il plaise maintenant à Dieu, par un effet gratuit de sa bonté infinie, de correspondre à cet état de capacité passive et toute conditionnelle, qu'étale l'âme devant Lui, qu'Il veuille librement perfectionner cette nature *vivante* par une participation formelle de sa propre nature, pénétrant jusque dans ces profondeurs intimes de son être qu'imprègne sa puissance obédientielle passive ; que, de la substance de l'âme, ainsi divinisée dans son fond vivant, cette surélévation se répande dans ses puissances, – alors, l'âme *tout entière*, dans sa vitalité essentielle ou active, se trouvera enfin constituée principe formel, prochain, vitalement actif, des actes surnaturels. Toute sa vitalité naturelle, transformée et élevée par la lumière de gloire, la grâce, les vertus ou dons infus, s'épanchera dans l'acte de la vision glorieuse ou dans les actes surnaturels. Ces actes seront au suprême degré *ab intrinseco,* puisqu'ils sortiront, comme de leur racine, de la *nature de l'âme naturalisée divine* par le don intrinsèque que Dieu lui fait de la participation *de* sa propre nature.

[324]

CONCLUSION

Telle est, dans son ordonnance simple et qui tient compte *de* tout, la conception thomiste. La nature pure ne s'y attribue pas une influence partielle d'active vitalité humaine sur ce qui est substantiellement de l'ordre divin. La transcendance absolue de l'objet divin et des actes surnaturels, que nous conservons intacte, n'empêche pas, d'ailleurs, la vitalité entière de la nature, une fois qu'elle est imprégnée de grâce, de s'épancher dans la vie surnaturelle. La puissance obédientielle passive de toute nature créée vis-à-vis de la Cause divine, devenue puissance obédientielle réservée à la nature rationnelle du fait de la non-répugnance propre et spéciale de celle-ci à la gloire et à la grâce, est, sans doute, au *centre* de la genèse de la vie surnaturelle. Mais son rôle se borne à mettre l'âme en relation avec la toute-puissante Bonté : ce rôle d'agent de liaison une fois fini, elle s'efface, laissant Dieu accomplir l'œuvre qu'Il peut seul accomplir. Si la puissance obédientielle demeure comme scellée l'âme, car la dépendance essentielle de l'être créé vis-à-vis de Dieu ne cesse jamais, ce n'est, pour ce qui concerne du moins la première et foncière élévation de l'âme au surnaturel, qu'à la manière de ces organes rudimentaires qui restent dans un être achevé comme le témoin d'une phase de son évolution où ils ont joué un rôle indispensable, mais passager. Il n'est donc pas étonnant que la puissance obédientielle n'ait pas sa place au point culminant du développement surnaturel et ne prenne pas part à l'émission de l'acte de vision divine ou de ses [325] succédanés de la terre. Elle a disparu ou, du moins, s'est effacée devant des puissances meilleures, plus propres qu'elle à ce rôle, qui, grâce à elle cependant, ont pu être infusées dans l'âme par Dieu.

Tous les reproches que l'on fait à la puissance obédientielle des thomistes viennent de ce qu'on ne la comprend pas. On ne comprend pas qu'elle n'est pas une entité logique ou négative, mais l'être même de l'âme vivante dans ce qu'elle **a** de plus foncier, en tant que soumis au bon plaisir de la toute-puissance divine pour ce qui n'implique pas contradiction, en l'espèce la vision divine et ses anticipations surnaturelles. On ne veut pas comprendre qu'elle n'a pas à être un principe positif pour les actions surnaturelles, parce que l'on s'imagine, en incorrigibles nominalistes, qu'il faut absolument, pour que ces actions sortent de nous, qu'elles sortent de notre nature pure, dont les virtualités naturelles, persistantes comme telles sous la grâce, seraient ainsi simplement distendues et augmentées par la gloire et la grâce.

ARTICLE IV
La structure analogique de l'intellect en soi.

Le fond de la question de la puissance obédientielle au surnaturel ne saurait se révéler tant que l'on se cantonne à l'étage des *actes de l'âme ou* de *leurs propriétés* : c'est dans l'essence même de l'âme, source de ces actes et de ces propriétés, qu'il se découvre.

Sans doute, *l'acte de l'âme* que constitue le désir naturel de voir la divine essence dénonce, comme [326] nous l'avons vu [526], la non-contradiction de cette âme à son élévation par la grâce, de laquelle résulte immédiatement sa puissance obédientielle au surnaturel. Sans doute aussi *la propriété* des actes surnaturels qui s'appelle leur vitalité, une fois reportée au stade qui *suit* l'information de l'âme par la grâce, s'accorde avec le surnaturel absolu de la vie divine. Le rôle de la puissance obédientielle est de rendre possible la réception par nos âmes vivantes de la grâce infusée par Dieu. Cette réception assurée, la puissance obédientielle s'efface, laissant l'âme surélevée par la grâce accomplir vitalement les actes de la vie surnaturelle, *vitae elevatae*. La puissance obédientielle n'a pas eu à être vitale, comme elle le serait forcément dans la conception de la puissance obédientielle active : et la vitalité n'a pas davantage à s'actualiser en tant qu'elle est purement naturelle. En établissant ces deux points dans notre précédent article, nous avons dégagé la puissance obédientielle des notions inexactes qui l'obscurcissent dans le système du surnaturel modal[527].

Mais il reste à chercher la raison dernière, le PROPTER QUID foncier de la puissance obédientielle de l'âme au surnaturel. Nous avons dit que, pour le trouver, il fallait s'adresser à l'essence même de l'âme. C'est qu'en effet, le fond de toute question est une question d'essences.

Commençons par préciser à nouveau de quel surnaturel il s'agit, quand nous parlons de la puissance obédientielle de l'âme au surnaturel. En définitive, [327] ce ne peut être que du surnaturel de la vision béatifique. C'est -a ce surnaturel suprême que toute la vie de la grâce, et la grâce elle-même, sont efficacement ordonnées. En matière de surnaturel le point de vue de la vision divine est décisif et dominateur. Partant, s'il est établi que nous avons une capacité quelconque d'être élevés à la vision de Dieu en lui-même, nous aurons, à plus forte

---

[526] 1. Cf. *supra*, Q. III, a. II.
[527] 2. Cf. *supra*, Q. III, a. III.

raison, la capacité de recevoir la grâce et de vivre de la vie divine de la grâce, qui tendent uniquement à cette vision.

Or, *voir* Dieu ne saurait concerner qu'une *intelligence*. C'est donc en l'intelligence humaine que nous devons rencontrer ce qui rend l'âme capable du surnaturel, j'entends dans l'intelligence humaine envisagée dans son fond, non seulement comme puissance intellectuelle, mais comme forme, comme principe caractérisant la nature humaine elle-même, *mens* [528].

C'est pourquoi, dans cet article, nous concentrons nos efforts sur ce seul objectif : rechercher dans la *nature intellectuelle* de l'âme la raison de sa puissance obédientielle à être élevée à *la vision divine*[529], [328] Comment engager cette recherche ? Sous quel angle peut s'établir un rapport entre la vision de Dieu et notre nature intellectuelle ? Autant que nous pouvons le prévoir, ce sera sous l'angle de l'être. Essayons de le démontrer brièvement.

Dieu est absolument infini, séparé et indépendant de tout le *créé*. « Il habite une lumière inaccessible. » Il ne laisse pas cependant d'être conçu légitimement par nous comme un être, un existant, une essence. C'est ce qu'exige la causalité que nous sommes obligés d'attribuer à l'Être par soi vis-à-vis de l'être qui, n'étant pas par soi, et cependant *étant,* est nécessairement par l'Être-par-soi.

Si donc un rapport doit s'établir entre Dieu tel qu'il est en soi et notre intelligence, comme le suppose et l'accorde le dogme de la vision béatifique, *c'est sous l'angle de l'être qu'il devra être recherché*. D'une part, Dieu est de l'être ;

---

[528] 1. Cf. *Première partie*, L. I, Q. II : *Le « MENS » d'après saint Augustin et saint Thomas.*

[529] 2. Nous avons eu constamment devant les yeux, pour rédiger cette étude les pages si fortement pensées de JEAN DE SAINT-THOMAS sur *L'objet adéquat et l'objet spécificateur de l'intellect possible*, *Physica, De Anima*, Q. X, a. 3 ; et sur la question de savoir : *An contineatur Deus clare visus intra objectum nostri intellectus ? Cursus theologicus*, I^a, Q. XII, *disp.* 12, a. 2. La réponse de Jean de Saint-Thomas à cette dernière question se présente comme une synthèse (*ex omnibus illis aliquo modo desumitur. Ibid.*, n. 9) des opinions qui ont été recensées, *De anima, loc. cit.*, § *Variae sunt auctorum sententiae.* — Nous avouons cependant que nous n'avons pas suivi la démonstration de Jean de Saint-Thomas. Nous nous sommes frayé une voie plus courte en nous appuyant sur la Question XIII de la première partie de la *Somme théologique* ; CAJETAN, *De Analogia nominum*, C. X, § *Nec impedit* ; BAÑEZ, *in Summam theol.*, I P., Q. XII, a. 2, § *Tota ergo difficultas*, éd. Douai, t. 1, p. 155.

d'autre part, l'intelligence est la faculté de l'être, telle est, en termes très généraux qu'il va falloir *préciser,* la donnée privilégiée, grâce à laquelle le raccord semble pouvoir et devoir s'établir. C'est la capacité de l'intelligence, comme telle, en matière d'Être divin, qui est en cause : c'est à son sujet que s'engage « le combat des deux, mondes ».

Nous partagerons cet article en trois Questions mineures [530] :

I. – Si l'intelligence humaine requiert pour son objet terminal l'être analogue ?

II. – Si l'être analogue requiert, comme étant [329] seul coordonné à son intellection, un intellect en soi, de structure également analogique ?

III. – Si l'intellect humain, analogue inférieur de l'intellect en soi, est démontré, de ce fait, n'offrir aucune contradiction à être élevé, d'une manière finie, à la participation de l'intellectualité divine [531] ?

---

[530] 1. Analogues aux *Quaestiunculae* (terme intraduisible), qui se partagent les articles du Commentaire de saint Thomas sur le Maître des Sentences.
[531] 1. La réponse à ces questions constituera une mise au point, dégagée de toute polémique, de l'article que j'ai écrit contre certaines assertions agnostiques de M. Loisy, dans la *Revue thomiste* de mars-avril 1904, p. 48-77 : La relativité des formules dogmatiques.

QUESTION I
SI L'INTELLIGENCE HUMAINS REQUIERT COMME OBJET TERMINAL L'ÉTRE ANALOGUE ?

Lorsque nous donnons le nom d'ÊTRE à Dieu et aux créatures, le concept que recouvre ce nom unique n'est pas, dans les deux cas, identiquement le même, comme lorsque nous donnons par exemple le nom d'*animal* à l'homme et à la bête ; car l'être n'est pas un genre commun à des espèces. Il n'y a pas de genre qui puisse réunir sous une même accolade le fini et l'infini. L'infini, étant l'incirconscrit, fait éclater le genre qui limite. Sous le nom commun d'être que nous accordons à Dieu et à l'être créé, il y a donc une équivoque conceptuelle, il y a deux réalités, si l'on peut déjà se servir de ce mot pour désigner Dieu, absolument diverses. – Le nom commun d'être a menti.

Et cependant, cette diversité absolue n'est pas ratifiée par les faits. Comment sommes-nous parvenus à poser Dieu comme l'être par soi ? Nous avons considéré les êtres à notre portée ; nous les [330] avons totalisés sous la rubrique la plus universelle et la plus dégagée de ce qui restreint l'être que nous puissions leur appliquer, car tous les êtres finis, dans tout ce qu'ils sont, accidents, qualités, opérations, modes, matière même, tout aussi bien que substance, sont de l'être et ne sont que de l'être ; enfin, les ayant ainsi totalisés, et les tenant pour ainsi dire ramassés dans une vue compréhensive de tout l'être qu'ils sont, nous avons reconnu, à certains signes irréfragables, que cet être qu'ils possèdent tous, ils ne l'ont pas par eux-mêmes, que l'être-par-un-autre qu'ils sont *exige* l'être qui est par-soi ; et c'est ainsi que nous avons, avec vérité et nécessité, découvert Dieu. Il faut donc bien que Dieu soit de l'être, puisqu'il est la source d'où découle l'être : puisque L'ETRE n'est pas par soi ne saurait exiger que L'ETRE qui est par soi. Et donc Dieu et l'être créé ne nous offrent pas des concepts absolument divers, totalement disparates et étrangers l'un à l'autre. – Le nom commun d'être n'a pas menti.

A quoi nous résoudre ? Le nom d'être a menti : le nom d'être n'a pas menti !

Eh bien ! il n'a pas menti, car l'analyse des êtres à notre portée, dont nous venons de reproduire l'instant la suite logique, ne se prête à aucune calomnie, ou, si on peut la suspecter, c'en est fini de la valeur de l'intelligence humaine.

Si nous regardions de plus près cette mystérieuse accolade, que nous appelons un nom commun, peut-être y découvririons-nous la clé de l'énigme.

En principe les noms sont les signes de concepts distincts, et ceux-ci les signes de réalités distinctes. [331] Et, tant qu'il s'agit de réalités prédicamentales caractérisées par le genre et l'espèce, – tout an moins, chez les anges, par l'espèce, – l'application de ce principe se fait sans à-coup. Mais pouvons-nous nous étonner qu'il n'en soit pas tout à fait de même quand nous sommes conduits, comme nous l'avons été, à emprisonner, sous un même vocable, des êtres comprimés par le genre et cloisonnés par les espaces qui divisent le genre, avec un Être qui n'a même pas de genre et qui défie toute spécification, étant l'Infini ? Il n'y a rien de surprenant *à* ce que la règle commune, je ne dirai pas subisse une exception, ce qui serait fatal pour une intelligence dont le fonctionnement est immanquablement attaché à cette règle, mais s'applique d'une manière inattendue.

Ce qui suggère que le nom commun d'être ne ment pas, appliqué à Dieu, c'est, nous l'avouera, la relation de dépendance essentielle et nécessaire de l'être créé vis-à-vis du Dieu dont il tire tout ce qu'il est, ramassé dans l'expression d'*être*. Car une telle relation, si d'un côté elle sépare, de l'autre unit et joint ses deux termes. Elle les sépare à l'infini, peut-on dire, puisqu'elle désigne la cause infiniment riche en fait d'être, qui possède l'être comme de source, *per se* ; puisque, d'ailleurs, l'effet jailli de cette source ne possède l'être que morcelé, à la taille de son genre et de son espèce, et par manière d'emprunt incessant à sa cause. Mais aussi cette relation les unit dans une communauté inévitable, puisqu'il ne peut se rencontrer d'être dans l'effet qui ne soit originellement puisé dans la plénitude de l'Être cause. Et voilà ce que notre esprit qui voit sourdre l'un de l'autre, ne peut se dispenser de voir, [332] voici par conséquent, car tout, dans un esprit qui pense, finit par se liquider en concepts, voici le *concept* très à part qu'il est amené à se former de l'être en tant qu'être, tout à la fois créé et être par soi. Ce concept, pour rester un, devra demeurer dans une certaine confusion, et c'est ce concept d'une unité confuse que recouvre le nom unique d'être ; mais en cet état de confusion, il ne laisse pas de viser l'être aux deux étages où il rencontre sa réalité, l'étage de l'être essentiellement *per se* et l'étage de l'être essentiellement *per aliud,* et, sans confondre *ces* deux réalisations de lui-même, de les entendre comme proportionnées d'une certaine façon l'une à l'autre, dans l'attribution de la réalité que désigne confusément leur concept unique. Ce concept, un dans sa compréhension confuse, mais cependant double, en raison des deux réalités sur lesquelles il est apte à bifurquer, constitue ce que l'on appelle un *concept analogique.* Le concept analogique est un, mais tout de même se proportionne à deux réalités qu'il ne saurait désigner explicitement, tant qu'il reste un, mais qu'il devra séparément et explicitement représenter s'il se réalise dans leur connaissance formelle. Tel est le singulier aboutissant d'une connaissance qui entend rester une, devant la divinité des choses connues. Concept artificieusement construit, mais concept VRAI, puisqu'il est l'aboutissant normal [532], en un unique carrefour, des représentations divergentes que postulent nécessairement, dans l'esprit, des [333] réalités aussi diverses que Dieu et le monde.

Le concept analogique de l'être en tant qu'être, telle est donc la synthèse, dans laquelle refluent et se concentrent l'être créé et l'être par soi, lorsqu'ils se fondent pour nous en un unique objet intellectuel [533].

---

[532] 1. Objet terminal, — *Objectum terminativum seu materia circa quam* de saint Thomas. Sur cet objet, *perficiens formaliter extrinsecè,* cf. JEAN DE SAINT-THOMAS, *Logica,* II P., Q. XXI, *De Signo,* a. 4, I^a *et ultima. concl.*
[533] 1. Cf. A. GARDEIL, « Faculté du divin ou faculté de l'être ? » *Revue néoscolastique,* nov. 1910, p. 504.

QUESTION II
SI L'ÊTRE ANALOGUE REQUIERT, COMME ETANT SEUL COORDONNE A SON INTELLECTION, L'INTELLECT EN SOI ?

C'est le moment de nous demander à quel intellect correspond adéquatement ce concept unique, représentatif à la fois de tout l'être divin et de tout l'être créé.

Il s'agit du concept objectif, envisagé donc du côté de ce qu'il représente ou tend à représenter, non du côté des modalités qui lui échoient du fait qu'il est conçu par une intelligence créée et finie.

Ainsi entendu, le concept analogique de l'Être en tant qu'être ne semble pas appartenir en propre *à* l'intelligence humaine comme telle. Sans doute l'intelligence humaine le découvre, mais elle ne saurait se l'approprier. C'est ce que manifeste la manière dont nous nous élevons à l'Être divin. L'intelligence humaine, douée de la connaissance abstractive, ayant considéré les essences des êtres qui l'entourent et reconnu leur contingence, conclut l'Être divin. L'Être divin, ainsi révélé par *ses* effets, n'est connu que d'une manière négative, par rémotion des attributs du créé, ou par voie d'affirmation de son [334] dépassement de tout ce que nous pouvons concevoir à son sujet en partant des perfections créées. Et il en serait de même, notons-le en passant, chez toute intelligence créée. Ce n'est pas là concevoir directement l'essence divine. Or, le concept analogique de l'Être en tant qu'être, lui, bifurque, dans son être représentatif confus, aussi bien sur l'Être divin tel qu'il est en soi, sur l'essence divine, que sur l'être créé. Il n'est donc pas, comme tel, un concept de l'intelligence créée. Il déborde, par sa valeur représentative, l'intelligence créée qui y parvient. Il n'est pas fait uniquement pour elle.

Correspondrait-il donc à l'intellect divin ? Cette question est, sous cette forme, impertinente. Dieu ne commit pas par concepts. L'unique objet de son intelligence, c'est sa propre essence. Si Dieu connaît les choses créées, c'est dans son essence, considérée comme terme de la relation de dépendance qu'ont avec elle les choses créées. Cette connaissance de son essence et, en elle, des choses créées est parfaite, distincte, adéquate à son objet, lui étant consubstantielle. Rien de commun avec le concept confus et analogique de l'Être en tant qu'être.

Ainsi donc le concept analogique de l'être en soi, comprenant confusément dans sa valeur représentative adéquate l'essence de tout l'Émis, de l'être divin comme de l'être créé, ne saurait appartenir en propre ni S. l'intelligence créée, ni à l'intelligence divine.

Mais ne pourrait-on pas concevoir, faisant face à la réalité conceptuelle analogique de l'être en tant qu'être, un intellect qui ne serait formellement ni l'intellect divin, ni un intellect créé, – un intellect en [335] soi ? Ce serait une façon d'intellect commun, d'une communauté d'analogie s'entend, à l'intellect créé et à l'intellect divin, comme son objet l'être en tant qu'être est commun, d'une communauté d'analogie, à l'être créé et à l'être divin. A l'instar de l'être en tant qu'être, il serait conçu comme bifurquant sur ses deux analogues, le supérieur l'intellect divin, l'inférieur l'intellect créé [534].

Voyons ce que l'on pourrait objecter à l'hypothèse d'un tel intellect.

1. – On pourrait, faute d'entendre l'analogie de proportionnalité, le considérer comme un genre dont les deux espèces seraient l'intellect créé et l'intellect divin. Ce serait là une imagination monstrueuse. Comme nous l'avons dit, à propos de la concentration de l'être divin et de l'être créé en l'unique concept de l'être en tant qu'être, il n'y a pas de genre univoquement commun au Divin en soi et au créé. L'intellect divin comme l'être divin fait éclater le genre, étant infini.

Mais ce n'est pas là ce que nous suggère l'attribution de la réalité conceptuelle analogique de l'être en tant qu'être à une intelligence en soi qui lui cor-

---

[534] 1. C'est, aussi bien, ce que suggère le fait que l'intelligence est recensée parmi les perfections pures et simples (transcendantaux), propriétés de l'être en tant qu'être, lesquelles sont analogiques, comme l'être lui-même. Cf. CAJETAN, *loc. cit.*, qui regarde la Sagesse comme un analogue ; — BAÑEZ, *loc. cit.*, très-formel sur l'analogicité de l'être en tant qu'être, au point que Jean de Saint-Thomas, partisan d'une certaine univocité dans l'objet terminatif de l'intellect, *non in ratione entis, sed in modo finito suae intelligibilitatis*, ne se croit pas obligé de le suivre. *De Anima*, Q. X, a. 3, § *ex his colligitur*.

respondrait adéquatement et formellement. Cet intellect en soi, pour correspondre à son objet, doit être nécessairement conçu comme un analogue, dont les deux analogues demeurent ce qu'ils sont en soi. [336] C'est une accolade entre deux intellects, dont l'un dépend essentiellement de l'autre, et qui, proportionnellement, se distribuent l'intellection en soi.

2. – Mais, dira-t-on, c'est là une abstraction qui ne correspond à aucune réalité existante, et qui, partant, est irréelle.

Si l'on veut dire que l'intellect en soi ne se rencontre jamais réalisé comme tel, assurément on a raison. Mais le concept objectif que nous nous en sommes formé n'a rien d'irréel : car il tend, dans sa virtualité représentative confuse, vers ses deux analogués, l'intellect divin et l'intellect créé, qui sont *tout* ce qu'il y a de plus réel. C'est une abstraction, soit ! mais une abstraction dont le fondement existe dans la réalité. Étant situé au confluent de l'intellect divin et de l'intellect créé, l'intellect en soi constitue pour l'esprit, qui le voit ainsi surgir d'eux une réalité conceptuelle des plus objectives, une essence manifeste.

Seulement ce n'est pas une réalité conceptuelle distincte, une essence simple : c'est une réalité complexe, dont la virtualité confuse, en tant qu'elle vise deux intellects divers et proportionnels, est intérieurement hiérarchisée : c'est une réalité analogique.

De même donc que le concept analogique de l'être en tant qu'être est un concept vrai, – ce qui signifie qu'il s'égalise à la réalité, – parce qu'il réunit, dans son unité confuse, l'être divin et l'être créé, qui, pris en eux-mêmes, sont respectivement l'objet vrai de l'intelligence divine et des intelligences créées, de même le concept analogique que nous formons de l'intellect en soi est un concept vrai, dénonciateur de la réalité, parce qu'il réunit dans son unité confuse, [337] et virtuellement hiérarchisée, l'intellect divin et l'intellect *créé,* de soi infiniment distants, mais tout de même en rapport proportionnel effectif et véritable [535].

Ce rapport proportionnel des deux intellects est corrélatif au rapport proportionnel de leurs objets propres, puisque l'objet de l'intellect créé, l'être créé, ne

---

[535] 1. Cf. SAINT THOMAS, *Summa theol.*, I^a, Q. XIII, a. 3 ; JEAN DE SAINT-THOMAS, I^a, Q. IV, disp. 5, a. 2, n. 5-9, éd. Vivès, p. 646 sq.

se justifie adéquatement que par sa relation à l'objet de l'intellect divin qui est l'être divin[536]. Tout intellect, en effet, se définit par son ordre à son objet propre. Pour nier donc la réalité de l'intellect en soi, il faudrait nier la réalité analogique de l'être en tant qu'être, que nous avons vue cependant s'affirmer avec tant d'objectivité au terme de notre analyse précédente.

Concluons donc que ce qui correspond formellement et adéquatement au concept objectif, de portée très réelle, de l'être en tant qu'être, c'est la réalité analogique de l'intellect comme intellect.

Dès lors la structure totale de l'intelligence en général est *dénoncée* par la reconnaissance en elle de trois intellects.

1° L'intellect comme intellect, regardant formelle ment la totalité absolue de l'être, conçue confusément [338] et indistinctement dans le concept analogique de l'être en tant qu'être.

2° L'intellect divin, suprême analogue de l'intellect comme intellect, regardant formellement la réalité divine et seulement en elle et par elle, comme dans sa cause, la réalité créée.

---

[536] 2. Nous n'en conclurons pas, avec le P. Rousselot, que l'intelligence n'est le sens du réel que parce qu'elle est le sens du divin. Pierre ROUSSELOT, *L'Intellectualisme de saint Thomas*, Introduction, p. XI et *passim*. La saisie de Dieu, à partir de la réalité créée, est le résultat d'un raisonnement : ce n'est donc pas une affaire de sens du divin : *Cognoscimus Deum... non quidditative vel quod sit ratio objectivates, sed quia est causa et ratio veritatis objecti nostri, quae (veritas) primo apprehenditur a potentia intellectuali*. ZIGLIARA, *Philosophia*, c. 2, n. 37, § 3, p. 307. Pour le P. Rousselot le divin est une véritable *ratio objectivalis*. — Cf. A. GARDEIL, « Faculté du divin ou faculté de l'être ? » *loc. cit.*

3° L'intellect créé, intellect de l'ange, de l'âme séparée et de l'homme, regardant formellement la réalité créée, sous l'aspect correspondant à chacune des intelligences qui l'étoffent, et indirectement l'être divin qui est sa cause [537].

---

[537] 1. Cette structure de l'Intelligence totale peut se rendre dans ce tableau :

L'INTELLECT COMME INTELLECT *regarde* L'ÊTRE EN TANT QU'ÊTRE
    réalité analogue   (concept objectif confus)
                                      réalité analogue.

Ses analogués :
L'Intellect divin............ *regarde* L'Être divin, premier analogué de l'être en tant qu'être.
L'Intellect créé............ *regarde* L'Être créé, analogué inférieur.
    angélique   »   Substance de l'ange.
    de l'âme séparée   »   Âme séparée.
    humain   »   Nature des réalités matérielles.

QUESTION III
SI L'INTELLECT HUMAIN, ANALOGUÉ INFÉRIEUR DE L'INTELLECT EN SOI, EST DÉMONTRÉ, DE CE FAIT, N'OFFRIR AUCUNE CONTRADICTION À ÊTRE ÉLEVÉ, D'UNE MANIÈRE FINIE, À LA PARTICIPATION DE L'INTELLECTUALITÉ DIVINE.

De cette structure de l'intelligence en général, de l'Être intellectuel, si je puis ainsi l'appeler, va résulter une explication *a radice* de la capacité obédientielle propre à l'intelligence humaine vis-à-vis de la vision divine, et par suite vis-à-vis de toute [339] la vie surnaturelle en tendance efficace à la vision divine [538].

L'intellect comme intellect étant un réel analogue, dont le propre est de n'exister effectivement que dans ses analogues, est naturellement conçu comme se transposant de plein droit et formellement, soit à l'étage divin, soit à l'étage créé. Cela, du reste, ne lui est pas particulier. L'être en est là, et avec l'être toutes les perfections absolues, *simpliciter simplices,* qui sont dans la créature, unité, bonté, vérité, etc... Ce sont des réalités qui appartiennent à deux mondes, et ont naturellement, si j'ose dire, comme un pied dans chacun[539].

A l'étage divin, l'intellect en soi devient l'intellect divin, dont l'objet est l'être en tant qu'être dans toute la plénitude de réalisation qui lui échoit du fait qu'en lui l'essence est identique à l'existence. L'intellect divin a donc pour objet de sa compréhension, qui est totale, Dieu en lui-même, sous sa raison de Déité. Cette compréhension de soi-même comporte d'ailleurs l'absolue compréhension de toutes les choses créées dont Dieu est la cause. L'essence du Dieu cause est, en effet, le terme de la relation de dépendance de toutes les choses

---

[538] 1. J'avertis que, pour simplifier, et parce que c'est *notre* intelligence qui nous intéresse ici, je ferai porter ma démonstration, non sur toute nature intellectuelle, y compris les anges et l'âme séparée du corps, mais sur l'intelligence humaine telle qu'elle se présente dans l'état d'union de l'âme avec le corps. Il serait facile d'étendre cette démonstration aux autres esprits, d'autant plus que le nôtre, étant infime, semble le plus mal placé pour aspirer à la vision divine, et que, si l'on réussit avec lui, ou a toutes chances de réussir avec des esprits en meilleure posture.
[539] 2. Cf. JEAN DE SAINT-THOMAS, *Cursus theol.,* I^a, Q. IV, disp. 5, a. 2, I^a concl.

créées, prises tant dans leur ensemble, que dans chacune de leurs modalités spécifiques et individuelles, vis-à-vis de leur [340] créateur [540]. Du coup la capacité analogique de l'intellect en soi se trouve épuisée et comme substantifiée par l'intellect divin. Tout l'être, l'être par soi, l'être par un autre, est totalement saisi par l'intelligence divine, qui semble avoir ainsi confisqué toute l'intelligence, et ce en la portant à un degré de plénitude de compréhension que l'intellect en soi visait sans doute obscurément, mais ne se connaissait pas [541].

A l'étage humain, l'intellect en soi se transpose dans notre intellect possible, qui participe de lui son ordre, sa destination à l'être en tant qu'être, et, par suite, sa capacité d'envisager d'emblée, comme le terme de ses conceptions, tout le réel, aussi bien le réel divin que le réel créé. Mais, comme « tout reçu est, dans le sujet qui le reçoit, selon le mode de celui-ci », cette capacité universelle tient compte ici des exigences subjectives d'un intellect fini et qui, de plus, est dépendant du corps pour son exercice. Demeurant ouvert sur tout le réel, du fait que l'Intellect en soi se concrétise en lui, notre intellect possible ne peut percevoir directement, par ses forces propres, que les natures des créatures corporelles dont l'intelligibilité est engagée dans les liens de la matière. Si les essences finies, grâce à l'intervention de l'intellect agent qui les dégage de leur matière, accessible à la seule sensation, se livrent à notre connaissance intellectuelle, forcément abstractive, [341] et si même, à partir de ces essences reconnues contingentes par notre esprit, Dieu lui-même est atteint dans son essence de première cause, il n'y a pas là de quoi épuiser la virtualité de l'intellect comme intellect. Celui-ci, réalisé dans l'intellect humain [542], ne laisse pas d'y viser confusément l'être en tant qu'être, qui est son objet, et donc l'essence divine elle-même réalisation suprême de l'être absolu, laquelle, telle qu'elle est en soi, demeure hors de nos prises effectives.

---

[540] 1. Cf. JEAN DE SAINT-THOMAS, *Cursus theol.*, Iª, Q. XIV, disp. 17, n. 4, 18.

[541] 2. « *Deus intelligit omnia alia a se intelligendo seipsum in quantum Ipsius esse est universale et fontale principium omnis esse, et suum intelligere quaedam universalis radix intelligendi, omnem intelligentiam comprehendens.* » SAINT THOMAS, *De angelorum natura*, c. XIII.

[542] 1. Une réalité conceptuelle analogique ne se réalise pas dans ses analogués, en gardant quelque chose de distinct d'eux, comme le genre, mais en se fondant avec eux, en précisant en eux sa virtualité confuse, qui leur est ainsi intérieure.

Il en résulte que, entre ce que peut atteindre notre intellect humain fini et dépendant du corps pour son *exercice,* et ce que vise obscurément et indistinctement l'intellect comme intellect, transposé en notre esprit comme en son analogue inférieur, il reste une *marge en perspective ;* j'allais dire une MARGE EXPLOITABLE.

Mais de tels mots seraient tout au moins prématurés.

D'abord, tant que l'exercice de notre intelligence est lié aux images venues de nos sens et à l'activité abstrayante de l'intellect agent, il ne saurait être question pour elle d'envisager comme objet, directement, l'Être divin qui occupe à lui seul cette marge, et c'est de la capacité de notre intelligence actuelle qu'il s'agit. Notons cependant que l'exemple de l'âme séparée manifeste déjà certaines possibilités d'extension de notre intellect actuel. L'âme séparée n'a pas changé de nature, et cependant c'est directement, et sans la collaboration des sens, qu'elle se voit elle-même [342] intuitivement, et qu'elle conçoit les réalités dont Dieu lui infuse les idées. Il y a là une reprise intéressante des virtualités de l'intellect en soi sur notre intelligence actuelle. Elle montre que l'obstacle du corps n'est pas absolu ; qu'il ne vaut que pour la vie d'union au corps. L'esprit humain, en tant que *mens* spirituel, pris donc absolument, peut s'en dégager après la mort. C'est donc que, dans les lieux du corps, il possède déjà, de par soi, l'aptitude réelle ariser directement les essences.

Mais, la vraie difficulté qui s'oppose au transfert de notre esprit dans la région du divin, c'est le caractère fini de notre esprit qui persiste dans l'âme séparée elle-même. Dieu est un objet essentiellement infini ; son essence ne peut être saisie en elle-même que par l'Esprit infini. L'atteindre comme une réalité finie ce serait ne pas l'atteindre du tout. Or, comment la capacité d'une intelligence finie pourrait-elle être distendue jusqu'à embrasser l'Être infini par essence ?

A. vrai dire, les perfections absolues, étant analogiques, se transposent toutes formellement dans l'Être divin, et parmi elles l'intellect en soi. Mais c'est en épousant l'éminence du mode divin, et en perdant toute attache à ce fini, qui cependant nous a servi à les concevoir. L'intellect en soi, transposé à l'étage divin, c'est l'intelligence divine elle-même. Il n'est donc pas possible à notre esprit fini, quel que soit le pouvoir latent de transposition que dépose en lui l'intellect en soi, d'être entraîné avec lui à cette réalisation divine des perfections analogiques. Il faut chercher autre chose. Quoi donc ?

Le voici !

[343] N'y aurait-il pas une différence à faire entre les perfections absolues qui sont des propriétés en quelque sorte statiques de l'être en tant qu'être, unité, vie, bonté, vérité, – et les perfections absolues qui, selon notre manière de les comprendre, laquelle est en l'espèce obligatoire [543], dénomment un état de tendance dynamique vers un objet, qui, disons le mot, nous apparaissent intentionnelles ? Telles l'intelligence et la volonté.

Les perfections statiques sont tout d'un bloc. Étant ontologiques, elles ne peuvent être, transposées en Dieu, que l'être de Dieu même. Dans les perfections de caractère intentionnel, au contraire, nous distinguons l'objet vers lequel elles tendent, et l'intention qui vise cet objet. C'est ainsi que l'objet de l'intellect en soi, c'est l'être analogique ; son être intentionnel est l'intellect lui-même en tant que relatif à l'intelligibilité de l'être en tant qu'être, à ses deux étages : l'être absolument par soi, et l'être causé par l'être par soi. Ne pourrions-nous pas trouver dans cette segmentation interne des perfections absolues intentionnelles, et donc de l'intellect en soi, les éléments d'une solution[544] ?

Pour que cette solution devienne plausible, Il faudrait et il suffirait que Dieu tel qu'il est en soi, suprême analogue de l'être en tant qu'être, visé par l'intellect en soi, puisse, tout en restant lui-même, non seulement comme être, mais comme objet intelligible, être regardé directement d'une manière finie par une intelligence, et devenir ainsi [344] l'objet d'une puissance de connaître, finie dans son être constitutif, mais capable d'infini dans son être intentionnel. Est-il possible, dans une réalité créée, de distinguer la perfection de l'objet auquel elle tend, laquelle est infinie, de la perfection de sa tendance, laquelle demeurerait,

---

[543] 1. Sous peine de renoncer à nous occuper de ces questions.
[544] 2. Cf. JEAN DE SAINT-THOMAS, *Cursus theol.*, I^a II^{ae}, Q. CX, disp. 22, a. 1. Cf. *infra*, *Seconde partie*, Q. II, a. 2, pp. 379-384.

comme être, une perfection finie, n'étant infinie que dans l'efficacité tendancielle qui lui donne de rejoindre et d'atteindre l'objet infini par lequel elle est spécifiée ? C'est toute la question. Si elle est résolue dans le sens de l'affirmative, du coup la MARGE en perspective, que nous avons signalée entre ce que nous atteignons actuellement de Dieu, et ce à quoi ne laisse pas de prétendre l'intellection en soi, réalisée dans nos intellects, s'enrichirait d'une nouvelle perspective. Il y aurait pour l'intellection en soi deux issues possibles à sa transposition à l'étage du divin : celle qui en fait l'intelligence divine elle-même, et celle qui en fait une intelligence simplement divinisée, en soi finie, mais capable intentionnellement de l'objet infini. Et dès lors nos intelligences finies, en tant que l'intellection en soi fait corps avec elles, deviendraient parties prenantes d'une possibilité de réalisation à l'étage divin, puisque cette réalisation étant en soi finie ne serait plus en contradiction avec leur nature finie.

Il semble bien que cette distinction de deux transpositions de l'intellect en soi à l'étage du divin soit recevable. Ce qui répugne, c'est un fini actuellement infini. Un infini potentiel n'est pas contradictoire, car, le fait qu'il est potentiel l'exige, en tant qu'être cet infini est fini. Comment donc est-il infini ? En ce sens qu'il tend efficacement vers un objet infini, encore qu'il y tende et l'atteigne de [345] la manière finie qui convient à un être fini. L'être intentionnel d'un être fini peut donc être, d'une certaine façon, infini.

On dira : Mais alors, pourquoi refuser d'admettre dans la vision béatifique une *species* créée, précisément parce que son être intentionnel serait infini ? – Je réponds que le cas n'est pas le même. Une *species* intelligible est représentatrice de son objet ; elle fait fonction de cet objet au sein de la puissance connaissante, *vices gerit ipsius ;* son être intentionnel n'est donc pas autre chose que l'objet lui-même conçu dans son *être* intelligible. Et ainsi, la même intelligibilité se retrouve dans l'objet et dans sa *species*. Or l'être intelligible de Dieu est infini : il n'est pas moins *acte pur* que son être ontologique. S'il était quelque chose de créé, comme une *species* représentative, il ne serait plus l'intelligibilité de Dieu. Et alors, l'intelligence qui, par cette *species*, ferait acte de connaissance, ne deviendrait pas, dans l'ordre intelligible, Dieu lui-même, ce qui est proprement voir l'essence de Dieu [545].

Tout autre est l'être intentionnel d'une vertu, d'une énergie créée qui *tend* vers Dieu, non comme une représentation vers son objet, mais comme une faculté connaissante. Il n'y a plus ici cette convenance ontologique, qui fait qu'une forme, participant Dieu représentativement, est le même être que Dieu. Il n'y a que la convenance objective d'une tendance à son terme, *habitudo ad objectum,* qui se rencontre en tonte capacité de connaître vis-à-vis de son objet spécificateur[546], Une telle vertu proportionne [346] simplement la puissance à son objet, en ce sens qu'elle l'habilite à faire des actes de connaissance et d'amour de Dieu tel qu'il est en lui-même, *operando circa Deum, cognoscendo et amando ipsum* [547]. Cela suffit pour qu'elle soit de l'ordre divin, comme tendance et participation : cela ne l'empêche pas d'être, en soi, une réalité finie et créée.

C'est là tout ce que nous pouvons dire de plus cohérent sur ces choses profondes si nous nous en tenons à nos lumières rationnelles. Pour affirmer dans nos esprits la possibilité de cette transposition, à la fois finie et infinie, de notre intellectualité, et surtout pour nous assurer de sa réalité effective, il faudra faire intervenir le dogme de la vision béatifique. En nous enseignant que Dieu tel qu'il est en soi est vu tout entier, *Deus totus,* par les âmes béatifiées, encore qu'il ne soit pas compris par elles, et que le mode de leur vision de Dieu reste inadéquat à l'intelligibilité infinie de son objet, la foi nous enseigne non seulement qu'il peut exister, mais qu'il existe en fait, une réalisation de notre intellect, *intellectualitas gratiae* [548], qui, finie en soi, est intentionnellement infinie. Ce que la réalisation dans nos intellects créés de l'intellect en soi nous faisait prévoir comme une possibilité, apparaît, grâce à la Révélation, effectif.

---

[545] 1. Cf. *infra*, p. 37S.
[546] 2. *Nihil prohibet esse proportionem creaturae ad Deum secundum habitudinem intelligentis ad intellectum, sicut et secundum habitudinem effectus ad causam. Contra Gentes*, L. III, c. XLIV, fin.
[547] 1. JEAN DE SAINT-THOMAS, *Cursus theol.*, I^a II^{ae}, Q. CX, disp. 22, a. 1, n. 12-13.
[548] 1. *Ibid.*, n. 12.

Et donc, parce que réalisation concrète de l'intellect en soi, notre intellect possible, considéré dans son armature de fond, possède radicalement une possibilité de transposition dans la sphère de [347] l'intellect divin. La MARGE en perspective est véritablement EXPLOITABLE.

Mais exploitable par qui ? Est-ce par nous ? Nullement ! Car il demeure entendu que cette transposition ne saurait se réaliser par la vertu propre de notre intellect humain, même pris absolument, comme *Mens*, en dehors de toute considération de son union avec le corps : et cela parce que la puissance propre de notre *Mens* est finie. Cependant le fait que notre *Mens* est une réalisation de l'intellect en soi, lequel est transposable de plein droit à l'étage de l'intellect divin, prouve qu'il n'y a pas de répugnance et de contradiction à ce que notre *Mens*, par la médiation de l'intellect en soi, soit élevé à la hauteur de l'intelligible divin, et participe ainsi de l'intellect divin, pourvu que ce soit d'une manière finie, Il y a donc, en lui, une capacité passive de recevoir les perfectionnements intellectuels subjectifs qui l'habiliteront à participer l'intellectualité divine jusqu'à pouvoir effectivement prendre pour objet, d'une manière finie, l'objet même de l'intellection divine. La MARGE en perspective est ainsi exploitable, mais exploitable par Dieu seul.

Car Dieu seul peut tout ce qui n'est pas en contradiction avec les natures qu'il a créées : il n'a qu'à vouloir, et de par la capacité obédientielle « transcendantalement imbibée dans notre intellect [549] », du fait de la réalisation en lui de l'intellect comme intellect, notre âme intellectuelle recevra ces participations ontologiquement finies, mais intentionnellement infinies, de l'intellectualité divine qui s'appellent [348] la lumière de gloire et, sa raison séminale, la grâce sanctifiante.

Le fondement dernier, en même temps que la vraie nature de la puissance obédientielle de l'âme humaine à la vision divine et à la vie surnaturelle qui achemine efficacement à cette vision, nous sont ainsi livrés par la structure analogique de l'intelligence. C'est là qu'est le fond du problème de notre élévation au surnaturel et son explication ultime du côté de son sujet récepteur.

---

[549] 1. JEAN DE SAINT-THOMAS, *Cursus theol.*, Iᵃ, Q. III, a. 2, n. 21.

*
** **

Avec cet article se trouve donc achevée et comme épuisée notre étude constructive du SUJET RECEPTEUR DE LA VIE DIVINE. La puissance obédientielle, qui jaillit de ses profondeurs, a mis l'âme en état de réceptivité pure, mais totale et prochaine, vis-à-vis de ce surcroît divin ; l'âme humaine nous apparaît désormais constituée *in sua ultima linea essendi,* comme sujet récepteur du Surnaturel.

C'est à la grâce sanctifiante maintenant d'actualiser ce sujet pour lui donner d'accomplir l'œuvre de vie divine que la foi catholique lui assigne.

[349]

CONCLUSION GÉNÉRALE DE LA PREMIÈRE PARTIE

Nous nous sommes proposé dans cette *Première partie* de dresser en pied le sujet propre de la vie divine dont Dieu veut bien nous communiquer la participation.

LIVRE I. – Ce sujet, nous l'avons cherché dans l'homme, dans le composé humain, comme nous y invitait la foi en nous enseignant que l'homme tout entier est béatifié ; nous avons été amenés, par la suite, à reconnaître dans le seul *Esprit humain, Mens*, la capacité proprement réceptrice d'une vie divine.

Le *Mens* est pour saint Augustin la puissance intellectuelle elle-même, considérée à l'état concret de substance ou d'essence : c'est encore, selon l'interprétation de saint Augustin par saint Thomas, *essentia animae cum tali (intellectuali) potentia.* Pour saint Thomas, le *Mens* est plutôt l'essence même de l'âme, mais considérée dans sa partie supérieure, *in quantum ab eâ nata est progredi talis (intellectualis) potentia.*

Pour tous deux, « ce n'est pas l'âme, mais ce qui est excellent dans l'âme qui est nommé *Mens* [550] ».

[350] LIVRE II. – Dans l'indivisible simplicité de son essence, le *Mens* nous est apparu intérieurement scindé, d'une scissure purement de l'ordre intelligible, en deux parties, et donc posséder une structure interne.

Avec saint Augustin d'abord, nous avons analysé cette structure. Nous avons reconnu, à la lumière des deux premières images de la Trinité de ce Père, que le *Mens,* considéré dans sa substance même, comme intelligible par soi et aimable par soi s'opposait réellement, quoique habituellement, à soi-même, en tant que capable de se connaître et de s'aimer. Puis, réfléchissant que le *Mens* est essentiellement une image du Dieu un et trias, nous en avons conclu avec

---

[550] 1. SAINT AUGUSTIN, *De Trinit.,* L. XV, n. 11.

saint Augustin que, dans la substance même de l'âme, une relation doit être posée qui réunit *habituellement le Mens* capable de se connaître et de s'aimer au Dieu dont il est l'image, devenu par là son objet naturel et comme immanent. Le « lieu de la nativité » de la vie divine en nous, s'est trouvé de ce fait mis en lumière.

La troisième Image de Dieu augustinienne a enrichi la positivité de cette découverte, en manifestant dans l'âme, en plus de l'image analogique de Dieu, la présence et la demeure habituelle du Dieu cause, capable par ses illuminations de conformer l'âme à soi. Coordonnée naturellement, dans son fond, *à* cette divine et active présence de son Dieu, l'âme n'a plus qu'à attendre de la grâce l'énergie divine de la *Sagesse,* qui rendra effective et totale, en la refondant radicalement, sa capacité de rejoindre Dieu.

A ces envolées psychologiques d'Augustin nous avons joint les analyses concordantes mais plus précises [351] de saint Thomas d'Aquin. Par des approches successives dont la structure spirituelle des anges et de notre âme, dans l'état de séparation, ont fait les frais, nous sommes arrivés à cette conclusion que le *Mens* humain, étant dans son essence même, habituellement, l'objet de sa propre connaissance, possède la même structure que tout esprit, siège et théâtre, voire même, dans l'intention divine, pierre d'attente des accroissements divine de la vie surnaturelle.

LIVRE III. – Le siège de la vie divine, *le lieu de la nativité* une fois découvert au sein de notre sujet récepteur, il ne restait plus qu'à s'enquérir, pour compléter son étude, de la capacité du *Mens* en regard de cette vie divine. Avec saint Augustin d'abord, on a reconnu que cette capacité était purement et simplement réceptrice et que la raison causale de la grâce, conservée en Dieu, ne trouvait dans l'âme qu'une possibilité, une non-contradiction, à être infusée à l'âme, par une reprise, toute gratuite, de son œuvre par la volonté divine.

Le même résultat a été atteint, tant par la discussion de l'idée d'une puissance obédientielle active, s'appuyant sur le désir naturel de voir Dieu et *sur* la vitalité humaine de nos actes surnaturels, que par l'examen direct de la valeur analogique de l'intellect en soi, et de la possibilité qui en résulte pour notre intellect humain, analogue de l'intellect en soi, d'être élevé à l'ordre de l'intellect divin.

*
* *

Avec son caractère d'Esprit, de *Mens,* avec cette scissure [352] de l'ordre intelligible entre le Dieu créateur immanent en lui et sa nature capable habituellement de le connaître et de l'aimer, lieu d'élection pour la nativité d'une vie divine, avec sa puissance obédientielle passive s'ouvrant sur la toute-puissance de Dieu pour recevoir les énergies divines qui lui donneront de rejoindre *efficacement,* habituellement d'abord, puis dans les actes de la vie surnaturelle, enfin dans la vision, le Dieu qui est son objet congénital, mais inénarrablement inconnu, – notre Sujet récepteur de vie divine, désormais achevé dans ses lignes de sujet récepteur, s'offre et s'expose aux initiatives prévenantes de la divine Bonté [551].

---

[551] I. La suite, pp. 357 et suivantes.

SECONDE PARTIE
LA GRÂCE SANCTIFIANTE

PROLOGUE

La nature d'un être, dit saint Thomas, est constituée principalement par sa forme spécifique, c'est-à-dire par l'élément intrinsèque qui définit cet être, et ainsi détermine sa collocation parmi les prédicaments, ce qui revient à lui donner une place bien à lui dans l'ensemble des êtres [552].

Mais, ce caractère d'ordre ontologique se complique, en toute nature, d'un autre caractère qui l'oriente vers son activité, caractère spécialement apparent dans les êtres vivants, auxquels appartient, par excellence, le qualificatif de *natures*.

Seuls, en effet, les vivants *naissent,* à proprement parler ; car, *naître,* c'est être produit par un autre être en vertu de ce qu'il a de plus lui-même, sa forme. L'être qui naît est quelque chose d'essentiellement dépendant de la nature de son générateur, sans cependant demeurer en lui comme s'il était son accroissement ; tout au contraire, il s'en détache pour exister d'une existence propre[553]. La naissance [354] nous appareil ainsi comme une opération qui, partie d'une nature ou forme naturelle, aboutit à une autre forme identique en nature : *Natura = nascitura* [554].

Les natures vivantes étant génératrices de leurs semblables en nature, sont ainsi caractérisées par une forme qui est, tout à la fois, constitutive de leur être et principe de l'engendrement de formes naturelles semblables. Ce caractère a été étendu cependant aux non-vivants, par analogie, pour ce qui concerne tant leur être que leurs effets ou opérations, toutes les fois que ceux-ci portent en eux l'empreinte de la forme dont ils proviennent. D'où la définition dynamique

---

[552] 1. Saint Thomas, *Comment, in Metaphysicam Aristotelis,* édit. Cathala, 826.
[553] 1. *Ibid.*, 808, 811-815.
[554] 1. *Ibid.*, 826

de la nature par Aristote : *principium motus et quietis in eo, in quo est, primo et per se, et non secundum accidens*[555].

Cette double orientation de la forme naturelle des êtres, simultanément vers le dedans et vers le dehors, n'offense pas l'indivisibilité absolue de toute forme spécifique. Mais, pour comprendre cela, il faudra admettre que la forme naturelle d'un être n'est pas immédiatement opérative. C'est l'office des puissances ou facultés, qui sont, d'ailleurs, en tout vivant, des émanations internes de sa forme, ses propriétés, de s'aboucher directement à l'opération. Le rôle dynamique de la forme naturelle se borne uniquement à communiquer à ces puissances le virus spécificateur qu'elle possède et qui est sien. Cette imprégnation retentit évidemment sur les opérations des puissances. A l'être total, concret, constitué tant par sa nature foncière que par ses accidents, spécialement ses puissances opératives, il [355] revient de produire effectivement ses opérations naturelles, sous l'ébranlement du premier moteur, source unique de toute activité de plein exercice : *actiones sunt suppositorum*. Quant à la forme naturelle, elle demeure impassible dans son indivisibilité de nature spécificatrice tout à la fois de l'être qu'elle détermine en soi, et de l'action qu'elle qualifie par l'intermédiaire des puissances.

Ainsi se concilient, dans la forme naturelle, sa fixité indispensable à un principe déterminant l'être ontologique, et son orientation foncière et initiale vers le mouvement, caractéristique de tout principe d'action.

C'est en ces termes que nous entendons que toute nature est à la fois forme spécificatrice et *dynamogène* c'est-à-dire radicalement dynamique.

Il va de soi que lorsque le concept de nature, avec la réalité qu'il désigne, est transposé en Dieu, le vivant par excellence, il n'implique pas sa naissance, ni sa dépendance vis-à-vis d'un générateur, non plus qu'une détermination proprement spécifique. Ces imperfections *de* la nature créée doivent être exclues, selon les règles de la transposition analogique, de l'Être premier, de l'Être in-

---

[555] 2. *Ibid.*, 810. Cf. *Comment. S. Thomae in II Physicorum*, lect. I, § *Est igitur* ; Cf. pour tout cet exposé, *Summa theol.*, III P., Q. II, a. 1.

fini. Il reste cependant que *la nature de Dieu* exprime, selon un mode suréminent, ce qui est conçu par nous tout à la fois comme le principe formel de l'être divin et l'origine foncière de ses attributs et de ses opérations propres.

Par conséquent, si la grâce est une qualité faisant participer son sujet à la nature divine, ces deux aspects, l'aspect formel et l'aspect dynamique, doivent se retrouver en elle. Elle devra [356] être conçue comme principe de divinisation de notre être, en même temps que principe foncier de l'orientation de ce même être vers des opérations d'ordre divin. L'*esse in* de la grâce se concilie, comme en toute nature, comme en Dieu, avec un *esse ad* proportionné. Au premier point de vue, elle nous apparaîtra comme une participation ontologique, réelle, de la nature divine ; au second point de vue, comme proportionnant radicalement l'âme à la saisie de Dieu, tel qu'il est en soi, par les actes de la connaissance et de l'amour.

C'est de cette manière que saint Thomas conçoit la grâce sanctifiante lorsqu'il la divise en *grâce opérante,* dont l'opération consiste à justifier l'âme, et *grâce coopérante,* qui est la même grâce, en tant qu'elle forme avec l'âme le principe unique des actes méritoires, et coopère ainsi à leur émission [556].

Nous partagerons donc cette Seconde partie en deux Questions :

I. – Si, au point de vue ontologique de son *esse in*, comme qualité spécificatrice, la grâce est une participation de la nature de Dieu ?

Il. – Comment la grâce sanctifiante, considérée au point de vue dynamique, nous destine à la vision de Dieu tel qu'il est en soi ?

---

[556] 1. SAINT THOMAS, *Summa theol.*, I^a II^{ae}, Q. CXI, a. 2, c. § *Si vero*. Cf. *De Verit.*, Q. XXVII, a. 5, ad 2^m, 3^m, 5^m, 17^m, 18^m. — II *Sent.*, Dist., XXVI, a. 4, c. ad 1^m, 2^m, 5^m ; a. 5, ad 3^m.

[357]

QUESTION I
SI, AU POINT DE VUE ONTOLOGIQUE DE SON *ESSE IN* COMME QUALITÉ SPÉCIPICATRICE, LA GRÂCE EST UNE PARTICIPATION DE LA NATURE DE DIEU ?

PROLOGUE

Sur l'âme spirituelle, en puissance de vie divine, veille et s'épanche la Bonté du Tout-Puissant [557].

Saint Paul a décrit, en termes exultants, cette foncière origine et ce tout premier jaillissement du don de Dieu : « Dieu, dit-il, riche en miséricorde, en vertu de la charité incomparable avec laquelle il nous a aimés alors que nous étions morts du fait de nos péchés, nous a vivifiés dans le Christ…, pour montrer en exercice, dans les siècles à venir, la surabondante richesse de sa grâce, par sa bonté à notre égard dans le Christ Jésus[558]. »

Ce cri si émouvant de l'Apôtre met en relief, et la cause divine de la grâce, et l'effet de cette cause reçu en nous : sa cause, a l'excessif amour » de Dieu pour nous, son effet, une grâce surabondante qui nous sauve et, à la lettre, nous *régénère*.

D'où le partage de cette Question en quatre brefs articles [559], dont un seul consacré à la *cause,* les trois autres à *l'effet.*

[358] I. – Comment s'opère le passage de l'amour efficace de Dieu pour nous, au don de la grâce Créée et inhérente en l'âme ?

II. – Qu'est-ce en soi, comme réalité ontologique, que la grâce sanctifiante ?

III. – Si la grâce sanctifiante est distincte des vertus infuses ?

---

[557] 1. Cf. *Première partie*, L. I, Q. I ; L. III, Q. III. Spécialement la finale p. 348.
[558] 2. *Eph.*, II, 4-7.
[559] 3. Cette Question se propose de résumer les notions indispensables pour notre but spécial, d'après *Summa theol.*, Iª IIᵃᵉ, Q. CX. Ce n'est pas une exposition *ex professo* de la matière.

IV. –Si le sujet récepteur de la grâce sanctifiante est l'essence même de l'âme ?

ARTICLE I
Comment s'opère le passage de l'amour efficace de Dieu pour nous au don de la grâce créée et inhérente en l'âme ?

La Réforme, ennemie des entités scolastiques, jusqu'à leur préférer une psychologie anthropomorphique de la Divinité, n'a voulu voir dans le Don de Dieu qu'un pardon, analogue au pardon de l'homme ; qu'une justification extrinsèque et toute morale qui laisserait le pécheur en son état, et déclarerait simplement la non-imputabilité de ses fautes, en raison de la médiation du Christ. La grâce c'est la faveur divine rendue à l'homme : elle est tout entière en Dieu. Il n'y a pas, en l'homme régénéré, de grâce reçue, correspondant à la gracieuse et toute-puissante intervention du Dieu sauveur.

C'était oublier que Dieu est, avant tout, l'Être par soi, et que l'Être par soi ne saurait intervenir effectivement dans sa créature que d'une façon en produisant de l'être. Or quel amour plus absolu [359] que la *nimia charitas* présidant à notre justification ? Qui a compris que Dieu est le seul Être vrai., comme dit Bossuet, comprend du même coup, qu'à son amour, lorsqu'il est absolu, doit correspondre, au sein de l'être qu'Il aime, une réalité excellente. Le Premier Réel, ne saurait aimer efficacement qu'en *réalisant*.

Combien plus pénétrantes sont les vues de saint Thomas : « Il y a lieu, dit-il, de faire mie différence entre la bienveillance *(gratiam)* de Dieu et la bienveillance *(gratiam)* de l'homme. Comme le bien de la créature provient de la volonté divine, il s'ensuit que de l'amour par lequel Dieu veut le bien de la créature résulte un bien dans la créature. La volonté de l'homme, tout au contraire, est mise en branle par l'attrait d'un bien qui préexiste dans les choses. En conséquence, l'amour de l'homme ne cause pas totalement la bonté d'une chose, mais la suppose, an moins en partie. Il est donc manifeste que de tout amour de Dieu résulta la production d'un bien dans la créature, encore que ce bien soit réalisé dans le temps et non coéternel à l'amour qui le produit. On est amené d'ailleurs à distinguer en Dieu deux sortes d'amour pour la créature, en rapport avec les différents biens qu'il lui élargit : un amour général, par lequel il aime tout ce qui est, et duquel résulte l'être naturel des choses créées ; un amour spécial en vertu duquel il attire, au-dessus de sa condition, la créature raisonnable à la participation du Souverain Bien. Seule, cette dernière dilection est absolue, parce que, en *aimant* ainsi quelqu'un, Dieu lui veut le Bien éternel, absolu, qu'Il est lui-même. Et donc, dire que l'homme a la grâce de Dieu, [360] c'est admettre dans l'homme l'existence d'une réalité surnaturelle issue de Dieu [560]. »

Le Concile de Trente, condensant de nombreuses autorités scripturaires, a fait sienne, non la déduction, mais la conclusion de saint Thomas, en définissant que la justification des hommes s'opère par la grâce et la charité qui sont répandues dans leurs cœurs par l'Esprit Saint, et *qui leur sont inhérentes*[561],

Le chapitre VII du Décret *De Justificatione* du même Concile, et le Concile de Vienne tenu antérieurement, ne laissent d'ailleurs aucune prise à un doute raisonnable touchant la nature d'*habitus* créés, inhérents dans l'âme et faisant corps avec elle, qui convient à la grâce et à la charité[562].

Plus explicite encore, le Catéchisme du Concile de Trente définit la grâce « une *qualité* divine inhérente à l'âme… à laquelle s'ajoute le très noble cortège des vertus infusées divinement en l'âme avec la grâce[563] ». C'est de cette doctrine que s'inspirera enfin la condamnation de Michel du Bay, de laquelle il résulte que la justification de l'impie consiste formellement dans une grâce infusée à l'âme, par laquelle celle-ci, adoptée par Dieu, est renouvelée selon l'homme intérieur et rendue participante de la nature divine[564].

C'est donc une vérité catholique que la grâce [361] sanctifiante est une réalité créée, appartenance et propriété de l'âme. Il y a une grâce subjective,

---

[560] 1. *Summa Theol.*, I^a II^{ae}, Q. CX, a. 1, c.
[561] 2. *Sessio* VI^a, *De Justificatione*, can. 11.
[562] 3. *Prop. 42 M. Baii*, Denziger, 1042 (920).
[563] 4. *Divina qualitas in anima inhaerens, Catechismus ad Parochos*, p. II, De Baptismi sacr., n. XLII.
[564] 5. *Concilium Viennense, Errares Petri Joannis Olivi*, Denziger, 483 (410).

puisque la grâce créée ne constitue avec le sujet de la vie divine, l'âme, qu'un seul être.

ARTICLE II
Qu'est-ce, en soi, comme réalité ontologique, que la grâce sanctifiante ?

Saint Thomas répond : C'est une qualité habituelle, infusée à l'âme par Dieu.

« Dieu pourvoirait-il moine aux créatures qu'il aime jusqu'à leur procurer un bien surnaturel, qu'à celles qu'il aime en vue du bien qui est selon leur nature ? Or, celles-ci ne sont pas simplement mues du dehors par Dieu à leurs opérations : elles reçoivent de Dieu des formes et des énergies, qui sont de véritables principes pour leur action, de sorte que, en elles-mêmes, elles sont inclinées vers les mouvements qu'elles émettent. Grâce à, ces formes qui sont leurs, les créatures agissent, sous la motion de Dieu, d'une manière conforme à leur nature et avec aisance, selon le mot de la *Sagesse : Il dispose tout avec suavité*. S'il procède ainsi à l'égard de simples créatures, à plus forte raison Dieu se doit-il d'infuser à ceux qu'il destine à la saisie du bien éternel, des formes, des qualités surnaturelles, en vertu desquelles, suavement, promptement, ils seront mus par lui vers la conquête du bien surnaturel. Le don de la grâce *est* donc une sorte de qualité[565]. »

Cette argumentation repose premièrement sur la sagesse et la bonté de la Providence ; et, secondairement, [362] sur l'ordre harmonieux qui ne peut manquer d'exister dans l'organisation du monde tant naturel que surnaturel, avec quelque chose de plus accentué en faveur de ce dernier, en raison de sa fin plus hante et plus chère à Dieu. C'est un argument *a fortiori* qui trouve son point de départ et sa base positive dans le fait de l'organisation psychologique naturelle de l'homme. Les trois vérités incontestables qu'il met en œuvre : Providence divine, supériorité transcendante de latin surnaturelle, perfection de l'agencement naturel de l'être créé en vue de sa fin propre, tout inférieure qu'elle soit,

---

[565] 1. *Summa theol.*, I^a II^{ae}, Q. CX, a. 2.

en font un argument décisif dans son genre. Si Dieu est vraiment provident et si sa Providence a accordé à la nature des énergies habituelles qui, sous sa motion, rendent les actions humaines vitales et spontanées, comment n'en serait-il pas de même de la vie surnaturelle qui est la plus haute réalisation de notre vie ?

ARTICLE III
Si la grâce sanctifiante est distincte des vertus infuses ?

Cependant cette déduction de saint Thomas ne laisse pas de poser une nouvelle question dont l'examen va nous conduire tout droit au fond de notre sujet. C'est comme principe immanent d'action surnaturelle que l'être créé de la grâce est requis par saint Thomas. Or, le principe immédiatement ordonné à l'action, c'est la vertu active. Si le raisonnement de saint Thomas conclut pour la grâce, ne serait-ce pas qu'elle est identique aux vertus surnaturelles ?

[363] Aussi bien la Révélation ne nous apporte sur ce sujet précis aucun renseignement décisif : saint Augustin a bien dit, comme le note saint Thomas, que « la grâce précède la foi et aussi la charité... en celui à qui elle est donnée [566] ». Mais, pour saint Augustin, cette grâce ne serait-elle pas tout simplement l'acte justificateur, tout au plus, selon les idées courantes du saint Docteur, la raison terminale de l'irradiation justificatrice ? Quelle est cette raison terminale, grâce sanctifiante ou charité ? Si l'on en croit le Maître des Sentences qui a **si** littéralement commenté les textes de saint Augustin, grâce et charité seraient une seule et même réalité : grâce, si on l'envisage du côté de l'amour de complaisance, gracieux et gratuit qui nous la confère ; vertu, si on la considère comme énergie surnaturelle diffusée dans le juste par le Saint-Esprit. Le Concile de Trente, par ailleurs, tout en disant que la grâce et la charité sont inhérentes en l'âme, n'a pas formulé leur distinction ; et même, si je ne me trompe, l'on sent, dans ses formules, une certaine préoccupation de ne pas compliquer son affirmation contre les protestants, de l'être créé de la grâce, par une question sur laquelle il suffisait que le Concile de Vienne eût marqué les préférences de

---

[566] 1. *De Dono Perseverantiae*, n. 41. Cf. *Summa theol.*, I^a II^{ae}, Q. CX, *Sed contra*.

l'Église. Et c'est pourquoi, malgré la définition de la grâce sanctifiante donnée par le Catéchisme du Concile de Trente, et la condamnation de la proposition XLII de Baïus, quelques théologiens ont pu continuer de soutenir l'identité de la grâce et de la charité[567].

[364] Cette réserve de l'Église entrains pour ce qui va suivre une note théologique spéciale. La distinction de la grâce *et de, la* charité peut être récusée, pourvu que ses négateurs attribuent à la charité tous les effets de la grâce, adoption, nouvelle naissance, filiation divine, etc. Elle n'est pas définie comme un dogme. Mais c'est, d'après des autorités tant scripturaires qu'ecclésiastiques de tout ordre, une vérité d'enseignement catholique, choisie de préférence comme plus probable dès le Concile de Vienne, nettement insinuée par le langage du Concile de Trente, explicitement adoptée par son *Catéchisme* [568].

C'est, en tout cas, une doctrine tellement liée avec l'enseignement doctrinal, savant et catéchistique, que la contredire ne va rien moins qu'a désorganiser tonte la théologie reçue de la grâce sanctifiante. C'est, enfin, une doctrine rationnellement évidente, une fois admis certains principes de foi, comme saint Thomas va nous le montrer.

Après avoir rapporté l'opinion de Pierre Lombard, saint Thomas prononce ces mots forts : *sed hoc stase non potest, cela* ne peut tenir debout. Et voici la raison qu'il en donne : « Qu'est-ce qu'une vertu sinon une certaine disposition propre aux êtres parfaits ? Ainsi pensait Aristote qui ajoute : J'appelle *parfait* l'être qui est disposé selon la nature. La vertu est donc en relation avec une nature préexistante : elle existe quand un être est disposé selon qu'il convient à sa nature. Cela se vérifie dans les vertus acquises par des actes humains réitérés : les vertus acquises ne sont donc que des dispositions [365] qui modifient l'homme d'une manière qui s'harmonise avec la nature par laquelle l'homme est homme. Mais les vertus infuses modifient l'homme d'une manière supérieure, eu regard d'une fin plus haute. Cela suppose nécessairement qu'elles s'adressent (dans l'homme) à une nature plus élevée (que la nature humaine).

---

[567] 2. Cf. la discussion du P. B. Froget avec M. l'abbé de Bellevüe, *Revue thomiste*, 1902, pp. 245-249, 336-347, 584-568.
[568] 1. Cf. JEAN DE SAINT-THOMAS, *Cursus théol.*, I^a II^{ae}, Q. CX, disp. 22, a. 2, n. 4, éd. Vivès, t. VI, p. 797.

Que peut être cette nature supérieure, sinon la nature divine participes[569], cette lumière de la grâce, dont saint Pierre parle en ces termes : « Dieu vous a donné (dans la gloire et la vertu du Christ) des arrhes grandes et précieuses, afin que (ou telles que) par elles vous deveniez participante de la nature divine » ? *C'est par la réception, en nous, de cette nature divine, que nous sommes dits régénérés* pour vivre en enfants de Dieu.

« Concluons donc que, si la lumière naturelle de la raison est quelque chose d'autre que les vertus acquises, et si celles-ci sont intimement caractérisées par leur relation à cette lumière naturelle de la raison, à son tour, la lumière de la grâce, participation de la nature divine, doit être quelque chose d'autre que les vertus infuses, qui dérivent de cette lumière et lui sont ordonnées. Dot l'Apôtre aux Éphésiens : *Vous étiez jadis ténèbres, vous voici maintenant lumière dans le Seigneur : vivez en enfants de lumière.* Et, en effet, comme les vertus acquises perfectionnent l'homme en vue d'une vie conforme à la lumière de la raison, ainsi les vertus infuses le perfectionnent en vue d'une vie en accord avec la lumière de la grâce[570].

[366] Saint Thomas, pour désigner la nature divine participée, comme d'ailleurs la nature rationnelle, se sert du mot *lumière*. C'est une expression qu'il emprunte à la Sainte Écriture. Quoi qu'il en soit de ce terme, qui n'est ici qu'une analogie, c'est bien *de* nature et de nature essentielle qu'il s'agit. C'est de toute première évidence pour la nature raisonnable ; ce n'est pas moins clair pour la lumière de la grâce, puisque celle-ci, dans le raisonnement de saint Thomas, est la réplique de la *lumière* de la raison. En appelant *lumière* l'une et l'autre nature, saint Thomas met simplement l'accent sur leur caractère spirituel. La lumière est l'analogie prédestinée pour faire ressortir le caractère tout à la fois réel et immatériel d'une nature. Saint Thomas nous semble dire ceci : Une vertu n'existe pas en l'air. Elle est la vertu d'un être, sa perfection. Or, elle ne saurait

---

[569] 1. *Istae virtutes eonveniunt homini secundum naturam (divinam) participatam.* SAINT THOMAS, I^a, Q. LXII, a. 1, ad 1^m.
[570] 2. *Summa theol.*, I^a II^{ae}, Q. CX, a. 3. Cf. JEAN DE SAINT-THOMAS, I^a II^{ae}, Q. CX, disp. 22, a. 2, n. 5.

perfectionner cet être qu'en parachevant la perfection fondamentale et constitutive qui le fait être tel être, c'est-à-dire sa nature. A telle nature donc, telles vertus ; et réciproquement. Aux vertus intellectuelles correspond la nature raisonnable ; aux vertus supra-humaines doit correspondre la nature divine participée.

Les vertus infuses existent, car c'est de foi, tout au moins en ce qui concerne les vertus théologales. Dès lors, la conclusion s'impose. Si la charité est une vertu divine par le but auquel elle tend, qui est le même que le but de la vie de Dieu, il faut, sous la charité, an fonds de nature divinisée. Or ce ne peut être la nature raisonnable toute seule : il faut donc que ce soit la native divine elle-même, en tant que participée par la nature raisonnable. Cette participation spéciale de la nature « nature » à la [367] nature « naturante » comme telle, nous la nommons grâce sanctifiante.

Une fois admis ce caractère de *nature* de la grâce sanctifiante, tout s'éclaire dans la Sainte Écriture. Nous comprenons la signification précise de ces mots : nouvelle naissance, régénération filiation divine. Il appartient en propre à une nature de naître, et à la communication d'une nature supérieure à une nature inférieure de *régénérer*, à proprement parler, c'est-à-dire de réengendrer celle-ci et de faire de celui qui la possède un enfant de Dieu.

La grâce sanctifiante donc, conçue comme la participation par l'âme de la nature divine, constitue le fonds indispensable de divinité, *sans* lequel, manquant de base proportionnée à leurs opérations d'ordre divin, les vertus infuses ne seraient pas *pour nous* des vertus [571].

---

[571] 1. Summa theol., I^a II^{ae}, Q. CX, a. 4 ; II *Sent.*, Dist. 26, Q. I, a. 4, c, ad 5^m fin.

ARTICLE IV
Si le sujet récepteur propre de la grâce sanctifiante est l'essence même de l'âme ?

De là il résulte, comme le note aussitôt saint Thomas[572], que le sujet d'inhérence de la grâce créée ne saurait être que l'essence même de l'âme, et non pas une de ses puissances. Celles-ci, de caractère explicitement dynamique, seront le siège des vertus infuses.

Avec ce dernier trait s'achève l'organisme de notre vie surnaturelle, calqué sur notre organisme [368] rationnel qu'il surélève divinement. Les vertus auront leur part dans la participation de la vie de Dieu, mais à leur rang et en dépendance de la grâce dont elles émanent, comme les propriétés *de* la nature qu'elles enrichissant. C'est ce que saint Thomas fait ressortir dans cette synthèse finale.
De même que, selon sa puissance intellectuelle, l'homme participe à la connaissance divine par la vertu de foi, et, selon la puissance de sa volonté, à l'amour divin par la vertu de charité, ainsi il participe dans la nature de son âme, selon une certaine ressemblance, à la nature divine, par une sorte de régénération ou de nouvelle création [573]. » Après ce que nous avons dit, ces lignes se passent de commentaire.

CONCLUSION

Nous voici ramenés en présence du sujet propre de la grâce sanctifiante, l'âme humaine dans son être spirituel, *Mens. Partis* de l'amour incréé et absolu de Dieu pour nous, nous avons vu cet amour s'affirmer dans un effet créé. Cet effet créé s'est ensuite caractérisé soue nos yeux comme une qualité informant notre âme. Cette qualité nous est apparue distincte, dans son être propre, des

---

[572] 2. Cf. JEAN DE SAINT-THOMAS, *Cursus theol.*, I^a II^{ae}, Q. CX, disp. 22, a. 2, n. 5-8.
[573] 1. *Summa theol.*, I^a II^{ae}, Q. CX, a. 4. Cf. JEAN DE SAINT-THOMAS, *ibid.*, a. 1, n. 10.

vertus infuses, qui, elles aussi, sont des qualités créées : celles-ci, en effet, supposent la grâce sanctifiante, participation de la nature divine qui remplit vis-à-vis d'elles cette fonction que toute nature accomplit vis-à-vis des vertus qui l'achèvent. Un dernier pas, et nous avons reconnu le caractère essentiel, et nullement [369] dynamique, du sujet d'inhérence de la grâce sanctifiante, lequel est la nature même de l'âme, intérieurement armée de la puissance obédientielle qui lui permet de recevoir de Dieu cette divine surélévation.

Ici nous faisons une pause et interrompons, mais pour le poursuivre aussitôt, le mouvement qui, parti de Dieu et de son amour efficace, n'aboutit à la grâce sanctifiante, considérée dans son être ontologique et statique, que pour rebondir aussitôt de l'être dynamogène de cette même grâce, et ne se terminer que dans la possession de Dieu.

[370]

QUESTION II
COMMENT LA GRACE SANCTIFIANTE, CONSIDÉRÉE AU POINT DE VUE DYNAMIQUE, NOUS DESTINE A LA VISION DE DIEU TEL QU'IL EST EN SOI.

PROLOGUE

La question de savoir *si* la grâce sanctifiante nous destine efficacement à la vision intuitive de Dieu est tranchée par la foi. Nous nous occuperons uniquement, dans cet article, des raisons, intrinsèques à la grâce sanctifiante, qui justifient cette destination. C'est la question du *Comment*.

Dans le *Prologue* de cette *Seconde partie,* nous avons vu que toute forme, outre son rôle statique de détermination spécifique de l'être qu'elle informe, exerçait une influence sur son activité en faisant participer celle-ci à sa propre détermination intrinsèque. Telle essence, telle activité.

Pour mettre en évidence le rôle dynamique propre à la grâce sanctifiante, nous devons donc partir de l'être ontologique de cette même grâce, c'est-à-dire de la définition donnée dans la *Question précédente* : La grâce est une participation formelle, par l'âme, de la nature divine.

Dans cette définition remarquons les trois éléments essentiels : 1° La grâce est une participation formelle (de Dieu) ; 2° Le sujet récepteur de cette participation est l'âme humaine ; 3° Ce que l'âme participe précisément, c'est la nature divine.

[371] Notre Question se trouve ainsi divisée en trois articles.

I. Si la *participation formelle* de Dieu, propre à la grâce, ajoute à la participation formelle de Dieu par les perfections absolues de l'être créé, une vertu dynamique, tendant vers l'essence divine comme vers un objet spécificateur ?

II. Si *l'âme,* par sa puissance obédientielle propre, est qualifiée pour recevoir cette vertu dynamique, qui transforme l'image analogique de Dieu qu'elle est déjà, en une image par conformation à l'essence divine ?

III. Que si, dans la définition de la grâce, l'on entend par ce mot : *nature divine,* non l'aséité, mais l'intellectualité divine, cette puissance dynamique de conformation à l'essence divine était incluse dans l'être ontologique de la grâce.

ARTICLE I
Si la participation formelle de Dieu, propre à la grâce, ajoute à la participation formelle de Dieu par les perfections absolues de l'être créé une vertu dynamique, tendant vers l'essence divine comme vers un objet spécificateur ?

D'une manière générale *participer* c'est recevoir d'un autre ce que l'on n'a pas par soi.

« Ce qui totalement estime chose ne participe pas à cette chose, mais, par son essence même, lui est identique. Ce qui, au contraire, n'est pas entièrement une chose, et donc lui ajoute, est dit, à proprement parler, participer d'elle [574]. »

[372] La grâce sanctifiante, qualité créée, est précisément dans ce second cas vis-à-vis de la nature divine. Elle n'est pas la nature divine ; elle lui ajoute sa nature d'accident créé et, pour autant, en participe. Cette participation est d'ailleurs réelle ; résultant d'une action divine, elle constitue une réalité créée.

Or, si l'on met à part la participation de l'union hypostatique, qui n'a pas à intervenir ici, il y a quatre manières possibles pour un être créé, de participer à un autre être.

Voyons d'abord ces modes : nous rechercherons ensuite lequel d'entre eux convient à la participation de Dieu que constitue la grâce.

---

[574] 1. Saint Thomas, *Comm. in Metaph. Arist.* L. I, lect. 10, édit. Cathala, 154.

I
Les modes de la participation.

1. – Il y a d'abord le mode tout à la fois formol et virtuel qui consisterait à participer de la forme ou nature d'un autre être en possédant une forme ou nature, capable soit de reproduire, soit de contenir en soi la forme même ou la nature possédée par cet autre *être*. Ainsi la semence est capable de reproduire la forme spécifique de son générateur. Ainsi la *species impressa,* représentation intelligible de l'objet, contient formellement, encore que virtuellement, cet objet. Dans ces deux cas, il y a participation formelle d'un être, mais cette participation est virtuelle, puisque l'essence du participant est ordonnée à produire ou à contenir la forme ou nature de l'être auquel il participe.

2. – A l'extrême opposé, nous rencontrons une participation qui n'a rien de formel et qui est parfois [373] nommée virtuelle dans un sens tout différent du précédent. Un effet quelconque participe de la vertu agissante de sa cause. C'est une participation, car il est clair qu'une cause ne donne, par sa vertu agissante, que ce qu'elle possède. Mais, la forme de l'effet n'existe dans la cause que d'une manière éminente. Il n'y a pas participation à la forme ou nature de la cause, il n'y a pas participation formelle. C'est ainsi que les formes spécifiques de toutes les créatures, participent de Dieu. Elles sont des effets, d'ailleurs quelconques, de sa toute-puissance, de sa vertu agissante [575].

3. – Entre ces deux extrêmes, nous rencontrons la participation formelle analogique proprement dite, telle qu'elle se rencontre dans les perfections absolues des créatures, être, vérité, bonté, intelligence, volonté…, etc. Ces perfections des créatures n'impliquant de soi aucune imperfection, et, partant, se transposent formellement en Dieu, dont elles constituent les attributs : elles ont seulement en Dieu un mode d'infinité qui ne se trouve pas dans la créature. Il y a convenance formelle entra ces réalités et l'être divin, appartenance formelle, bien qu'analogique, de leur nature à la nature divine. Ce sont, dans la créature, des effets propres de Dieu, qui imitent sa nature dans ce qu'elle a de propre, des

---

[575] 1. Jean de Saint-Thomas, *Curs. theol.,* I^a II^{ae}, Q. CX, disp. 22, a. 1, n. 5.

effets *per te, quarto modo*[576]. Sans doute ces effets résultent d'une intervention de la vertu agissante de Dieu, comme dans le second cas, mais il n'y a plus équivocité pure entre eux et la nature divine. Les perfections absolues des créatures ne sont pas des effets quelconques de [374] la vertu qui les cause, mais comme des projections de l'être divin dans le plan des créatures et des diminutifs de ce que sont, dans leur éminente nature, les attributs de Dieu. Ce sont, en soi, des réalités analogiques à Dieu et à l'être créé, distribuant proportionnellement leur forme dans ces deux plans de l'être.

4. – Ne pourrait-on pas, enfin, fondre la participation *formelle virtuelle,* nommée en premier lieu, avec la participation formelle *per se, quarto modo,* des perfections absolues ? La participation serait premièrement celle des perfections absolues, mais on y joindrait le pouvoir de reproduire ou de contenir la forme du *participé, avec* ce correctif que cette vertu, quand il s'agit de Dieu, ne pourrait tendre vers Lui que d'une manière inadéquate. Pour l'instant, nous ne proposons ce quatrième mode que comme une suggestion.

Telles sont les quatre manières de participer réellement à une nature, que nous pouvons mettre en ligne pour expliquer le premier élément de notre définition de la grâce sanctifiante. Quel est, parmi ces modes de participation, celui qui lui convient ?

II
Le mode de participation de Dieu par la grâce.

1. – Personne, que nous sachions, n'a explicitement avancé que la grâce, qualité créée, est dans un rapport de production ou de contenance vis-à-vis du Dieu de la gloire, v *Deus gloriosus »,* comme aime à le nommer Cajetan.

[375] Cependant une discussion s'est élevée à propos de la grâce consommée des bienheureux, sur la question de savoir si leur vision de Dieu s'opérait par le moyen d'une *species* impresse créée, qui serait la représentation aussi parfaite que possible de la Déité, et, en informant l'intelligence béatifiée, lui

---

[576] 2. Saint Thomas, *Comment, in Post. Analyt.,* L. I, C. X, *lect.* 10, § *Ponit quartum modum.*

donnerait de produire vitalement le verbe de la divine vision, comme nous produisons nos *species* expresses [577]. Ce serait, dans toute sa virulence une participation formelle et virtuelle de la Divinité, contenant, dans l'ordre intelligible, son objet. Une telle doctrine aurait naturellement son retentissement sur le formel constitutif de notre grâce sanctifiante, dont la grâce du ciel n'est que la consommation, et qui serait, selon toute la littéralité du terme, *semen Dei*.

Ce n'est pas le lieu de discuter *in extenso* cette opinion, mu a été réfutée par saint Thomas d'une manière décisive. Par une similitude d'un ordre inférieur, a-t-il dit, on ne peut connaître formellement un être supérieur ; par la similitude d'un corps, un esprit. Donc, à plus forte raison, par une *species* créée on ne saurait connaître l'essence de Dieu. Argument bref, mais sans instance possible, si l'on se rend compte qu'une *species,* comme telle, n'est autre chose que l'essence intelligible de l'être connu, dans l'être connaissant. Quelle *species* créée pourrait représenter l'essence intelligible de l'Acte pur[578] ?

C'est pourquoi saint Thomas admet que, dans la vision béatifique, l'essence divine elle-même tient [376] lieu de *species* impresse [579] et que, si la vision glorieuse ne laisse pas d'être vitale, elle n'est cependant pas productrice d'un verbe qui serait Dieu, mais unit simplement l'intelligence à l'essence divine, comme à une prodigieuse raison terminale[580].

Il n'y a donc pas lieu d'imaginer une grâce sanctifiante créée qui serait comme une vertu séminale complète, capable de contenir ou de produire l'être divin. La grâce n'est pas une participation virtuelle *per se primo modo* de Dieu ; elle n'est pas, dans toute la force du terme, « *semen Dei*[581] ».

---

[577] 1. JEAN DE SAINT-THOMAS, *Cursus theol.*, Iª IIae, Q. CX, disp. 22, a. 1, n. 5 et 7.
[578] 2. Cf. *Summa theol.*, Iª, Q. XII, a. 2 ; CAJETAN, *ibid* ; JEAN DE SAINT-THOMAS, *ibid.*, disp. 13, a. 3, spécialement n. 12, 18. Cf. in Iª IIae, disp. 22, a. 1, n. 8 et 13.
[579] 1. *Summa theol.*, *Ibid.*, a. 3.
[580] 2. *Ibid.*, a. 5, ad 2m. Cf. JEAN DE SAINT-THOMAS, *Ibid.*, a. 5.
[581] 3. JEAN DE SAINT-THOMAS, *Ibid.*, a. 8, n. 18. — Si la grâce sanctifiante subjective, complétée par la « grâce objective », c'est-à-dire par le Dieu substantiellement présent en toute créature, et spécialement se donnant à l'âme juste comme objet de sa pensée et de son amour, peut, en un certain sens, être comme une semence complète de la vision béatifique — c'est une autre question, qui sera examinée dans la Troisième partie de cet ouvrage.

2. – Personne, d'autre part, n'a songé à réduire la grâce sanctifiante au rang de participation virtuelle de Dieu, au sens commun du mot, selon lequel toute créature étant dépendante de la puissance divine, constitue une participation de sa vertu éminente. L'enfant de Dieu n'est pas un effet quelconque de la Toute-puissance, mais, vivant d'une vie proprement divine, il tient de la nature même de son Père divin.

3. – La participation de Dieu, propre à la grâce sanctifiante, serait-elle donc une participation formelle, par analogie, comme les perfections absolues ?

Il semble que ce ne soit pas assez dire. Si formelle, en effet, que soit la similitude de l'être divin dans ces perfections analogiques, être, vérité, [377] bonté, etc., qui, n'enveloppant dans leur concept aucune imperfection, sont propres à nous donner une idée des attributs du Parfait, cependant, aucune de ces participations véritablement formelles de Dieu ne saurait extraire le sujet créé qui les possède de l'être naturel des choses et le rendre participant de la vie divine et de son principe. En elles-mêmes, elles ne sont rien de divin. Or l'enfant de Dieu, par la grâce, est vraiment divinisé, en raison de la forme qui le qualifie et l'apparente à la nature qui fait que Dieu est Dieu [582]. Il y a là, cela est évident, une différence non plus de degré, mais d'essence. On ne pourra donc, sans réserve, classer la grâce sanctifiante parmi les perfections pures et simples, propriétés transcendantales de l'être en tant qu'être.

4. – Il ne nous reste plus qu'à nous tourner vers le quatrième mode de participation. Participer Dieu à la manière des perfections formelles analogiques, mais en accentuant ce caractère formel par un pouvoir, *virtus* de tendre efficacement vers l'essence divine, pour la saisir, comme un objet spécificateur. La tendance efficace vers un objet ne se comprend, en effet, que si cet objet est d'une certaine manière présent au principe de cette tendance, pour l'orienter vers lui-même ; que si, pour autant, la vertu, qui est ce principe, contient déjà cet objet.

Sans doute, il est d'autres perfections formelles analogiques, qui tendent vers l'objet divin, comme l'intelligence et la volonté. Mais elles ne sauraient

---

[582] 1. *Quasi Deus factus participatione*, SAINT THOMAS, III *Sent.*, Dist. 34, q. I, a. 3, c.

saisir Dieu qu'en le concevant, à l'aide d'images, tout au moins dans des concepts créés, finis, non en lui-même. Il n'y a là rien qui destine l'homme à [378] sortir de la nature créée commune, « *exuere hominem* » pour revêtir la nature d'un voyant de Dieu.

Il est clair que tendre positivement à la vision de Dieu, fait appel à d'autres capacités. Les possédons-nous ? Assurément, puisque la vision béatifique est un dogme. biais nous ne les possédons pas comme notre propriété. Notre âme, vis-à-vis d'elles, n'a qu'une puissance passive obédientielle de les recevoir. Nous sommes ainsi conduits à porter notre problème sur le terrain du sujet récepteur propre de la grâce, *l'âme,* qui aussi bien est le second terme de la définition de la grâce que nous commentons.

ARTICLE II
Si l'âme, par sa puissance obédientielle propre, est qualifiée pour recevoir cette vertu dynamique qui transforme l'image formelle analogique de Dieu, qu'elle est déjà par sa nature et sa grâce ontologique, en une image par conformation à l'essence divine ?

La puissance obédientielle commune à tout être créé ne laisse pas, nous l'avons dit [583], de devenir très spéciale en certains êtres. La non-contradiction, qui est son signe dénonciateur, se diversifie selon les natures, jusqu'à devenir en chacune d'elles une dénomination caractéristique de cette nature. « L'accident de blancheur chez un ange, dit curieusement han de Saint-Thomas, est en contradiction avec la nature spirituelle de l'ange : il ne l'est pas avec la nature du bois. Dieu donc, ne saurait faire un ange blanc tout au plus, s'il unissait [379] l'attribut de blancheur à une nature angélique, aurions-nous un ange « plaqué de blanc ». Ce jeu d'entités, plus qu'original, n'en fait pas moins saisir l'idée de son auteur, à savoir le rôle que joue la nature propre d'un être dans la détermination de ce qui lui est contradictoire.

---

[583] 1. *Première partie*, L. III, a. II, p. 262 sq. et Q. III, p. 321, 324.

C'est ainsi que l'eau du baptême peut être élevée à produire un effet purificateur surnaturel, mais ne saurait l'être à produire un acte vital de pensée, qui contredirait sa nature. L'âme humaine, au contraire, parce que foncièrement et vitalement intellectuelle, se prête à des accroissements de l'ordre intellectuel, parce que ces accroissements, ne contredisant pas sa nature propre, entrent dans la perspective d'attente indéterminée de sa puissance obédientielle. Celle-ci se trouve du coup circonscrite et distinguée de la puissance obédientielle commune.

Et dès lors, à la lumière de la puissance obédientielle naturelle à l'âme humaine, on entrevoit pour celle-ci des possibilités de participation de Dieu que ne connaissent pas les perfections pures et simples du créé. En tant que dotée de sa puissance obédientielle propre, la nature intellectuelle est ouverte à tous les perfectionnements qui ne répugnent pas à l'intellectualité.

Reste à se demander jusqu'où s'étend cette faculté réceptrice et si, par sa puissance obédientielle propre, notre nature intellectuelle peut participer d'une manière inédite l'intellectualité divine, et ainsi, saisir Dieu.

Cette nouvelle question [584] peut se poser à deux [380] points de vue qui sont d'ailleurs complémentaires.

Dieu est d'abord souverainement intelligible dans son être : il est, de plus, comme nature, souverainement intelligent. Intelligence et intelligibilité en Dieu sont infinies, et ces deux infinis sont d'ailleurs en corrélation. L'intelligibilité divine n'est accessible, dans toute sa compréhensibilité, qu'a l'intelligence infinie.

Participer Dieu, pour une nature intellectuelle finie, peut donc s'entendre en deux sens : se voir attribuer comme objet l'intelligible divin lequel est infini ; être renforcée subjectivement par l'intelligence divine, également infinie. On pressent d'ailleurs que si l'une de ces participations est donnée, elle entraînera l'autre.

---

[584] 1. *Nouvelle*, en ce sens que sa raison d'être est de déterminer *la nature de la grâce sanctifiante*. Il n'échappera pas que nous utilisons en partie les mêmes moyens de solution que dans la *Première partie*, L. III, Q. III, a. 4, § 3, p. 343. Mais c'était dans le but de déter miner la nature de la puissance obédientielle à la grâce sanctifiante.

I
L'ilote, de par sa puissance obédientielle, peut-elle se voir attribuer comme objet l'intelligible divin ?

Que l'intelligibilité divine puisse être l'objet de l'intelligence créée, c'est ce qu'établit le dogme de la vision béatifique. Que cette participation objective de Dieu ait son anticipation dans l'état de grâce, c'est ce qu'établit à son tour le dogme de la destination effective à la vision béatifique de tons ceux qui sont en état de grâce. Nous ne pouvons donc pas douter de hi possibilité de la participation objective de Dieu. Reste à savoir comment celle-ci peut [381] être possible. C'est demander ce qui, dans cette participation objective de l'intelligibilité divine, répugne ou ne répugne pas à la puissance obédientielle de l'âme.

Ce qui ne lui répugne pas, c'est l'intelligibilité objective de Dieu comme telle. En principe, rien de ce qui est objectivement intelligible ne répugne à une intelligence qui a pour objet l'être universel. Or c'est le cas de l'intelligence créée, si on la considère comme telle, comme *Mens,* abstraction faite du mode spécial, humain, qu'elle doit dans l'homme à l'union essentielle de l'âme et du corps. Dans ce qu'Il a de plus Lui-même, dans ce ;lui le distingue et sépare de tout autre être, dans sa Déité donc, Dieu étant intelligible, peut devenir l'objet de l'intellect humain, grâce à la puissance obédientielle propre à cet intellect.

Ce qui répugne, par contre, à cette participation, c'est le mode infini de l'intelligibilité divine. Dieu seul peut comprendre Dieu. L'infini de son intelligibilité demeure incommunicable. Quelle que soit l'extensibilité de la puissance obédientielle de l'intellect créé, dont l'unique mesure est la puissance infinie de son créateur, elle demeure toujours puissance obédientielle d'un être créé et, partant, finie. L'intelligence humaine pourra donc participer objectivement la Déité, mais d'une manière finie. Entendons bien que ce mode fini se tient tout entier du côté du sujet connaissant, qu'il n'altère point l'infinité de son objet. Que je voie de loin Pierre, ou que je voie ce même Pierre de tout prés, cela n'empêche pas que ce soit Pierre que je vois. Cet exemple, qui, comme tout exemple, a besoin d'indulgence, tend à manifester que la réalité d'un objet [382] peut n'être pas modifiée par les modalités de sa vision, pourvu qu'il y ait vision finie : le caractère fini de cette vision n'est pas dans l'objet, mais dans le sujet. L'objet infini peut s'offrir tel qu'il est à notre contemplation, comme à la contemplation de Dieu : mais celle-ci lui est adéquate, la nôtre inadéquate.

Par l'infini de cet objet, auquel elle peut être ordonnée, en vertu de sa puissance obédientielle, l'âme humaine dépasse nettement toutes les participations formelles de Dieu que recèlent les perfections pures et simples des créatures. L'intelligence naturelle elle-même n'atteignait Dieu qu'en fonction de ses effets, ce qui était faire rentrer Dieu dans la sphère de nos objets connaturels et accoutumés. Ici, au contraire, l'objet participé demeure dans toute sa transcendance. C'est bien la Déité en soi qui est objectivement participable.

Cependant, par le mode fini qui est le sien, la participation objective de la Déité par l'âme ne laisse pas de rentrer, comme une espèce, dans le genre des perfections pures et simples, qui, elles aussi, pour participer les attributs divins, doivent les dépouiller du mode infini qu'ils ont en Dieu. Infinie comme terme de la tendance objective de l'être intentionnel de l'âme, la participation objective de Dieu que nous pouvons avoir ne laisse pas d'être finie comme compréhension, limite qui lui vient da sujet en lequel elle se réalise.

Nous résoudrons donc cette première question en déterminant que la participation à l'objet divin, dont en vertu de sa puissance obédientielle l'âme est capable, est de l'ordre des perfections pures et simples des créatures, mais qu'elle les transcende [383] comme une espèce excellente, parce que participation, dans l'ordre intelligible, de la Déité elle-même, telle qu'elle est en soi, encore que d'une manière inadéquate.

II
L'âme, de par sa puissance obédientielle, peut-elle participer formellement l'intelligence divine ?

Il est bien certain qu'il y aurait répugnance s'il s'agissait de participer l'intelligence divine avec son mode infini, qui lui permet de *comprendre* la Déité. Mais nous avons vu que la Déité elle-même ne pouvait constituer un objet pour l'intelligence créée que si celle-ci envisageait un tel objet d'une manière finie, n'atteignant pas à la compréhension infinie. La participation du mode infini de l'intelligence divine n'a donc pas à être prise en considération.

Or une participation finie de l'intelligence divine par l'âme intellectuelle ne semble pas contradictoire. C'est un cas particulier de la loi de la participation finie des perfections infinies de Dieu, qui est le fait des perfections absolues[585].

Parmi celles-ci, l'intelligence humaine, par sa nature propre, est capable déjà de prendre Dieu comme objet, d'une manière finie en partant de la base des créatures. Nous n'oublions pas qu'elle ne le fait qu'en ajoutant au mode fini de cette intellection des diminutions d'intellectualité qui viennent de l'union de l'âme et du corps. Mais cela tient à ce que cet usage de l'intelligence, ne fait pas appel à [384] la puissance obédientielle de l'âme. Cependant, prendre Dieu pour objet est déjà un acheminement vers la participation finie de l'intelligence divine elle-même.

Que cette participation initiale puisse recevoir des extensions, cela ne répugne pas absolument, étant donné l'ordre de l'intelligence à l'être universel. C'est ce que nous avons longuement démontré dans le livre IIIe, art. 4, de notre *Première partie.*

La puissance obédientielle de l'âme s'étend donc jusqu'à la capacité de recevoir de Dieu, une participation finie de la vertu intellectuelle **de** Dieu : et comme, d'autre part, elle s'étend, comme nous l'avons démontré [586], jusqu'à la possibilité d'une participation objective de la Déité même, pourvu que l'objet divin soit intelligible *finito modo,* il suit que l'âme est capable de participer formellement l'intelligence de Dieu, sous la forme d'une énergie surajoutée à sa nature qui lui permettra de tendre efficacement vers la vision divine[587]. En raison du caractère de don gratuit que revêt cette participation, nous l'appelons grâce.

---

[585] 1. Cf. *Première partie*, L. III, Q. III, a. 4, pp. 344.
[586] 1. § précédent.
[587] 2. JEAN DE SAINT-THOMAS, *Cursus theol.,* I^a II^{ae}, Q. CX, disp. 22, a. 1, n. 11 : « *tanquam virtus elevata et ordinans ad illud, non ut habens in se infinitum modum participandi, quasi ipsa gratia sit expressio et participatio illimitata ex parte subjecti* ».

Nous pouvons maintenant répondre à la question demeurée en suspens à la fin de notre article 1[588], Il appert, en effet, que la participation de Dieu représentée par la grâce sanctifiante, appartient au quatrième parmi les modes de participation, recensés en ce paragraphe. C'est une participation formelle, à [385] l'instar des perfections absolues, puisqu'elle participe à une perfection divine, l'intelligence même de Dieu, en la dépouillant de son mode infini. Mais c'est une participation majeure et excellente, apparentée au premier mode de participation décrit dans ce même article, puisqu'elle s'effectue sous les espèces d'une énergie qui renforce notre intelligence jusqu'à lui donner d'atteindre la Déité même et de lui devenir conforme, encore que d'une manière finie, et donc totalement inadéquate à la manière dont l'intelligence divine comprend la Déité. Les perfections pures et simples de l'être créé ne connaissent rien de pareil : la plupart représentent Dieu, statiquement pour ainsi dire : ainsi l'être, la bonté, la vérité ; d'autres, sans doute, l'intelligence et la volonté, représentent formellement ces attributs tels qu'ils sont en Dieu, mais sans un ordre direct à leur objet divin tel qu'il est en soi : ce sont des participations formelles *secundum preportionalitatem,* comme dit saint Thomas, tandis que la grâce assimile l'esprit à Dieu *secundum unionem vel informationem (objectivam)* et cette assimilation, ajoute-t-il, est d'un ordre bien plus élevé, *multo major assimilatio*[589].

Seule donc, la grâce hausse la créature intellectuelle.faite naturellement pour connaître les choses créées, et Dieu en elles et par elles, jusqu'à la saisie intellectuelle directe de sa Déité[590]. Elle dénonce ainsi que la participation de Dieu qu'elle constitue va jusqu'au fond, jusqu'au formel constitutif de la [386] nature divine ; que, par elle, le juste est vraiment apparenté à Dieu puisqu'il peut se proposer comma objet direct de sa vie intellectuelle l'objet de la vie divine : *et in hoc objecta attingendo habet consortium cum divine intelligere*[591].

---

[588] 3. Cf. Q. II, a. 1, § 2, n. 4, p. 377.
[589] 1. *Summa theol.*, Iª IIae, Q. III, a. 5, ad 1m.
[590] 2. *Ad tertium dicendum quod gratia Spiritus Sancti quam in praesenti habemus, etsi non sit aequalis gloriae in actu, est tamen aequalis in virtute, sicut semen arboris in quo est virtus ad totam arborem. Summ. theol.*, Iª IIae, Q. CXIV, a. 3. cf. l'objection 3. — Cf. JEAN DE SAINT-THOMAS, *ibid.*, disp. 22, a. 1, n. 9.
[591] 1. JEAN DE SAINT-THOMAS, *Curs. theol.*, Iª IIae, Q. CX, disp. 22, a. 4, n. 9 et 11.

Mais déjà, par la force *des* choses nous avons pénétré sur le terrain réservé à l'examen de la troisième partie de notre définition de la grâce : participation de la *nature* divine.

ARTICLE III
Que, si, dans la définition de la grâce, on entend par ce mot : nature divine, non l'aridité, mais l'Intellectualité divine, cette puissance dynamique de conformation A l'essence divine était Incluse dans l'être ontologique de la grâce.

La grâce est une participation de la *nature divine*. Au premier abord, cette dernière partie de la définition de la grâce, loin de faire avancer notre question qui semblait presque élucidée, nous rejette au contraire dans ce que saint Paul appelait des conflits d'idées, *disceptationes cogitationum*.

Faut-il entendre par *nature divine* ce qui constitue formellement Dieu comme Dieu, son essence, telle qu'elle est en Lui, la Déité même ?

Si l'on entend par *nature divine* la Déité elle-même, dans son infinie grandeur, il est certain qu'une nature intellectuelle créée ne saurait y participer que d'une manière objective, en la regardant, d'une manière finie sans doute, mais tout de même [387] en se laissant spécifier par elle dans ce qu'elle a de plus *Dieu*[592].

L'on peut, à la rigueur, entendre de cette participation objective à la Déité, la définition de la grâce comme participation formelle de la nature divine. L'influence spécificatrice est une sorte d'influence formelle, et comme elle est ici limitée par la capacité finie de l'être créé qui est objectivement spécifié par la Déité, on peut dire qu'il y a participation de la nature divine[593]. Mais une telle

---

[592] 1. Cf. *Supra*, a. II, § 1, p. 380. — JEAN DE SAINT-THOMAS, *Curs. theol.*, Iª IIᵃᵉ, Q. CX, disp. 22, a. 4, n. 11.

[593] 2. On attribue à un maître dominicain de Salamanque, Jean Vicente, cette opinion que la grâce sanctifiante ne peut être vraiment surnaturelle que si elle va jusque-là, c'est-à-dire si, formellement, elle participe la Déité telle qu'elle est en soi, avec les perfections divines comme telles. Un autre maître de Salamanque, Curiel, O.S.B., l'a pris à partie sur ce point, et n'a pas.eu de peine à démontrer que la raison même d'acte pur et

spécification objective ne peut, prise en elle-même, engendrer qu'une participation extrinsèque à la nature divine ; et ce n'est pas là ce qu'on entend lorsque l'on dit que la grâce, qui est une réalité créée, participe formellement la nature divine. Il s'agit évidemment d'une participation intrinsèque et subjective. On ne voit [388] pas, du reste, comment cette participation objective de la Déité, pourrait exister sans une participation subjective quelconque de Dieu.

Puisque la Déité, telle qu'elle est en soi, est incommunicable subjectivement, il nous faut donc entendre par nature divine, non plus la Déité, mais ce que nous pouvons saisir de la nature de Dieu selon notre mode imparfait de le connaître.

Or, les plus grands théologiens n'ont jamais pu s'entendre sur ce sujet. Même parmi les fidèles de saint Thomas, les uns font consister la nature divine dans *l'aséité* ou l'Être subsistant, les autres dans *l'intelligence divine* rendue à son maximum d'actualité, *in actu secundo*.

Pour ma part, j'inclinerais volontiers, en raison de la valeur des arguments qui l'appuient, comme aussi de la facilité relative de la synthèse de l'Êtes divin et de l'ÊTRE créé qu'elle suggère, pour l'opinion qui, selon notre manière de considérer les choses, fait de l'aséité le constitutif formel de la nature divine [594]. Mais, dans la question qui nous occupe, je suis retenu dans mon adhésion par la difficulté qu'il y a à concevoir une participation formelle de l'aséité divine par la créature. L'être même, subsistant, ne se participe pas.

---

d'être par essence ne saurait être participée telle quelle formellement, attendu qu'elle ne peut être dépouillée de la raison d'infinité et que la limitation de la créature répugne à ce prédicat illimité. Jean de Saint-Thomas qui rapporte cette discussion affirme que Vicente n'a jamais tenu l'opinion qu'on lui prête : « Non tamen gratia habet infinitum modum participandi, quasi ipsa gratia sit expressio et participatio illimitata ex parte subjecti, quod nullatenus affirmat prima sententia (Vincentii) », *Cursus theol.,* I^a II^{ae}, Q. CX, disp. 22, a. 1, n. 7. — Cf. JOANNES VINCENTIUS, *De habituali Christi Salvatoris nostri sanctificante gratia Relectio*, Rome, 1591, Naples, 1625.

Jean Vicente, né en 1544, titulaire de la chaire de Durand à Salamanque, avait obtenu, dans un concours, la chaire de Vêpres en 1584, contre Alphonse Curiel, de l'Ordre de Saint Benoît. Sa doctrine a été attaquée par *Suarez, de Gratia*, L. VII, c. 1, n. 44, sq. et défendue par *Baronius, Apol.*, L. II, s. I, § 4. — Cf. H. HURTER, S. J., *Nomenclator litt.*, t. III, ed. 3^m, Insprück, 1907, col. 147 ; ECHARD, O. P., *Scriptores O. P.*, Paris, 1721, t. II, p. 315-316.

[594] 1. Cf. GARRIGOU-LAGRANGE, *Dieu*, IIe Partie, c. Ier, n. 44, p. 356, sq.

Par contre, on a vu, article II, que la participation objective de la Déité n'était réalisable que si, du côté du sujet spécifié par un tel objet, il y avait participation de l'intelligence divine, et cette participation de l'intelligence divine a paru rentrer dans les possibilités de la puissance obédientielle de l'âme humaine. Si donc on pouvait regarder ! Intelligence [389] divine comme constituant la nature propre de Dieu, comme le font de nombreux théologiens, la définition de la grâce sanctifiante serait expliquée. Et comme toute nature répond de l'efficacité de sa tendance dynamique vers son objet, comme l'intelligence divine regarde directement la Déité, la conclusion qui figure en tête du présent article serait acquise. Il serait expliqué définitivement pourquoi la grâce, dans son être dynamique, est ordonnée à la saisie de Dieu tel qu'Il est en soi.

Cette perspective est si tentante que, malgré le remords qu'il éprouve à se séparer des excellents thomistes qui ont défendu l'aséité, *le théologien de la grâce* ne saurait hésiter à s'engager dans cette voie. L'intelligence divine étant, selon notre manière de concevoir, le degré suprême et, en un sens [595], le plus actualisé de l'Être divin, est des plus qualifiées pour nous donner l'idée de la nature de la Perfection suprême.

Mais, la place ne serait-elle pas déjà prise ? Saint Thomas déclare que la participation de la connaissance divine, c'est la foi, comme la participation de la volonté divine est la charité ; et il distingue ces participations de Dieu d'avec la grâce, par laquelle l'âme participe, dit-il, dans une similitude, la nature divine elle-même[596].

A quoi l'on a répondu que la foi participe la connaissance divine, en tant qu'opération divine [390] ayant Dieu pour objet, tandis que la grâce participe l'intelligence divine subsistante laquelle constitue le formel de la nature de Dieu, comme il a été dit ; en sorte que cette participation est vraiment participation de la nature divine.

---

[595] 1. En ce sens, que l'intelligence dit plus que l'être tout court. Elle explicite la suprême perfection de l'être. Dans un autre sens, on peut dire que l'être subsistant contient l'intelligence, puisqu'il renferme l'actualité de toute perfection de l'être.
[596] 2. *Summa theol.*, I^a II^{ae}, Q. CX, a. 4.

Mais, on insiste et l'on dit : L'intelligence de Dieu, ainsi comprise, ne peut être, en Dieu, que l'intelligence de Dieu en acte, *in actu secundo ;* or c'est là quelque chose d'absolument imparticipable, car c'est Dieu même.

Ce serait vrai, si une participation pouvait être adéquate. Mais elle ne saurait être qu'imitative et analogique. Or, l'acte second de l'intelligence divine contient éminemment en soi la raison d'acte premier et d'intelligence radicale, qui, unifiée en Dieu se retrouvent dans les créatures multipliés et divisés. Et ainsi l'on pourra dire que l'acte de foi participe analogiquement à l'opération divine elle-même, que la vertu de foi participe à l'intelligence divine sous la raison de principe prochain de cette opération, la grâce enfin sous la raison de principe radical et constitutif de la nature divine. Ainsi parle Jean de Saint-Thomas [597] et je ne vois rien à lui répondre, dès lit que l'on admet que l'intelligence divine, rendue à son maximum d'actualité, constitue la nature divine.

Cette participation de l'intelligence divine, conque comme racine intellectuelle des actes de Dieu, explique comment, d'une part, l'âme est élevée par la grâce à la hauteur de l'objet divin, la Déité, sans que, d'autre part, le mode infini qui est le propre de l'intelligence divine en acte, soit participé par elle.

[391]

CONCLUSION

Nous ne pouvons mieux clore cette *Question* II qu'en reproduisant la belle page où Jean de Saint-Thomas condense son contenu dans cette détermination magistrale :

« Pour finir cette discussion, je dis[598] que la grâce est participation de la nature divine, y compris, son infinité, objectivement. Elle ne réalise paso cependant subjectivement cette participation selon un mode infini. Il lui suffit d'une conformité avec Dieu, en quelque sorte objective. Telle l'image, conforme à l'objet qu'elle représente formellement, d'une conformité objective ; telle la

---

[597] 1. *Loc. cit.*, a. 10.
[598] 1. « *Quare, resolutoriè dico.* »

puissance, l'énergie virtuelle, qui contiennent leur objet. *Formalis participatio*, la grâce est donc une image et une splendeur de la divine intellectualité, haussant la créature raisonnable jusqu'à lui faire regarder en face Dieu lui-même, comme objet spécificateur de son intellectualité surnaturelle et gratuite. Comme à notre intellectualité naturelle correspond l'essence des choses matérielles, et à l'intellectualité de l'ange son essence spirituelle, ainsi à l'intellectualité de la grâce, participation de Dieu, correspond directement l'essence divine, et donc l'Acte pur, et donc litre divin, s'offrant à être saisi intellectuellement par elle tel qu'Il est en soi. Cette intellectualité de la grâce exprime la nature divine, non comme une représentation intelligible de cette nature, – c'est impossible : il faudrait que cette représentation fût Dieu, – mais à la manière d'une vertu intellectuelle, [392] d'un principe absolument capable de s'emparer de Dieu tel qu'Il est. C'est en ce sens que la grâce est conforme à Dieu ; conformité d'une *vertu* intellectuelle avec son objet spécificateur, qui n'a rien d'une conformité ontologique, laquelle ferait de la forme participant ainsi à la nature divine, l'Être de Dieu lui-même [599]. »

---

[599] 1. JEAN DE SAINT-THOMAS, *Cursus theol.*, I^a II^{ae}, Q. CX, disp. 22, a. 1, n. 12. Cf. n. 10 et 11.

Table des matières

PRÉFACE 7

INTRODUCTION 13

    I L'intention de cet ouvrage. 13

    II Comment s'organise cet ouvrage en vue de réaliser l'intention de son titre ? 19

    III Suis-je devenu augustinien ? 21

    IV Les Critiques inévitables. 24

PLAN D'ENSEMBLE 26

PREMIÈRE PARTIE LE MENS SUJET RÉCEPTEUR DE NOTRE VIE DIVINE 29

LIVRE PREMIER LE SUJET RÉCEPTEUR DE NOTRE VIE DIVINE ... 31

    QUESTION I   Le sujet récepteur de notre vie divine est-il le Mens ? 31

    ARTICLE I Si le Composé humain est le sujet récepteur propre de notre vie divine ? 31

    ARTICLE II Si la vie de l'homme est principalement la vie d'un mens ? 35

    ARTICLE III Si le mens, naturellement capable d'absolu, est un sujet récepteur approprié à la participation de la vie divine ? 39

QUESTION II *QU'EST-CE QUE LE* MENS ? SELON SAINT AUGUSTIN ET SAINT THOMAS 45

    PROLOGUE 45

    ARTICLE I Si le mens, selon saint Thomas, désigne l'essence même de l'âme ou sa puissance intellectuelle ? 48

ARTICLE II Si saint Augustin n'aurait pas entendu le mens, premièrement et dans le sens direct, comme désignant l'essence de l'âme ? 50

ARTICLE III Si la première trinité de saint Augustin est identique à la seconde, mens y désignant simplement la puissance de la mémoire ? 55

ARTICLE IV Si la puissance intellectuelle générale, qui est le mens, est consubstantielle aux trois puissances memoria, intelligentia, voluntas, comme un tout l'est à ses parties ? 57

ARTICLE V Si, d'après saint Thomas, le mens de saint Augustin fait valoir efficacement l'image de la Trinité dans l'âme humaine ? 59

CONCLUSIONS 61

LIVRE SECOND LA STRUCTURE INTERNE DU *MENS* 65

PROLOGUE 65

QUESTION LA PREMIÈRE TRINITÉ DE SAINT AUGUSTIN : Mens, Notitia, Amor 67

PROLOGUE 67

ARTICLE I Comment les trois réalités psychologiques, mens, notitia, amor, représentent la Trinité. 69

ARTICLE II Si notitia et amor, dans la première trinité, désignent des actes ou des habitus consubstantiels au Mens ? 72

ARTICLE III Que notitia et amor, dans la première trinité, constituent une « mémoire » 81

CONCLUSION 83

QUESTION II *LA SECONDE TRINITÉ DE SAINT AUGUSTIN* MEMORIA, INTELLIGENTIA, VOLUNTAS 87

PROLOGUE 87

ARTICLE I Si la seconde trinité n'est autre que la première devenue plus évidente ? 90

ARTICLE II Pourquoi saint Augustin établit-il cette continuité génétique entre ses deux premières trinités ? 98

CONCLUSION 106

QUESTION III *LA TROISIÈME TRINITÉ DE SAINT AUGUSTIN* DEI MEMORIA, INTELLIGENTIA, AMOR. 110

PROLOGUE 110

ARTICLE I Si l'âme, en se connaissant, entant qu'image de Dieu, constitue une trinité, distincte des deux premières, et plus expresse ? 114

ARTICLE II Si l'image parfaite de Dieu résulte de la Sagesse, c'est-à-dire de la connaissance directe que l'âme s de Dieu par la grâce, et de la charité qui l'accompagne ? 122

CONCLUSION 128

QUESTION IV LA STRUCTURE INTERNE DU MENS D'APRÈS SAINT THOMAS 131

PROLOGUE 131

ARTICLE I Comment sont construits les Anges ? 132

ARTICLE II Si l'âme séparée possède une structure d'esprit, modèle de celle de notre âme ? 136

ARTICLE III Que le Mens, étant habituellement objet de sa propre connaissance, dans son essence même, possède la même structure que les esprits. 139

CONCLUSION 147

LIVRE TROISIÈME LA CAPACITÉ DU MENS EN REGARD DE LA VIE DIVINE 149

PROLOGUE 149

QUESTION 1   LA « NATURE RATIONNELLE INFORME » ET SA CAPACITÉ DE VIE DIVINE 151

   PROLOGUE 151

   ARTICLE I   La Genèse du monde et spécialement de la nature rationnelle selon saint Augustin. 152

   ARTICLE II   Qu'est-ce, au juste, que la nature rationnelle informe ? Si elle contient des raisons séminales ? 156

   ARTICLE III   La formation de la nature spirituelle. 165

   ARTICLE IV   La formation de la nature spirituelle et de l'âme informes comprend-elle leur élévation à l'ordre surnaturel ? 170

   ARTICLE V   La relation précise anse l'âme informe et l'âme formée. 185

QUESTION II   COMMENT SAINT AUGUSTIN CONÇOIT LA « PUISSANCE OBEDIENTIELLE » DE L'ÂME AU SURNATUREL. ... 189

   PROLOGUE 189

   ARTICLE I   Le pêché détruit-il dans l'âme toute capacité du Surnaturel ? 190

   ARTICLE II   Si saint Augustin se prête à ce que l'on pose le problème de la capacité de l'âme au Surnaturel sur le terrain de la nature pure ? 195

   ARTICLE III   Des images de Dieu dans l'âme et des Raisons séminales, d'après saint Augustin 199

   ARTICLE IV   La puissance obédientielle de l'âme image analogique de Dieu. 209

   ARTICLE V   La puissance obédientielle de l'âme, image de Dieu par conformité. 218

   CONCLUSION 232

QUESTION III LA PUISSANCE OBÉDIENTIELLE AU SURNATUREL SELON SAINT THOMAS 235

    PROLOGUE 235

    ARTICLE I Existe-t-il dans l'âme une Inclination naturelle innée vers le Surnaturel ? 237

    ARTICLE II Que prouve le désir naturel « élicite » de voir Dieu ? ... 243

    ARTICLE III Comment s'accordent le surnaturel et la vitalité de nos actes surnaturels ? 264

    CONCLUSION 275

    ARTICLE IV La structure analogique de l'intellect en soi. 276

QUESTION I Si L'INTELLIGENCE HUMAINS REQUIERT COMME OBJET TERMINAL L'ÉTRE ANALOGUE ? 281

QUESTION II SI L'ÊTRE ANALOGUE REQUIERT, COMME ETANT SEUL COORDONNE A SON INTELLECTION, L'INTELLECT EN SOI ? 285

QUESTION III SI L'INTELLECT HUMAIN, ANALOGUÉ INFÉRIEUR DE L'INTELLECT EN SOI, EST DÉMONTRÉ, DE CE FAIT, N'OFFRIR AUCUNE CONTRADICTION À ÊTRE ÉLEVÉ, D'UNE MANIÈRE FINIE, À LA PARTICIPATION DE L'INTELLECTUALITÉ DIVINE. 291

CONCLUSION GÉNÉRALE DE LA PREMIÈRE PARTIE 299

SECONDE PARTIE LA GRÂCE SANCTIFIANTE 303

PROLOGUE 303

QUESTION I SI, AU POINT DE VUE ONTOLOGIQUE DE SON *ESSE IN* COMME QUALITÉ SPÉCIPICATRICE, LA GRÂCE EST UNE PARTICIPATION DE LA NATURE DE DIEU ? 307

    PROLOGUE 307

    ARTICLE I Comment s'opère le passage de l'amour efficace de Dieu pour nous au don de la grâce créée et inhérente en l'âme ? 308

ARTICLE II Qu'est-ce, en soi, comme réalité ontologique, que la grâce sanctifiante ? 310

ARTICLE III Si la grâce sanctifiante est distincte des vertus infuses ? 311

ARTICLE IV Si le sujet récepteur propre de la grâce sanctifiante est l'essence même de l'âme ? 315

CONCLUSION 315

QUESTION II COMMENT LA GRACE SANCTIFIANTE, CONSIDÉRÉE AU POINT DE VUE DYNAMIQUE, NOUS DESTINE A LA VISION DE DIEU TEL QU'IL EST EN SOI. 317

PROLOGUE 317

ARTICLE I Si la participation formelle de Dieu, propre à la grâce, ajoute à la participation formelle de Dieu par les perfections absolues de l'être créé une vertu dynamique, tendant vers ressence divine comme vers un objet spécificateur ? 318

ARTICLE II Si l'âme, par sa puissance obédientielle propre, est qualifiée pour recevoir cette vertu dynamique qui transforme l'image formelle analogique de Dieu, qu'elle est déjà par sa nature et sa grâce ontologique, en une image par conformation à l'essence divine ? 323

ARTICLE III Que, si, dans la définition de la grâce, on entend par ce mot : nature divine, non l'aridité, mais l'Intellectualité divine, cette puissance dynamique de conformation A l'essence divine était Incluse dans l'être ontologique de la grâce. 329

CONCLUSION 332

Table des matières 336

Printed in France by Amazon
Brétigny-sur-Orge, FR